中国特色自由贸易港研究院
中国（海南）改革发展研究院

策论海南自由贸易港

迟福林　主编

海南出版社
·海口·

图书在版编目（C I P）数据

策论海南自由贸易港 / 迟福林主编. — 海口 : 海南出版社, 2020.3（2021.8 重印）
（海南自贸港系列丛书 / 迟福林, 吴士存, 赵晋平主编）
ISBN 978-7-5443-9239-6

Ⅰ. ①策… Ⅱ. ①迟… Ⅲ. ①自由贸易区－经济建设－研究－海南 Ⅳ. ①F752.866

中国版本图书馆CIP 数据核字(2020)第 045186 号

策论海南自由贸易港
CELUN HAINAN ZIYOU MAOYI GANG

主　　编：迟福林
出 品 人：王景霞
总 策 划：谭丽琳
责任编辑：白　多
封面设计：黎花莉
印刷装订：海南金永利彩色印刷有限公司
海南出版社　出版发行
地　　址：海口市金盘开发区建设三横路 2 号
邮　　编：570216
电　　话：0898-68567076
经　　销：全国新华书店
开　　本：787mm × 1 092mm　1/16
字　　数：340 千字
印　　张：23.75
版　　次：2020 年 3 月第 1 版　　2021 年 8 月第 3 次印刷
书　　号：ISBN 978-7-5443-9239-6
定　　价：60.00 元

在这里，我郑重宣布，党中央决定支持海南全岛建设自由贸易试验区，支持海南逐步探索、稳步推进中国特色自由贸易港建设，分步骤、分阶段建立自由贸易港政策和制度体系。

——习近平总书记在庆祝海南建省办经济特区30周年大会上的讲话，2018-04-13

我们将新布局一批自由贸易试验区，加快探索建设自由贸易港。

——习近平主席在第二届“一带一路”国际合作高峰论坛开幕式上的主旨演讲，2019-04-26

我们即将发布2019年版外资准入负面清单，进一步扩大农业、采矿业、制造业、服务业开放。新设6个自由贸易试验区，增设上海自由贸易试验区新片区，加快探索建设海南自由贸易港进程。

——习近平主席在二十国集团领导人第十四次峰会上发表题为《携手共进，合力打造高质量世界经济》的重要讲话，2019-06-28

中国将继续鼓励自由贸易试验区大胆试、大胆闯，加快推进海南自由贸易港建设，打造开放新高地。

——习近平主席在第二届中国国际进口博览会开幕式上的主旨演讲，2019-11-05

发挥好自贸试验区改革开放“试验田”作用，推动建设海南自由贸易港。

——习近平总书记在中央经济工作会议上发表重要讲话，2019-12-10

目录 CONTENTS

第一章　海南自由贸易港初步设想①

迟福林

中国（海南）改革发展研究院院长

中国特色自由贸易港研究院院长

分步骤、分阶段建设自由贸易港政策和制度体系，加快探索建设中国特色自由贸易港进程，是新时代中共中央赋予海南的重大战略使命。当前，在经济全球化新的背景与我国扩大开放新的阶段下，习近平主席继2018年4月13日亲自宣布“支持海南逐步探索、稳步推进中国特色自由贸易港建设”后，又多次在重要国际场合强调加快推进海南自由贸易港建设。在此背景下，按照习近平总书记在庆祝海南建省办经济特区30周年大会上的重要讲话（以下简称“4·13”重要讲话）及中央2018年4月11日印发的《中共中央　国务院关于支持海南全面深化改革开放的指导意见》（以下简称“中央12号文件”），抓紧研究提出建设海南自由贸易港的政策与制度体系，对加快探索建设海南自由贸易港进程、推动形成我国对外开放新格局，都将产生重要影响。

一、总体思路

探索建设中国特色自由贸易港，是中共中央着眼于国际国内发展大

---

①本报告为2018年国家社会科学基金特别委托项目《海南自由贸易港总体框架研究》（批准号：18@ZH019）最终成果，由中国（海南）改革发展研究院课题组完成。课题组组长：迟福林。课题组成员：夏锋、甘露、郭达、匡贤明、郭文芹。

局，深入研究、统筹考虑、科学谋划作出的重大决策，是新时代中共中央赋予海南的重大战略使命。海南探索建设中国特色自由贸易港，要在加强党的领导下，在社会主义制度范围内，通过全面深化改革开放，建设全球开放水平最高、最具国际竞争力、最有特点的开放平台，使"全世界投资者到海南投资兴业，积极参与海南自由贸易港建设，共享中国发展机遇、共享中国改革成果"[①]，为探索打造人类命运共同体提供示范。

（一）战略目标

适应经济全球化的新形势和我国扩大开放的新要求，按照"三区一中心"的战略定位，把海南打造成为我国最高水平的开放平台、面向太平洋和印度洋的重要对外开放门户、面向全球的国际服务贸易中心、21 世纪海上丝绸之路重要战略支点，推动海南与"一带一路"沿线国家和地区开展更加务实高效的合作。

1. 打造最高水平的开放平台

（1）高度自由。实现港内服务、货物、资金、人员、信息等要素流动的高度自由，实现"零关税、零壁垒、零补贴"，提升全球资源配置能力和全球服务能力，打造连接中国与世界、发展中国家与发达国家的重要开放平台。

——服务贸易高度自由。对标全球最高标准服务贸易协定，建立"准入前国民待遇 + 极简负面清单 + 准入后国民待遇"外商投资管理制度，在跨境服务、电子商务、环境保护、知识产权、政府采购等方面实现"零壁垒"。

——货物贸易高度自由。除因履行国际义务及维护国家安全外，取消其他进出口贸易管制；除烟类、酒类和若干碳氢油类等部分商品外，其他商品实行零关税。

——投资高度自由。按竞争中性的原则，除"黄赌毒"严格禁止和新

---

①习近平. 在庆祝海南建省办经济特区 30 周年大会上的讲话［N］.人民日报，2018-04-14（2）.

闻媒体、广播电视等少数行业实行有条件进入外，其他行业取消准入限制，允许外资独资。

——金融高度自由。推动资本项下完全开放，取消外汇管制，实现资金进出自由、贸易结算自由、融资汇兑自由；建立有利于推动人民币国际化的跨境结算体系，构建有利于自由贸易港建设的离岸账户体系。

——人员流动高度自由。在有效监管的前提下，加快实行全球个人免签政策；对国际化人才简化工作签证，简化永久居留申请程序，降低申请门槛。

——信息流动高度自由。全面打破电信业市场垄断与行政垄断，加快放开电信市场；打造全球网络最快的地区、高度开放的互联网市场。

(2) 高度便利。建立全球最便捷、高效的贸易投资便利化环境，为全世界投资者到海南投资兴业提供最大便利。

——服务贸易高度便利。重在实现各类服务的便捷、高效供给。建立商务服务、科学研究和技术服务、工程服务等领域职业资格互认制度和个性化工作签证制度，为服务提供者在执业资格获取、执业地点选择上提供最大便利。

——货物贸易高度便利。建成国际先进水平的国际贸易“单一窗口”和全程数字化通关流程，除少数货物受管制外，实现一般货物不报批、不报检、不收税，符合条件的货物不报关；对转口货物实行“四不”，即转口货物不报关、不报检、不统计、不收税；实现“高效率、零费用”通关。

——投资高度便利。在法律范围内和有效监管下，保障市场主体的“四个自主”：自主注册、自主经营、自主变更、自主注销。最大限度提高企业的自主性，实现企业“易登记、易注销”。

——融资高度便利。建立高度发达的资本市场，提高市场主体融资便利化程度；形成高度开放的金融体系；融资成本明显下降，尽快进入全球最低水平行列。

(3) 高度法治。按照探索建设与立法准备同步的原则，尽快启动立法进程，及时将探索成果法制化，逐步形成完善的法律制度体系，为海南开放政策与体制调整提供法治保障。

——全国人大出台《中国特色自由贸易港基本法》，作为核心法律制度。突出中国特色，明确海南自由贸易港的性质、功能定位、管理体制、运作模式等。

——以经济立法为主，建立完备的海南自由贸易港专项法律体系。大到经济体制、司法体制、政府权力，中到企业设立、商业往来、知识产权，小到公共场所禁止吸烟，均可在相应的法律法规中找到具体而严密的规定，做到每项经济社会活动和行为都有相应的法律法规加以规范和约束。

——实现“法律面前人人平等，法律之内最大自由”。构建“最大自由 + 最严格法治”治理模式，为全世界投资者、创业者打造一个自由、稳定、平等、透明的法治化营商环境。

2. 打造我国面向太平洋和印度洋的重要对外开放门户

(1) 泛南海区域经济合作平台。打好“经济牌”“开放牌”，以经济合作更好地服务国家海洋战略和共建“一带一路”倡议。

——以打造我国面向太平洋和印度洋的重要对外开放门户为战略目标。发挥海南岛作为太平洋和印度洋海上要冲的区位和地理优势，以海南自由贸易港为平台，通过经济合作带动泛南海区域全方位合作，努力构建中国和东盟国家“利益共同体”“命运共同体”。

——以服务贸易和海洋产业合作为主题。集聚高端服务贸易要素和海洋生产要素，实行贸易和投资的高度自由化、便利化政策，打造泛南海金融创新合作中心、泛南海旅游合作示范园区、中国与东盟海洋产业合作区、海洋高端产业孵化基地等，带动区域内服务业和海洋产业合作发展。

——以建立泛南海自由贸易区网络为重点。以开放性的次区域经济合作为导向，促进区域内生产要素和商品服务自由流动，着力聚焦澜湄合作和中国—东盟东部增长区合作，构建形式多样的双边、多边海洋区域、次区域经济合作圈，形成区域海洋自由贸易合作大网络，打造21世纪海上丝绸之路沿线国家和地区海洋经济合作的新机制、新平台和新典范。

(2) 泛南海区域互联互通的重要枢纽。以贸易投资自由化、便利化带动通道经济和枢纽经济发展。

——以海上基础设施互联互通为依托。加强海南与东南亚区域内国家和地区在港口、国际中转、海运航线、物流配送、邮轮客运等方面的密切合作，打通泛南海贸易流、物流、人流、信息流通道，形成放射性、网络化、便捷化的交通网络布局，构建连接中国与区域内贸易伙伴的海洋经济大走廊，形成海洋基础设施互联互通和岛屿—海洋一体化发展格局，提升区域贸易、物流便利化水平。

——西部陆海新通道的重要枢纽。积极融入国际陆海贸易新通道，着力参与中新互联互通南向通道建设，对接粤港澳大湾区交通网络建设，构建“南向、北联”的多式联运体系，形成海南陆海联动、南北互济的开放格局，成为连接“一带”和“一路”的重要枢纽。

——21 世纪海上丝绸之路信息枢纽。围绕新一代信息技术，实施“互联网 +”行动，推动跨境海底光缆、宽带骨干网、光缆数字节点以及互联网交换中心建设，提高国际通信互联互通的水平，促进互联网、大数据、人工智能和实体经济深度融合，打造以海南为中心，服务全国、面向东南亚、辐射泛南海的国际通信枢纽、区域信息汇集中心和大数据服务输出地，建设 21 世纪海上丝绸之路信息港。

(3) 泛南海综合开发和服务保障基地

——泛南海综合开发战略基地。面向泛南海国家和地区，积极参与国际产业对接和产能合作。实行海洋生物产业、海洋油气业、海洋旅游业、海洋运输业和海洋现代服务业等海洋产业开放政策，以产业开放带动经济合作；开放和发展健康医疗、教育、文化娱乐等生活性服务业和金融保险、航运物流、跨境电商等生产性服务业，创新服务贸易发展，使海南成为泛南海海洋产业和现代服务业合作发展基地。

——泛南海综合服务保障基地。加大南海航道安全维护、后勤补给、防灾减灾、气象预警、海上救助以及生态保护等海洋国际公共服务产品供给。这既是保护 21 世纪海上丝绸之路航道大动脉、维护国家经济安全的最好方式，也是体现我国南海战略存在、履行国际责任的重要途径。

(4) 泛南海区域人文交流平台。全方位开展与泛南海国家和地区人文交流活动，构建官民并举、多方参与的人文交流机制。

——构建泛南海区域高端交流对话平台。服务新时代中国大国外交战略，积极争取联合国及相关国际组织、机构落户海南或在海南设立分支机构，集中建设海南使领馆“一条街”，邀请“一带一路”沿线国家在华新设使领馆落户海南，扩大海南对外开放水平。

——充分发挥博鳌亚洲论坛的带动力、影响力。依托博鳌亚洲论坛的国际影响力，在海南大力开展公共外交和全方位开展中外高层次交流活动及区域性、多角度、国际化的海洋经贸文化交流活动。

——构建泛南海区域文化交流合作平台。以妈祖文化、佛教文化、海洋文化等为重点，加强人文交流和“民心相通”建设。以中国（海南）南海博物馆为载体，以南海海捞瓷及更路簿研究为重点，建设集收藏、保护、研究、展示、教育和服务为一体的南海物质和非物质文化遗产中心及交流合作平台。

——构建泛南海区域国际科技合作交流平台。以海南自由贸易港为合作基地，以国际科技合作研发为先导，强化我国与泛南海国家和地区的科学技术合作，把海南打造成为中国与 21 世纪海上丝绸之路国家的国际科技合作交流平台。

——构建泛南海区域人才交流平台。通过高校和智库间学术互访、联合研究、互派学者和留学生等多种形式的合作，将海南打造成为泛南海人才培养高地和国际学术交流重镇。

(5) 军民融合发展示范基地。按照习近平总书记提出的“要打造国家军民融合创新示范区”要求，统筹海南全面开放和国防建设、海洋开发和海上维权等关系，建立军地共商、科技共兴、设施共建、后勤共保的体制机制，将海南打造成为军民融合发展示范基地，“坚决守好祖国南大门”。

——军民融合产业集聚发展示范基地。建设开放型、国际化、军民融合的航天发射场，依托航天大数据，打造相关产业集群；支持海南地方发展低空旅游，根据军民两用的要求，实现通航领域信息、资源、技术共享，打造军民融合的龙头示范产业；合作共建军民融合产业协同创新平台，支持符合条件的企业进入海南军工产业，推动军工技术向国民经济领域转移转化，实现产业化发展。

——军民两用技术协同创新示范基地。搭建军工科研院所与民品企业科技资源供需对接平台，开放军工单位的大型仪器测试设备以及试验设施，促进科技成果快速转化；互派科技管理人员，促进科技联动创新发展，推动军民科技发展规划、资源配置、科技创新、人才培养、项目实施等深度共享，实现各类要素交流融合与资源开放共享。

——军民设施、信息及保障共享共用示范基地。加强重要交通、信息基础设施和仓储物流基地等共建共用；推动建设海南文昌国际航天城；完善南海岛礁民事服务设施与功能，建设生态岛礁，打造南海军民融合精品工程。

3. 打造面向全球的国际服务贸易中心

(1) 具有世界影响力的国际旅游消费中心。背靠有近 14 亿人的消费大市场，面向东南亚这一有 6 亿人的新兴消费市场，加快把海南建成释放国内中高端旅游消费的重要承接地和世界消费经济发展高地。

——国际知名休闲度假旅游中心。争取全球旅游免签政策，开通更多直飞航线，用好“第五航权”，把海南建成国际化互联程度最高的旅游地区；积极培育旅游消费新业态、新热点，下大气力提升旅游服务质量和国际化水平，释放高端旅游消费潜力；积极探索服务型消费经济发展的新路径，打造业态丰富、品牌集聚、环境舒适、特色鲜明的国际旅游度假胜地。

——国际性购物中心。尽快在全岛范围内实施日用消费品免税政策，构建免税购物的全产业链，全面提升海南旅游消费人气和规模。这不仅有利于提升海南旅游业整体竞争力、有利于降低岛内居民生活成本，而且有利于吸引国人境外消费有效回流。

——国际健康医疗旅游中心。抓住全国对海南健康服务消费需求全面快速增长的新机遇，充分发挥生态环境和特殊政策优势，以健康医疗产业市场全面开放为主线，以学区、园区、社区“三区合一”为载体，以引进和培养中高端健康管理和服务人才为支撑，重点打造医疗健康旅游、健康管理、健康服务“三大品牌”，加快发展健康医疗产业集群，打造世界知名的健康医疗旅游中心。

（2）现代服务业全面开放和集聚发展中心

——以服务贸易为主导的对外开放新高地。适应我国对外开放由货物贸易为主向服务贸易为主转型的大趋势，对标高标准的服务贸易和投资协定，加快完善与服务贸易发展相适应的自由化、便利化政策，推动服务业市场全面开放，打造我国服务业对外开放新高地。

——现代服务业集聚地。按着“以发展旅游业、现代服务业、高新技术产业为主导”的要求，打造健康医疗、文化旅游、教育培训、金融、数字经济、高新技术、体育娱乐、商务服务等现代服务业集聚地。

（3）高新技术研发和服务贸易创新人才集聚中心

——高新技术研发中心。抓住新一轮科技革命与产业变革的历史机遇，与“一带一路”沿线国家和地区共建共用科技联合实验室、科技合作园区，合作开展技术转移等科技创新活动，促进科技创新与服务业、热带高效农业、海洋产业发展的深度融合，推动先进成熟技术转移转化，加快培育发展新动能，打造创新驱动发展新高地。

——服务贸易创新创业人才集散平台。以促进国内外人才自由流动为目标，以吸引各类国际服务贸易人才为重点，加快推动国际人才聚集。

（4）数字服务贸易中心

——数字经济岛。抓住数字经济时代的新机遇，吸引全球数字公民、数字企业、数字金融、数字人才、数字技术向海南自由贸易港集聚，建设具有全球竞争力的数字经济和数字服务贸易中心，形成海南服务贸易发展的突出特色。

——数字技术岛。依托大数据、物联网、移动互联网、云计算、区块链等现代信息技术，提升服务的可贸易性；促进服务贸易数字化和交易模式创新；提高服务贸易跨境交付能力，支持在线旅游、远程医疗、在线教育等新型服务业态发展，促进金融与互联网深度融合。

——数字贸易规则策源地。抓住数字化、网络化、智能化的信息通信技术深刻改变国际贸易规则的历史机遇和大部分国家基本处于同一起跑线的时机，制定跨境电子商务规则和标准。破除跨境电子商务发展的障碍，率先建立数字贸易的便利化措施；支持海南积极发起双边或多边谈判，提出包括实体产品、数字产品，以及跨境物流、跨境支付、电子认证、在线交易、信用体系、数字贸易争端解决机制等在内的标准和规则框架，为我国参与全球新一轮国际贸易规则与数字贸易规则制定积累经验。

（5）服务贸易的国际中转、交易和促进中心

——国际性交易场所。设立海南国际能源、航运、大宗商品、产权、股权、碳排放权等交易场所；打造国际物流、研发、维修、国际结算、分销等服务贸易中心。

——知识产权交易中心。鼓励探索知识产权证券化，完善知识产权信用担保机制；搭建知识产权认证、交易、运营等平台，面向泛南海，建设知识产权聚集、评估、交易、转化的"吞吐池"和"国际港口"，构建涵盖知识产权服务交易各环节的全生命周期、全产业链条。

（二）重大任务

按照中央12号文件提出的要求，到2025年"自由贸易港制度初步建立，营商环境达到国内一流水平"、到2035年"自由贸易港的制度体系和运作模式更加成熟，营商环境跻身全球前列"的分阶段目标，把改善营商环境、构建"泛南海经济合作圈"、加快服务贸易创新发展作为重点突破、带动全局的主要任务。

1. 打造具有国际竞争力的营商环境

（1）打造全球最高标准的贸易和投资环境。

——对标全球最高标准贸易投资规则。对标跨太平洋伙伴关系协定（TPP）、跨大西洋贸易与投资伙伴协议（TTIP）、国际服务贸易协定（TISA）

等高标准自贸协定和双边、多边投资协定，推动以服务贸易为重点的市场进一步开放，从边境上措施向边境内措施拓展，打造全球开放程度最高的自由贸易港。

——在海南探索“零关税、零壁垒、零补贴”。全面取消贸易和投资壁垒，并进行高强度压力测试，为我国更好参与国际贸易与投资规则重构加强压力测试，提供海南经验。

（2）打造具有国际竞争力的税收环境。

——实施不亚于香港、新加坡等全球知名自由贸易港的税收优惠政策。大幅降低企业与个人所得税，缩小与中国香港、新加坡等地税收政策方面的差距，加快形成有利于参与国际竞争、吸引市场主体和人才集聚、促进跨国贸易、推动跨境投融资和离岸金融等业务的税收政策环境。

——提高纳税综合竞争力。通过改善税收结构、降低总税收和缴费率、减少纳税时间和纳税次数、标准化纳税流程等，提高纳税环境水平和综合竞争力。按照世界银行与普华永道每年发布的《世界纳税报告》评估指标衡量，争取到 2025 年海南自由贸易港纳税指数达到全球前 10，到 2035 年达到全球前 5。

（3）打造具有高度吸引力的人才发展环境。

——打破制约人才引进的体制机制。充分利用好海南自由贸易港建设给海内外人才带来的良好预期，采取市场化办法，创新人才引进、培养、使用、服务的体制机制，尽快补上人才短缺这一最大“短板”。

——支持海南建立“人才管理改革试验区”。出台《海南自由贸易港人才促进条例》，简化工作签证程序，鼓励国际化人才到海南投资创业；赋予企业高度自由的用人自主权和劳动力自由流动的选择权。

——动态发布适应海南自由贸易港建设发展需求的“国际化紧缺人才需求目录”。重点引进有国际影响力的企业家、国际经营管理人才以及各类专业技术人才，创新建设便捷高效的人才服务体系。

——建立服务贸易专家库。引进和培养具有国际视野、精通国际贸易投资规则和国外法律、熟悉国际经营战略和技术发展的复合型人才，为海南形成服务贸易国际竞争力提供人力资源支撑。

2. 构建“泛南海经济合作圈”

(1) 率先推进“泛南海旅游经济合作圈”的建设进程

——加快开通海南到东南亚国家和21世纪海上丝绸之路沿线国家和地区的跨国邮轮旅游航线。加快三亚邮轮母港建设，支持三亚等邮轮港口参与中资方便旗邮轮公海游试点，开辟“一程多站”国际邮轮新航线；优化对邮轮和邮轮旅客的检疫监管模式，简化国际邮轮人员进出境联检手续。

——建立泛南海岛屿旅游经济合作体。推动海南岛—巴厘岛、海南岛—济州岛等自由旅游经济合作体建设，开展旅游业项下的自由贸易；开辟泛南海重点岛屿地区至海南的直达或中转空中航线；借鉴APEC（亚太经济合作组织）商务旅行卡的成熟模式，探索发起岛屿旅游卡发展计划。

(2) 加快推动泛南海区域、次区域双边、多边自由贸易进程

——积极融入中国—东盟自贸区升级版建设和区域全面经济伙伴关系（RCEP）建设。发挥海南自由贸易港的开放引领作用，构建多层次的海洋区域、次区域经济合作圈。

——以旅游及相关服务业合作为先导，推动旅游产业项下的自由贸易进程。在海南举办国际旅游商品进口博览会，提升海南在国际旅游市场的影响力和全球服务能力。

——发展船舶交易、船舶经纪与管理、航运咨询、船舶检验、海事仲裁等现代航运服务。与香港合作，发展多样化的船舶租赁、航运保险、航运衍生品等航运金融业务；建立以海南为基地的泛南海区域航运枢纽，进一步深化与泛南海沿线岛屿地区在港口、码头建设、邮轮客运等方面的合作，在扩建、新建港口的同时，组建泛南海港口联盟，提升海上基础设施互联互通和航运服务水平。

——搭建“泛南海经济合作圈”信息和电子商务平台。重点在海南建设光缆数字节点以及互联网交换中心，加快实现信息互联互通，为形成泛南海自由贸易区网络奠定基础。

（3）把洋浦打造成为集南海油气资源勘探开发、加工、储备、交易为主要业务的海关监管特区

——以海关监管特区为目标，建设涵盖现货、期货的国际石油石化产品交易中心。打造以人民币计价、以国际交易者为主体的国际型交易所。

——把洋浦港打造成为西部陆海新通道的枢纽集散点。以洋浦为枢纽加快航道和内陆交通网络建设；加快发展石化产业和以集装箱为主的海上运输体系，加大中央财政与开发性金融投入，构建以国有资本为主导，民间资本和国际资本共同参与的南海资源开发投融资平台。

（4）以博鳌亚洲论坛为平台扩大人文交流

——充分发挥博鳌亚洲论坛等对外交流合作平台作用。推动成立“泛南海经济合作圈”专家论坛，吸引南海各方的政府和企业代表、学者参加研讨。

——构建和利用智库、学界和半官方交流机制。向南海各方推介“泛南海经济合作圈”“泛南海自由贸易区网络”“泛南海旅游经济合作圈”的初步构想，充分阐释建设的必要性、可行性和未来蓝图展望，提升各方的参与意愿；通过非官方的对话交流，了解参与方对地区经济合作的利益诉求。

——推动同有关各方建立“泛南海经济合作圈”政府间磋商机制和咨询机制，形成对话讨论机制化平台。建立相关方参与的泛南海经济合作组织协商讨论平台；推动落实“泛南海经济合作圈”政府间的实体磋商程序，促进构想早日落地，发挥海南的特殊角色和作用。

3. 形成服务贸易主导的突出特色

（1）以服务贸易为重点是建设海南自由贸易港的突出特色

——符合经济全球化大趋势。全球服务贸易快速增长，不仅成为全球贸易发展的重要动力，也成为双边、多边贸易投资协定关注的焦点。

——符合国际自由贸易港的发展趋势。国际上知名的自由贸易港，起步阶段无一例外以转口贸易和加工贸易为主，随着发展水平的提升，大多都向服务贸易转型升级。例如，中国香港和新加坡服务业占比分别达到92.2%（2016 年）和 76.8%（2017 年），而且以现代服务业为主。

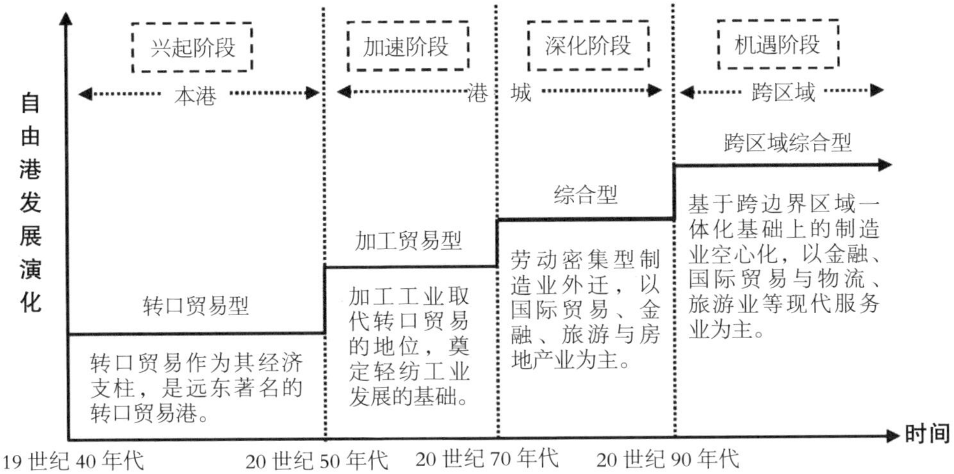

图 1.1　香港自由贸易港的发展阶段

——海南完全有条件在服务贸易创新上推出重大举措，形成独特优势。2017 年，海南服务业占比为 56.1%，高出全国平均水平 4.5 个百分点；海南服务业对经济增长的贡献率为 79.9%，高出全国平均水平 21.1 个百分点。海南发展服务贸易潜力巨大，空间巨大。

——重中之重是加快服务业市场全面开放。充分利用“两个市场”和“两种资源”，吸引国际资本，对标国际服务与管理标准，在旅游、健康医疗、金融保险、文化娱乐、航运物流、免税购物、高新技术等服务业领域的市场开放上先走一步。

(2) 形成以旅游为龙头、现代服务业为主导的产业结构

——瞄准国际标准提高发展水平。下大气力调优结构，重点发展旅游、互联网、健康医疗、金融、会展等现代服务业，加快服务贸易创新发展，促进服务业优化升级，尽快形成以现代服务业为主导的产业结构。

——到 2025 年，基本形成以现代服务业为主导的产业结构。服务业增加值占全省生产总值的比重达到 67%以上，其中现代服务业比重达到 50%以上；服务业从业人数占全社会从业人数的比重达到 70%以上。

——到 2035 年，建成全球现代服务业集聚区。服务业增加值占全省生产总值的比重达到 80%以上，其中现代服务业比重占 60%以上；服务业从业人数占全社会从业人数的比重达到 80%以上。

(3) 形成符合国际标准，具有海南特色的服务贸易新体系

——加快旅游、运输等具有一定优势的服务贸易发展。

——加强健康医疗、中医药、文化体育、会展等特色服务贸易国际交流合作。

——积极推动金融保险、技术贸易、离岸服务外包、专业服务等资本技术密集型服务领域发展，提升其在服务贸易中的占比。

——大力培育数字贸易、信息技术、跨境电商等新兴服务产业，打造服务贸易新增长点。

——形成服务贸易的突出优势。到 2025 年，服务贸易总额达到 2117 亿元，服务贸易占 GDP 比重达到 15.7%；到 2035 年，服务贸易发展水平达到世界领先地位，服务贸易总额接近 2.7 万亿元，服务贸易占 GDP 比重达到 50%以上。

(4) 制订并实施极简服务贸易负面清单

——制订并实施跨境服务贸易负面清单。试点在金融、电信、互联网、旅游、航运服务、专业服务等领域逐步放宽和取消与跨境交付、境外消费、自然人移动等相关的限制性措施。

——制订并实施极简的外商投资准入负面清单制度。加快提升商业存在模式下服务贸易开放度和透明度，全面营造现代化的服务贸易投资环境。

——建立服务贸易负面清单管理模式下开放领域事后监管与风险防范制度。到 2025 年，对标全球最高标准的贸易和投资规则，将负面清单长度降到全球最低，在有效监管的同时实现服务贸易全区域、全领域、全模式开放。

(5) 加快形成琼粤港澳台服务贸易一体化新格局

——加快推进琼粤港澳服务贸易一体化进程。积极对接粤港澳大湾区

建设，围绕海洋旅游、金融保险、海洋运输、健康医疗、现代商务服务等重点领域深化合作，推进生产要素无障碍自由流通和服务投资自由化、便利化。

——推动琼台合作。加强与台湾地区在教育、医疗、现代农业、海洋资源保护与开发等领域的合作。

——创新人员流动便利化机制。实行更开放的人员出入境政策、职业资格互认和港澳居民在琼自由落户和就业政策。推进琼港澳台行业标准、管理规则及监管执法对接。

（三）总体要求

分步骤、分阶段实现海南自由贸易港的既定目标，加快推进重大任务实施进程，需要在现代化基础设施等硬件环境和市场主体平等竞争、绿色发展、行政管理、监管创新等软环境建设方面下大功夫，尽快补齐“短板”，不断夯实基础。

1. 形成现代化基础设施体系

(1) 加快国际港口、国际航运、国际航线等基础设施建设

——按照适度超前、互联互通、安全高效、智能绿色的原则加快建设。加快推进港口、机场、公路、铁路、综合水利枢纽等重大基础设施建设，尽快形成立体化、网络式、陆海相连、内外联通的基础设施网络体系。

——充分利用亚投行、丝路基金，推动泛南海区域航运枢纽建设。将泛南海区域航运枢纽建设纳入国家重点基础设施项目，把海南建设成为具有国际竞争力的泛南海航运枢纽、西部陆海新通道的重要枢纽集散点。

(2) 加强互联网、物联网、移动通信等信息基础设施建设

统筹全岛新一代信息基础设施建设，加快在全岛布局5G、传感技术、物联网等；在海南全岛设立环岛电子围网；推进航运交易综合信息（物流）服务平台建设，加快与泛南海国家和地区的航运信息互联互通。

(3) 按照建设具有世界影响力的国际旅游消费中心的要求，加强旅游及相关服务的软硬件设施建设

——提升旅游基础设施建设水平。着力加强旅游度假、健康医疗、文化体育、邮轮游艇、低空旅游、海岛旅游、会展旅游、主题公园等的旅游基础设施建设；完善旅游交通布局，推动机场、港口码头、车站到主要景点景区无缝衔接。

——实行旅游服务国际化标准。对标国际化标准，提升旅游城镇和休闲度假区的商业配套设施水平；提升跨境电子商务交易、支付、物流、结售汇等技术标准，建设一体化的跨境电商大数据信息平台，打造“线上集成+跨境贸易+综合服务”的跨境电商贸易服务中心。

(4) 加强海底光缆、新能源利用等海洋基础设施建设

——加快海洋现代基础设施建设进程。建设智慧海洋、智慧岛礁，以覆盖南海海域最大范围为目标，加快建设海底光缆网、通信基站、固定站台，提升泛南海区域通信互联互通水平；建设海陆空互联互通和一体化衔接的交通体系，提升区域海洋通达性和海洋资源利用便利化水平。

——建设海洋环保系统。推进分布式能源系统、海水淡化和综合利用等工程建设，增强岛屿淡水、能源补给能力。

2. 形成市场决定资源配置的格局

(1) 按照竞争中性的原则营造市场主体公平竞争的市场环境

——采纳市场经济通行的竞争中性原则。结合我国国情及海南省情，制定和实施统一的企业公平竞争规范条例，保障市场主体平等地位，营造公平竞争的市场环境。

——着力构建外来企业、民营企业加快发展的市场环境。尽快研究出台《海南自由贸易港企业促进条例》，降低市场运行成本，营造稳定、公平、透明、可预期的营商环境，在创新民营经济、外资经济发展体制机制方面走出一条制度化、法治化之路。

——建立公平竞争审查制度。全面清理各类市场准入、经营限制的法

规、规章和规定；在公用事业和基础设施领域实行特许经营，全面引入竞争机制，放开与自然垄断行业竞争性业务。

(2) 更好发挥政府公共服务、市场监管和社会治理职能

——强化公共服务职能。加强政府在教育、医疗、公共就业、基本住房、收入分配调节等方面的基本公共服务职能，让本岛居民充分享受到自由贸易港红利。

——强化市场监管职能。为大众创业、万众创新创造公平竞争的市场环境。

——强化社会治理职能。建设法治环境，让经济社会在更完整、清晰、合理的法律框架下运行；完善治安防范体系，重点加强外籍入境人员管理，打造全球最安全的治安环境。

3. 形成绿色发展的新模式

(1) 打造“无毒农业岛”。强制执行与国际接轨的热带农产品种植标准；以热带水果和冬季瓜菜为重点，严格规定必须选择原生态、无污染的自然环境作为种植基地；必须使用无污染的天然水、生物肥料、生物农药和生物杀虫剂，把海南打造成为“无毒农业岛”。

(2) 建立新能源岛

——推进新能源革命。要抓住能源革命的新机遇，发挥海南太阳能、风能、潮汐能等能源丰富的优势，以绿色高效为目标推进能源消费革命，推进以清洁低碳为重点的能源生产革命，形成以核电为重点，风电、太阳能等非化石能源为补充的新能源体系；到2025年左右，争取核电消费占比达到15%以上，非化石能源消费占比达到20%以上，成为全国第一个新能源岛，打造近零碳排放示范区。

——全岛取消燃油车，建设新能源车岛。未来5年左右，完善充电桩等基础设施，全面推广使用新能源汽车。以新能源汽车应用和研发为突破口，带动物联网、机器人、人工智能、新材料等一系列科技创新和产业变革，打造新能源汽车全产业链，成为“新能源汽车示范岛”。

（3）建设蓝色海洋

——修编并严格落实辖区海洋主体功能区规划。杜绝严重影响海域自然生态的项目开发，实施海洋生态安全追责与补偿机制。

——加强对海洋生态环境的司法保护。对发生在争议海域，具有涉外因素的海洋环境污染案件，依法行使海事司法管辖权，平等保护中外当事人的合法权益，维护国家南海主权和海洋权益。

——开展海洋生态系统碳汇试点。提高海洋碳汇技术，发展现代碳汇渔业经济低碳化技术，研发基于海洋微型生物碳泵和经典生物泵等模型的海洋碳汇生态工程。

（4）打造田园城镇

打造富有海南特色，不同模式的低碳城镇、低碳园区、低碳社区试点；以共享农庄为载体，积极探索开展低碳农业、低碳交通、低碳旅游和近零碳排放建筑或区域试点，打造一批产业生态化、低碳特征明显的特色小镇。

（5）加快发展绿色金融

争取国家发行50年以上的长期生态债券，用于海南生态环境保护和绿色转型发展；争取国家相关部委支持，在海南组建专业化、区域性的“绿色银行”，重点支持海南绿色能源、绿色消费和绿色投资。

4. 建立高效的行政管理体制

（1）着力提高政府行政效能

——完善各级政府权责清单。进一步厘清政府职能边界，建立与政府权责清单相适应的监督制度；制定《海南行政效能评价准则》并严格执行。

——党政机构改革要先行先试。按照“同类项合并”的原则，着力于决策、执行、监督“行政三分”，推进大部制的配套改革，在整合“同类项”，减少局、委、办数量方面进一步先行先试。

——提高政府信息化建设水平。打破部门之间的信息壁垒，以大数据为支持，利用多级网络和中心数据库，构建统一的政府“云平台”，提升政府行政效能。

（2）以打造“小政府、大市场、大社会”为重点降低制度性交易成本

——全面清理事前审批事项。完善政府购买制度，除涉及国家安全的服务外，一律向境内外企业开放，实现同等标准下的充分竞争。

——自由贸易港服务和监管职能尽可能由法定机构承担，实现企业化管理。全面清理政府承担的技术性、非公共服务性职能，将其交给社会和市场承担。

——培育发展社会组织。简化登记办法，公益慈善类、社会服务类、经济类等社会组织实行备案制；重点培育和优先发展行业协会，使社会组织有能力承接政府下放的行业管理和社会服务等事项。

（3）严格保护各类企业家财产权

——从法律上保障各类企业家财产权。加快产权保护制度化、法治化进程，严格保护民营企业、外来企业等各类企业家财产权，以严格的法治维护商业自由和市场秩序。

——形成“新官要理旧账”的制度约束。明确规定对于往届政府做出的决定或签署的合同，只要合法合规，政府就必须一以贯之；对因政府换届、领导人员更替等原因造成违约毁约、损害企业合法权益的，政府要承担法律和经济责任；因政策变动需要改变政府承诺的，要严格按程序进行，并给予企业相应的损失补偿。

5. 建立“放得开、管得住”的监管体制

（1）宽松的准入 + 事后监管 + 最严格法治

——充分保障企业经济自由。除个别行业外，海南自由贸易港对大部分行业完全放开，实行最宽松的市场准入；强化企业投资经营事后监管，实现“双随机、一公开”监管全覆盖。

——制定完备的法律法规并严格执法。在海南自由贸易港设立的企业拥有法律赋予的完全自主权，包括在自由投资、经营、决策和发展等各方面，政府不予干涉；企业一旦违法、违规、违信，将受到严格的惩罚。

(2) 采用最先进的监管技术。采用先进的电子信息网络和通信技术对港口进行全方位的管理，采用全球先进监管技术，加快海关监管从“传统监管”向“智慧监管”转型升级，提高货物、人员的通关便利化和智慧化。

(3) 建立大监管体制。以强化统一性、独立性、专业性为目标，调整优化市场监管机构，重点加强消费市场监管、垄断行业监管、金融监管的力度；在海关设立集中查验中心，海关、卫生、危险品检查等部门在其中联合办公，为企业提供“一站式、一次性”服务；必要时可聘请国际专业管理机构来负责某些监管业务的运作。

二、探索建设中国特色自由贸易港的政策需求

海南自由贸易港建设，要以服务业市场全面开放、服务贸易创新发展为主导，实施全球最高开放标准的市场准入政策与贸易自由化、便利化政策，并及时将政策用法律法规形式固定下来。

(一) 服务业市场全面开放的政策需求

习近平主席在首届中国国际进口博览会开幕式上的主旨演讲中指出，“加快电信、教育、医疗、文化等领域开放进程”。在服务贸易与服务业市场开放直接融合的背景下，海南自由贸易港要形成以服务贸易为主导的突出特色和独特优势，重点、难点、焦点在服务业市场对内对外的全面开放。按照分类推进、重点突破的思路，加快服务业市场全面开放的进程，为全国服务业市场开放提供实践案例和压力测试。

1. 服务业市场全面开放的政策拓展

(1) 实现海南医疗健康产业的全面开放

——在博鳌乐城国际医疗旅游先行区实行更加开放的医疗健康产业政策。允许国内外有专利技术、有研发资源的企业与个人通过独资、合资、合作等多种方式在先行区开展基因诊断治疗、干细胞、新药及仿制药等研发活动，将先行区打造成为高端医疗研发基地；简化药物、技术临床试验申请与审批程序，允许先行区内健康医疗机构与国外相关机构合作，同步开展国外药品与医疗技术的临床试验，打造国际新药、新医

疗技术试验与应用基地。

——将博鳌乐城国际医疗旅游先行区政策实施范围扩大到全岛，并进一步拓展政策深度。尽快将先行区除“干细胞临床研究”外的其他开放政策扩大到全岛。进一步取消境外资本设立医疗机构的股比限制；取消对进口药品“急需、少量”的限制，允许海南在安全评估与适用范围限定的前提下，自主确定进口药品与医疗器械的数量与种类；将进口药品审批权限下放给海南省。

(2) 放开会展企业业务经营限制

——实行国际会展与国内会展、境内机构与境外机构同等的准入条件与审批程序。在内容合法的前提下，允许国内外商业机构和贸易组织自主开展会展业务，无须与国内会展企业合作；取消境外会展机构在海南办会的人员构成、场地面积等额外限制。

——简化在海南举办国际会展的审批程序。对主题为非敏感领域、参与人员为外国现任正部长级及以下官员，经费来源为非财政资金投入的学术性会议、经济技术展览会等实行备案制。

——推动会展商品通关便利化。对会展活动所需的陈列或使用的物品，提供暂准进口证，实现不报关、不检验，利用电子锁等技术将监管行为后撤至市场监管范围。

(3) 最大限度开放文化体育娱乐等产业的准入限制与经营范围限制。在严禁“黄赌毒”的前提下，加快探索文化领域更大程度的市场开放。

取消外商投资文化、体育、娱乐企业的股比限制或中方控股要求。允许境外文艺团体、体育组织在海南经备案后自行举办各类活动与赛事。允许国外电影、电视剧制作企业在内容安全审核的前提下，独立开展摄制、创作等工作。

2. 特定服务业市场开放的政策突破

(1) 放宽电信市场准入，实现电信领域充分竞争

——稳步放宽基础电信业务牌照管理限制。采用国际招标等方式引进国际电信运营商在海南经营固定通信、移动通信、网络接入等基础电信业

务；允许国际电信运营商投资建设基站。

——择机全面放开增值电信业务市场准入。取消除跨区域服务外的增值电信业务牌照管理，实行注册制；允许民营、外资等社会资本与三大运营商以完全平等身份进入电信市场竞争，经营国内国际呼叫中心业务、国际通信服务业务、信息搜索查询服务、因特网接入服务业务等。

——放宽电信领域股比限制。取消增值电信业务外资股比限制，将基础电信业务外资股比上限提高至70%。

（2）实现跨境互联网数据自由流动

——在条件成熟时放松互联网访问限制。允许海南自由贸易港内人员、企业经实名备案后自由查阅访问国外数据库、网站等。

——支持海南发展离岸数据服务。允许设立由外资投资、数据来源于国外、数据处理服务对象在国外，并且与中国国内互联网物理隔断的大数据、云计算中心。

（3）推动以职业教育为重点的教育市场开放

——全面放开职业教育。允许境内外具备条件的研发机构、教育组织、高水平企业在海南独立举办健康、旅游、文化创意等职业院校。

——支持社会资本与外资投资教育领域。取消学前、普通高中、本科及以上院校的股比限制，支持各类投资者以独资、合资、合作等多种形式办学。在政府主导基础教育供给的前提下，满足社会多元化、个性化教育需求，允许外资以独资、合资形式开设基础教育学校，并实行与社会资本同等的准入资格与审批程序。将外资办学审批权全部下放给海南，并报教育部备案，赋予社会资本及外资投资的教育机构在招生数量、费用收取、外籍教师聘用等方面的自主权。

（4）进一步放宽商务服务业的市场准入与经营范围

——推动会计服务市场全面开放。降低外商设立特殊普通合伙会计师事务所、有限责任会计师事务所的准入条件，实现和内资同等准入标准。允许具备国际执业资格的会计师，经海南主管部门备案后，直接为海南居民和企业提供记账报税、审计验资、资产评估等会计服务。

——进一步放宽法律服务市场准入与经营范围限制。允许国外律师事务所通过设立分支机构、合伙联营等多种方式进入海南；取消对各联营方合计出资额及各联营方出资比例的限制；扩大国外律师事务所分支机构及合伙联营律师事务所的经营范围，允许开展除中国法律业务外的国际法律服务。

(5) 稳步扩大图书出版领域市场开放。以牌照管理、股比限制、管理层限制等方式实现中方主导，允许外商投资图书出版业务。逐步改变图书出版申请审核制，探索实行图书出版注册制管理，率先对财经类、专业技术类、商务服务类、资格培训类等图书出版实行注册制。支持境外出版机构与境内出版机构合作出版国际性图书和培训教材，并将审批权下放至海南省。

3. 金融业市场开放的政策创新

(1) 加快形成以外资、社会资本为主体的金融体系

——全面取消外资金融机构与内资不同的资格条件限制。对外资金融机构准入实行与内资同等标准、审批程序与期限。引进境内外银行、证券、保险等各类金融机构，促进多元化金融机构发展。鼓励各类资本依法设立商业银行、消费金融公司、证券投资公司、基金管理公司、期货公司、财产保险公司等，尽快补齐海南自由贸易港金融体系短板。

——进一步放宽外资金融机构业务范围。取消对外资金融机构经营范围单独设限的一系列规定，在同等标准的前提下，实现外资金融机构许可业务经营范围不小于国有及民营商业金融机构。例如，允许外资银行在海南自由经营人民币存贷款业务，取消外资银行分行吸收单笔人民币定期零售存款的金额限制与经营年限限制；全面取消对外商独资证券公司业务单独设限规定；允许符合条件的外资保险公司在海南开展含寿险在内的法定保险业务，允许外资保险公司在海南境内销售标准化商业保险产品。

(2) 加快实现人民币资本项目自由可兑换。人民币资本项下自由可兑

换是我国金融体制改革的基本趋势，也是人民币国际化的关键环节。海南自由贸易港要主动探索并分阶段推进人民币资本项下自由可兑换。

——率先实现资本项目流入侧的自由可兑换。除保留对投机性短期资本流入的管制外，取消对流入侧资金外汇兑换事前审批，支持境外个人投资境内证券市场和购买人民币理财产品，使境内外企业和个人更加灵活地使用人民币。

——允许非银行金融机构开展外汇业务。允许海南银行与非银行金融机构为境外机构办理人民币与外汇衍生产品交易。支持海南非银行金融机构办理结售汇业务，参与到银行间外汇市场中，开展人民币对外汇即期业务和衍生品交易。

——逐步放松资本项目流出侧汇兑限制。大幅提高在海南注册的金融机构 QDII（合格境内机构投资者）的资金上限，取消 QDII 单家机构额度限制，允许符合条件的区内机构按其资产规模的一定比例自主开展境外投资；率先开展 QDII2（合格境内个人投资者）试点；探索实施对从事国际服务贸易业务且有避险需求的机构和企业参与外汇市场交易，限额内自由可兑换；允许金融机构开展本外币境内外拆借试点；允许自由贸易港内注册的企业和个人按宏观审慎管理原则开展本外币跨境融资、跨境担保、跨境收付等业务；进一步降低外币银行账户设立门槛，允许服务贸易企业在商业银行自由开设外币账户，鼓励商业银行探索多币种自由结算业务。

(3) 鼓励与支持内外资金融机构在海南自由贸易港开展离岸业务

——明确海南自由贸易港在金融层面上的离岸地位目标。在离岸业务与在岸业务基本隔离的前提下，海南自由贸易港内实行相对独立的、与国际规则相衔接的离岸金融制度，并与境外金融往来自由，与境内的往来实行跨境管理。

——鼓励与支持各类金融机构开展离岸业务。支持金融机构经批准开展跨境融资、投资、贸易结算等离岸金融业务。支持建设离岸保险中心。探索建设离岸人民币金融中心，为协调人民币回流机制与体外循环机制提供金融服务平台，服务于海南自由贸易港率先实现人民币国际化。

——加快建立离岸与在岸金融联系机制。待离岸金融业务发展到一定规模后，在宏观审慎管理框架下，建立离岸与在岸金融市场之间资金相互连通的机制，推动境内外市场逐步、适度地相互渗透。

(4) 支持在海南探索发行法定数字货币。支持海南率先探索发行以国家信用为支撑、加密的法定数字货币。以数字货币为基础，构建“进岛加密、出岛解密”的金融监管体系，进出海南的国内外资金实现“进出自由、区内有痕流动”，做到“可识别、可追溯、可监管”。

(二) 服务业市场全面开放的财税政策需求

适应服务业市场全面开放的需求，充分发挥财税政策在产业引导、要素集聚等方面的重要作用，争取到 2025 年，基本接近中国香港、新加坡等自由贸易港税负水平；到 2035 年，形成具有国际竞争力的税收优惠政策体系，增强海南自由贸易港建设的国际吸引力与产业集聚效应。

1. 全面实行零关税

(1) 拓展抗癌药品零关税。进一步扩大适用零关税药品范围，对国外已经上市但国内尚未注册的抗癌药品、与癌症治疗相关的医疗器械的进口实施零关税，并将其纳入医保范围。将国内不能生产的医疗器械进口纳入零关税政策范围。

(2) 在用途和使用范围严格管制的前提下，对医疗健康、文化娱乐、旅游、教育、科技研发等服务业发展所需原材料的进口实行零关税；对建筑配套的用品、设备的进口实行零关税；对大型基础设施必备的基建设备、会议设备、电气设备进口时在核定总量前提下免征关税。

(3) 除部分商品外，全面实现进口产品零关税。除酒类、烟草制品、石油类商品外，对其他所有在海南本地消费的商品、本地自用的生产设备、基础设施原材料等实行零关税。如果零关税进口商品从海南进入内地，则按现有规定缴纳关税。

2. 在现代服务业领域实行低税率

（1）在现代服务业领域实行 15%的企业所得税

——实行服务贸易项下的低税率。率先将旅游业、现代服务业、高新技术产业的企业所得税税率降至 15%，并逐步降低至 10%。

——支持引进总部经济的低税率。将区域总部或国际总部设在海南的跨国公司，其主营业务收入超过一定规模（如 3000 万美元），可适用更低的企业所得税税率，如区域总部为 10%，国际总部为 5%，期限为 5~20年。

——实施中小企业税收支持政策。例如，对符合产业发展方向的企业前 30 万元收入免征所得税；对 30 万～200 万收入部分减半征收企业所得税。

（2）大幅免除增值税。海南自由贸易港内企业之间的交易适用增值税税率为零的政策。海南自由贸易港内企业进口自用国外设备和商品免征进口环节增值税。取消土地增值税。

（3）创新服务贸易企业税收支持政策，鼓励服务出口

——在海南实行“全球服务贸易商计划”。允许海南自由贸易港内注册的服务贸易企业，服务出口额达到一定额度后，其服务出口收入的 50%～90%享受 10 年免征所得税待遇，最长可延长至 20 年，吸引国际知名服务贸易出口企业在海南集聚。

——向创新型或高科技中小企业的投资，允许按投资额的一定比例加计享受税前抵扣。加大对投资抵免、加速折旧、特别折旧、准备金提取、盈亏相抵等间接优惠方式的应用。

（4）实施鼓励企业投融资的税收优惠政策。因非货币性资产对外投资等资产重组行为而产生的资产评估增值部分，可在不超过 5 年期限内，分期均匀计入相应年度的应税所得额。企业将利润用于直接投资行为，只要投资对象注册地在海南，在一定会计核算期抵减投资金额应缴所得税；对购买海南重点产业、重点企业债券部分，可在一定会计核算期内抵减企业利润。

（5）实行鼓励离岸业务发展的税收支持政策。实行属地征收原则。对自由贸易港内企业与个人不是发生在海南境内的交易收入免征所得税；对

自由贸易港内企业离岸业务所得征收不超过10%的所得税；比照目前技术先进型服务企业所得税政策，将设立总部以及经营离岸贸易的企业认定为技术先进型服务企业，享受相应所得税优惠税率。

（6）降低企业、个人缴纳费用负担。明显降低企业与个人的社会保险缴费费率，取消企业部分缴费项目，取消、调整涉企部分行政事业性收费及全国政府性基金收费项目。

3. 大幅降低个人所得税

（1）将个人所得税税率区间设置为0%～20%。例如，对居民个人在海南取得的劳动性所得，适用个人所得税税率最高不超过20%；对非居民个人受雇所得适用15%税率和居民个人所得税税率两者较低者；对在境外取得的收入免征个人所得税。

（2）加大对中高端人才的法定税收减免。例如，对在海南自由贸易港注册的公司连任2年以上的高级人才减半征收个人所得税；对符合海南省规定引进的紧缺人才取得的劳动性收入在5~10年内免征个人所得税；对海南自由贸易港内居民取得的专利所得、特许权使用费所得等，按75%加计扣除。针对海南发展所需作出重大科技、产品创新等成果转换贡献的，根据成果转换情况进行评级奖励；海南自由贸易港内企业以股权形式奖励高端人才和紧缺人才需缴纳的个人所得税可经主管税务机关审核，以5年为期分期缴纳。

4. 实行高新技术企业发展的财税优惠政策

（1）加大对高新技术企业的税收减免力度。例如，对海南自由贸易港内注册的高新技术企业实行“五免两减半”的优惠，即自企业盈利年度起5年免征企业所得税，此后2年减半征收；将研发费用加计扣除比例提高到200%～400%，并每年给予一定金额的研发资金补助。

（2）实行对创新创业企业税收优惠政策。例如，对自由贸易港内高科技中小企业除实施高科技企业一般税收优惠外，对其人才引进、市场开拓、员工培训等支出进行200%的加计扣除；对其贷款实行财政贴息、政府担保等。

(3) 加大对高新技术企业的研发环节补贴。实施创新优惠计划，对企业研发费用、认可的设计费用、购买知识产权费用、购买/租赁研发设备费用等免税或给予等额补贴。

(三) 服务贸易自由化、便利化的政策需求

实现服务贸易自由化、便利化，不仅需要投资领域的高度自由，也涉及服务贸易项下的人员、技术、信息等要素自由流动。对标国际先进做法，在全面实现服务贸易领域投资自由化的基础上，实施服务、货物、人才、信息等要素的跨境自由流动政策。

1. 全面实施服务贸易投资自由化政策

(1) 实现服务贸易投资自由化

——实现投资自由化。到 2025 年，全面取消现有投资准入负面清单与跨境服务贸易负面清单中禁止性与限制性措施。除对出版印刷、金融、电信、法律等领域实行牌照管理外，其余领域全面放开；保证外资进入后在经营范围等领域享有的待遇与境内投资者相同。取消跨境直接投资、融资外汇登记环节，跨境直接投资、融资资金进出完全自由，资金来源及使用按照负面清单管理。

——实现外国（地区）企业进入自由化。为“鼓励境外机构落户海南”，制定《外国企业登记管理条例》。允许外国（地区）正常存续的企业在海南直接经营其主营业务。

——实现外国（地区）企业经营自由化。赋予外国企业更大的经营自主权，摆脱“进来易，出去难”的困扰，让外国企业进出更加便捷自由。设计简易退出机制，不同于国内法人注销的要求和做法，外国企业只需承诺债权债务由该外国企业承担，向登记机关申请退出登记即可。

(2) 推动数字服务贸易自由化。允许境外服务提供者通过互联网等信息技术为海南本地居民提供远程教育、远程医疗、远程娱乐、远程专业服务等跨境服务，并享受免关税与进口环节增值税政策；参照美韩 FTA 中对金融服务领域的规定——“在一般业务中，不得以任何理由实施不必要

措施，阻碍信息的自由流动”，并将其扩大到其他与数字贸易相关的领域；探索实施数据非本地化政策，对数据进行分类管理，政府数据、企业商业秘密数据以及个人敏感数据，不得跨境流动。

2. 对标国际性管理标准，降低服务贸易边境内壁垒

(1) 全面引进欧美日医疗药品管理标准。例如，已在日本、美国和欧盟通过标准评估的药品与医疗器械，可自动获得认证，无须开展临床试验直接在海南使用；采用欧美的医药标准，逐步实现已经上市但未达到新标的药品退市。

(2) 建立与国际接轨的服务业管理标准体系

——实行服务业管理的国际标准。对标美国、欧盟、日本、新加坡等发达国家在旅游、会计、法律、教育、金融等服务业行业管理标准，允许符合当地标准的服务业企业、具备相关职业资格的人员，在海南备案审核后直接开展相关经营与业务活动。

——制定市场经营行为差异化责任豁免目录。在保证国家安全的前提下，允许境外企业在海南提供相关服务，最大限度减少因标准差异而产生的企业成本。

(3) 鼓励企业开展服务标准认证。在旅游、教育、健康医疗、文化娱乐、金融等服务业领域开展标准认证工作，对在海南注册并取得官方或国际协会认证的企业给予优先推介、税收减免等。

(4) 提升政府采购的国际化水平与透明度。例如，在海南全面实施WTO《政府采购协定》的相关政策；坚持透明、可预期和非歧视性原则，采用政府采购负面清单管理模式，除涉及政府信息安全外的其他产品与服务，凡是对事业单位开放的，都对社会开放；凡是对国有企业开放的，都对内外资企业与社会组织开放。

3. 实行服务贸易项下货物进出口自由化、便利化政策

(1) 制定豁免查验商品目录。对旅游、健康、文化娱乐、研发设计等服务贸易项下的自用商品与相关设备采取豁免查验政策，将审核环节后退

至市场监管领域。

(2) 实施服务贸易“认可经济营运商计划”。例如，制定海南服务贸易“认可经济营运商”认证标准，对符合条件的境内外服务贸易企业所需的货物给予包括减少或优先接受海关查验等优惠；积极与其他海关当局达成检验、检疫相互认可协议，降低贸易企业通关成本。

(3) 拓展国际贸易“单一窗口”的广度与深度。借鉴新加坡贸易交换网(TradeXchange) 商贸通计划，将涉及贸易监管的海关、检验、检疫、海事、口岸、边检、外汇、税收、支付等监管部门纳入“单一窗口”作业平台，实现承运人、码头、金融机构、货运代理、检验机构的信息共享；允许海南申请加入“亚太示范电子口岸网络”，推进与国外平台的贸易数据互联互通互用。

4. 实行人员自由流动政策

(1) 全面放开人员自由进出

——逐步扩大免签范围。在现有 59 国免签政策基础上，适时并在严控风险的前提下，逐步放宽免签政策。

——降低“绿卡”申请门槛。取消对专业技能人才申请永久居留的最短居住时间限制；探索开展职业技术移民积分制，设立综合的职业技能打分制度，综合评估申请人的职业技术能力，不再单纯以学历或职称为审核标准。借鉴美国、新加坡等的职业紧缺名单制，根据上一年度劳动力需求和经济发展形势制定海南重点引才目录，并为外国高层次人才申请永久居留开辟绿色通道。增设自雇投资类别，对于可以拉动海南就业的商业性投资者给予永久居留许可。

(2) 探索“双重国籍”的制度试点。借鉴英国、加拿大、日本等国家的做法，对原中国籍海外华商、高学历留学生，以及已取得在海南永久居留资格后连续居住 5 年或 10 年以上，且纳税记录良好的外籍的高技术人才、高级管理人才，在海南恢复或申请加入中国国籍时可不必退出原国籍。建立“双重国籍”人才服务和管理制度，并规定拥有双重国籍的各类人才仅限在海南工作。

(3) 建立海南移民管理局。整合现有公安出入境管理、边防查验管理、外事侨务事务及涉外执法等相关职能，成立海南移民管理局，统一管理协调外国人签证、居留、就业、保险、福利待遇、案事件处理、入籍等事务。

(4) 实行严格的工作签证分类管理政策。例如，对认定的高端专业人才或急需人才，对其个人及家属签发不少于 5 年的多次出入境有效签证及居留许可；对认定为中等技能人员和技师的，对其个人及家属签发不少于 2 年的多次出入境有效签证及居留许可；对外籍劳工实行配额制度，依照市场需求及时调整配额。

(5) 取消对获得工作签证外籍人员的就业限制。例如，取消外籍人员来琼工作需办理就业证的相关规定，实行备案制管理；突破外籍人才只能在一家单位工作的限制，在有效管理前提下，允许外籍人才在签证有效期自由选择兼职与创新创业，并享受与本地人才相应的同等待遇；取消现有“聘用外国人从事的岗位应是有特殊需要、国内暂缺适当人选”等规定，在限制雇佣人员结构的条件下允许在海南注册的各类企业或机构自主选择聘请外籍人员。

三、探索建设中国特色自由贸易港的制度创新

加快形成与高度开放形态相适应的体制机制安排是建设海南自由贸易港的关键所在。这就要求在赋予海南高度经济自主权的同时，建立与自由贸易港相适应的体制机制，以此破除一切束缚发展的现行体制机制障碍，为实现国家重大战略目标、加快海南自由贸易港建设进程提供重要保障。

(一) 设立国家海关特殊监管区

中央 12 号文件要求，“优化海关监管方式，强化进出境安全准入管理，完善对国家禁止和限制入境货物、物品的监管，高效精准打击走私活动”。优化海关监管方式，在海南设立国家海关特殊监管区，实行“分线

管理、分类监管”，建立适应海南自由贸易港的海关特殊监管体制。

1. 建立海南自由贸易港的特殊海关监管制度

(1) 在海南设立国家海关特殊监管区。这个特殊监管区，虽然不是一个完整的单独关税区的概念，但又执行国家赋予类似“单独关税区”的海关监管职能，由此保障海南自由贸易港的开放政策得以全面贯彻实施，并有效防范各类风险。此外，以服务贸易为主导的海南自由贸易港，难以严格划定“境内关外”的物理边界，但必须有清晰的“境内关外”制度边界，通过制度安排实行“分线管理、分类监管”。因此，建设海南自由贸易港，需要在中央统一领导下建立“分线管理、分类监管”的海关监管体制。

(2) 以实现“双自由、双便利”为目标。“分线管理、分类监管”的海关监管制度设计原则是在有效防范风险的前提下，既要面向国际市场又要服务国内近 14 亿人的内需大市场；既要保证海南与境外市场在各要素流动上的自由和便利，又要保证海南与内地市场在各要素流动上的自由和便利。

(3) 探索实行“分线管理、分类监管”的模式。适应海南以服务贸易为主导的发展趋势，为保证海南与内地市场的自由、便利流通不受影响，创新自由贸易港“一线放开、二线管住”的传统监管模式，实行“一线放开、二线管理，人货分离、分类监管”的模式。例如，对货物贸易、服务贸易、人员流动、资金流动实行分类监管。

2. 国家层面制定《海南自由贸易港海关特殊监管条例》

(1) 国务院或国务院授权海关总署研究制定《海南自由贸易港海关特殊监管条例》，明确海南特殊监管区的法律地位、性质、职能、管理体制、运作模式等，为海南实行“分线管理、分类监管”提供法律保障。

(2) 海南自由贸易港国家海关特殊监管区仍由国家海关总署垂直管理。实现海南自由贸易港的“高度自由、高度便利、高度法治”，促进中央赋予海南的各项开放政策落地实施。建议国家海关总署依据《海南自由贸易港海关特殊监管条例》，赋予海南自由贸易港类似“单独关税区”的海关特殊监管职能。

3. 实行国家海关特殊监管的新体制

(1) 对不进入海南境内消费市场的转口和过境货物实行“不申报、不征税、不统计、不检验”制度。对以联运提单付运、转运外地的过境货物，实行“不申报、不征税、不统计、不检验”制度。利用现代信息技术，全程实行无纸化、电子化通关作业，提高通关效率，免于实施国内惯常的海关监管制度，实行报关通关高度自由化、便利化、智能化。

(2) 对绝大多数进出口岛的货物实行“企业自主申明 + 规定期限备案 + 抽检”的管理模式。除法律法规明确规定禁止、限制的少数货品外，绝大多数货品可自由进入、自由装卸。依托现代化信息手段，采用舱单自动传输方式进行数据采集。

(3) 对少数禁止、限制的货物实行进出口管制制度。对部分限制商品实行进出口证制度；对有关产品实行产地来源证制度；进出口货物以抽选方式进行检查或检验；进口食品、药品、动植物需提前向相关检验检疫部门申请许可证。

(4) 在海南自由贸易港内“自由中转、自由存放、自由加工、自由转让”。允许自由开展中转、集拼业务，无须办理海关手续；允许自由存储，海关不实施电子账册管理；允许开展制造加工、研发设计、检测维修、保税展示等业务，海关不实施账册管理，不实施设立、核销、核查等监管措施。区内实施最低程度的干预和管理，仅对涉及安全准入、违反国家进出境规定、知识产权等方面实施检查，强化对企业投资经营的事后监管。

(5) 尽快建设全岛一体化、智能化、信息化管控体系。以国际贸易“单一窗口”为基础，借助大数据、云计算、物联网等，在海南全岛设立环岛电子围网，建立自由贸易综合信息化监管服务平台，实现人流、物流、资金流、信息流的交换共享；利用现代科技手段，推进智能化监管。

4. 在条件成熟时将海南宣布为单独关税区

例如，授权海南自由贸易港以“中国海南”的名义，以“单独关税区”的形式同世界各国、各地区及有关国际组织保持和发展经贸关系，签订和履行有关经贸协议；根据产地规则，海南可对产品签发产地来源证。由此全面对接国际市场，发挥其在构建泛南海自由贸易区网络中的特殊作用。需要强调的是，这是中央政府授予海南自由贸易港在对外贸易方面享有的经济自主权，是代表权而非缔约权。授权海南自由贸易港单独关税区的地位，是“把海南打造成为我国面向太平洋和印度洋的重要对外开放门户”的重大举措。

（二）实行与海南自由贸易港建设相适应的财税体制

零关税、低税率、简税制是自由贸易港的突出特点。建设海南自由贸易港，需要以调整中央与地方税收关系、改革税制、创新征管体制等为重点，实行一套有别于内地，具有国际竞争力的财税体制。由此，既能吸引大量企业进驻投资，又能避免成为“逃税港”。

1. 调整中央与地方的税收关系

(1) 将部分中央税收入留给海南。适应海南国际旅游消费中心建设的需要，将国内消费税由中央税调整为地方税；考虑到未来海南除部分商品外都实行免进口关税及进口环节的增值税和消费税，实际的关税及相关环节税收收入极少，建议中央以税收返还的形式将关税及进口环节征收的增值税和消费税留给海南。

(2) 将部分中央与地方共享税收入留给海南。服务于我国南海资源开发、维护海洋权益的战略需要，将海南省所辖海域油气田的资源税划归海南；将个人所得税、企业所得税的中央分成部分全部留给海南。

(3) 扩大海南省级税收管辖权。明确将地方税收的税种开征权、税收减免权、税率调整权下放给海南；通过赋予海南更大的税收自主权，支持海南自由贸易港建设。

2. 构建以直接税为主的地方税制

(1) 该取消的取消。例如，海南自由贸易港内取消或免征增值税、城市维护建设税、耕地占用税、车船使用税、土地增值税等。

（2）该减少的减少。例如，减少消费品的纳税品种，促进国际旅游消费中心建设。

（3）该合并的合并。将房产税和城镇土地使用税合并为房地产税，将契税并入印花税，将烟叶税并入消费税。

（4）形成简税制。通过停征、合并、调整征收范围等多种形式简化自由贸易港的税制，将海南省目前的税种由 18 个减少到 6 个，即企业所得税、个人所得税、环保资源税、销售税、印花税、物业税。

3. 调整部分税种的税率

（1）对企业所得税和个人所得税实行低税率。所有企业减按 15%的税率征收企业所得税；个人所得税税率最高不超过 20%。

（2）提高部分税种税率。提高房地产税、环保税、资源税的税率，体现海南土地、环境、资源的实际价值；提高房地产交易的印花税率，通过税收手段调控房地产市场。

4. 创新税收征管制度

（1）改革税务部门领导管理体制。改变国税地税机构合并后实行以税务总局为主，与地方党委和政府双重领导的管理体制，将国家税务总局海南省税务局改为海南税务局，全面纳入海南省地方管理。由海南省对干部、机构编制、业务和收入等实行统一管理。

（2）创新税收监管制度，防止成为“逃税港”。建立以纳税人自主申报为前提的，由申报纳税、税额确认、税款追征、违法调查、争议处理等为主要构成环节的，与税收风险管理相适应的税收征管基本程序；建立以电子税务局和大数据平台为支撑的“互联网 + 税务”信息化体系，减少税收流失；采用预约定价协议机制，加强国际合作，强化对离岸业务的税收监管，规制国际避税行为。

5. 待时机成熟时，授权海南实行独立的税制

建议在《海南自由贸易港法》中明确提出“海南实行独立的税收制度”，确立“零关税、低税率、简税制”的基本原则，授权海南根据实

际情况自行立法规定税种确立与取消、税率调整、税收减免和其他税务事项。

（三）建立与海南自由贸易港建设相适应的金融体制

资金自由进出是自由贸易港的基本要素，是实现投资贸易自由化、便利化的重要条件。海南自由贸易港的市场主体主要是外资和社会资本。这就需要建立与市场主体投融资需求相适应的金融体制，在促进境外资金、社会资金自由流动的同时，有效防范金融风险。

1. 建立离岸在岸分离型金融体系

（1）制定《海南自由贸易港离岸金融管理条例》。明确海南自由贸易港与境内为离岸与在岸的金融关系，实行在岸离岸分离模式。

（2）尽快取消外汇管制。制定海南自由贸易港外汇管理相关条例，推动贸易、投资自由化、便利化。

（3）设立离岸账户体系。建立以人民币为本位币、本外币合一，可自由兑换，基于自由贸易港离岸金融规则的账户体系，待时机成熟时将现有账户全部切换到离岸账户。

2. 构建独立高效的金融监管体制

（1）在海南设立国家金融稳定发展委员会特派机构。强化海南自由贸易港的宏观审慎管理和系统性风险防范，协调中国人民银行、银保监会、证监会、外汇局对海南自由贸易港的金融业的综合统一监管，强化“反洗钱、反恐怖融资、反逃税”三反监管，维护自由贸易港的金融秩序；加强对国内其他省份资金进出海南的监管，避免海南成为资金“大进大出”的平台，避免冲击国内金融市场。

（2）在海南建立混业金融监管体制。适应金融资本跨领域、跨机构、跨境联动，金融机构混业经营的大趋势，重构海南自由贸易港的金融监管体制，整合海南省“一行二会两局”（中国人民银行海口中心支行、海南银保监局、海南证监局、海南省外汇管理局、海南省地方金融监督管理局）的监管职能，建立综合型的海南金融监管局，实行混业监管。

（3）完善跨境资金流动宏观审慎监管框架。建立以账户体系为依托的资金“两线”流动留痕管理制度，推动形成既符合国际标准又满足海南自由贸易港审慎监管需要的跨境资金流动监测制度。根据金融机构的资本、杠杆、资产负债、流动性、跨境融资风险等情况，对海南自由贸易港金融机构开展宏观审慎评估，并按不同的考核结果实施分级管理。

3. 创新金融监管方式

（1）建立跨部门、跨行业、跨市场的全口径金融信息监测体系。打破部门间经济金融数据壁垒，建立资金流信息监测管理系统，实现银行证券保险数据全覆盖，夯实金融业资金流数据监测基础。运用信息技术手段完善金融监管工具，提升金融监管的专业性、统一性和穿透性。

（2）利用现代金融监管手段。适应金融科技（Fin Tech）发展的趋势，运用大数据、人工智能、区块链等技术手段发展监管科技(Reg Tech)，进一步强化创新监管与功能监管，提高海南自由贸易港的金融风险识别能力和系统性风险防范能力。

（四）推进行政区划调整

中央 12 号文件提出，推进海南行政区划改革创新，优化行政区划设置和行政区划结构体系。海南的土地、海洋、生态等资源优势突出，但受制于区域、城乡体制等壁垒，全省资源价值潜力远未释放。通过行政区划调整，打破区域、城乡壁垒，促进资源要素的自由流动，以实现全岛资源利用效益最大化。

1. 形成省下辖五大区域中心城市的行政格局

（1）调整省与市县行政格局。按照“全岛一个大城市”的思路，打破现行 18 个市县（三沙市除外）的行政区划体制，合并区域中心城市周边相关市县，构建省下辖东、西、南、北、中的五大区域中心城市的行政格局，即形成大经济功能区。强化省级政府在资源统一开发方面的控制权。

（2）调整市、县行政格局。在岛内五大区域中心城市内，“撤县改区”，建立统一的市辖区格局；把原有的市、县转变为市辖区；少数民族地区的扶持优惠政策保持不变。

(3) 调整市辖区与乡镇行政格局。对地处城乡接合部、非农经济占主导、人口城镇化率相对较高、土地大部分被征用（或预征）的乡镇，撤销乡镇一级行政设置，改为街道办事处，作为市辖区政府的派出机构，压缩行政层级，提高行政管理效率。

2. 加快推进城乡一体化进程

(1) 实施全省统一的居住证管理制度。取消城乡二元户籍制度，建立以身份证号为唯一标识、全省统一的居住证管理制度，促进人口自由流动。建立人口综合服务体系，打破人口服务管理的“条块分割”。整合信息网络资源，加快建立以民政部门为主体，由公安、统计、卫生、工商、教育、社保等部门共同参与的人口综合服务系统，实现从人口管理向人口服务的转变。

(2) 推进城乡基本公共服务均等化进程。按“全岛一个大城市”来规划、部署、推进公共服务体系一体化建设。加大基本公共服务供给，缩小基本公共服务差距，提高基本公共服务供给效率；从城乡居民最关心、最直接、最现实的义务教育、基本医疗与公共卫生、基本社会保障等重点领域突破，加快推进城乡基本公共服务一体化进程；将释放的土地等资源增值收益主要用于建立城乡统一的基本公共服务体系，使海南成为全国第一个实现城乡基本公共服务均等化的省份。

(3) 推进城乡治理一体化进程。将社区打造成基层公共服务和社会治理的主要平台。引导城市社区服务资源向农村延伸，增强基层公共服务和社会管理能力；加大对社区的放权，加快推进社区自治。

(4) 加快形成城乡统一的建设用地市场。

——统筹全省土地资源管理。将分散在不同部门管理的耕地、林地、国有农场等土地资源统一到一个部门管理，提高土地资源利用效率。

——建立城乡统一的土地交易市场，实现不同所有制土地“同地同权同价”。赋予集体所有土地与国有土地同等的占有、使用、收益和处分权，对两种所有制土地的权利予以平等保护。

——深化农村“三权分置”改革。加快推进房地一体的农村集体建设用地和宅基地使用权确权登记颁证；严格保护农民土地财产权，允许农民承包土地和农民宅基地抵押、担保、转让；允许农村宅基地使用权在集体成员之外流转；推进农村集体资产股份制改革，从法律上赋予农民完整的集体资产权能；以共享农庄为载体推动农村产权制度改革。

（五）建立高效精简的行政体制

建设海南自由贸易港，需要加快调整行政组织机构和运行机制，优化行政权力结构，深入推进政府职能转变，打造与自由贸易港相适应的高效、精简的行政体制。

1. 方案一：在现有行政架构下大幅精简整合各类机构

按着“小政府”的要求，以“放、统、合”为重点统筹考虑全省党政机构设置，科学配置党政部门及内设机构权力，明确职责。

(1) 能“放”的尽可能放，赋予市县政府更大自主权。把能由市县承担的社会管理、公共服务、环境保护职能下放；按照“谁的财政事权，谁承担支出责任”的原则，建立财力与支出责任相适应的财税制度；允许市县在一些领域因地制宜设置机构。例如，中部地区可以设置国家森林公园局，负责统筹管理国家森林公园相关事务。

(2) 能“统”的尽可能统，加快大部门制改革。最大限度地整合分散在不同职能部门相同或相似的职责。例如，实行“大金融”监管体制，将“一行二会两局”的职能整合到新的海南金融监管局。

(3) 能“合”的尽可能合，精简机构和人员。按着“同类项合并”的原则，深入推进党政机构改革，在行政机构上整合“同类项”，减少局、委、办数量，着力精减行政人员编制。

2. 方案二：实行双重开发管理体制

鉴于海南省目前的状态，从自由贸易港长远发展考虑，建议在过渡阶段实行双重开发管理体制，待条件时机成熟时，授权海南自由贸易港实行特殊的行政体制，加快建立“结构优化、运转高效”的行政体系。

(1) 在省级层面成立海南自由贸易港开发管理委员会，承担全省经济发展职能。主要职能包括制定全省经济发展战略和经济发展政策；统筹规划、管理全岛的各类经济开发区，撤并级别过低的市县开发区，取消市县设置开发区权限，统筹考虑重要开发区的管理权限等。

(2) 经济管理部门实行专业化、市场化、法治化运作。省市经济管理部门实行法定机构运作模式。把海南自由贸易港开发管理委员会定位为立法授权的法定机构；全省各类经济开发区管委会也实行法定机构运作模式。法定机构拥有相对独立的财政管理权；管理人员实行聘任制，不按公务员管理，采用企业化、市场化的用人制度；建立奖优罚劣为导向的绩效考核评价体系，打造一套高效的执行体系。

(3) 按全域建设自由贸易港的要求实行一级行政建制。海南建设自由贸易港，无论从人口规模，还是从经济总量来看，都没有必要实行“省、市(县)、区、乡（镇)”四级行政层级。为适应高度开放的要求，建议海南解放思想，在保留省级行政建制不变的基础上，全面实行一级行政建制，大幅提高管理效率。同时，大幅精简和撤并行政机构和行政人员，推进法定机构化改造，打造一套高效、灵活的执行体系。

(4) 深化政府职能转变，建设公共服务型政府。将海南各级政府的工作重点转到创造良好营商环境、提供优质公共服务、加强社会治理上来。增强基层政府的基本公共服务供给能力，调动市场力量增加非基本公共服务供给，为人民群众提供便捷高效、公平普惠的公共服务。

(六) 推进司法体制改革

中央 12 号文件提出“积极探索与行政体制改革相适应的司法体制改革”。高度法治是海南自由贸易港的基本要求和重要保障。随着海南自由贸易港开放范围、广度、深度的不断扩大，将会有更多的境内外企业进驻海南，各类民商事纠纷与案件也会不断增多，迫切需要加快推进与自由贸易港相适应的司法体制改革。

1. 以审判为中心推进刑事诉讼制度改革

(1) 推进审判权和执行权分开。以审判为中心，在全岛范围内合理配置司法资源；推进审判权和执行权分开。法院独立行使审判权，在审判过程中以庭审活动为中心。成立独立的执行机构专司司法执行功能。

(2) 创建海南自由贸易港专业法庭。例如，创建海南自由贸易港“数字法庭”，推动数字化审判，充分利用大数据平台提高诉讼效率；创建知识产权法庭，审理海南自由贸易港建设中出现的知识产权案件。

2. 建立多元化纠纷解决机制

(1) 建立以调解、仲裁等主要手段的替代性纠纷解决机制。例如，实施电子取证、网上调解、网上仲裁、时间戳证据保全等，在最短时间内有效保障当事人权益；建立包括行政调解、人民调解、行业协会调解、商会调解在内的多元化纠纷解决机制。

(2) 完善国际商事纠纷多元化解决机制。鼓励和支持按自愿原则选择调解、仲裁等非诉讼方式解决纠纷；引进港澳台和外籍法律、经济、金融专家作为调解员参与纠纷化解，提升多元化纠纷解决机制的公信力。

(3) 建立多元化的诉调对接平台。加强与银行、证券、保险等行业协会、社会组织合作，加快建立多功能、一体化诉调对接中心，完善纠纷在线解决平台功能，建立和解、调解、仲裁、公证、诉讼有机衔接、互相协调的诉调对接平台，降低纠纷解决成本。

3. 建立与国际接轨的仲裁制度

(1) 鼓励和支持国际仲裁机构入驻海南。鼓励国际商事仲裁机构以独资、合资和合作等形式进入海南，引进域外先进的仲裁理念和仲裁模式；调整《仲裁法》部分条款和法律标准在区内的适用范围；参考《示范法》和《纽约公约》，在海南尽快以“仲裁地”标准取代“仲裁机构所在地”标准。

(2) 支持海南自由贸易港仲裁机构创建两大法系仲裁模式裁决民商事

案件。在海南国际仲裁院内创建两大法系仲裁模式裁决民商事案件，组建海南国际商事法律专家咨询委员会，委员会成员由来自不同法系、不同国家和地区的法律专家组成。

(3) 建立临时仲裁制度。尽快制定海南自由贸易港临时仲裁的示范性条款，建立临时仲裁员选任制度，简化适用临时仲裁的相关程序性规定，构建临时仲裁裁决的监督机制，确保临时仲裁裁决的承认与执行。

(4) 引入国际专业替代性纠纷解决机构。引入临时仲裁等国际通行机制，支持、鼓励当事人根据纠纷的实际情况选择相适应的纠纷解决方式；着力引入高素质外籍专业解纷专家和国际专业替代性纠纷解决机构。

4. 培育多元化法律服务市场

(1) 允许境外律师事务所在海南自由贸易港内设立分支机构。允许境外律师事务所分支机构经过司法行政部门备案后在海南自由贸易港内从事各类涉外民商事法律服务。

(2) 组建海南自由贸易港国际律师学院。积极与境内外的法律服务机构合作，着力培育服务于海南自由贸易港建设的多元化法律服务市场。

(3) 成立海南自由贸易港外国法查明中心。支持省内智库、高校与相关机构联合成立海南自由贸易港外国法查明中心，为市场主体提供法律服务。

(七) 中央政府充分授权

按照中央 12 号文件提出“中央有关部门要真放真改真支持”，在中央的统一领导下，将经济类与社会类事权尽可能下放给海南，破解长期以来的体制与政策矛盾，使海南充分自主地享有相应的管理权限，以支持海南大胆试、大胆闯、自主改，这是海南自由贸易港制度创新的主要目标。

1. 建议赋予海南自由贸易港更大的改革开放自主权

这个自主权主要涉及经济治理权限，包括自由贸易港特殊地方立法权、对外经济合作自主权、经济政策制定自主权以及与此相适应的行政管理权等。自由贸易港经济自主权的属性是中央对海南自由贸易港的授权，比其他省区享有的经济自主权范围更大，是解决自由贸易港建设与现行政策和体制矛盾的重要条件，是有效协调中央部委与海南经济关系的重要保障，也是海南自由贸易港立法的重要依据。

2. 全国人大出台专项立法

（1）方案一：由全国人大出台《中国特色自由贸易港基本法》。在国家层面专门立法明确中国特色自由贸易港的法定性质、法律地位、战略目标、特殊功能等；明确中国特色自由贸易港包括政策体系、法规体系、管理体制、运行模式等在内的制度框架。

（2）方案二：全国人大批准实施《海南自由贸易港基本条例》。全国人大授权海南省人大起草《海南自由贸易港基本条例》，提交全国人大审议通过后正式实施。

3. 率先对海南实行一揽子授权

《中华人民共和国立法法》第十三条规定，“全国人民代表大会及其常务委员会可以根据改革发展的需要，决定就行政管理等领域的特定事项授权在一定期限内在部分地方暂时调整或者暂时停止适用法律的部分规定”。在相关法律法规尚未有重大突破的情况下，提请全国人大对海关、税收、投资、外贸、金融、入出境、仲裁等现行有关法律、行政法规进行暂停适用。由此尽快实现相关制度创新的重要突破。

四、落实自由贸易港建设的“早期安排”

（一）实施“早期安排”行动方案

1. 出台《海南自由贸易港总体方案》

形成自由贸易港“1+N”的方案体系。建议在《海南自由贸易港总体方案》基础上，设立若干个专题小组，如中央与海南关系、服务贸易自由化便利化、精简高效的行政体制、海关管理、财税体制、南海开发、司法体制等，分别制定相关详细方案。

2. 实施《海南自由贸易港“早期安排”方案》

习近平总书记在“4·13”重要讲话后，又4次在重要国际场合强调加快推进海南自由贸易港建设。习近平总书记在讲话中一再强调要“加快”，只能比已定的“分步骤、分阶段”的实践安排提前，不能拖后；有条件落地的政策，如不分行业的零关税、重点服务业市场的全面开放、财税等领域的相关制度政策，要成熟一个推出一个；海南有条件做、能做的事情要尽快行动。

（二）实施改善营商环境上的“早期安排”

改善营商环境是海南从自由贸易试验区走向自由贸易港的首要任务，也是关键所在。按照中央要求，要加快制度创新，打造良好的营商环境，到2025年营商环境达到国内一流水平，到2035年营商环境跻身全球前列。

1. 用市场化的办法解决各方高度关注的问题

（1）建立海南房地产市场平稳健康发展的长效机制

——以市场化为导向。以扩大土地供给总量和优化土地供给结构为核心，以保障中低收入群体住房需求为重点，加快建立多主体供给、多渠道保障、租购并举的新型住房制度。

——尽快放开高端住房交易限制。更多利用印花税等措施调节市场；保障基本住房需求，新增房地产供给优先用于保障性住房；有序扩大土地供给，每年新增土地供给面积向全社会公布。

——鼓励、引导房地产企业加快服务化转型。大力发展旅游、健康、养老服务型地产，完善医疗保健、生活配套服务，提升房地产品质。

（2）以经济手段“限油奖新”，引导和推动全岛乘用车结构调整

——调整燃油车“车辆购置税”。根据车身价实行累进制，提高燃油车的购置成本，在此基础上放开燃油车限购。

——加大对新能源车购销的支持力度。加大对新能源车配套设施投资的支持力度；支持社会资本投资，尽快在全岛建立完善的新能源车服务体系。

2. 赋予市场主体更大的自主权，有效激发市场活力

(1) 全面实施企业自主登记制度、简易注销制度

——尽快实现各类所有制企业注册便利化。在出台“E 登记”的基础上，对标全球最自由的企业制度，加快在海南探索外国（地区）企业直接登记制度，创造更为开放的投资环境，实现企业“自由生”。

——加快试点企业简易注销制度。在股东签署承担税收清缴、债权债务清偿等文件的基础上，市场监管部门与税务部门联动，探索“E 注销”，实现企业“自由死”。

(2) 全面推广企业法人承诺制。对必须保留审批的事项，向申请企业提供责任承诺书和审批要件清单，企业法人签署对材料真实性负责和对虚假材料承担责任的法人承诺书后，审批部门可当场或当天发放批件和许可证；事后，监管部门在规定时间内组织现场核查，如发现企业造假，再对其进行严厉惩处。

(3) 赋予并保障企业投资自主权。在强化城乡规划、土地利用、环境保护等规划管理的前提下，除涉及国家安全等敏感项目外，一般投资项目一律由企业依法依规自主决策。

(4) 着力消除政府部门扭曲公平竞争的行为。坚持竞争政策基础性地位，强化竞争中性原则，不仅要规范企业的竞争行为，更要规范政府行为，为内资和外资、国有与民营、大公司与中小企业创造公开透明、公平竞争的市场环境。

3. 加快推进交易场所等市场基础设施建设

(1) 以人民币计价。依托海南旅游、健康、热带农产品、大宗商品、航运等优势，加快建立现代化、国际化的交易场所。尽可能增加人民币计价的交易种类，以逐步增强我国对某些产品的国际定价权，推进人民币国际化进程。

(2) 以国际交易者为主。面向国际市场，吸引国际资本参与交易，借

鉴、学习其丰富的市场经验，同时避免给国内交易所带来冲击。

(3) 吸引国际知名交易所参与。“不求所有，但求所用”，吸引纽交所、伦交所、港交所等国际知名交易所投资海南交易场所，国际交易所可以控股；引入国际化的技术与管理人才，采取国际化标准，实行国际化管理。

(三) 扩大服务业市场开放的“早期安排”

推动海南自由贸易港建设进程，要实施海南极简版负面清单，并率先在文化旅游、医疗健康、职业教育、高新技术等领域实施产业项下的自由贸易政策，在扩大服务业市场开放和服务贸易创新发展方面做“早期安排”，以尽快取得自由贸易港建设的“早期收获”。

1. 尽快制定实施海南版服务贸易负面清单

(1) 过渡期加快制定海南版服务贸易负面清单。建议海南负面清单直接对接国际通行的产业分类方法；加快形成包括投资准入与跨境服务在内的综合版、内外资统一的极简服务贸易负面清单；除电视广播、新闻媒体、出版印刷等涉及国家安全、社会公共秩序的领域实行负面清单管理外，其他服务贸易对内外资全面开放。

(2) 完善负面清单配套管理措施。详细列明海南负面清单的管理措施与相关描述；管理措施描述尽可能细化到具体业务，以提高负面清单可操作性；更多采取比例限制、岗位限制、差别待遇等方式，降低负面清单的行业限制强度；完善负面清单的附件体系；为关键领域及未来新业态预留空间。

(3) 强化负面清单的稳定性与可预期。提升海南版负面清单的法律效力。通过地方立法明确规定，凡是与负面清单的开放承诺相冲突的部门现行规章，一律按照负面清单执行；建立“棘轮机制”，明确负面清单限制措施“只减不增”。

2. 以扩大重点服务业市场开放的“早期安排”取得产业发展的“早期收获”

(1) 以文化产业市场开放的“早期安排”取得旅游国际化水平提升的

“早期收获”。长期以来，海南面临着内外不断增长的国际化、服务型、个性化消费需求与国际化产品供给严重不足、国际化服务不优的突出矛盾。其中，文化娱乐产业发展滞后是一个突出问题。2018 年，海南文化产业增加值占 GDP 比重仅为 3.3%，低于全国平均水平 1 个百分点，比北京（12.9%）低了 9.6 个百分点。提高海南旅游的国际化水平，增强竞争力，关键在于文化、体育、娱乐、创意等市场的高度开放。取消外商投资文化、体育、娱乐企业的股比限制，率先在这些领域实行“零关税”的“早期安排”，以取得文化娱乐与旅游融合发展的“早期收获”，并由此促进海南现代服务业的较快发展。

（2）以教育市场开放的“早期安排”取得“教育开放创新岛”的“早期收获”。教育发展滞后是海南的“软肋”。作为一个开放岛屿，海南有条件在扩大教育市场开放上做出“早期安排”。例如，在符合条件和标准，在严格监管的前提下，允许境外资本在高等教育、普通高中、学前教育等领域独立办学。此外，建议对从事教育的人才征缴的个人所得税不高于 10%。由此，取得海南“教育开放创新岛”建设的“早期收获”。

（3）以医疗健康市场开放的“早期安排”取得“医疗健康岛”的“早期收获”。海南在医疗健康方面的突出矛盾是全国居民对海南医疗健康服务消费的刚性需求日益增大，但由于基础差、底子薄，海南医疗健康服务水平同发达省相比有明显差距。尽管近几年有明显改善，但矛盾问题依然比较突出。当前，医疗健康服务业的高度开放既有极大需求，又有现实可行性。海南加快探索建设自由贸易港进程，最有可能在医疗健康方面实现重大突破，以切实把这张“王牌”用好。建议把博鳌乐城国际医疗旅游先行区的某些政策尽快逐步在全省实施，以努力在医疗健康产业的高度开放方面取得“早期收获”。

（4）以高新技术产业开放的“早期安排”取得“智慧海南”建设的“早期收获”。推进高新技术产业开放，促进大数据、区块链、云平台等新兴技术与传统产业融合，不仅对提升海南产业发展水平有重要作用，而且有利于促进更高水平开放。从现实看，海南高新技术产业发展较为滞后。2017 年，海南高新技术产业增加值仅为 212.3 亿元，不足同期深圳的 3%。抓住新一轮产业变革和科技革命的新机遇，海南要以高新技术产业全面开放的“早期安排”取得“智慧海南”建设的“早期收获”。例如，为支持在海南生态软件园引入国际知名互联网企业，开展区块链技术研发和创新应用，设立区块链技术国家级实验室，建议对园区内的高科技企业从获利年度起 5 年内免征企业所得税，对科技人员实行不超过 10%的个人所得税。

（四）在提高资源利用效益上形成“早期安排”

从自由贸易试验区走向自由贸易港，要把加快构建有利于提升海南土地、海洋、环境等资源利用效益的体制机制作为重大任务，通过优化重要资源配置不断形成海南的财力积累。这样，海南就有可持续的资金来源，就有财力加快改善基础设施，提高基本公共服务水平。

1. 重点提高土地资源利用效益

（1）提高土地资源利用效益的潜力巨大。稀缺的土地资源是海南发展的后发优势。海南自由贸易港作为国家重大战略，土地等重要资源的价值进一步提升。但是受 19 个市县分割分治的行政格局等因素制约，海南全省土地资源利用效益很低。与台湾相比，海南与台湾的土地面积差不多，海南约 2/3 是平原，台湾约 2/3 是丘陵和山地，海南资源禀赋总体优于台湾，但 2018 年海南每平方公里土地产出的 GDP 只等于台湾的 12.7%；与新加坡、广东、香港等地相比，2018 年海南每平方公里土地产出的 GDP 仅相当于新加坡的 0.41%、香港的 0.63%、广东全省的 25.4%。

通过统一全省土地利用，盘活存量土地资源，扩大土地资源供给，优化土地资源配置，进而提高全岛土地资源综合利用效益。到 2025 年，若海南土地资源利用效益达到广东省 2018 年的 50%左右，估计将会有 9000 亿元左右的资本需求；若达到台湾 2018 年的 30%，估计将会有 1 万亿元以上的资本需求；若达到香港 2018 年的 5%，估计将会有 3 万亿元以上的资本需求；若达到新加坡 2018 年的 5%，估计将会有 5 万亿元以上的资本需求。

表 1.1　2018 年海南、广东、台湾、香港、新加坡土地产出比较

（单位：亿元/平方公里）

	海南	广东	台湾	香港	新加坡
土地资源利用效益	0.137	0.54	1.078	21.69	33.11
海南相当于其他地区	—	25.4%	12.7%	0.63%	0.41%

数据来源：根据《2019 中国统计摘要》、香港特别行政区政府统计处、香港政府一站通网、新加坡统计网等公布的数据计算得出。

（2）尽快统一全省土地资源利用。强化省级政府对土地的统筹利用；严格执行全省土地统一收购储备、统一开发管理、统一公开供应，统一规划岸线资源；严格土地审批，限制最低地价，提高平均地价。

（3）赋予农民完整土地财产权，率先实现自由贸易港城乡土地同权同价同治。

——率先探索农村宅基地扩大流转试点。赋予农村宅基地包括使用、收益、处分、继承等在内的完整的权能，使农村住宅建设用地使用权具有与城市住宅建设用地使用权同等的用益物权。全面推开宅基地所有权、资格权、使用权“三权分置”；创造条件，率先全面放开宅基地和农民房屋使用权流转，重点突破只允许宅基地使用权在本集体经济组织内部流转的限制。率先建立开放竞争、统一有序的宅基地使用权流转（交易）市场。

——率先建立城乡统一的建设用地市场，实现不同所有制土地“同地同权同价”。建立城乡统一的土地交易市场。赋予集体所有土地与国有土地同等的占有、使用、收益和处分权，对两种所有制土地的权利予以平等保护。

2. 着力提高海洋资源利用效益

（1）提升海洋资源利用效益空间巨大。海南地处南海要冲，地理和区位优势明显。尽管海南的海洋面积占全国的 2/3，约有 1944 公里的海岸线，但海洋资源利用效益低下。2018 年海南海洋经济产值仅为山东的 8.75%、广东的 7.25%；海南单位海岸线海洋经济密度仅为广东的 15.5%、山东的 15.1%。通过整合全省和毗邻省际港航资源，加快全省基础设施统一，由此明显提高海洋资源利用效益，推动全省海洋经济向质量效益型转变。到 2025 年，若海南单位海岸线海洋经济密度达到 2018 年广东或山东的 50%，则全省海洋生产总值将超过 4500 亿元。

表 1.2　2018 年海南、广东、山东海洋资源利用效益比较

（单位：万亿元；亿元/公里）

	海南	广东	山东
海洋经济生产总值	0.14	1.93	1.6
海南相当于其他地区	—	7.25%	8.75%
单位海岸线海洋经济密度	0.72	4.66	4.78
海南相当于其他地区	—	15.5%	15.1%

数据来源：根据《2018 年广东省海洋经济发展报告》、山东省海洋工作会议新闻报道等资料计算得出。

⑵ 以海洋产业开放带动海洋经济发展。加快海洋旅游发展，以邮轮旅游为重点，尽快在共建“泛南海旅游经济合作圈”上取得突破；支持海南发展西沙、南沙、中沙渔业生产，进一步加大海南在西沙、南沙、中沙渔业资源的开发力度；支持海南参与南海油气开发，合理调整中央与地方南海油气开发收入分配比例，将南海油气开发管理权部分下放给海南；加快建设具有较强服务功能和辐射能力的国际航运枢纽，不断提高全球航运资源配置能力。

⑶ 发展海洋科技，着力提高海洋科技竞争力。充分发挥“一带一路”沿线国家科研机构和组织的地域特点及多学科综合优势，在海南建立深海科技联合实验室、联合研究中心等国际科技创新合作平台，促进深海

科技创新合作与成果共享；对联合开展科学研究、科学教育、科技开发用品实行免征进口关税和进口环节增值税、消费税等政策。

3. 以推进"六个统一"为重点，深化"多规合一"改革

按照"全岛一个大城市"思路，在调整行政区划的同时，深化"多规合一"改革。在全省规划统一的基础上，加快推进土地利用统一、基础设施统一、产业布局统一、城乡发展统一、环境保护统一、社会政策统一，显著提升全省资源利用效益，释放海南巨大的资本需求潜力，形成海南发展整体优势。

（五）尽快实施"零关税"的"早期安排"

尽快在海南全面实施"零关税"，符合全球自由贸易大趋势，符合我国开放战略实施的新要求，符合海南自由贸易港建设的基本需求。建议把某些领域的"零关税"作为海南自由贸易港制度建设"早期安排"的重点，由此取得相关制度创新和产业开放的"早期收获"。

1. 从 2020 年开始在相关服务贸易领域实施"零关税"

其重点一是对医疗健康、文化娱乐、旅游、教育、科技研发、会展等服务业行业发展所需原材料、基础设施配套的用品设备的进口实施"零关税"，并免除进口环节增值税；二是对事关民生的重点行业进口商品实施"零关税"。例如，对国外已经上市但国内尚未注册的抗癌药品以及与癌症治疗相关的医疗器械进口实施"零关税"，进一步扩大适用"零关税"药品范围。

2. 把日用消费品"零关税"作为"早期安排"的重中之重

笔者在 2009 年就提出在海南全岛建立日用消费品免税区的建议，分别在全国政协十一届二次会议和五次会议上提交了提案，呼吁这件事。10 年过去了，现在看，争取中央支持，尽快在日用消费品领域做"零关税"的"早期安排"，有利于解决本岛居民收入不高但生活成本却高企不下的突出问题。在这方面，使海南广大城乡居民取得"早期收获"，其需求更为迫切，条件也比较成熟。同时，这也是加快建设具有世界影响力的国际

旅游消费中心的重大举措。

3. 作为一个相对独立的岛屿，加上现代科技监管手段的应用，海南有能力“防止走私”

由于多方面情况的变化，海关监管的主要任务是有效防范因产业开放，尤其是金融等服务业市场全面开放带来的外部输入性风险。同时，利用现代科技监管手段对实施“零关税”的用途和范围实行严格监管，就有条件把“零关税”的风险降至最低。

(六) 加快形成引才用才的独特优势

海南自由贸易港建设，关键靠人才。未来一到两年，能不能以非常之举尽快形成吸引人才、留住人才、用好人才的体制机制和独特优势，是海南加快探索建设自由贸易港进程的决定性因素之一。

1. 出台吸引人才的特殊政策的“早期安排”

比如，尽快改变海南教育、医疗、高新技术等行业相对落后的现状，要力争在税收政策上率先实现突破。建议对医疗、教育、高新技术等行业的人才来源于海南的综合所得，个人所得税按照最高不超过 10%的税率征收；对新引进的和本地的医疗、教育、高新技术等行业高层次人才，在海南取得的劳动所得，在一定时期内可以实行更低的个人所得税。

2. 以法定机构为主要平台吸引国际化人才

(1) 重点通过法定机构吸引各类高端人才。建立各级政府外籍高级顾问制度。赋予法定机构法定自主权，包括内设机构设定权、人才聘用权、薪酬制定权等。

(2) 以设立海南移民管理局为重点搭建并不断完善吸引全球高层次人才的平台。充分利用国家高层次人才引进、使用和管理资源，整合全省资源建立引进高级专业技术人才、创新创业人才、国际知名人士的高层平台；尽快建立国际人才库，打造覆盖多行业、开放共享的国际人才信息平台；通过与国外科研机构合作，争取在海南设立全球性研发基地。打造开放型学术团队网络，把海南某些高校新校区交由海内外名牌大学运营管理，以此吸引国际高端专业人才。

（3）鼓励支持进行国际人才评估、认定的第三方组织和机构在海南发展。打造专业化的国际人才评价体系，其对国际人才的评估结果可以为海南政府部门和用人单位直接采用。

（4）制定《海南自由贸易港人才促进条例》。为海南自由贸易港建设的人才规划、人才培养、人才引进、人才评价、人才自由流动、人才权益保障、人才激励和人才区域合作等提供法治保障。

3. 实行开放灵活的人才管理体制

（1）全面取消编制管理。打破人才管理行政化、封闭化的传统格局，以专业性、开放性为重点重构人才管理体制。在海南除少数党政机关以外，国有企业、事业单位、社会组织等从业人员全部取消编制管理，属于参公管理的全部退出参公管理序列。事业单位采取预算管理，下放人事管理权，条件成熟时改为法定机构，采取全员聘用制。

（2）对公务员加快实行选任制和委任制分类管理。按着党的十八届三中全会提出的“区分实施选任制和委任制干部选拔方式”的要求，建设以专业技术类和执法类作为主体的公务员队伍，把行政综合类占比压到最低；改变以行政级别为主的“身份管理”，实行以职务聘任为主的“岗位管理”。

4. 建立并完善国际化人才服务体系

（1）加快打造国际人才社区。在划定区域为来琼创新创业的国外企业家、高层管理人才、专家学者打造国际人才社区，营造适合国际高端人才创新发展、和谐宜居的“类海外”居住和文化环境。

（2）支持海南设立外国人永久居留服务机构。探索租售同权等房地产政策，为引进的国际高端人才提供住房保障；完善交通、医疗、生活等基础设施；为国际创新创业人才的子女提供优质教育。

（3）有序放开菲佣等外籍劳工入琼。在建立制度、管住风险、优化服务的前提下，有序引入菲佣等高技能外籍劳工，为国际化人才和海南中高收入家庭提供优质家政服务。

（七）加大海南自由贸易港建设起步阶段的财税金融支持

鉴于海南目前的经济与财政状况，加快推进自由贸易试验区走向自由贸易港的进程，需要在未来几年加大对海南重大事项的财税金融政策支持力度，以开好头、起好步。

1. 加大对海南公共财政的支持力度

在海南自由贸易试验区建设阶段，加大中央对海南的一般性和专项转移支付力度；在现有转移支付系数中加入“自由贸易港因子”，适当提高海南基本运转支出占标准收入的比重，支持海南生态环境及基本公共服务均等化等项目建设。

2. 加大对海南基础设施建设的财税支持

海南自由贸易港建设对全岛基础设施提出更高要求。建议中央财政设立海南自由贸易港基础设施专项转移支付项目，支持海南进一步改善岛内高速公路、国际港口、国际航线、信息与旅游基础设施等。

3. 支持海南在国际资本市场发行人民币债券

充分利用资本市场，形成长期稳定的筹集机制。可以考虑两个方案：一是由中央政府发行海南自由贸易港专项建设长期债券，利用中央政府信用降低融资成本，由海南偿还；二是支持海南以国家信用担保，在国际市场发行以人民币计价的长期债券，利用国际资本加快海南自身软硬件建设。建议聘请国际信用评级机构对海南进行信用评级，采取先短期债券，后长期债券的方式，在香港试点发行海南自由贸易港建设债券。

第二章　将海南打造成为我国面向太平洋和印度洋的重要对外开放门户[①]

吴士存
中国南海研究院院长
中国特色自由贸易港研究院副院长

《中共中央 国务院关于支持海南全面深化改革开放的指导意见》（以下简称“中央12号文件”）和2018年10月国务院印发的《中国（海南）自由贸易试验区总体方案》（以下简称《总体方案》）均明确要求海南实行更加积极主动的开放战略，探索建立开放型经济新体制，把海南打造成为我国面向太平洋和印度洋的重要对外开放门户。

把海南打造成为我国面向太平洋和印度洋的重要对外开放门户，不仅是国家新时代对外开放的内在要求，也是基于海南定位与角色的必然选择。海南如果能够率先探索接轨国际的开放新规则，创新对外开放的新机制，形成对外开放的新优势，不仅能够实现既快又好的高质量发展，率先进入发达地区行列，还将充分展示中国特色社会主义制度的优越性，增强中国特色社会主义的说服力和吸引力。

---

①本报告为2019年中国特色自由贸易港研究院专项委托课题成果，由中国南海研究院课题组完成。课题组组长：吴士存。课题组成员：林勇新、杨力、陈平平、蔡振伟、于涛、林杞、贺先青、龙妍。

一、重要对外开放门户的内涵

将海南打造成为我国面向太平洋和印度洋的重要对外开放门户，是基于中国进入新时代，需探索更大规模、更深层次的对外开放这一重要背景作出的战略选择。随着“一带一路”倡议的深入推进，作为21世纪海上丝绸之路重要战略支点的海南理应在中国的对外开放中扮演更重要的角色。

（一）打造重要对外开放门户的时代背景

1. 我国发展进入了新时代

2017年10月，习近平总书记在党的十九大报告中庄严宣告，“经过长期努力，中国特色社会主义进入了新时代，这是我国发展新的历史方位”[①]。在该“历史方位”上，十九大报告对新时代的改革开放进行了谋篇布局：新时代要坚持新发展理念，主动参与和推动经济全球化进程，发展更高层次的开放型经济，不断提升我国经济实力和综合国力。实行高水平的贸易和投资自由化、便利化政策，全面实行准入前国民待遇加负面清单管理制度，大幅度放宽市场准入，扩大服务业对外开放，保护外商投资合法权益。赋予自由贸易试验区更大改革自主权，探索建设自由贸易港。简言之，新时代的发展就是要以深入推动全球化进程来接轨国际规则，推动我国更大规模和更深层次的对外开放，促进我国经济发展换挡增效。

2.“一带一路”倡议进入深耕细作阶段

2013年，习近平总书记在多个重要国际场合倡议共建“一带一路”，得到世界多个国家的积极响应。当前，“一带一路”倡议基本形成了“六廊六路多国多港”的互联互通架构体系。截至2019年10月底，中国已与137个国家和30个国际组织签署197份“一带一路”合作文件[②]，政策沟通取得重要进展。此外，以亚投行为主的资金融通方式为“一带一路”注

---

①习近平. 决胜全面建成小康社会　夺取新时代中国特色社会主义伟大胜利——在中国共产党第十九次全国代表大会上的报告［EB/OL］. 新华网，2017-10-27.

②中国已与137个国家、30个国际组织签署197份“一带一路”合作文件［EB/OL］. 新华网，2019-11-16.

入了强大的动力。2018 年年底，中国与“一带一路”参与国的贸易总额超 6 万亿美元，为当地创造就业岗位达 24.4 万个，对外直接投资超过 800 亿美元，上缴东道国税费累计超 20 亿美元。6 年多来，“一带一路”倡议取得了丰硕的成果，正如习近平总书记在第二届“一带一路”国际合作高峰论坛开幕式上的主旨演讲中强调，“面向未来，我们要聚焦重点、深耕细作，共同绘制精谨细腻的‘工笔画’，推动共建‘一带一路’沿着高质量发展方向不断前进”[①]。换言之，“一带一路”倡议经过前 6 年的“大写意”发展，进入了“工笔画”绘制阶段。作为 21 世纪海上丝绸之路重要战略支点的海南，理应在“一带一路”深耕细作阶段主动作为，加强“一带一路”国际合作，促进区域互联互通建设和提升区域经济一体化发展水平。

3.“逆全球化”与推动区域经济一体化成为全球经济治理的两种不同选择

在太平洋和印度洋的地区经济治理进程中，美国特朗普政府退出跨太平洋伙伴关系协定（TPP）和东盟主导推动的区域全面经济伙伴关系协定（RCEP）谈判是两条截然不同的路径。相关研究表明，无论是 TPP 完全终止，还是日本等其他 11 国最终签订的全面与进步跨太平洋伙伴关系协定（CPTPP），对中国的经济增长影响都将有限，即使今后美国迫于国际竞争压力重新谋求加入 TPP，这种影响也是很小的。相反，东亚地区现有的以中国为核心的区域价值链体系的结构将日益巩固[②]。

但值得警惕的是，美国在国际贸易领域大搞保护主义，发起针对包括中国在内的世界主要经济体的贸易战，极大地增加了全球发展的不确定性[③]。2019 年 10 月，中美双方在最新一轮磋商中就共同关心的经贸问题进行了坦诚、高效、建设性的讨论，在农业、知识产权保护、汇率、金融服

①习近平. 齐心开创共建“一带一路”美好未来［EB/OL］. 新华网，2019-04-26.

②崔凡. 美国退出 TPP 对中国的可能影响［J］. 人民论坛，2017（09）：82-84.

③袁征. 美国单边主义行为冲击国际秩序［J］. 人民论坛，2019（01）：24-27.

务、扩大贸易合作、技术转让、争端解决等领域取得实质性进展[①]，中美经贸磋商取得了实质性的第一阶段成果。但尽管如此，鉴于中美两国的结构性矛盾在短时间内难以调和，中美博弈的长期性、复杂性不容低估，美国单边主义行动并不会实质性减少，特别是美国退出 TPP 意味着美国在处理中美经贸关系时，将日益依靠双边谈判与单边措施，并依靠其国内法，更多地运用反倾销、反补贴、保障措施、知识产权 337 条款等手段进行贸易保护[②]。

面对国际环境中的这些“逆全球化”行为，中国须积极探索构建对外开放新体制，推动全球化新的转型发展。可喜的是 2019 年 11 月，第三次 RCEP 领导人会议正式对外宣布 15 个成员国整体上结束谈判，并将于 2020 年签署协议，标志着世界上人口最多、成员结构最多元化、发展潜力最大的自贸区建设取得了重大的突破，势必将为经济全球化发展注入动力与信心。就未来发展前景而言，RCEP 推动的区域经济一体化，将降低区域间贸易的关税、非关税以及技术性壁垒，同时还能够整合区域内复杂的双边 FTA 网络，改善区域发展环境。由此或可推断，RCEP 将有利于中国改善贸易地位和经济形势[③]。

因此，在 RCEP 推动的区域经济融合不断深化和“一带一路”倡议稳步推进的背景下，海南探索建设更高水平、更高层次经济开放的自由贸易试验区和中国特色自由贸易港［以下简称海南自贸试验区（港）］，可谓相得益彰，既顺应了全球化发展的客观大势，也是应对当前阶段“逆全球化”的应然之举。

4. 国际经贸规则朝纵深化方向演变

当前，世界经济贸易格局正在发生深刻的变化，生产的全球化导致产品的中间环节变得愈发复杂，贸易成本不断攀升，任何单一国家都无法完

---

①美国总统特朗普会见刘鹤［EB/OL］. 新华网，2019-10-12.

②崔凡. 美国退出 TPP 对中国的可能影响［J］. 人民论坛，2017（09）：82-84.

③全毅，沈铭辉，仇莉娜. 如何构建区域全面经济伙伴关系（RCEP）：中国视角［J］. 和平与发展，2017（05）：90-106.

全主导整个生产力体系的运转与变革，这迫切需要“零关税、零壁垒、零补贴”的“三零”规则来塑造新的世界经贸秩序。随着中国的崛起，中国在世界贸易领域的利益越发广泛，而美国总统特朗普上台以来，以“美国优先”为施政纲领，大搞贸易保护主义，并多次表达了对WTO等世界既有经贸规则的不满，谋求世界经贸规则的变革。实际上，也应看到，尽管美国对WTO的不满有针对中国的嫌疑，但经过40多年的改革开放，我国已经具备了“以市场换市场的实力”，但“弱点在于规则制定的能力比较差”，因此积极推动WTO改革“将会是中国第一次以一个在经济地位上几乎可以和美欧平起平坐的身份参与新的国际经济规则的制定”①。另一方面，尽管围绕世界经贸规制的制定，无论在过去几十年还是在未来的一段时间之内，美欧与中国之间仍然将是主要的竞争对手，但若要世贸组织继续保持作为一个有意义的、促进全球法律秩序的多边机构，美欧将不得不与中国合作②。从这方面讲，世界经贸规则的变革对中国而言，机遇与挑战并存，深化改革开放是我国应对挑战、抢抓机遇的不二选择。

与此同时，各种新经济业态不断涌现，数字贸易、服务贸易在全球贸易中的比重不断攀升。《中国数字经济发展与就业白皮书（2019年）》显示，2018年中国数字经济规模达31.3万亿元，同比增长20.9%，占国民生产总值的比重为34.8%，但数字贸易发展的生态圈尚待优化，基础产业对数字贸易的支撑作用有待提升。更重要的是，全球数字经济发展的规则制定尚处于初步探索阶段③。服务贸易方面，2018年全球服务贸易进出口规模达11.5万亿美元，增长7.5%。按增加值统计，服务贸易占全球贸易的比重超过40%④。因此，如何在全球经贸规则重塑中发出中国声音，以及如何在新经济业态不断涌现的背景下，抢占国际新一轮经贸规则的制定

---

①王江雨. WTO改革，中国改革的契机［EB/OL］. FT中文网，2019-01-16.

②G. Shaffer，H. Gao. China's rise：How it took on the U.S. at the WTO［J］. Social Science Electronic Publishing，2018，2018（1）：115-184.

③李宁. 中国数字贸易生态圈有待优化［EB/OL］. 中国商务新闻网，2019-10-16.

④服务贸易将成全球贸易新引擎［N］. 经济日报，2019-10-23.

权，直接关乎我国未来的发展命运。显然，海南建设自贸试验区（港），打造我国面向太平洋和印度洋的重要开放门户，其核心任务在于把握国际经贸规则的演变趋势，为中国更大规模、更高层次的开放投石探路。

5. 自贸试验区（港）建设为海南新一轮对外开放提出了更高的要求

习近平总书记“4·13”重要讲话以及中央12号文件、《海南自贸试验区总体方案》等为海南建设自贸试验区（港）制定了宏伟的蓝图。站在新的历史起点，海南如何发挥新时代改革开放“试验田”的作用，成为摆在其面前的重要课题。总体而言，海南应利用自贸试验区（港）建设的契机，敢闯敢试，在我国对外开放格局中先行先试、大胆改革，积极拓展我国对外开放的深度与广度，探索形成我国实行更大规模开放的可复制的经验。

（二）打造重要对外开放门户的概念解读

从概念构词上看，“把海南打造成为我国面向太平洋和印度洋的重要对外开放门户”由“门户”“对外开放门户”“重要对外开放门户”“面向太平洋和印度洋的重要对外开放门户”等逐层递进、环环紧扣的概念组合而成。

第一，“门户”有“出入口”“必经之地”的含义，意指具有关键作用的通道关口。

第二，“对外开放门户”表明了门户的指向意义，即海南应在对外开放中扮演关键角色。中央12号文件指出，海南要适应经济全球化新形势，实行更加积极主动的开放战略，探索建立开放型经济新体制，把海南打造成为我国面向太平洋和印度洋的重要对外开放门户①。因此，海南的门户作用理应主要体现在为我国实行更大规模、更深层次的对外开放探路。

第三，“重要对外开放门户”表明了海南在对外开放中的重要性，但是这种重要性并不体现为唯一性，即海南与其他地区和城市都有可能是我国重要的对外开放门户。海南尽管具有率先探索的先发优势，但并不意味

---

①中共中央 国务院关于支持海南全面深化改革开放的指导意见［N］. 人民日报，2018-04-14.

着海南一定会在本轮对外开放中脱颖而出。为此，海南必须加强开放力度和加快探索步伐，率先形成新时代对外开放的比较优势。

第四，"面向太平洋和印度洋的重要对外开放门户"明确了海南对外开放需重点发力的地理范围，即太平洋和印度洋地区。

对概念构词的分析表明，把海南打造成为我国面向太平洋和印度洋的重要对外开放门户，实际是在新时代背景下，我国进一步发挥海南改革开放"试验田"作用，以开放倒逼改革的关键举措。通过海南率先探索扩大对外开放的经验，并将其运用到中国深度参与全球化的过程，最终探索建立我国开放型经济新体制，是新时代改革开放的有益尝试。同时，把海南打造成为我国面向太平洋和印度洋的重要对外开放门户还体现了其落实落地过程中的内涵。于海南而言，站在新时代改革开放的前沿，打造"对外开放门户"是其率先在全国探索建设中国特色自由贸易港的系列尝试中的主要目标，需要在逐步探索、稳步推进中实现。

综上分析，把海南打造成为我国面向太平洋和印度洋的重要对外开放门户的内涵：一是依托海南改革开放"试验田"的特殊地位以及地处面向太平洋和印度洋开放前沿的有利地缘位置，将海南打造成为我国面向印度洋的西向开放和面向东南亚以及南太平洋的南向开放的新高地；二是通过开放倒逼改革，以产业开放促进区域经济要素合理流动，最终探索由要素开放转变为制度层面开放，即由商品、要素流动转变为以规则、制度开放为基础的对外开放的新阶段。

二、打造重要对外开放门户的总体思路、地理范围、基本目标、具体定位

"重要对外开放门户"关键内涵在于将海南打造成我国面向印度洋的西向开放和面向东南亚以及南太平洋的南向开放的新高地。这包含了打造重要对外开放门户的地理范围、基本目标和具体定位。

（一）总体思路

在习近平新时代中国特色社会主义思想指导下，围绕海南自由贸易港

建设，以实现贸易自由、投资自由、企业经营和竞争自由、运输自由、跨境投融资便利、人员自由流动、数据跨境便捷流动为目标，以高水平对外开放为主线，以现代服务业为主导的产业开放为重点，以制度性改革为保障，以博鳌亚洲论坛、融入西部陆海贸易新通道建设、构建“泛南海经济合作圈”为抓手，以南海沿岸国“1+6”为合作区域先行突破，深入融入“一带一路”建设和RCEP区域经济一体化进程，强化海口、三亚、洋浦、琼海等重要城市（区）的牵头引领作用建设，深化与太平洋地区和印度洋地区国家互联互通、国际贸易、产业投资、海洋事务、旅游与人文等宽领域、多层次合作，着力培育海南国际合作核心竞争力，将海南实实在在打造成为我国面向太平洋和印度洋的重要对外开放门户。

（二）地理范围

打造面向太平洋和印度洋的重要对外开放门户，应以海南为支点，向西通往印度洋、向南通往南太平洋，构建覆盖南海地区、印度洋地区和南太平洋地区的区域合作机制。在上述覆盖区域内，可优先与对华友好国家和地区开展深度的经济合作，奠定海南主导这一区域开放型合作机制的“基本盘”。

具体而言，打造面向太平洋和印度洋的重要对外开放门户，可以海南倡导建立的“泛南海经济合作圈”为基础，打造主要包括中国以及越南、菲律宾、马来西亚、文莱、印尼、新加坡等南海沿岸国（1+6）的合作机制，分步骤吸收其他非南海沿岸国家和地区加入，最终形成“1+6+N”的开放型合作模式。后续可逐步纳入柬埔寨、泰国、老挝、缅甸4个东盟国家，并视国际形势发展需要和基于各个国家的意愿，考虑纳入其他地区国家。最终形成以南海为中心的经济合作圈，形成对21世纪海上丝绸之路建设的重要支撑。

专栏1：“泛南海经济合作圈”的基本设想

（一）合作区域

为与“澜沧江—湄公河合作机制”协同并进，实现中国—“江—海”

联动，构建覆盖东盟陆地和沿海国家的合作机制，“泛南海经济合作圈”拟以南海为核心，打造主要包括中国以及越南、菲律宾、马来西亚、文莱、印度尼西亚、新加坡等南海沿岸国（1+6）的合作机制。“泛南海经济合作圈”涵盖的陆地面积约 1254.4 万平方公里，总人口约 18.83 亿人，2018 年 GDP 总量近 16 万亿美元（见表 2.1）。未来，“泛南海经济合作圈”还可根据“1+6”合作机制的发育成熟度，并视“一带一路”推进情况与海南自由贸易试验区的现实发展需要，酌情研究是否有必要吸纳更多的国家加入。

表 2.1　2018 年南海沿岸国家和地区的面积、人口和经济运行基本状况

国家 / 地区	面积（万平方公里）	人口（万人）	GDP（亿美元）	人均 GDP（美元）
中国	967.2	138271	136080	9770.8
越南	33.12	9365	2449.48	2566.6
菲律宾	29.97	10628	3309.1	3102.7
印度尼西亚	190.45	26197	10420	3893.6
文莱	0.57	43	135.67	31628.3
马来西亚	33.02	3208	3543.48	11373.2
新加坡	0.07	567	3641.57	64581.9
合计	1254.4	188279	159579.3	—

数据来源：世界银行（World Bank）。

（二）运行机制

1. 机制架构

在我国内部，建议由“一带一路”建设工作领导小组为推进“泛南海经济合作圈”提供战略指导和完善顶层设计。在泛南海地区国家，推动建立三级磋商对话机制：第一级是领导人对话机制，旨在提出倡议和寻求共识基础；第二级是部长级定期磋商机制，落实领导人达成的共识，并就合作领域、合作项目、资金筹措等问题进行沟通；第三级是职能部门负责人参加的工作组会议，磋商具体合作内容、方式、推进路径等。

2. 执行机制

在海南设立“泛南海经济合作圈”秘书处，负责机制的日常运行、联络工作，并成立具体落实的工作小组、提供政策咨询和智力支撑的专家论坛等。

(1) 工作小组。由职能部门人士组成，进行不定期沟通，处理“泛南海经济合作圈”的具体落实事宜。

(2) 专家论坛。组建包括外交、法律、文化、教育、科学、环保等方向的学者团队，吸纳海洋产业、金融、物流、交通等相关领域的一线代表组成专家论坛，为“泛南海经济合作圈”提供决策咨询、规划建议。

(3) 智力与人才保障。以中国南海研究院、中国—东南亚南海研究中心等智库机构为主要依托平台，为“泛南海经济合作圈”建设提供“二轨”信息沟通渠道；依托中国南海研究院“中国—东盟海上合作高级研修班”、海南热带海洋学院等涉海人才培养培训机构和机制化平台，培养泛南海地区海洋开发与合作的高端人才队伍。

(三) 合作领域

“泛南海经济合作圈”可突出海洋特色，从互补性强、具有一定合作基础、合作前景广阔、各方合作意愿较强的产业和领域切入，再由点及面。目前可优先考虑如下领域合作。

第一，旅游经济合作。硬环境方面，可推动有关国家共同规划与合作开发海上旅游线路，加强沿岸和海上旅游基础设施建设合作。软环境方面，可开展旅游管理开发经验方面的交流和培训。具体项目方面，以滨海度假、海岛休闲、海洋观光、海上运动、泛南海邮轮旅游等特色旅游项目，带动泛南海地区各国旅游产业发展，营造泛南海地区合作的良好经济和人文环境。

第二，渔业合作。我国可发挥自身在海洋渔业育苗、养殖技术、水产品加工、资金保障、管理经验等方面的优势，推动中国与泛南海地区国家开展现代海洋渔业技术、渔业资源养护、渔业养殖基地和远洋渔业基地建设和海产品交易等领域的合作，构建地区渔业产业体系，合作提升国际市场竞争力。

第三，临港经济合作。借鉴和推广中国—印尼经贸合作区、中国—泰国罗勇工业园等产业园区发展经验，以跨境合作园区搭建国际产能合作平台。以“优势互补”为原则，促进泛南海地区国家产业发展。

第四，互联互通合作。扩大地区有关各国间的海上和空中航线覆盖城市，增加往来频次，提升通关便利化程度，构建便利、快捷、高效的陆海空互联互通网络，为区域内的人员、货物、资金、信息的流动创造条件。

第五，海上务实领域合作。以《南海各方行为宣言》为依据，推进海洋环保、海洋科研、海上搜救、防灾减灾等领域的合作，共同为泛南海地区的海上治理提供公共产品。

(四) 资金保障

推动丝路基金有限责任公司在海南设立分支机构，设立“泛南海经济合作机制开发署”，注册资本1000亿元人民币，统筹协调、评估、投资“泛南海经济合作圈”参与国在互联互通基础设施、海洋事务、产业链等方面的合作。以亚洲基础设施投资银行、中国—东盟投资合作基金、中国—东盟基础设施专项贷款等既有的资金渠道为基础保障，积极争取国际机构对次区域合作的贷款支持。鼓励企业、财团等多元投资主体参与建设，争取金融机构支持，扩大信贷规模。放宽市场准入，采取发行债券、成立“南海经济合作开发银团”等多样灵活的方式，积极吸引民间资金、社会资金。

(五) 推进路径

推动“泛南海经济合作圈”落地，应充分考虑来自域内外的负面干扰，具体而言，可借鉴“澜沧江—湄公河合作机制”的实践经验，采取“四步走”策略。

第一步：在国内组织协调有关部门建立“泛南海经济合作圈”构想研究论证机制，同时成立“专家咨询小组”，启动内部评估；同时就有关初步设想与部分东南亚国家进行沟通，听取对方意见。

第二步：在内外条件基本具备的情况下，以我国家领导人出席有关地区国际会议为契机，提出构建“泛南海经济合作圈”的原则倡议，争取有关国家积极响应并展开充分讨论。

第三步：在内部研究论证基础上成立设想落实机制，并与各参与国开展双边、多边正式协商。可根据有关各国的需求和意愿，在现有双边和小多边等合作机制的基础上，遴选一批风险评估合理、易于执行的项目作为示范，以这些具体项目的实践为支撑，推动建立各层次定期磋商机制。

第四步：在海南设立机制执行的常设机构即“泛南海经济合作圈”秘书处。

（六）基本目标

将海南打造成为我国面向太平洋和印度洋地区的重要对外开放门户，就是要利用海南作为新时代对外开放“试验田”的地位，探索建立与国际经贸一般规则、国际经贸规则演变趋势等相适应的经济运行机制，充分利用国际资源和全球市场，实现人流、物流、资金流和信息流等要素流的自由跨境流动，推动经济体内外紧密联系，大力推进制度性改革创新和系统性集成创新，进行扩大对外开放的风险压力测试，为中国新时代全面对外开放充当先行者。具体而言，将海南打造成为我国面向太平洋和印度洋地区的重要对外开放门户，有以下 5 个主要目标。

1. 率先探索接轨国际的规则开放

尽管当前世界逆全球化趋势有所抬头，但深入推进全球化进程，在开放中实现高水平发展依然是大部分国家的共识。目前，开放的层次、方式以及规模是当前国际经贸规则重塑的重要分歧点之一。而自贸试验区（港）可以省去冗长的海关审批程序并减免关税，进而吸引国际投资、繁荣国际贸易。因此，探索自贸试验区（港）的制度框架可以看作是推行通行经贸规则、接轨国际的一部分。处于新时代中国对外开放前沿的海南，建设自贸试验区（港）所对标的最高对外开放形态，就是构建与国际投资、贸易与金融通行规则相衔接的基本制度框架。这有助于我国在新一轮的对外开放进程中，认真研究、吃透、对接、施行新的国际贸易通行规则，对于避免被边缘化、继续获取全球化红利，具有重大的战略意义。

2. 探索区域合作新模式

南海是全球重要的货物贸易通道，21 世纪海上丝绸之路通过南海连接太平洋和印度洋地区。《推动共建丝绸之路经济带和 21 世纪海上丝绸之路的愿景与行动》[①]中明确指出，21 世纪海上丝绸之路包括两个重点方向：一是从中国沿海港口经南海到印度洋，并延伸至欧洲；二是从中国沿海港口经南海到南太平洋。以南海为核心区域，以海南为重要战略支点，率先探索以海洋为载体的区域合作新模式，是丰富 21 世纪海上丝绸之路建设内涵的重要举措，也有助于 RCEP 的落地实施，通过陆海统筹推动区域经济一体化进程。立足海南的支点作用和打造面向太平洋和印度洋的重要对外开放门户，可实现“丝绸之路经济带”与 21 世纪海上丝绸之路的有效衔接，促进中国与东盟、太平洋岛国、印度洋地区国家实现更大范围、更高水平的互联互通以及贸易投资等领域的务实高效合作，最终形成“陆海统筹、陆海联动”的区域合作发展新格局。

3. 实现以更高水平开放倒逼更深层次改革

在当前国内外经济环境诸多不确定性因素逐渐显现和新时代全面深化改革、扩大开放的背景下，迫切需要从更大的格局、更长远的视角来把握机遇、化解挑战，以高水平的对外开放倒逼更深层次的国内制度体系改革，推动我国经济社会向高质量转型发展。在改革开放 40 多年波澜壮阔的历史进程中，海南经济特区在体制改革等方面发挥了“试验田”作用，在对外开放中发挥了重要的“窗口”作用。在全岛建设自由贸易试验区、加快探索中国特色自由贸易港的新使命、新定位面前，海南必须在新时期的对内改革和对外开放中扮演更加重要的角色，在推动形成全面开放新格局和打造对外开放新高地探索中发挥更大的作用。

---

①国家发展改革委，外交部，商务部. 推动共建丝绸之路经济带和 21 世纪海上丝绸之路的愿景与行动［N］. 人民日报，2015-03-29（004）.

4. 通过纵深开放提升我国对外开放的水平和质量

随着对外开放的深入，我国的开放范围从贸易领域到投资领域；开放内容从商品市场到要素市场；开放维度从经济活动到社会服务。可见，开放的广度和深度持续提高。当前，海南率先探索建设中国特色自由贸易港，就是要持续探索我国对外开放的广度和深度，做好压力测试，最终提升中国对外开放的整体水平和质量；同时发挥海南在太平洋和印度洋地区的地缘优势，探索我国在印太地区纵深开放进程中的可复制路径。

5. 拓展海南发展空间，提升海南在区域经济合作中的地位，助力自贸区（港）建设

党中央赋予海南经济特区改革开放新的重大使命，为海南经济社会发展注入了强大动力。在新的重大历史机遇面前，海南高标准高质量建设自贸区（港），必须坚持开放为先。通过打造面向太平洋和印度洋的对外开放门户，海南积极参与区域经济合作，拓展岛屿经济体的自身发展空间，最大限度激发市场经济的活力，以此提升海南在区域经济合作中的地位，推动形成对外全面开放新格局，有助于海南高起点、高标准建设自贸试验区（港）。

（七）具体定位

把海南打造成为我国面向太平洋和印度洋的重要对外开放门户是一个系统、动态推进的过程，是我国探索向更高形态开放转型的积极尝试。习近平总书记“4·13”重要讲话要求海南建设自由贸易试验区和中国特色自由贸易港，发挥自身优势，大胆探索创新。因此，要探索更高层次和更高水平的对外开放，海南须立足自身优势并适度超前，形成具有中国特色的高水平开放型经济体系。

1. 活跃的对外交流基地

海南面向太平洋、印度洋地区开放合作的基础是海南与相关方彼此信任。当前，海南已经搭建起了博鳌亚洲论坛这一重要且运营成熟、具有重大国际影响力的对外交流平台。海南应立足这一平台优势，积极宣介我国的对外开放决心，通过把海南打造成为我国重要的对外交流基地，增强我

国与太平洋、印度洋地区国家的交流与互信。

再者，应发挥“中国—东盟省市长对话”“博鳌亚洲论坛南海合作分论坛”“岛屿观光政策论坛”，以及“中国—东南亚南海研究中心”“中国—东盟海洋治理高级研修班”“中国特色自贸港研究院”等系列论坛、对话机制和研究平台作用，大力开展公共外交、民间外交、智库外交。

此外，为更好地促进博鳌亚洲论坛被构筑成为全球问题治理的国际交流平台，在议题设置方面，可尝试纳入如“全球公民社会”的概念、愿景和实施路径探讨，探索以博鳌亚洲论坛为切入点，加强海南与一些国内外非政府组织、社区组织、专业协会的交流联系，逐步打造出宽领域、多层次的外交体系，进而把海南打造成为我国面向太平洋和印度洋地区的重要对外交流基地。

2. 高水平的区域经济合作平台

打造面向太平洋和印度洋的重要对外开放门户，须强化区域经济合作，通过高水平的区域经济合作巩固并深化我国对外开放水平。习近平总书记“4·13”重要讲话、中央 12 号文件以及《总体方案》等均要求海南在外资市场准入、贸易便利化、金融开放创新以及“一带一路”国际合作等方面持续发力，构建开放型的经济新体制。这为海南自贸试验区（港）加强中国与太平洋和印度洋国家的合作发挥作用提供了难得的机遇，使海南自贸试验区（港）建设在较短时期内实现高水平开放成为可能。

当前，RCEP 签署在即，区域、次区域产业发展面临转型升级，将海南打造成为我国重要的对外开放门户，加强区域经济合作，有助于使我国与区域国家在全球产业链中占据更有利的位置。2008 年国际金融危机爆发以来，东亚和太平洋地区一直都是全球经济复苏的主要动力来源，对世界经济增长的年贡献率一度超过 1/3。但在全球经济复苏乏力的新形势下，区域间的经济竞争日益剧烈，新兴经济体和发展中国家经济增长的后发优势有所减弱。因此，加大科技创新力度，加快产业结构的转型升级，放宽市场准入，改善营商环境，提升本地区国家的核心竞争力，是当前我国与本地区国家的共同诉求。打造高水平的区域经济合作平台，有助于本地区国家在新一轮全球化和第四次工业革命中争取有利地位。

3. 重要的金融对外开放基础平台

国务院副总理、推进海南全面深化改革开放领导小组组长韩正于2019年11月初，在推进海南全面深化改革开放领导小组全体会议上强调，要坚持金融服务实体经济，构建多功能自由贸易账户体系，建设海南金融对外开放的基础平台，推进跨境投融资便利化[①]。从某种意义上说，金融开放是海南自贸区（港）打造面向太平洋和印度洋的重要对外开放门户以及中国更大规模、更深层次开放的“探路石”之一。2019年1月1日，海南自由贸易账户（FT账户）体系正式上线，这是FT账户在上海自贸试验区先行先试以来首次推广至其他自贸试验区，对海南对接国际贸易投资新规则意义重大。一方面，FT账户体系的成立契合中央12号文件中关于优化海南营商环境的要求。根据世界银行营商环境评价体系标准，FT账户因其简化程序、节省成本的优势，更有利于市场主体“开办企业”、开展“产权登记”“跨境贸易”等。另一方面，FT账户体系将推动海南新一轮的高水平对外开放，有助于海南在金融领域形成更高程度的资源优化配置的开放形态。

此外，海南构建金融对外开放基础平台，具备一定的比较优势。一是区位优势，海南背靠粤港澳大湾区，是21世纪海上丝绸之路以及连接中国和东南亚的战略支点。二是政策优势，在打造区域性离岸贸易中心，为贸易投资便利化提供优质金融服务，以及打造现代国际航运服务平台等方面，海南拥有一系列国家政策的支持。三是营商环境正逐步改善，2019年7月，海南省政府发布了《海南省优化营商环境行动计划（2019—2020年)》，从开办企业等11个方面提出29条改革举措，以加快形成法治化、国际化、便利化的营商环境[②]。四是海南的洋浦港、海口港等天然良港众

---

①韩正主持召开推进海南全面深化改革开放专家座谈会和领导小组全体会议［EB/OL］. 新华网，2019-11-09.

②海南省人民政府办公厅关于印发《海南省优化营商环境行动计划（2019—2020年)》的通知［EB/OL］. 海南省人民政府网，2019-07-15.

多，航运需求潜力巨大。五是海南自 2009 年便已开展离岸金融业务试点，具有先发优势。

因此，谋划搭建海南自贸区金融改革基本框架，鼓励更多的金融市场主体进入海南，在风险可控的前提下，逐步放开金融业务限制，推动金融机构业务创新，构建金融对外开放基础平台，海南正当其时。

4. 独具特色的国际旅游消费中心

打造国际旅游消费中心、提升高端旅游服务能力是海南自贸区（港）建设的四大定位之一，而国际旅游消费中心建设离不开国际旅游的开放与合作。当前，海南具有 59 国免签入境旅游的政策优势，也正着力编织打造“四小时、八小时飞行经济圈”，且 2019 年 9 月海南省委、省政府出台了《海南国际旅游消费年活动实施方案》，提出实施更加开放便利的离岛免税政策、拓展邮轮旅游、壮大健康旅游消费等 27 项措施支持海南建设国际旅游消费中心①，着实起到了丰富旅游消费业态的作用，为今后海南省国际旅游消费中心的进一步发展提供了规划蓝本。这些为海南加强与太平洋和印度洋地区国家的旅游合作创造了独一无二的有利条件。海南可结合自身的区位地缘优势，以发展环南海邮轮旅游为先导项目，促进邮轮旅游开放合作，最终带动“泛南海经济合作圈”落实落地。同时，加强国际旅游合作，打造错位发展、互有优势、竞争有序的国际旅游开放新格局。

5.“一带一路”国际合作示范区

海南本岛地处南海之滨，受权管辖南海的西沙、南沙、中沙群岛及其海域，21 世纪海上丝绸之路通过南海串联起了印度洋和南太平洋国家。海南是我国唯一的热带岛屿省份，热带资源丰富，具有对外开放的独特优势。因此，无论从资源禀赋还是从战略地位来看，海南对于“一带一路”建设的重要性不言而喻。“一带一路”倡议提出并实施 6 年多以来，海南与“一带一路”参与的国家在政策沟通、互联互通、贸易畅通、民心相通等方面取得了重大进展，海口、三亚等城市成为参与“一带一路”建设的

①国家发改委发布《海南省建设国际旅游消费中心的实施方案》［N］. 海南日报，2018-12-29.

"南海明珠"。习近平总书记"4·13"重要讲话要求海南要利用建设自由贸易港的契机，加强同"一带一路"沿线国家和地区的多层次、多领域务实合作。中央12号文件和《海南自贸试验区总体方案》都明确要求海南深度融入"一带一路"建设，构建文化、教育、农业、旅游交流平台，加强与"一带一路"沿线国家的国际合作。换言之，深化对外开放，服务"一带一路"建设是海南自贸试验区（港）建设的应有之义。

6. 国际教育开放合作的新高地

吸引大量优秀国内外人才服务和建设海南自贸试验区（港）是将海南打造成为中国面向太平洋和印度洋的重要对外开放门户的重要内容。加强国际教育合作是我国探索新时代对外开放的重要举措。发挥海南改革开放"试验田"的作用，加强国际教育合作创新，深化教育领域的对外开放，是推动海南服务贸易创新发展的动力之源。

习近平总书记"4·13"重要讲话指出：鼓励海南引进境外优质教育资源，举办高水平中外合作办学机构和项目，支持海南开展国际人才管理改革试点，允许外籍和港澳台地区技术技能人员按规定在海南就业、永久居留；允许在中国高等院校获得硕士及以上学位的优秀外国留学生在海南就业创业，扩大海南高校留学生规模；支持海南探索建立吸引外国高技术人才的管理制度。以上重要指示为海南开展国际教育合作指明了方向。

2019年6月，教育部、海南省人民政府联合印发《关于支持海南深化教育改革开放实施方案》（以下简称《方案》），支持海南建设国际教育创新岛，推动教育持续扩大开放、全面深化改革、释放发展活力、提升服务能力[①]。以《方案》为指引，通过引进境外优质教育资源，探索建立吸引外国高技术人才的管理制度，推动教育持续扩大对外开放，提升服务能力，不仅能为海南自贸区（港）建设吸引和培育更多的智力资源，还可以

---

①教育部 海南省人民政府印发《关于支持海南深化教育改革开放实施方案》的通知［EB/OL］. 海南省人民政府网，2019-06-20.

海南为跳板，打造“留学海南”的品牌项目，通过海南这个跳板，强化人才的“引进来”与“走出去”，增强海南人才的国际化水平。

7. 航空区域门户枢纽

空中互联互通是海南加强与太平洋和印度洋地区交流的必要手段。优化航线布局、加强基础设施建设，扩大第五航权、争取开放第七航权等，是海南增强区域间人员、货物往来的可行之举。2019 年 7 月，民航局印发了《关于加快海南民航业发展支持海南全面深化改革开放的实施意见》，提出要全面支持海南民航事业高质量发展，把海南打造成面向太平洋、印度洋的航空区域门户枢纽[①]。主要政策包括支持海南加快民航基础设施建设，鼓励和积极吸引社会资本参与机场建设和运营，积极引入市场竞争机制，鼓励社会资本参与通用航空、航油保障等领域；支持海南加大航线航班开辟力度，赋予其民航领域最高水平开放措施，取消干支线和通用飞机维修外资股比限制；支持海南发展无人机物流等业态，开展无人机综合监管试验平台建设，配合有关部门积极推进低空空域分类管理试点，优化低空空域资源配置，盘活低空空域资源，促进军民融合发展等[②]。基于上述政策支持，海南可争取航空领域的更大开放，航空体制机制创新、航空物流中转、通用航空创新发展等多个领域迈出重要步伐，从而成为促进海南经济社会发展的重要支柱。

三、海南打造重要对外开放门户的基础、优势与挑战

海南建省办经济特区 30 多年以来，对外开放水平不断提高，各项对外指标明显提升，这为新时代海南探索更大规模、更高层次的开放奠定了基础。但是随着海南自贸试验区（港）建设的稳步推进，海南自身的一些

①民航局出台实施意见支持海南加快民航业发展［EB/OL］. 海南省人民政府网，2019-08-01.

②民航局出台实施意见支持海南加快民航业发展［EB/OL］. 海南省人民政府网，2019-08-01.

不利条件可能会凸显和放大。加之大国博弈、南海问题、“逆全球化”等复杂因素也在不同程度上对海南推进更高水平、更深层次的对外开放提出了严峻挑战。

（一）基础与优势

1. 海南的地理区位等优势

1988 年 4 月 13 日，全国人大批准设立海南省，并划定其为我国最大的经济特区。作为相对独立的地理单元和我国唯一的热带岛屿省份，海南拥有良好的生态环境和区位优势；拥有丰富的渔业、油气等生物、非生物资源以及岛屿资源，具备发展蓝色经济的突出条件。海南本岛毗邻南海，受权管辖西、南、中沙群岛及其海域。南海作为战略通道及重要的国际航道，是联通我国与其他南海周边国家和东南亚国家的天然纽带。此外，海南与东南亚国家地缘相近、人文相亲，区域互联互通优势明显。

2. 建省办经济特区 30 多年的发展基础

建省办经济特区 30 多年来，海南从封闭落后的边陲海岛，发展成为改革开放的重要“窗口”。特别是 2018 年 4 月 13 日，中央又赋予了海南经济特区改革开放新的重大责任和使命。30 多年来，海南凭借独特的区位优势和最大经济特区的政策优势，对外开放水平稳步提升，取得了历史性的长足进步。地区生产总值从 1988 年的 77 亿元人民币上升到 2018 年的 4832.05 亿元人民币，增长了约 62 倍；进出口总额从 1988 年的 6.65 亿美元增长到 2018 年的 123.7 亿美元，增长了约 18 倍；实际利用外资额从 1988 年的 1.28 亿美元上升到 2017 年的 23.1 亿美元，增长了约 17 倍；港口货物吞吐量从 1988 年的 826 万吨增长到 2018 年的 1.77 亿吨，增长了约 21 倍；国际友城数量从建省伊始的 0 个增长到 2018 年底的 60 个；国际航线从建省初期的 0 条增长至 2018 年的 74 条，预计到 2020 年将开通 100 条国际航线。海南建省办经济特区以来的经济进步为海南新一轮改革开放奠定了良好的基础。

表 2.2　2013 年以来海南对外开放的主要指标变化情况

年份	2013	2014	2015	2016	2017	2018
地区生产总值（亿元）	3146.46	3500.70	3702.76	4053.20	4462.54	4832.05
进出口总额★	1498054	1585965	8691004	7513213	7027040	8489600
出口总额	370640	441674	2324339	1405123	2956490	2976700
进口总额	1127414	1144291	6366665	6108090	4070550	5512900
港口吞吐量（万吨货物）	10130	14164	15356	16390	18473	17725.76
友好城市（个）★★	26+20	26+20	26+20	29+23	32+25	35+25
过境游客（万人）	75.64	66.14	60.84	74.90	111.94	
国际旅游收入（亿美元）	3.31	2.66	2.48	3.50	6.81	
签订利用外资合同(个)	62	60	71	88	90	
签订利用外资合同金额(万美元)	84276	69831	128245	1017890	1282021	
实际利用外资额（万美元）	181060	191558	246567	221561	230598	81876★★★
国际航线里程（万公里）	321829	259174	450454	624881	848293	
国际航线数量（条）	64	31	45	61	73	

注：★2013 年和 2014 年的进出口总额单位为万美元，2015—2018 年进出口总值单位为万元；★★ 友城数量中，前者为省级友城，后者为市县级友城；★★★ 从 2018 年起，利用外资数据启用商务部口径。

数据来源：海南省统计局网站；海南省 2013—2018 年统计年鉴；海南省外事侨务办公室网站。

3. 加强参与“一带一路”国际合作，海南对外开放水平显著提升

2013 年以来，随着“一带一路”倡议的深入推进，立足 21 世纪海上丝绸之路重要战略支点的地缘优势，海南加强参与“一带一路”国际合作，显著提升了海南的对外开放水平。

(1) 创新举措，着力引进外资。近年，海南制定实施了“建立健全与国际接轨的投资促进机制”等引进外资十大举措。实行外资企业设立商务备案与工商登记“一口办理”，实现办理过程“无纸化、零见面、零收费”。对外资全面实行准入前国民待遇加负面清单管理制度。与商务部建立联合引进外资工作机制，举办“海南省引进外资项目洽谈会”。设立法定机构海南国际经济发展局，采取国际化、市场化、专业化的运营机制，提升招商引资和国际商务服务水平。创建国际投资“单一窗口”。这些举措在吸引外资方面，发挥了重要的“加油添力”的作用。

(2) 以建设国际贸易“单一窗口”为抓手，稳步提升贸易便利化和贸易综合监管水平。高起点建设海南特色国际贸易“单一窗口”管理制度，率先实现海南特色国际贸易“单一窗口”功能，覆盖海空港口岸并拓展至海关特殊监管区。口岸建设和服务水平稳步提高，整体通关时间压缩 1/3。跨境电商业务发展迅猛。2018 年进出口总额同比增长 20.8%，比全国平均水平高 11.1 个百分点①。2019 年前 6 个月，海南全省货物进出口总额 455.6 亿元，同比增长 45.6%②。

(3) 积极融入区域经济合作，深化与“一带一路”沿线国家和地区交流合作。首先，借助博鳌亚洲论坛主场外交平台，搭建起与“一带一路”沿线国家和地区交流合作的桥梁，海南充分利用 21 世纪海上丝绸之路岛屿经济分论坛、南海分论坛，建立了探讨区域经济、海洋等领域合作的重要交流平台。其次，海南与以东盟为主的“一带一路”沿线国家互联互通

---

①2018 年海南 GDP 为 4832.05 亿元，同比增 5.8% [EB/OL]. 澎湃新闻，2019-01-25.

②2019 年上半年全省经济运行情况新闻发布会 [EB/OL]. 海南省人民政府网，2019-07-17.

取得明显突破。到 2018 年，海南实现与东盟国家直飞航线全覆盖，海南与泛南海地区 3 小时空中飞行圈基本成型。海南还重点打造以海口港、洋浦港为核心的面向两大洲（亚洲和大洋洲）和两大洋的具有国际航运和物流中心功能的枢纽港。此外，“海南—东盟”班轮航线的开通，为海南参与西部陆海新通道建设，打通我国西部地区经海南直航东南亚的通道作出了重要贡献。

(4) 以重大项目走出国门为载体，服务“一带一路”建设。如一批南繁杂交水稻企业相继在“一带一路”参与国家建立海外科研育种基地，到印度、巴基斯坦、菲律宾等太平洋和印度洋地区国家扩种水稻约 9000 万亩[①]；又如 2018 年 8 月海南农垦投资控股集团与马来西亚橡胶局在北京签署合作谅解备忘录，双方将在促进改性橡胶沥青道路技术商业化、加快研制和应用智能割胶设备两方面开展深入合作[②]。

(5) 主打热带特色农业，逐渐形成参与“一带一路”国际合作的特色优势。2018 年中国（海南）国际热带农产品冬季交易会上，34 个国家和地区的 138 家企业带来的 400 种产品在“一带一路”国际馆展出，冬交会已成为“一带一路”国际合作重要窗口。同时，海南引进欧中“一带一路”文化和旅游发展委员会等国际资源对接平台，有效提高了国际经济合作的能力和水平。

(6) 密切人文交流合作，不断扩大“朋友圈”。截至目前，海南国际友城数量增至 60 个，其中省级友城 35 个，岛屿友城近半，大部分友城地处“一带一路”沿线，覆盖东盟绝大多数国家和部分太平洋和印度洋地区国家。

4. 海南自由贸易试验区建设取得阶段性成果

更重要的是，习近平总书记发表“4·13”重要讲话以来，海南建设自

①海南农业扛起“一带一路”建设担当［EB/OL］. 海南省人民政府网，2018-12-15.

②海南农垦“牵手”马来西亚橡胶局 签署合作谅解备忘录［EB/OL］. 中国证券网，2018-08-21.

贸试验区(港)的历史使命正助推海南提升其对外开放水平，已取得一批阶段性成果，海南更高水平的对外开放已初显成效。

(1) 以制度创新案例为引领，逐步充实自贸试验区(港)政策体系。2018 年以来，海南已经对外公布了 42 项“海南特色、全国首创”的制度创新案例成果，这些案例充分体现了“首创性、已实施、效果好、可复制”的标准，且具有一定的借鉴和推广价值。具体而言，第一批包括商事登记“全省通办”制度、商事主体信用修复制度、全国首单知识产权证券化等 8 项制度创新案例①。第二批包括全国首创设立“候鸟”人才工作站、博鳌超级医院打造共享医院新模式、全国率先实施境外游艇入境关税保证保险制度等 5 项制度创新成果②。第三批包括率先在全国实现应用建筑信息模型化(BIM)技术在招投标领域应用、领事业务“一网通办”在全国率先实现 24 小时不打烊、优化创新服务贸易数据统计方式等 12 项制度创新成果③。第四批包括无税不申报，“一站式”公共服务平台——椰城市民云，建立全天候进出岛人流、物流、资金流监管系统，大数据集成创设旅游消费价格指数指标体系等 7 项制度创新案例④。第五批包括博鳌乐城国际医疗旅游先行区“两证一批复”审批、涉外公证实现全省通办、境外电视频道传送审批及监管新模式等 10 项制度创新案例⑤。

(2) 以重点领域改革促开放，加快优化营商环境。聚焦重点领域创新突破，海南制定了《支持建设博鳌乐城国际医疗旅游先行区的实施方案》

---

①海南公布首批“制度创新案例”多个“全国第一”[EB/OL]. 人民网，2019-02-14.

②中国(海南)自由贸易试验区制度创新案例(第二批)新闻发布会[EB/OL]. 南海网，2019-04-11.

③海南举行自由贸易试验区制度创新案例(第三批)新闻发布会[EB/OL]. 国务院新闻办公室网站，2019-04-11.

④中国(海南)自由贸易试验区制度创新案例(第四批)发布[EB/OL]. 人民网，2019-07-23.

⑤海南发布第五批自由贸易试验区制度创新案例[EB/OL]. 中国日报网，2019-10-31.

《海南省高标准高质量指标体系》《关于支持海南深化教育改革开放实施方案》等配套文件。第一批 37 项落实中央 12 号文件等政策涉及调整法律法规规定的事项，已有 18 项取得阶段性成果。制定实施《关于促进总部经济发展的工作意见》和《海南省总部企业认定管理办法》，吸引国内外知名企业落户海南。2019 年前 6 个月，海南全省通过认定备案的 30 家总部企业，共实现增加值 99.93 亿元，同比增长 8.2%，拉动全省 GDP 增长 0.3 个百分点①。对标世界银行标准，发布海南省优化营商环境年度行动计划，其中 2018 年、2019 年分别提出 40 条、29 条举措。结合省域“多规合一”改革试点，大力推行极简审批，改革经验由海南生态软件园等 3 个试点园区向全省园区推广。

(3) 以园区为载体，以项目为抓手，将短期的工作举措与长期的改革举措相结合，保证自贸区（港）建设落实落地。近两年，海南相继出台了《海南省重点产业园区规划布局调整优化方案》《海南省重点产业园区高质量发展的若干意见》和支持博鳌乐城国际医疗旅游先行区、洋浦经济开发区、海口江东新区、三亚崖州湾科技城等园区发展的政策措施等文件，为“项目进园区、园区说了算，有权能定事、有钱能办事”提供制度保障，既有效调动园区管理主体的主观能动性，又形成了有效监管体系。以项目集中开工建设，充分展现自贸试验区（港）建设的早期成果，2018 年 11 月 28 日、12 月 28 日和 2019 年 3 月 18 日、5 月 18 日、7 月 18 日，海南全省 5 次集中开工项目 554 个、总投资 2485 亿元，签约项目 272 个、总投资 3332 亿元②。在招商引资方面，持续改进招商方式、优化招商政策，全面提升招商工作水平。27 家世界 500 强、国际四大会计师事务所等

---

①总部经济渐成海南新增长点上半年 30 家总部企业实现增加值 99.93 亿元［N］. 海南日报，2019-07-24.

②96 个海南自贸区建设项目（第五批）集中开工［EB/OL］. 中国新闻网，2019-07-19.

8家知名专业服务机构入驻，市场主体的影响力和品牌示范效应初步显现。2018年全省新增市场主体14万余户，同比增长15.53%，每万人市场主体拥有量增长22%[①]。2019年前6个月，海南全省新增市场主体8.74万户，同比增长31.5%，其中新设立企业3.49万户，增长28.6%[②]。经济外向度不断提升，2019年前6个月海南全省实际利用外资同比增长3.6倍[③]。

总之，30多年来，海南的对外开放水平显著提高，多项对外指标明显提升，对内改革不断深化，制度创新取得重要成果。“一带一路”倡议的实施，为海南发挥21世纪海上丝绸之路重要战略支点的地缘优势，提升对外开放水平提供了良好的机遇，海南与太平洋和印度洋地区国家的经贸合作、人文交流、互联互通水平明显提高，海南打造对外开放门户的基础得以巩固。习近平总书记发表“4·13”重要讲话以来，围绕自贸试验区（港）建设，海南着力优化营商环境、提升投资、贸易的便利化水平，提高人员往来的自由度，海南对外开放的广度和深度正不断拓展。

（二）主要挑战

将海南打造成为我国面向太平洋和印度洋的重要对外开放门户，对比分析，海南仍将面临着海南自身经济体量小、经济发展水平相对落后、三次产业结构不尽合理、产业开放水平较低、区域互联互通建设有待进一步提升、人才支撑较弱等方面的挑战，也将难免受到南海问题的长期复杂性、“逆全球化”的外部消极因素的影响。

一是海南经济体量较小，经济发展水平相对落后。首先，从经济总量上看，海南在全国经济中的比重较小。尽管30多年来海南全省地区生产总值增长了约63倍，但海南在全国GDP中所占比例仅从1988年的0.47%

---

①海南落实新发展理念 主动转型调结构 不断培育新产业 新业态［N］. 海南日报，2019-10-31.

②2019年上半年全省经济运行情况新闻发布会［EB/OL］. 海南省人民政府网，2019-07-17.

③2019年上半年全省经济运行情况新闻发布会［EB/OL］. 海南省人民政府网，2019-07-17.

增长至 2018 年的 0.54%。与东部发达省份相比，海南经济发展成就并不突出，其经济总量在全国经济格局中比重太小的局面没有得到根本改善。其次，海南经济三次产业结构不尽合理。2018 年，海南三次产业结构比例为 20.7∶22.7∶56.6，第一产业比重偏大，第二产业比重偏小，经济结构转型升级挑战较为明显。从现阶段的政策定位来看，海南省的产业结构直接或将从以农业占比较高的较低层次水平，直接跨越至以现代服务业为主导的较高层次水平。然而，海南省较高的第一产业比重以及缺少工业化的过渡阶段，大量剩余的劳动力囤积在第一产业中，使得支撑第三产业的基础较为薄弱，后续发展相对乏力。最后，海南经济发展的科技含量较低，海南可持续发展的支撑还较弱。从海南的进出口贸易来看，其中农产品和机电产品是海南主要的出口产品，但高新技术产品出口占比较小。以 2017 年为例，海南出口额为 295.6 亿元，其中农产品和机电产品 58.2 亿元，但高新技术产品出口仅有 5.3 亿元，仅占总出口额的约 1.8%。相反，在2017 年 407 亿元的进口额中，高新技术产品的进口达 110 亿元，高新技术产品进口占总进口额的约 27%。从这些数据可以看出，海南高新技术产品的对外依存度相对较高，缺乏可供出口的高科技产品。

二是地理单元独立，缺乏广阔的经济发展腹地，市场规模较小。海南四面环海，属于相对独立的地理单元。海南北靠琼州海峡，西面则通过北部湾与中南半岛隔海相望，东面和南面则是广阔的南海海域。海南主要通过港口、机场与内地及国内外腹地相连通，规模和效率都十分受限。例如，2018 年春节期间琼州海峡大雾导致大量游客滞留海南。根据区域经济理论，腹地是自贸港发展的最重要因素之一，海南缺乏与大陆腹地直接、高效的连通方式，加之市场狭小、产业发展水平还较低，一定程度上削弱了海南自贸试验区（港）建设的优势。此外，海南作为“孤立”的岛屿省份，当地居民不免存在“岛民心态”，由此导致发展思维受限等，也制约着地方的经济社会发展。

三是海南产业结构不尽合理，产业开放水平相对较低。海南省“十三五”规划纲要以及《海南省总体规划（2015—2030）纲要》提出着力发展旅游、热带高效农业、健康医疗等 12 个重点产业。目前，海南经济总体处于欠发达状态，基础设施建设有待完善，尤因工业基础薄弱，导致工业园区基础设施与配套设施建设不完善，信息、科技等公共服务平台的投入明显不足。海南房地产等传统产业在经济中比重仍较大，资源优势未能充分转化为发展动力。在其他产业上，其中，海南在进口药品的开放程度已经走在了全国前列。但是在构筑更加开放的现代服务业和船舶、飞机等先进制造业产业体系等方面，海南明显落后于同为自贸区的上海，而在经济自由化、贸易国际化等方面远远落后于中国香港、新加坡等典型的自由港。再者，海南的产业布局也不尽合理，存在区域发展不平衡的问题，东西南北中五大区域尚未形成具有竞争优势的产业集聚。以贸易自由和投资自由为重点的海南自由贸易港政策和制度体系设计仍在起步阶段。上述问题极大制约了海南产业开放水平的进一步提升。自由贸易港旨在打造最高水平的开放平台，但总体来看，海南产业对外开放水平相对较低，产业发展对国际市场的依赖程度较小，优化产业结构、提升开放水平的挑战依然严峻。

四是与区域内国家和地区的互联互通水平有待进一步提升。如前文所述，海南的战略通道地位明显。但实际上，海南与区域内的互联互通建设尚处于补短板的阶段，地理区位优势并未转化为经济社会发展优势。首先，港航资源整合提速，但港航产业规模、管理水平、法律完善程度和公共服务质量等仍有待提高。2019 年 5 月，中远海运集团和海南省签署协议，以港航控股为平台开展股权合作，共同推动优化整合海南省港口和航运资源。中远海运集团的航线、技术、资金、管理等优势资源，有助于强化洋浦港作为西部陆海贸易新通道枢纽港的地位，提升港口服务集装箱运输的能力；有助于海南加强与全国沿海各主要港口的内贸航线网络建设，以及连接东南亚、辐射亚欧的外贸航线布局。但就目前而言，海南全省港口货物年吞吐量、集装箱班轮航线与运输量等指标偏低，在国内主要沿海省份中排名仍靠后，海南与东盟及其他国家海上贸易往来还不够密切。其次，区域航空枢纽建设有待强化。2018 年，海南全省机场旅客吞吐量

4411.79 万人次，货物吞吐量达到 26 万吨。[①]但就泛南海国际航空枢纽建设而言，海南空港在区域物资和人员往来中的作用还不够突出。在与周边国家和地区航空基础设施互联互通建设，实施更加开放、便利的出入境管理措施，巩固已有航线、开辟国际新航线、打造“四小时、八小时飞行经济圈”等方面，海南的区域航空枢纽建设依然存在诸多不足。

五是支撑自贸试验区（港）发展的人才队伍建设尚处起步阶段，经济发展的智力需求与人才供给不足的矛盾较为突出。海南省的高等教育水平相对落后、高端智库和科研院所数量较少，在人才培养和人才队伍建设方面都不具有比较优势。近两年，海南出台了《百万人才进海南行动计划(2018—2025 年)》等一系列人才政策，人才引进和人才建设均取得可圈可点的成绩，但就自贸试验区（港）建设所需的人才而言，海南人才尤其是现代服务业、旅游业和高新技术产业等领域人才短缺依然明显，由此导致科技原创成果少、产业化水平低等问题，掣肘海南高标准、高质量对外开放。海南在实施更加开放的人才引进政策、实施更加积极的人才培养政策、加强人才创新载体建设和创业支持、全面提升人才服务保障水平等方面仍需进一步完善健全。

六是中美综合较量将长期存在，美以“印太战略”为抓手遏制我和平发展的战略目标短期内不会改变，这为海南建设自贸试验区（港）的外部环境增添了诸多不确定性因素。美国特朗普政府的“印太战略”视我国为头号战略竞争对手，并将印太地区作为与我国展开战略竞争的主要舞台。2019 年 6 月，美国发布的《印太战略报告：准备工作、伙伴关系和促进地区网络化》报告中，系统阐述了最新的美国版“印太战略”，其意图更加明显地视中国为美国在印太地区的主要战略威胁，毫不避讳地大谈“中国威胁论”，极力渲染中国在南海的军事化、炮制中国“一带一路”制造参与国家的“债务陷阱”；同时更具战略对抗性地与中国进行经济和军事上

---

① ［海南］回望 2018 成绩单亮眼，向全省人民提交了一份出色的成绩［EB/OL］. 海南省交通运输厅网，2019-01-22.

的斗争，提出美国“印太战略”的经济倡议与中国“一带一路”倡议进行正面竞争，加大南海地区“航行自由行动”频次和范围，重启美日印澳四国安全合作机制等。不难看出，美国将“印太战略”视为地缘政治战略，希望尽可能动员、拉拢各国广泛参与印太地区地缘政治竞争，维持美国主导的地区秩序。我国周边国家“选边站队”的压力有所增大。从宏观以及涵盖区域范围来看，将海南打造成为面向太平洋和印度洋的重要对外开放门户，将面临着美“印太战略”及地区力量复杂分化组合的强大挑战和压力。

七是域内外势力对南海问题的深度介入，对地区合作的消极影响不容低估。首先，美国及其盟友在南海针对中国的军事挑衅将会愈演愈烈。特朗普政府将南海问题列为对华战略竞争和遏制政策的重要抓手之一，除频繁开展“航行自由行动”之外，美国也在诱压日本、澳大利亚、英国等盟友在南海采取针对中国的挑衅性军事行动。南海形势随时可能因为域外大国的介入而再次严峻。其次，域内外相关方围绕“南海行为准则”案文磋商的分歧和矛盾将逐渐浮出水面。一方面，中国和东盟国家以及东盟国家之间对“准则”适用地理范围、法律约束力、争端解决机制等重要问题存在一定的分歧。另一方面，美国等域外国家也可能会寻找时机以各种方式插手“准则”磋商，域内国家主导的南海规则秩序构建进程可能遭遇波折，共同开发和海上合作的推进将面临较大障碍。最后，越南、菲律宾、马来西亚等南海声索国与我国的岛礁领土和海洋管辖权争议将长期存在，并将时起时伏。加上菲律宾南海仲裁案裁决的“破窗效应”和域外国家的挑拨离间，这些国家将不时采取单边侵权行动，引发新的摩擦和冲突的可能性仍不能排除。

八是“逆全球化”、贸易保护主义抬头为地区经济贸易合作蒙上阴影。自 2008 年金融危机后，面对低迷的经济形势，以美国为主要代表的部分国家主导了本轮“逆全球化”浪潮。美国特朗普政府推行“美国优先”政策，大搞单边主义和贸易保护主义，退出国际协议，破坏多边合作机制，挑起贸易争端，为全球经济复苏增加了不稳定、不确定因素。本轮“逆全球化”浪潮波及范围广、影响大，体现着新自由主义经济“效率”与“公平”失衡诱发的深刻危机。这种事态发展恐将阻碍我国加强区域经济合作的努力，也会对海南打造面向太平洋和印度洋的重要对外开放门户投下阴影。

四、对策建议

2013 年 11 月《中共中央关于全面深化改革若干重大问题的决定》明确提出，要构建开放型经济新体制，要求适应经济全球化新形势，必须推动对内对外开放相互促进、“引进来”和“走出去”更好结合，促进国际国内要素有序自由流动、资源高效配置、市场深度融合，加快培育参与和引领国际经济合作竞争新优势，以开放促改革①。在当前国际贸易保护主义、单边主义抬头的严峻形势下，我国在更高水平上扩大开放，以高水平开放推动高质量发展尤显重要。在这样的背景下，海南打造我国面向太平洋和印度洋地区的重要对外开放门户既面临千载难逢的历史机遇，又承担着特殊的重要使命。

对外开放门户建设是一项系统工程，海南必须从多方位入手，按照中央 12 号文件要求，“实行更加积极主动的开放战略，加快构建开放型经济新体制，推动形成全面开放新格局”。在推进过程中，应采取“软硬兼备”、内外结合的思路，立足自身优势，积极作为，发挥特色，明确各阶段的重点任务，以主动开放应对逆全球化潮流，助力和促进我国全方位对外开放新格局的形成，将自身打造成为名副其实的面向太平洋和印度洋地区的重要对外开放门户。

（一）以建设全面深化改革开放试验区为抓手，实施更加主动的对外开放战略，打造我国新时代全方位对外开放的窗口

1. 着力建设与国际规则全面接轨的制度环境

当今全球贸易和投资规则正在剧烈重构，规则谈判的重心从贸易规则

---

①中共中央关于全面深化改革若干重大问题的决定［EB/OL］. 人民网，2013-11-16.

向投资规则、货物贸易向服务贸易、实体贸易向数字贸易、关税壁垒向监管壁垒、边境措施向境内措施、自由贸易向公平贸易、经济标准向价值标准等，向所谓21世纪新议题转移①。海南打造我国面向太平洋和印度洋地区的重要对外开放门户，必须大胆试、大胆闯，实施更加主动的开放战略，一方面对接国际最新规则，更要思考积极成为国际贸易新规则的参与者。

2. 继续大幅放宽外资市场准入，积极吸引外资进入海南

对外资全面实行准入前国民待遇加负面清单管理制度，大幅放宽在种业、医疗、教育、体育、电信、互联网、文化、维修、金融、航运等重点领域对外资的限制，特别是扩大现代农业、高新技术产业、现代服务业等海南重点发展的产业领域的对外开放，争取在海南实施更短、更精简的负面清单。

3. 率先探索在海南制定实施极简版服务贸易负面清单

在上海自由贸易试验区服务贸易领域负面清单的基础上，聚焦服务贸易在跨境交付、境外消费、自然人流动等领域的问题，结合海南自贸区和中国特色自由贸易港建设实际情况，积极探索在海南制定极简版的跨境服务贸易负面清单。

4. 实行高水平的投资自由化、便利化政策

建设与国际投资和贸易规则相衔接的制度体系，简化外资企业设立程序，开展外国企业直接登记试点改革，逐步将外商投资项目核准和备案权下放到市县。通过经济特区商事立法形式，探索对直接登记的外国企业实施行政许可豁免制度。

5. 打造世界一流的营商环境，吸引国际资源集聚

按照“法治化、国际化、便利化”的目标，对标全球最高标准贸易投资规则，在海南探索“零关税、零壁垒、零补贴”，打造全球最高标准的

①广州市社会科学界联合会编.开放高地：迈向全球城市［M］. 北京：世界图书出版公司，2017：22.

贸易和投资环境[①]，加快构建与国际贸易规则相接轨的体制机制。

一是深化行政审批制度改革，实行全岛审批“一张网”“一枚公章管审批”，编制全国最少的行政审批事项清单，探索“多规合一”下的“零审批”，最大限度取消12个重点产业的生产经营许可证。

二是加快商事制度改革，全面实施“证照分离”，调整下放省级管理权限，推动关联、相近审批事项全链条取消、下放或委托。实行建设项目“一口受理”“两验终验”，推进“函证结合”“容缺后补”等改革。优化“互联网＋政务服务”，实现“一号申请、一窗受理、一网通办”。

三是打造规范化、法治化营商环境，完善商事争端解决的法律服务机制。可通过专门法、单行法规、法律修订等多种途径进行立法，推行诉讼、仲裁、调解等多种商事纠纷解决方式并重的理念，试行仲裁、诉讼与调解相结合的商事争端解决制度创新。

（二）加快推进海南国际旅游消费中心建设

1. 继续提升国际游客入境便利化水平

在59国外国人入境旅游免签证政策的基础上，进一步为扩大免签创造条件，为外国游客到海南就诊、就医和开展医疗旅游提供签证便利，使更多国际游客在海南集聚。

2. 探索实施具有国际竞争力的免税购物政策

对标中国香港、迪拜等国际免税圣地，实施更加开放便利的离岛免税购物政策，放宽免税品种限制，提高免税购物限额。

3. 丰富提升国际旅游产品供给

对标国际知名旅游目的地，积极培育旅游消费新业态。继续鼓励邮轮公司和其他企业积极经营邮轮旅游国际航线，积极推动嘉年华、皇家加勒比、云顶、诺唯真、维京等邮轮集团（公司）增加海南访问港航线密度，将海南纳入国际旅游“一程多站”航线。

---

①中国（海南）改革发展研究院课题组，迟福林. 海南探索建设中国特色自由贸易港的初步设想［J］. 改革，2019（04）：28.

4. 加快推动国际文化演艺节目的落地

破除障碍，充分用好国家赋予的演艺娱乐业开放政策，尽快在引进高水平的国际文化演艺节目和品牌上获得突破，在海棠湾、亚龙湾等海南旅游热点地区落地国际演艺和演出节目，吸引外商投资文艺表演团体的落地。

5. 继续全面放宽旅游市场准入

吸引国际优质资本和智力资源，积极培育中外合资旅行社，积极引进更多国内外领先的旅游集团、高端酒店集团和著名酒店管理品牌，增强海南旅游市场营销、管理的国际化水平。

（三）以洋浦港航运枢纽建设为抓手，进一步提升海南的国际航运能力，提高全球航运资源配置能力

1. 推动海南率先在国际海运领域实现全面对外开放

积极推进海南在国际海运及相关辅助业务市场全面对外开放，以外商可在海南设立各项国际海运及辅助业务企业不受股比限制为基础，借鉴境外知名自由贸易港开放登记的成功经验，加强海运管理政策和制度创新，探索在海南建立更加开放的海南自由贸易港国际船舶登记制度，推进船检、海事、港航等部门的船舶、船员、企业相关证书信息共享。

2. 加快洋浦区域国际集装箱枢纽港建设

按照洋浦港“国际陆海贸易新通道航运枢纽、国际能源交易中心、面向东南亚的大宗商品集散地、国家离岸贸易试验区”的战略定位，促进航运要素尽快在洋浦集聚。加快小铲滩码头和码头集装箱能力提升改造工程，以进一步完善港口配套基础设施建设。以《西部陆海新通道总体规划》为战略指引，优化航线布局，开通洋浦港至北方的内外贸同船运输航线，布设洋浦港与北部湾、湛江地区的高密度支线，吸引北方货物及国际贸易新通道货物通过洋浦转运。外贸航线方面，积极开拓更多经洋浦至东南亚的国际航线，吸引东南亚货物通过洋浦港中转。

3. 探索推动现代化航运服务平台落地

出台系列扶持政策，吸引境内外企业和机构在海南设立区域总部或营

运中心，促进航运要素集聚，扶持企业在海南开展航运保险、航运仲裁、船舶融资租赁、海损理算、航运交易等高端航运服务，打造现代国际航运服务平台。

（四）充分利用国际资源和全球市场，加快推动各类国际化的交易、中转平台（中心）在海南落地，促进各类经济要素在海南的自由跨境流动和集聚

1. 设立国际航运交易所

探索在洋浦或三亚设立国际航运交易所，重点发展船舶买卖和租赁交易、邮轮游艇交易、航运金融和航运保险等业务，探索开展航运期货、运价指数衍生品交易等服务，创立有国际影响力的“一带一路”运价指数体系。

2. 打造跨境电商寄递中心

在交通运输领域完善快件处理设施和绿色通道，完善海南国际邮件互换局（交换站）布局，提高国际快递处理能力，加强国际快件监管中心建设，打造重要跨境电商寄递中心，从而带动跨境电商等相关产业集聚。

3. 建设国际热带农产品交易中心

充分发挥海南的热带资源优势，利用海南农垦集团的产业和网络基础，建设以天然橡胶为主的国际热带农产品交易中心、定价中心、价格指数发布中心，探索设立热带农产品拍卖中心。

4. 加快全球动植物种质资源引进中转基地建设

加快全球动植物种质资源引进中转基地的规划论证工作，尽快启动实质性建设，探索建立中转隔离基地（保护区）、检疫中心、种质保存中心和种源交易中心。

5. 探索在海南设立国际化大宗商品、产权、股权、碳排放权、知识产权等交易场所

充分利用中央给予的有关支持政策，尽快开展研究和前期工作，推动相关交易场所的设立。

（五）提升以服务业为主的重点产业对外开放合作水平，打造产业合作平台和基地，推动构建海南开放型经济新体制

1. 进一步放宽服务业市场准入

按照服务业“逐项推进、重点突破”的思路，聚焦医疗健康、体育娱乐、教育、金融、数字经济等重点产业，实施一揽子的服务业开放政策举措，率先开放与货物贸易相关的生产性服务业和对国内产业形成倒逼改革动力的服务业，吸引一批辐射和集聚效应较强的现代服务业入驻海南，承接现代国际服务产业的转移①，使海南成为我国服务业对外开放的重要“窗口”。

2. 在重点产业园区率先实施自贸港政策

目前，海南调整和优化了重点产业园区规划布局，形成了高新技术产业、旅游业、现代服务业三大产业类型25个重点产业园区。应在此基础上，借鉴新加坡、迪拜等地园区管理运营模式，着力培育打造总部经济、设计、新型工业、健康疗养、互联网、金融、展览交易中心、商贸物流、科技、教育文化、休闲旅游等重点产业类别，高标准制定各园区个性化对外开放政策，促进产业集聚。特别是率先加快在重点产业园区实施部分自贸港政策，对用于投资旅游业、交通运输等各类服务业设施的各类商品进出口率先实现零关税。

3. 建设海南“一带一路”种业开放先行区

以“一带一路”建设为依托，结合国家南繁科研育种基地（海南）建设和海南全球动植物种质资源引进中转基地建设，以热带种业为切入点，使南繁硅谷建设规划和三亚崖洲湾科技城项目建设相衔接，通过扩大开放、先行先试的制度创新，利用海南全球杂交水稻创新高地、热作种业资源高地、水产种业繁育高地等突出优势，聚焦南繁关键共性技术、生命科学前沿引领技术、生物设计与智能交叉融合技术三大创新领域，对标国际

---

① 史本叶，王晓娟. 探索建设中国特色自由贸易港——理论解析、经验借鉴与制度体系构建［J］. 北京大学学报（哲学社会科学版），2019，56（04）：157.

领先创新平台，在海南精心打造覆盖全产业链的“一带一路”种业开放先行区，建成全球种业领域的“金字招牌”。

4. 以博鳌乐城国际医疗旅游先行区为载体和抓手，推动医疗产业国际合作

一是打破人才和资本自由进入的壁垒，继续放宽境外医师注册和境外资本准入，充分利用好开展真实世界临床数据应用研究的政策优势，加速国外先进创新药品、医疗器械在国内的注册审批和上市，吸引临床治疗、医疗器械、生物制药、投融资等领域的国际先进医疗企业和研发机构进驻，促进医疗新技术、新装备、新药品的研发应用。

二是实施境外患者及其亲属到先行区诊疗和进行医疗旅游更加便捷的便利化政策，打造国际化医疗技术服务产业集聚区。

三是积极引入国际卫生专业组织落户先行区，推动国际性医学类会议、论坛在海南举办，并促成一批永久性会址落户海南，增强医疗健康产业的竞争力和辐射力，提升国际知名度。

5. 以文昌卫星发射基地为依托，推动航天产业对外开放合作

搭建航天科技开发开放平台，推动商用航天发展和航天国际合作，把文昌航天城建设成国际性、开放性、商业性的发射场。

一是建设国际航天发射中心。推动商业发射工位建设，大力发展商业航天，并向社会资本和民营资本开放，推进我国商业航天和国际合作的进程。

二是建立国际航天交流合作平台。推动探月工程等领域的国际合作，面向东盟等“一带一路”沿线国家和地区，以航天科技、空间信息产品为核心，打造一批具有较大国际影响力的航天技术产品交流平台。

6. 以三亚深海科技城建设为引领，打造国际一流的深海科技创新平台

以三亚崖州湾深海科技城建设为契机，建设可共享的深海技术实验室和深海空间站，大力引进国际深远海领域科研机构、高校落户，吸引国际前沿的深海和海洋科技研发与创新资源在海南集聚。

7. 加快海洋经济的对外合作

一是加强海洋渔业国际合作。充分利用海南在海水养殖等领域的既有成功经验，加强与沿线国家尤其是东南亚国家在海水养殖、加工、远洋渔业等领域的合作，支持有实力渔业公司到印尼、马来西亚等国设立渔业基地或海外渔业加工基地。

二是加快海洋油气产业对外合作。《外商投资准入特别管理措施（负面清单）（2019 年版）》已取消了石油、天然气勘探开发限于合资、合作的限制，海南应进一步放宽外商投资进入石油天然气行业的限制，加快对壳牌、康菲、哈斯基、埃克森美孚等国际知名油气企业招商引资，促成一批中外合作或外商独资海洋油气开发项目在海南落地。

8. 稳步金融业的对外开放合作，构建海南金融对外开放的基础平台

一是着力引进外商独资或控股的银行、证券、保险、基金、信托、资金管理等金融企业。

二是进一步完善海南自由贸易（FT）账户体系，汲取上海自由贸易试验区在 FT 建设和实施上的经验教训，探索实施合格境内投资者境外投资、人民币双向资金池等创新试点，促进自由贸易试验区企业跨境投融资便利化。同时，对 FT 体系运行、壮大过程中可能出现的规范漏洞和参与企业的资金链断裂问题，要引起重视，可考虑成立专门的行动小组进行实时的跟踪和监管。

三是探索发展离岸金融、财富管理、保险服务等高端金融服务业，探索建设农产品、电影、旅游等交易场所，建设金融机构区域性总部集聚区，打造国际离岸金融中心，吸引全球金融及其人才、会计事务所及会计、审计、律师评级机构等进入。

（六）实施更加便利、开放的人员出入境和停居留政策，实现人员自由流动，打造海内外人才高地和集聚地

1. 实施更加便利的人员出入境管理政策

一是进一步优化现行的 59 国人员入境旅游免签政策，逐步实现给予免签入境人员 30 日以上的停留期限。

二是根据海南重点产业发展需要，进一步给予邮轮、游艇、医疗旅游、高新技术等产业的人员入境特殊的免签政策或居留便利；根据海南发展实际，及时评估调整免签国家名单，扩大免签的范围。推行领事业务“一网通办”，将 APEC 商务旅行卡、外国人来华邀请和领事认证等业务系统整合为统一平台，纳入全省“一张审批网”，方便外国人获得签证。

2. 建立与国际接轨的全球人才招聘制度，实施具有吸引力的引人引才政策

为符合旅游业、现代服务业、高新技术产业发展方向的外国高级管理人才、技能型人才、创新创业外国人才工作许可提供便利，设立绿色通道。探索实施海外高层次人才个税税赋差额补贴或直接降低个人所得税税率，推行境外人才备案后可在海南直接执业政策。

3. 提供更加便利、人性化的人才居留服务

加快开展国际人才管理改革，允许外籍和港澳台地区技术技能人员按规定在海南就业、永久居留。加快实施外国高端人才服务“一卡通”试点在海南全省推广，建立住房、子女入学、就医社保服务通道。进一步便捷境外人员在海南参加职业资格考试、驾车出行、就医、创新创业等。对引进的具有国际影响力和取得特殊成就的高端外国人才，试点实施直接申请永久居留等移民管理政策措施。

（七）加快与对外开放门户相匹配的各类基础设施建设，建设区域互联互通枢纽和新通道

1. 建设与国际化都市相匹配的城市基础设施

重点城市是海南打造对外开放门户的重要依托，应以海口、三亚为重点，提高城市建设水平和公共服务水平，引入更多国际化的元素和标准，出台关于城市基础设施更新、公共服务资源、语言无障碍体系、游客国际化服务等领域的一系列提升举措，尽快在外国人咨询服务中心、外语服务热线、公共区域多语言标识、境外游客购物离境退税服务等方面达到国际一流水平。

2. 建设航空区域门户枢纽

一是完善机场硬件设施，按照国际一流标准推进海口美兰机场改扩建建设，推动三亚新机场、儋州机场、东方/五指山机场建设，充分提升机场的保障和服务能力。

二是扩大包括第七航权在内的航权安排，吸引新加坡、阿联酋等国家和地区的航空公司开辟经停海南的航线，进一步加密海南直达全球主要客源地的国际航线。

3. 深化海南港口资源整合

充分用好海南与中国远洋海运集团战略合作的机遇，借助中远海运的航线、技术、资金、管理等资源优势，通过港口航运资源扩能升级、整合重组和调整定位等措施，大力提升海南的国际航运资源配置能力。

4. 加快推进琼州海峡通道和港航一体化建设

琼州海峡大通道建设事关海南能否与华南大陆建立便捷、通畅的经济联系，事关海南经济发展的战略腹地，应以推动琼州海峡港航一体化发展为目标，从根本上解决琼州海峡大通道“过海难、过海慢”的问题。同时，要加快研究、推动海口至湛江高速铁路及其他便捷交通方式建设。

（八）充分发挥海南在区域合作中的特殊作用，构建21世纪海上丝绸之路文化、教育、农业、旅游等交流平台

1. 深化“一带一路”政府间合作和外交平台建设

一是充分利用海南建设自贸区（港）的政策优势和承办博鳌亚洲论坛的实践经验，积极向国家申请偶数年在海南举办“一带一路”地方论坛，着力打造海南国际交流平台。

二是积极推动更多“一带一路”沿线国家在海南设立领事机构，提升海南国际开放度。

三是加大“请进来”力度，邀请“一带一路”沿线、东盟等周边国家、港澳地区更多批次党宾、国宾、友城省州长、企业或区域负责人、客商来海南参与各类国际节庆、会展、文体活动，促进对外合作。

四是以友城合作和友城交往为主抓手，加强友城间务实合作，打造一

批核心友城项目，通过举办国际友城“文化周”“结好庆典”“纪念日”以及科技文化教育交流、产业推介、涉外文体赛事等活动，扩大人文交流和民间往来。

2. 加快推动“泛南海经济合作圈”构想落地

以南海为地缘纽带，围绕旅游、环境保护、海洋渔业、产能合作、海上搜救、防灾减灾等重点领域，以“泛南海旅游合作”和“泛南海邮轮旅游圈”为先导性项目，加快海口、三亚邮轮母港建设，大力发展国际邮轮经济，开辟连接菲律宾、马来西亚、印尼、新加坡、越南等沿线国家的定期邮轮旅游航线，打造建设一程多站式国际邮轮旅游航线，使“先到海南游，再乘邮轮出国游”成为海南海洋旅游的新亮点。同时，加强与国内外邮轮旅游城市的沟通交流，扩大“21 世纪海上丝绸之路沿线邮轮旅游城市联盟”的影响力。继续依托中国海上丝绸之路旅游推广联盟平台，联合联盟各成员单位，深化构建面向“一带一路”国家和全球的旅游文化营销平台。

3. 围绕南海资源开发服务保障基地和海上救援基地两大定位，加强南海海上务实合作

按照海南参与“一带一路”建设的战略定位，尽快完善和细化南海资源开发服务保障基地和海上救援基地建设的具体规划，推动相关建设项目尽快落地和投入使用，及早向南海周边国家和过往船只提供公共服务产品，并以此为依托与南海周边国家开展海上搜救、航行安全等领域的务实合作。

4. 推进贸易畅通，拓展经贸、国际产能合作领域

积极开拓国际市场，组织企业参加境外国际知名展会，深耕美国、欧洲等传统市场，拓展俄罗斯、澳大利亚、印度等新兴市场，促进水产、食品、医药等进出口发展，扩大与“一带一路”国家开展进出口活动的规模。

5. 推动农业国际合作，建设国际产业合作和技术交流平台

一是以“一带一路”倡议为依托，结合国家南繁科研育种基地（海南）建设和海南全球动植物种质资源引进中转基地建设，以种业为切入

点，通过扩大开放、先行先试的制度创新，利用海南全球杂交水稻创新高地、热作种业资源高地、水产种业繁育高地等突出优势，在海南打造覆盖全产业链的“一带一路”种业开放先行区。

二是以海垦草畜、南繁产业集团、农垦科学院等公司为平台，引进国外种养殖企业开展合作，在海南发展畜牧养殖业、珍稀热带水果种植业、育制种业，打造面向东南亚的“种子硅谷”，创建世界种子产业联盟，加大招商引资支持力度，建设热带作物优良品种引进基地。做到利用科技提高海南农作物产量、质量的同时，也能提高农作物的科技含量，使海南农业成为吸引外资的一个亮点。

三是联合中国热带农业科学院、海南大学和海南省农业科学院等科研力量，依托农业农村部对外合作科技支撑和人才培训基地，推进国际热带农业科技合作创新、热带农业对外合作试验等重点领域建设。

6. 深化与“一带一路”国家开展科技人文交流

推进海南热带农业国际技术转移中心等国际技术转移机构建设，推动海南与“一带一路”沿线热带国家开展技术合作。加强与21世纪海上丝绸之路沿线国家的人文、教育、科研及智库交流。扩大“中国—东盟海洋法律与治理高级研修班”“中国—东盟海洋教育培训中心”等项目规模，谋划一批与21世纪海上丝绸之路沿线国家在蓝色经济、海洋治理、旅游管理、海洋科技等领域的联合人才培养项目。

7. 加强与粤港澳大湾区建设的对接和协调

粤港澳大湾区综合实力强、发展动力强劲，产业、科技、资本、人才等资源密集，海南应充分借助其优势资源和平台优势，通过战略对接将粤港澳大湾区作为自身发展和对外开放的腹地支撑。

（九）搭建高水平的国际合作和交流平台，全面提升海南的对外开放水平

1. 用足、用活博鳌亚洲论坛平台

一是以博鳌亚洲论坛特别规划区建设为抓手，加快完善博鳌核心区会议、会展、接待、旅游等设施，丰富博鳌周边地区的旅游业态，提供开展

重要外交外事活动、商务活动、中外人文交流的酒店服务和保障场所。

二是借助博鳌亚洲论坛打造对外交流品牌项目，拓展中国—东盟省市长对话、南海主题分论坛、21 世纪海上丝绸之路岛屿经济分论坛等海南主题活动的内容和形式，增设与海南自贸区（港）重点发展产业密切相关的合作议题，向世界展示海南自贸区建设，推动与相关国家和地区在海洋经济、旅游、医疗、高新技术产业等领域的实质性合作。

三是充分挖掘利用博鳌亚洲论坛资源，加强对世界 500 强等行业龙头和国内外知名企业的精准招商推介，扩大海南与政界、商界、学界、侨界的交流合作。

2. 对接国际会展活动通行规则，引进、培育更多的国际化展会

与国际顶级专业会展公司和会展品牌商开展广泛合作，高水平举办中国（海南）国际商品博览会、国际品牌博览会、中国（海南）国际海洋产业博览会、国际时装周、国际音乐节和海南岛国际电影节等大型国际展览会和世界级节事活动，充分利用会展活动集聚人流和提升国际知名度，并借展会活动精心策划开展招商引资活动。

3. 大力吸引国际品牌赛事活动落户海南，打造海南国际赛事活动品牌

一方面，继续做好环海南岛国际大帆船赛、环海南岛国际公路自行车赛、海南高尔夫球公开赛、海南国际马拉松等国际品牌赛事活动，邀请更多的国际赛队参赛，推动活动综合影响力进一步提升，不断增强海南特色运动的独特品牌魅力。另一方面，以举办 2020 年亚洲沙滩运动会、2020 年国际帆联年会、2024 年世界帆船锦标赛等大型国际赛事为契机，争取更多的海洋、沙滩类、雨林越野等运动会在海南举办，从而全面提升海南的“能见度”。

第三章　海南自由贸易港的财税制度与政策设计①

贾　康

华夏新供给经济学研究院首席经济学家

一、海南自由贸易港建设背景、战略意义和财税改革的作用及意义

在海南全岛建设自由贸易试验区和中国特色自由贸易港，是党中央着眼于国际国内发展大局，深入研究、统筹考虑、科学谋划作出的重大决策。基于改革开放以来海南建省、明确为最大经济特区和确定“国际旅游岛”发展战略的前期铺垫，和着眼全局以特殊政策支持海南超常规发展、进一步提升我国对外开放水平和层次的努力，党中央审时度势，提出了建设海南自由贸易港的新一轮战略部署。早在 2017 年 10 月 18 日，习近平总书记在党的十九大报告中就提出，要“赋予自由贸易试验区更大改革自主权，探索建设自由贸易港”。2018 年 4 月 13 日，习近平总书记在庆祝海南建省办经济特区 30 周年大会上宣布，党中央决定支持海南全岛建设自由贸易试验区，支持海南逐步探索、稳步推进中国特色自由贸易港建设，分步骤、分阶段建立自由贸易港政策和制度体系。2018 年 4 月 14 日，党

①本报告为 2018 年中国特色自由贸易港研究院专项委托课题成果，由华夏新供给经济学研究院课题组完成。课题组组长：贾康。课题组成员：程瑜、刘薇、施文泼、满莉、孙蒙、陈倩、曲丹阳、张晶晶。

中央、国务院发布《中共中央 国务院关于支持海南全面深化改革开放的指导意见》，提出海南自由贸易港的建设是构建全面开放新格局的重中之重。海南将在经济特区建设成果的基础上，以服务业市场开放为重点，大力发展旅游业、现代服务业和高新技术产业，打造更高层次、更高水平的开放型经济。

（一）海南自由贸易港建设背景

为更好地理解与把握党中央综合各方面因素和基于对当前发展大势的判断所做出的这一重大决策，有必要分别从海南发展以及国内国外相关情境等方面阐述海南自由贸易港的建设背景。

1. 海南自身发展的背景

作为我国最大的经济特区，海南的自身诉求与中央决策层所寄予厚望的结合点，是利用其特殊的区位和禀赋争做中国改革的“试验田”和“排头兵”。自建省以来，海南取得了令人瞩目的发展成绩，也见证了中国改革开放在南方海疆的发展史，可以说海南因改革开放而生，因改革开放而兴。中央选择在海南建设自由贸易港，既是适应新时代客观要求的决策，同时也与海南自身的地理位置、生态环境、经济社会环境、发展历史等因素密不可分。

从地缘视角来看，海南具有不可替代的地理位置优势。其一，海南是国际海上航线的重要中转站。海南和台湾同位于经马六甲海峡到日本的航线之上，是这条国际航线的中转和枢纽，战略位置十分重要。其二，海南是中国与亚洲其他国家，尤其是与东南亚国家联系的桥梁。海南处于我国最南端的海区，是中国距离东南亚、南亚国家最近的省份之一，得天独厚的地理位置使之成为中国与亚洲国家交流的枢纽之一。其三，海南是“一带一路”倡议实施中的重要支点。海口自古就是我国的海上自贸枢纽，如今在21世纪的“一带一路”倡议中更是凸显其地理位置的重要性。海南自由贸易港建设可以为我国的改革与开放提供一方珍贵的“试验田”和特色增长极、辐射极区域。在具体管理机制的探索方面，独立的地理单元优势便于实施“一线放开、二线管住”的政策与制度，并降低管理成本。

与此相呼应，海南经过了数十年的快速发展，取得不错成绩的同时也拥有了先行探索的条件。改革开放以来，海南的经济社会发展已经历了两次大的飞跃。第一次是1988年成立经济特区，第二次是2009年宣布建立国际旅游岛。经过办经济特区和建设国际旅游岛的探索，海南的部分领域的开放程度已处于全国前列。2000年海南省率先实行落地签证政策，2003年在全国率先开放第三、四、五种航空运输业务权，2017年进一步拓展国际航线至56条。2017年，海南海口美兰机场和三亚凤凰机场的货邮吞吐量，已经分别达到15万吨和近9万吨。2017年，海南接待游客6745.01万人次，是户籍人口的近7倍；入境游客111.94万人次，提前3年完成接待百万人次的目标。2011年4月20日开始试点执行的离岛免税政策，使海南岛成为全球第4个实施“离岛免税”的岛屿。受惠于这一有益探索，2014年9月，位于三亚的全球最大单体免税店正式开幕，目前每天接待超过1.5万名游客，接待量相当于一个“超级景区”。这些措施和政策的推进都在一定程度上提高了海南的对外开放水平和国际知名度。海南在对外开放过程中，遇到过不少风险和挑战，也积累了很多成功经验。这些成功经验能够帮助海南在推进开放政策的同时，把握好注重开放和安全的平衡。

2. 海南自由贸易港建设的本土背景

近年来，受全球经济低迷影响，我国外贸出口增速放缓，内需增长也较缓慢，产能过剩矛盾突出，结构转型任重道远。新一轮以科学技术投入为核心的生产方式，以知识、信息和智力要素的生产、扩散与应用作为经济增长主要推动力的发展模式，正在冲击我国传统的制造业优势。在此背景下，我国经济迫切需要一个“助推器”，帮助经济迈向更高能级的新阶段。此外，在国际需求疲弱以及劳动力成本升高背景下，我国不可能长期依赖原有产能结构和动力源支撑经济增长，因此在继续深化改革、扩大开放中实现新旧动能转换是未来中国经济可持续发展的关键。随着改革进入“深水区”，国内产业积极开拓国际市场，国外产业与资本进入中国市场，特别是金融投资、高端技术等相关产业的需求，更是十分迫切，优化国内市场环境、开发国际市场迫在眉睫。仅仅依靠建立保税区、综合保税区，单纯的减税免税政策优惠以及由上海开始建立的自贸试验区，已经不能适应国际投融资升级和日新月异的大环境。同国外高水平自由贸易园区相比，我国较高的投资成本和关税以及较低效率的行政管理方式，导致在高新技术产业发展的国际竞争中，掌握新技术的外国企业发展迅速，获得的收益也十分可观。反观我国，很多企业只能通过从事简单的加工制造、组装等初级业务赚取微薄利润，有些地区甚至为了招商引资而大量引入资源掠夺型和高污染排放型企业，不仅加大资源、环境压力，而且从长远看更是不利于我国企业提升国际竞争力和调整产业结构，与我国寻求经济转型，实现结构优化，高质量“升级版”发展的大方向背道而驰。

在此背景下，海南自由贸易港建设作为我国新时期改革开放的新部署、新亮点，承担着以进一步扩大开放带动全国经济转型，引导企业发展模式变革，促进国家治理体系和治理能力现代化的重大使命。同时，我国目前在积极与世界互联互通，以“一带一路”倡议的实施作为联通中国与亚欧非的纽带，其战略意义十分重大。海南自由贸易港必然要作为“一带一路”倡议推进中的重要一环，承载着“21 世纪海上丝绸之路”本土起点的重要使命。

3. 海南自由贸易港建设的国际背景

从国际环境看，世贸组织作为推动国际贸易往来、促进国与国之间的合作、完善贸易法律制度的多边协调机制，发挥着不可替代的重要作用。但是随着社会时代的进步以及国际经济往来的频繁，其开放领域和自由化程度已不能满足一些国家的需求，尤其是在投资方面，难以形成一个能为大多数国家所接受的较为全面的法律体系。世贸组织规则主要覆盖贸易特别是货物贸易，涉及投资的规则不够充分或不够令人满意。在此背景下，许多国家开始寻求建立更新型、更高标准的贸易合作形态，跨太平洋伙伴关系协定（TPP）、跨大西洋贸易与投资伙伴协议（TTIP）均属此列。例如，TTIP 的核心宗旨即“通过消除对货物、服务和农业的贸易与投资的障碍，增进市场准入”，主要内容包括取消美国与欧盟之间的关税，加强监管合作与兼容性，开放服务和政府采购市场等。

伴随着近年来的英国脱欧，法国、意大利等国的民族主义、民粹主义上升，美国特朗普政府的“美国优先”战略和贸易保护主义大行其道，发达国家和发展中国家间跨境资本流动下降，国际经济从全球化向“逆全球化”转向。首先是日益抬升的贸易保护主义。数据显示，国际金融危机爆发十年来，各国出台的贸易保护措施不下3000项，全球经济增长因贸易和跨境投资自由度下降而更为放缓，多边贸易体系屡遭挫败。其次，“税收本位主义”盛行。为了保护美国本国利益，鼓励本国制造业发展和吸引海外资金回美国，特朗普政府将企业所得税率从35%降至21%，个人所得税年度标准扣除额翻倍至1.2万美元，同时下调税率，引发全球税收竞争。此外，随着新技术革命的发展，当前世界在生产、通信、能源和其他领域正以前所未有的速度和规模改变、颠覆就业模式、社会关系和地缘政治，技术革新给风险格局带来乘数效应，受影响产业和地区的收入下降、失业率上升。

“逆全球化”、贸易保护主义加剧、中美贸易摩擦常态化，加之跨太平洋伙伴关系协定谈判、跨大西洋贸易与投资伙伴协议谈判等国际背景因素，都在一定程度上影响着海南自由贸易港的创想与设立。超级大国美国挑起的贸易战以及这些不包括中国在内的自由贸易协定，使得我国企业未来在参与国际竞争过程中将面临更大的风险和更多的限制，参与国际投资活动将受到更多阻碍，国际竞争力将被削弱。面对全球形势变化，通过建设海南自由贸易港，打破贸易壁垒，积极拓展对外开放新形势，对标国际经贸新标准，是合乎逻辑的必然选择。

（二）建设海南自由贸易港的战略意义

海南自由贸易港建设，作为一项重大的国家战略，是在复杂多变的国际经济新形势下产生的。一方面，是为了探索中国改革开放的新路径；另一方面，是为了同国际更快接轨，回应外部压力，体现大国担当。海南建设自由贸易港的战略意义主要体现在以下几个方面。

1. 加快海南现代化建设，打造新时代中国特色社会主义的新亮点

依托海南自由贸易港建设，党中央对海南的未来发展进行了新的全面战略定位，并描绘了“三步走”的发展蓝图。立足海南地理区位优势、腹地支撑优势、资源环境优势，将形成以旅游业、现代服务业、高新技术产业为主导的产业体系。海南自由贸易港的建设，能够促进海南现代化经济体系的超常规发展，在推动经济高质量发展方面走在全国前列；能够创新培育以现代信息技术为支撑的新产业、新业态、新组织方式、新模式的新兴企业组织，显著增强海南的经济创新力和竞争力；能够加快海南服务贸易创新发展，促进服务业优化升级，建立开放型、生态型、服务型产业体系；能够进一步利用海南国际旅游岛开拓发展的契机，不断开放旅游消费领域，探索特色区域经济发展新路径；能够提高海南的海洋资源开发能力，加快构建特色海洋产业体系，培育海南省新的经济增长极，实现从海洋大省向海洋强省的转变。总之，海南自由贸易港的建设，将极大地推动海南社会主义现代化的建设进程，使海南成为中国对外开放升级、创新的“新窗口”，推动海南尽享改革开放新时期的发展红利，彰显中国特色社会主义制度优越性，并增强中华民族的凝聚力和向心力。海南自由贸易港的建设将推动海南成为中国进一步融入经济全球化的重要载体，成为中国经济的新增长极和新时代“升级版”的中国特色社会主义的新亮点。

2. 有利于探索可借鉴的经验，拓展改革开放广度和深度

海南岛全岛建设自由贸易港，实施范围远超其他自由贸易港，并且是首次在农业人口仍占很大比重、经济发展水平相对落后的省份开展覆盖全岛范围的自由贸易港建设，其建设过程中积累的经验和成功实践，将会在全国范围内产生更大的带动效应、示范效应和辐射效应。这对于探索国内其他地方可借鉴的经验，完善和发展中国特色社会主义制度，具有重要意义。海南岛全岛建设自由贸易港，将是我国探索全面深化改革开放的重要制度创新尝试，相关经验将在我国经济高质量发展阶段得到更多借鉴与推广，产生更大范围的制度红利。

3. 加快“一带一路”建设与区域合作，在推动经济全球化进程中形成我国全面开放新格局，体现大国责任担当

海南自由贸易港建设不仅关乎海南发展，更是我国“一带一路”倡议实施和贸易强国建设中的战略部署。推进海南自由贸易港建设，既有利于发挥海南在区域中的重要枢纽作用，又有利于丰富我国重大区域的发展战略。作为我国面向太平洋和印度洋的重要门户，海南是我国“一带一路”倡议实施中的战略支点，需要发挥桥梁作用和开放的入口作用。通过自由贸易政策的执行，促进海上丝绸之路相关国家实现更高程度的资源优化配置，成为国家“一带一路”建设的有力“助推器”。从国内相关性看，海南处于我国南海区域的关键位置，可以通过与国内各自由贸易港的政策协调和协同发展，在互动中有效推进环北部湾地区和泛珠三角地区经济一体化发展战略的实施，并在推动“21 世纪海上丝绸之路”建设中发挥重要作用。推进海南自由贸易港建设，发挥好海南在“21 世纪海上丝绸之路”中的重要战略支点作用，对加强我国与“一带一路”沿线国家和地区之间多层次、多领域的深入、务实合作，意义重大。

（三）海南自由贸易港建设中财税改革与政策优化的作用和导向

海南自由贸易港建设需要得到财税改革的配套支持。通过一系列相关财税改革措施，不仅能够较好保障、健全海南自由贸易港相关公共基础设施的建设，还能更好发挥财税政策的调控作用，引导和促进各方面形成支持合力，为海南自由贸易港建设保驾护航。主要体现在以下几个方面。

1. 构建合理优惠支持机制，提供资金、政策支撑

海南自由贸易港作为我国内地唯一的国际自由贸易港，势必将展开一轮公共基础设施的大规模建设和其他配套条件的建设，需要在财政改革中以制度和政策的优化来理顺财政体制关系，促进海南自由贸易港的战略规划顺利落实。在海南自由贸易港建设过程中，一方面财政体制需要在中央与地方财政事权和支出责任划分、一般性转移支付和专项转移支付制度、地方税体系建设、税收优惠政策体系等方面进行必要的优化设计，合理、

适当地提高中央对海南的支持力度，形成对海南自由贸易港必要的优惠支持机制，以资金、政策方面的有力支撑促进海南自由贸易港超常规发展；另一方面也需要赋予海南自由贸易港更大的决策权限，提高海南地方政府的主动性、积极性，以促进经济发展、社会公平、国际交流和对外开放。

2. 提高投资自由化水平，促进要素流动

在进出口方面，可以通过免关税、零关税以及出口退税等方式降低贸易壁垒，吸引外资外商，营造良好外贸环境，促进贸易大发展；还可以通过转变海关管理方式、实施“一线放开、二线管住，区内自由、入港退（报）税”监管原则、简化自由贸易港报关报税流程等方式，提升海南自由贸易港进出口的自由化水平，构建先进、宽松、合理的体制，从而最大限度地释放要素流动的自由空间，吸引全球货物、资本、服务等资源的集散，实现资源的优化配置，促进产业结构转型升级。通过提供税收优惠等方式促进国际商品、资金自由化流动，可以积极吸引外商投资以及先进技术、管理经验，支持外商全面参与自由贸易港建设，充分激发海南自由贸易港发展活力和创造力，打造更高层次、更高水平的开放型经济。

在企业自身发展方面，可以通过企业所得税、房产税等方面的税收优惠政策，降低投资交易成本和企业负担，促进企业创新，吸引更多海内外投资，提升投资自由化水平。在财税改革中进一步对接完善符合国际惯例的税收管理制度，有利于提升海南自由贸易港的国际接受度和认可度，促进海南自由贸易港快速走向国际化，扩大全球影响力。

3. 营造良好营商环境，吸引企业资金投入

财税改革有助于营造良好的营商环境，吸引各方企业资金投入，提升海南自由贸易港经济活力。通过降低政府税收和行政事业性收费，提供适当的财政扶持措施来降低企业成本，可以营造良好的创新创业环境，助力企业在发展中提升竞争力及创新活力。以财政制度优化创新配合呼应行政管理方式转变，有利于理顺政府和企业之间的关系，让市场在资源配置中发挥决定性作用，进一步实现管理型政府向服务型政府的转变；通过加快

建设“一口受理”综合服务大厅、基于互联网大数据的政府网上服务大厅，创新海关监管模式等方式，实现“多证合一、多项联办”，构建完善的工作联络协调机制，精简审批事项，推进项目审批标准化和集成化建设，有利于优化营商环境，方便企业办理业务，最大程度利企便民，使企业和群众真正享受到办事更便捷的政策红利。

4. 吸引人才流入，引导企业、产业升级发展

人才是发展的关键。大力实施人才引进战略，在个人所得税、财政补贴等方面实行有力的优惠政策，可以吸引全国各行业高端人才以及新生代的创客群体奔赴海南自由贸易港。聚天下英才而用之，引得进、留得住、用得好，为海南自由贸易港增添活力，使海南成为人才荟萃之岛、技术创新之岛。

在引领企业发展方面，政府可以通过与社会资本合作（PPP）、ABS 融资模式（以项目所属的资产为支撑的证券化融资方式）以及政府引导基金等多种方式与社会资本合作，引导社会资本进入自由贸易港基础设施建设等领域，加快海南自由贸易港急需的项目建设，并提高资金使用效率，降低风险；同时还可以运用政策性产业基金、创新发展基金、产业引导基金等模式，增强财税政策导向作用，准确定位，把握方向，引导社会资金流向自由贸易港建设最需要的地方。在引领更多金融资本和社会资本助力自由贸易港企业创新发展的同时，发挥基金的放大作用，推进与自由贸易港建设相适应的产业战略，推动经济结构调整、产业升级和区域实体经济发展。

5. 防范风险，规范完善相关制度建设

在财税改革中合理掌握和规范自由贸易港税收征管制度，有利于提高对经济社会安全的服务保障能力，在维护税制公平、统一、规范的前提下形成公开透明的监管制度，防范对外开放过程中可能出现的投融资违法行为和走私、疫情等方面的风险。财税管理与其他政府管理事务的协调配合，有助于规范完善与自由贸易港建设相关的贸易、金融、海运等方面的制度建设，优化相关政策体系、监管模式和管理体制，推动金融、贸易、投资、航运、商事仲裁等方面的创新发展，打造开放层次更高、营商环境

更优、辐射作用更强的发展新高地。

财税改革还将助益提升海南自由贸易港的现代化治理水平和治理能力，完善公共服务体系，加强社会组织制度建设，形成良好的社会秩序，使人民获得感、幸福感、安全感更为充实，更有保障。

二、海南自由贸易港财税制度的国际经验借鉴

从国际经验看，在自由贸易港设立和发展过程中，政府制定的激励性政策具有不可替代的作用，其中财税政策更是重中之重。在自由贸易港制定、实施具有国际竞争力的特殊财税政策，是世界范围内自由贸易港的通行惯例。

（一）全球主要自由贸易港财税政策考察分析

为自由贸易港制定实行具有国际竞争力的财税制度，是各国通行惯例，也是自由贸易港吸引企业主体集聚而促进产业发展的优势所在。自由贸易港的财税政策，与其所在国设立自由贸易港的目的、经济发展阶段以及经济实力密切相关。目前全球各地的自由贸易港财税制度安排，集中体现在税收优惠政策和财政支出的特定支持两个方面。可以说，自由贸易港正是依托其实施的免税、缓税、退税、分期缴纳税收等直接或间接优惠税收制度以及财政支出、补贴等政策，有效地促进了跨国贸易，吸引国外投资，并不断提升自身在国际贸易中的竞争力。

1. 财政支出政策

（1）财政投资政策。财政投资政策作为财政政策的重要组成部分，在自由贸易港的建设与发展中发挥着重要作用。自由贸易港财政投资重点是基础性和公益性项目，以便改善营商环境和投资环境，并有序地从经营性和竞争性项目中退出。目前，在自由贸易港基础设施和生态环境建设方面，财政投资力度颇大。例如，韩国中央政府及地方政府向釜山自由贸易港区（简称“釜山港区”）的机场、道路、港湾等大型基础设施建设提供了全部或部分投资援助，另外，韩国政府在釜山港区内投资建设海洋观光和南山地区休闲休养区，形成绿色环境景观；符拉迪沃斯托克港内的交通、

能源、市政等基础设施建设和改造，得到俄罗斯联邦、滨海边疆区及自由港区域所在城市的预算资金补贴支持；鹿特丹港为缓解公路交通运输拥挤和解决城市环境污染问题，通过财政投资促进铁路建设和内河航道运输改造。

(2) 财政补贴政策。在财政直接投资之外，政府也会对自由贸易港内符合条件的企业实施财政补贴等政策，间接干预激励企业投资。目前，各国自由贸易港的财政补贴政策较多地应用于高新技术、高附加值以及战略性新兴产业，重点发展高端航运、金融、咨询专业服务等，并重点吸引跨国公司总部、营运中心等功能性机构入驻，促进企业培训、研发、创新活动开展，使自由贸易港实现产业结构全面升级和优化。如新加坡政府专门对从事研发创新的企业给予一定额度的资金补贴，鼓励和资助新技术、新技能发展；对选址以优化土地使用为目的的公司提供土地善用补贴；对在新加坡设立的外国投资公司，政府也提供一定的财务援助，具体包括本地企业融资计划、本地企业技术援助计划、商务开发计划等。韩国政府对釜山港区内企业工厂及研究中心的建设、人员雇佣、设备购置提供财政资助，如对投资期在 10 年以上的企业，按照其土地租赁费的 50%发放土地补助金；按其雇佣员工数分别发放最长 6 个月的雇佣补助金和教育培训补助金，每人每项不超过 100 万韩元；企业购置超过 30 亿韩元的设备，按设备金额的 2%给予补助，最多不超过 2 亿韩元；其发生咨询费用，给予费用 30%的补助，最多不超过 2000 万韩元。

2. 税收政策

自由贸易港普遍采取的税收优惠政策，主要体现在关税、增值税和企业所得税三大税种上，对其他税收政策也有所涉及。

(1) 关税政策。除特殊商品外，进出自由贸易港的商品一般不征收关税，或者给予关税减免，商品由自由贸易港进入国内销售时才征缴关税。另外，部分自由贸易港还规定，对入关后再出口的商品给予全部退税优惠。港内企业进口生产所需机械、设备、原料、零件等一律免征关税。例如，全球超过 90%的货物可以自由进出新加坡而不缴纳关税，应税货物只有酒、烟草、石油以及车辆等四大类商品。中国香港对进出口的一般商品不征收关税，不施加关税限额或附加税。入驻釜山港区、仁川港区等自由贸易港的企业3年内免除关税，进口国外设备等资本品免征进口关税。阿联酋政府规定，自由区内注册的公司进口供自身使用的货物和用于生产、加工或组装的货物免征关税，公司向阿联酋以外的国家出口货物免征出口关税。中国台湾高雄、台中等加工出口区内的企业进口自用机器设备、原料、半成品等免征进口税，产品出口免征出口税。印尼巴淡自由贸易园区实行税收优惠政策，免征进出口税。菲律宾苏比克湾自由港属于关税特惠区，投资者享受优惠关税税率，允许免税进口多种商品。美国对外贸易区允许贸易区内的货物在不同区之间转移，如果货物最终进入美国海关境内，其关税可推迟到商品从最后一个对外贸易区进入美国境内时才缴纳；经对外贸易区委员会同意，园区使用者可以选择园区制造的最终产品或进口零部件、原料的税率中较低的税率，作为产品进入美国境内时应缴纳的税率，从而减少应缴税款。德国汉堡自由港区向制造企业和经销商提供了欧洲最优惠的税收待遇。

(2) 增值税政策。为降低企业税负，自由贸易港一般不设或不开征增值税，免征进口环节增值税。即使对区内企业加工、制造产品征收增值税，也只用零税率或较低的增值税税率，只在货物输往课税区时另行补缴增值税。例如，新加坡规定，当货物首次进口到新加坡自由贸易港内时可以暂时免缴货物劳务税，只有在产品进入海关区域，在新加坡国内市场销售时才会被征收货物劳务税。若所生产或加工的货物与服务用于出口，则适用货物劳务税零税率，同时住宅财产的销售和出租，以及大部分金融服务，可免征货物劳务税。在德国汉堡自由港区内，货物可任意进行加工和交易而不必缴纳增值税。中国台湾高雄等出口加工区内加工、制造产品时不征收增值税，待货物、劳务销售至课税区时，再依法课征增值税。釜山港区内，入驻企业运进的韩国物品和自由贸易港内部企业之间的交易适用的增值税税率为零，同时进口国外设备或商品也免征进口环节增值税。印尼巴淡自由贸易园区实行税收优惠政策，免征增值税。巴西马瑙斯自由贸易区内生产并在本国销售的产品，免征工业产品税；对以农业植物和亚马孙地区植物为原料加工而成的产品，免征工业产品税。

(3) 企业所得税政策。自由贸易港一般实行较低的企业所得税税率及其他优惠政策。例如，釜山港区、仁川港区等，对投资金额在 1000 万美元以上的制造业和旅游业企业、500 万美元以上的物流业企业、100 万美元以上的技术研发类企业，以及投资金额在 3000 万美元以上或是外国人投资额在 50%以上及总事业费 5 亿美元以上的开发者，给予企业所得税“三免两减半”的优惠，即自企业赢利年度起 3 年内免征企业所得税，此后 2 年减半征收；对投资金额在 3000 万美元以上的制造业企业、2000 万美元以上的旅游业企业、1000 万美元以上的物流业企业，以及投资金额在 200 万美元以上或雇佣硕士学历以上研究员超过 10 名的技术研发类企业，给予企业所得税“五免两减半”的优惠。阿联酋政府规定，在自由贸易区内注册的外国公司享受 15 年免除企业所得税的优惠政策，期满后免税期可再延长 15 年。爱尔兰香农自由贸易园区适用爱尔兰 12.5%的企业所得税税率，该税率在欧洲及全球范围内极具竞争力；园区对超出基准的研发支出给予 25%的税收抵免；区内总部型爱尔兰本土企业在附属子公司进行股权分配时免征资本利得税。中国台湾地区出口加工区企业营业后头 5 年免除企业所得税，5 年后企业所得税也只按 18%的税率课征；利用再投资，其数额低于年所得额的25%时，免征所得税。新加坡一般企业所得税税率为 17%，而航运企业、地区总部企业适用的税率为 10%，拥有或运营新加坡船舶或外国船舶的国际航运企业，可以申请 10 年免征企业所得税的优惠，最长期限可以延长至 30 年。在中国香港注册的船舶国际营运所得利润可免征企业所得税。巴西马瑙斯自由贸易园区内企业 10 年内免征所得税，此后 5 年内减半征收。

(4) 其他相关税收政策与税收协调事项。除以上税收政策外，在其他税种上各国对自由贸易港也有一些优惠政策。例如，巴西马瑙斯自由贸易园区内所有外来投资企业免征城市房地产税、垃圾服务税、公共清洁税、公共场所和道路保养税以及营业执照税。阿联酋对在迪拜港内工作的企业工作人员免征个人所得税。中国台湾基隆港等自由港区，对自国外运入自由港内供营运的货物，免除关税、营业税、烟酒税、烟品健康福利捐、推广贸易服务费及商港服务费；对自国外运入自由港内的自用机器和设备，免征关税、营业税、推广贸易服务费及商港服务费。釜山港区、仁川港区等，对区内入驻企业免除 15 年的购置税、登记税，财产税及综合土地税从购置之日起“七免三减半”，企业进口国外机械设备免征消费税。

（二）海外成功经验对海南自由贸易港财税制度建设的启示

自由贸易港属目前全球开放水平最高的特殊经济功能区。我国在探索建立自由贸易港的过程中，应注重借鉴国际先进经验，积极探索建立科学规范、合理有效，符合我国实际和需要的财税制度。纵观全球具有代表性的自由贸易港财税政策，其对我国建设海南自由贸易港财税制度具有以下几方面的启示。

1. 对基础设施建设的财政投资支持在自由贸易港早期建设中必不可少

在自由贸易港设立之初，需要对原有的基础设施进行改造升级、补缺补漏，并根据长远发展规划，在交通、生态、社会事业等重点领域进行充分投入。一般来说，都需要较大规模的资金投入。从各国经验来看，在自由贸易港的早期建设上，由于项目建设主要集中在公益性及以公益性为主的基础设施、生态环保、社会事业等领域，因此，大多以政府财政资金投入为主，投入主体则包括中央与地方两级政府。

2. 建立具有国际竞争力的财税制度，优化税收征管体制

在自由贸易港实行特殊的财税制度，不仅能在微观方面降低企业运营成本与技术创新风险，使企业资金良好运转并增加其经济效益，而且在宏观方面能使产业集聚并引导产业结构优化升级，促进自由贸易港体制机制改革与管理方式转变，提升自由贸易港经济发展水平和综合竞争实力。参考全球主要自由贸易港财税制度安排，在海南自由贸易港实行的税收制度可重点围绕税种少、税率低、关税趋零展开，在降低企业所得税负担方面，可将重点放在依法定程序完善费用扣除、税前列支、投资抵免、加速折旧等方面。同时，财税优惠应注重由直接补贴向间接补贴转变，并建立良好的税收征管体制，实现税制与征管的协同发展、共同促进。

3. 构建有利于高端产业发展的财政补贴政策和税收优惠政策体系

在自由贸易港内实施的特殊财税制度导向应有所侧重，与产业发展目标紧密结合。如支持高新技术产业发展，对其实施更加优惠的税收制度，对企业的培训、研发等支出给予更多的资金补助；实行多样化的财税政策，以满足不同类型的企业需求，使其可针对适合自身的优惠制度进行投资与贸易生产活动。同时，要进一步探索在海南自由贸易港内对新型产业的政策扶持，实现离岸贸易、离岸金融、跨境投资、服务贸易、新型贸易业态等领域的财税优惠政策创新，助力自由贸易港产业升级。

4. 动态规范整理现有税收优惠政策，推进税收法治，避免税收洼地和无序竞争

围绕自由贸易港建设，应注重构建体系化的财税制度，细化相关优惠政策，将各项财税优惠规定整合、规范、统一，提升到法律层次，增强其效力。从各国经验来看，诸多国家的自由贸易港及其相应保障政策都通过立法的方式设置。以完整的专项法律赋予自由贸易港全面的权利，可以为自由贸易港的设置和发展扫清制度障碍。如新加坡制定了《自由贸易区法令》，韩国推行颁布了《经济自由区指定及运营特别法》《外国人投资促进法》及《租税特例限制法》，美国设有《对外贸易区法》等。因此，我国在建设海南自由贸易港时，应及时制定一套尽可能完备的财税优惠法律法规为自由贸易港健康发展保驾护航。同时，由于地区间的过度税收竞争会造成市场主体行为扭曲和资源配置失灵，因此，在自由贸易港的财税制度制定过程中，也要注重防范税收制度过于优惠，避免出现由税收滥用、税收监管体制不健全等因素造成的过度税收洼地和无序竞争。

三、海南自由贸易港的财税具体政策设计与改革步骤

（一）海南自由贸易港建设中的财政支出、补贴、奖励政策

在财政支出政策上，建议重点围绕基础设施建设、企业培育和人才引进等方面加大财政资金投入和财政支持机制创新力度。

1. 基础设施、公共工程的财政支持机制创新与政策优化

(1) 财政重点建设专款支出。海南自由贸易港的建设和发展对我国进一步扩大开放具有重大意义，为了扎实打好自由贸易港的基础，保证良性发展，建议对海南自由贸易港建设中的重点项目安排必要的财政专项资金支持，切实加大中央预算对海南自由贸易港的公共投资力度，主要支持公益性以及以公益性为主的基础设施、生态环保、社会事业等领域的项目建设。不断优化投资结构，改进投资方式，调整投资方向，使资金确实投向相关领域。中央财政专项资金和预算内投资资金按规定用途使用中，要注意发挥其辐射作用和放大效应，实行全面绩效参评和中央资金使用的审计、督查。

(2) PPP 机制创新。PPP 模式是促进地方政府有效投资、吸引更多社会资本进入基础设施等领域的重要体制机制创新。在海南自由贸易港建设中可积极扩大 PPP 模式在基础设施、公共工程建设领域的运用；于创新发展中完善 PPP 规章制度和完善基础设施领域公共服务价格形成机制，合理制定 PPP 项目多元化投资回报机制的配套政策；通过资产证券化等多种途径完善 PPP 投资的资产流转机制，为 PPP 股权退出搭建交易平台；配合、呼应基础设施领域投融资体制深化公共资源竞争性配置改革，促进政府职能实质性转变。

(3) 产业引导基金。海南自由贸易港建设中，可通过财政出资成立产业引导基金，构建“引导基金、母基金、子基金”三层架构。通过与金融资本、社会资本合作，发起设立若干产业投资母基金，母基金再发起设立若干子基金，层层放大基金规模，最终形成产业基金群，并结合产业资本专业团队管理，用产业基金来引导和撬动社会资本，支持自由贸易港产业集群的高质量发展。

(4) 财政贴息、信用担保等多种信贷支持机制。海南自由贸易港建设中应积极运用财政贴息、政策性信用担保等政府信贷支持机制，引导金融机构优化信贷结构，加大对自由贸易港的信贷支持，鼓励金融机构向自由

贸易港的重点骨干企业和创新活力强的中小企业积极放贷，形成“政策性资金市场化运用，专业化管理，杠杆式放大”的财政“种子钱”“四两拨千斤”或乘数放大效应，促进实体经济升级发展。

（5）相关的科学决策、多重监督审计机制。以财政资产直接安排或以财政资金为后盾连动安排的项目投融资建设，都需大力加强相关部门的决策科学性，并打造政策支持阳光化、参与各方（财政、银行、企业、担保机构等）风险共担的可持续运行机制，增强财税等部门监督意识，加强多重监督制约，提升监察、审计队伍素质，保障财政资金合规、高效运用。

2. 企业成长的奖励政策

为促进企业的创新性投入和高水平发展，可通过对符合政策目标导向的企业及其投资行为给予一定的财政资金补贴，激励企业加大投入。

（1）认定为高新技术企业一次性给予50万元奖励。

（2）具有自主知识产权的动漫、网络游戏产品，经评审认定后一次性给予15万元开发经费。

（3）重点企业成长奖励。省内互联网企业当年营业收入4000万元以上，年增幅超过30%，一次性最高给予500万元奖励，用于企业研发、推广，市场开拓、人力资源开发等方面。

（4）企业上市奖励。对已进入上市辅导期，经海南证监局备案的拟主板上市，并完成股份制改造的企业，给予一次性补贴50万元；企业在境内外成功上市后，给予一次性奖励150万元。

3. 吸引人才、鼓励人才落户的财政支出、补贴

为吸引更多人才投身海南自由贸易港建设，可通过多种方式的财政支出政策，对自由贸易港需要的人才给予直接或间接激励。

（1）对人才的直接激励。

——按级奖励，吸引不同层次人才。按照人才行业影响力、专业技术、工作年限、社会影响力等条件对海南自由贸易港人才进行层次评级，根据层次评级给予高层次人才、高端人才和紧缺人才一次性安家费、人才房等财政直接补贴，吸引全球不同行业、不同层次人才入驻。

——针对外籍高层次、高端、紧缺人才的政策，可在给予国内人才补贴政策之上进行一定上浮。

(2) 创新、多层次补贴，留住高层次人才、高端人才和紧缺人才。

——对在海南自由贸易港内公司任职 2 年以上的高级人才个人所得税，地方留存部分后按照一定比例直接返还，或是通过住房等其他补贴进行返还。

——向持续工作年限达期的高层次人才、高端人才和紧缺人才提供本地购房补贴，同时对其配偶进行相应工作优先安排，对其子女入学进行优先录取。对本地有居所、房屋的高层次人才不再给予补贴。

(3) 科技成果转化补贴，激励人才。对于入驻自由贸易港，针对企业所需作出重大科技、产品创新等成果转换贡献的高层次、高端和紧缺的人才，针对成果转换情况进行评级奖励。

(4) 通过企业间接补贴。为激励企业进行全球人才招徕，可给予企业一定的财政补贴资金，一部分用于人才奖励，另一部分可作为企业人才服务基金。

(5) 以专项财政预算，搭建全球高层次人才、高端人才和紧缺人才吸引专业平台。海南自由贸易港可通过年度财政专项预算，搭建吸引全球高层次人才、高端人才、紧缺人才的网络平台和入驻配套服务平台，为人才入驻提供国际化专业服务。

(二) 海南自由贸易港税收制度与政策设计

税收制度和政策是自由贸易港政策体系的核心内容。基于海南自由贸易港建设的前景需要，要借鉴国际先进经验，在税收制度上有更大突破，从而满足自由贸易港超常规发展的需要。具体而言，海南自由贸易港税收制度和政策体系应着眼于以下三方面的重点领域进行突破性设计：一是普惠性的关税和增值税免除；二是对重点产业、行业、企业和高级引进人才的所得税优惠；三是对离岸贸易和离岸金融等新型产业的税收政策创新。具体制度和政策设计简要概括于下表。

表 3.1　海南自由贸易港税收制度和政策设计

税种	制度和政策设计
关税	除少数特殊商品外，对从外国进口入海南自由贸易港的商品免税 自由贸易港内企业对外出口货物免征出口关税
增值税	海南自由贸易港内企业进口国外设备和商品免征进口环节增值税 国内其他地区运进自由贸易港的货物，自由贸易港内企业加工、制造的产品，以及港区内企业之间的交易适用零税率 对离岸金融服务免税或实行零税率
企业所得税	对需要重点扶持的现代服务业企业实行 15%的企业所得税优惠税率 加大对科研企业所得税优惠力度，包括提高研发费用加计扣除比例，加大投资抵免力度，等等 对自由贸易港内企业发生在中国境外的交易收入不征税或实行 15%的企业所得税税率 通过税率降低、税基抵扣或税额抵免等合适的方式，将离岸金融服务收入的企业所得税税负降低至 15%以下
个人所得税	对海南自由贸易港内居民的劳务所得、特许权使用费所得，在计算应纳税所得时加计一定比例的减免 比照粤港澳大湾区已明确规定的外籍专家个税补贴优惠政策，在海南全域实行税收优惠政策（实际税负控制为不超出 15%），并将适用人员范围扩大到在海南工作的本土高端专家 优化股权奖励个人所得税递延纳税政策。海南自由贸易港内企业以股权形式奖励高端人才和紧缺人才需缴纳的个人所得税可经主管税务机关审核，以 5 年为期分期缴纳
房产税、城镇土地使用税	对国家重点扶持的高新企业、环保产业的创新型公司等新建的经营场所，从经营之日起免征税 5 年

1. 在自由贸易港内推行零关税

海南未来从全岛自由贸易试验区走向全岛自由贸易港，需要分步达到较高开放程度，分阶段从低关税到零关税（少数特殊商品可另行规定）。而为了更大力度地推进自由贸易港的超常规发展，在关税政策上应尽量争取高水平起步，制度规定一步到位，即除少数特殊商品外，对海南自由贸易港自由货物一律免除关税。各国货轮可以有序停靠，然后货物可以上岛，其港口卸载、分装，以及可选择的加工、储存与销售，都不用缴纳关税，也不用办报关手续。自由贸易港内企业对外出口货物免征出口关税。

2. 大幅度免除增值税

海南自由贸易港内企业进口国外设备和商品免征进口环节增值税；国内其他地区运进自由贸易港的货物，自由贸易港内企业加工、制造的产品，以及港区内企业之间的交易适用零税率。

3. 对重点行业采取企业所得税减免等方面的优惠支持

依据《中共中央　国务院关于支持海南全面深化改革开放的指导意见》的相关内容，首先对海南参与重点产业发展的企业实行15%的企业所得税税率优惠及其他的税收优惠，主要以现代服务企业为主，重点应包含医疗健康产业、全域旅游产业、生产环境节能环保产业、现代金融业。

(1) 医疗健康产业。对自由贸易港内进行医疗新技术、新装备、新药品研发与应用的企业和医疗机构给予税收优惠，并为支持境外患者到海南先行区诊疗制定配套的便利化政策，通过税收优惠支持医疗创新，也吸引有潜在出国看病意愿的国内病人转到海南地区享受新药品和新装备的利好。相关的新药品和医疗器械等按规定只能在海南使用，因而上述措施对国内其他区域的医疗市场会产生竞争性影响，可设计为阶段性的先行试验与示范区域，给出成熟经验全国推广的预期。

(2) 全域旅游产业。在海南现有离岛免税购物政策规定之上进一步提高免税购物限额；通过税收优惠支持三亚等地的邮轮港口开拓海游航线，支持三亚邮轮港口开展公海游航行；对自由贸易港内酒店的企业所得税规定优惠政策；以税收优惠支持竞猜型体育彩票、赛马产业方面创新事项的突破。

(3) 生态环境节能环保产业。通过税收优惠加快推广海南省内新能源汽车和节能环保汽车的销售与使用，逐步禁止销售燃油汽车。

(4) 现代金融业。通过税收优惠政策扩大金融机构的准入空间，完善金融市场体系，完善反洗钱、反欺诈、反逃税制度。同时，实行外资准入前国民待遇和负面清单管理制度，向全球主要自由贸易港看齐，实行金融服务业低税率制度。

4. 实行有利于激发科研的企业所得税特定优惠政策

为促进海南自由贸易港的科技企业发展，应进一步优化激励环节与激励对象，增进政策引导作用，加强对资金投入、研发、试验的激励力度；构架普惠与特惠结合的优惠体系，促进公平与效率，取消、降低部分优惠的限制条件，扩大政策享受面，增强税收的普惠性；强化所得税优惠力度与优化政策搭配方式。可以在海南积极考虑配合自由贸易港建设的战略要求，通过优化企业所得税政策以促进企业研发，提升企业活力。比如，在海南自由贸易港，可以考虑将研发费用、加计扣除比例再提高到 200%，甚至更高一些。另外，为促进中小企业创新能力的培养，可对投资于创新型或高科技中小企业的其他企业，允许将投资额的一定比例加计享受税前抵扣；加大对投资抵免、加速折旧、特别折旧、准备金提取、盈亏相抵等间接优惠方式的应用。在加大对企业创新结果进行事后奖励，增加企业创新收益的同时，探索构建政府与创新企业间共担风险、共享利润的所得税机制，增强企业开展技术创新活动的积极性。增加对企业创新投入与相关风险的补偿力度。

5. 资产评估增值的企业所得税递延纳税政策

与资产评估增值相关的企业所得税政策，有必要设计特定优惠。在自由贸易港内注册的企业，因非货币性资产对外投资等资产重组行为而产生的资产评估增值部分，可规定在不超过 5 年期限内，分期均匀计入相应年度的应税所得额，按规定计算缴纳企业所得税。非货币性资产对外投资等资产重组行为，是指以非货币性资产出资或注入公司，符合《财政部 国家税务总局关于企业重组业务企业所得税处理若干问题的通知》的情况。资产评估增值是指当企业以非货币性资产进行投资时，对非货币性资产评估所得价格减去原始价格的部分，新的计税基础应以非货币性资产的原计税基础加上每年计入的非货币性资产转入所得。

6. 对企业再融资（配股、增发新股、发行公司债券）的税收优惠政策

通过税收优惠减免（投资税收抵免）降低企业再融资成本，鼓励自由

贸易港企业扩大规模。通过对自由贸易港企业再融资税收减免，降低融资风险，加强企业资金来源保障。主要包括以下措施：

（1）企业将利润用于直接投资行为，只要所投资对象注册地为海南自由贸易港，经过投资者申请，可以在一定会计核算期内抵减投资金额应缴所得税，对已交所得税费可以给予退还。

（2）对购买自由贸易港重点产业、重点企业债券部分，可在一定会计核算期内抵减企业利润，减免增值税，对已交所得税费部分给予退还。

（3）对企业再融资过程中发生的契税、印花税等给予一定比例减免。

7. 对特定高新企业等的房产税、城镇土地使用税的优化政策

国家重点扶持的高新企业、环保产业的创新型公司等，对其新建的经营场所可从经营之日起免征房产税和城镇土地使用税 5 年。

8. 试点实行离岸贸易和离岸金融服务税收优惠政策

开展离岸贸易、离岸金融等业务是自由贸易港的优势所在，也是自由贸易港向国际贸易中心发展的必由之路。为更好推进海南自由贸易港的建设和长远发展，有必要在自由贸易港内大力发展离岸贸易和离岸金融等离岸业务，试点实施有利于离岸业务发展的税收政策。可考虑的政策主要包括以下几方面：一是对自由贸易港内企业发生在中国境外的交易收入不征税或实行 15%的企业所得税税率；二是对离岸金融服务免税或实行零税率；三是适度降低离岸金融服务收入企业所得税税负。通过税率降低、税基抵扣或税额抵免等合适的方式，将离岸金融服务收入的企业所得税税负降低至 15%。

9. 扩大个人所得税优惠受益群体

（1）个人所得税政策优惠对应的资金，应是按现行财政体制由海南省分享的 40%部分。为有效促进人才流入，对劳务所得、特许权使用费所得，可加计一定比例的减免，更好满足自由贸易港吸引设计、咨询、翻译、创意发明等特殊行业人才的需要，还可以促进自由贸易港内专利开发、知识产权流动。

（2）对高级技术人才、高级管理人员、应届大学毕业生、外国专家实

行个人所得税返还的优惠政策（如按10%、20%和30%分档设计），以吸引高素质人才。

（3）优化股权奖励的个人所得税递延纳税政策。海南自由贸易港内企业以股权形式奖励高端人才和紧缺人才需缴纳的个人所得税，可经主管税务机关审核，以5年为期分期缴纳。（与企业相关的高端紧缺人才，指关键、重大项目负责人，掌握企业核心技术或技艺的人员，对企业发展作出巨大贡献的经营管理人员。）

10. 税收制度和政策的实施路径安排和风险防控

上述税收制度和政策设计安排，有两点需要进一步明确。

（1）税收制度和政策的实施路径安排。虽然中央已经明确了海南自由贸易港建设“三步走”的战略安排，但我们建议，在税收制度和政策实行上，应争取一步到位，跳过自由贸易试验区的相关政策框架，直接采用与自由贸易港相配套的税收制度和政策体系。采用这一思路的主要理由有以下两点。第一，我国目前已经有18个自由贸易试验区，这些自由贸易试验区在税收政策上基本上大同小异，而经过这几年的政策实践，相关税收政策在设计和执行上已经相对成熟，一些政策已经可以直接移植到其他地区，包括海南自由贸易港。在这种情况下，海南自由贸易港再从这些政策开始推行并没有多大必要，对自由贸易港的建设并无多大助益。第二，不可否认的是海南自身的经济实力较弱，建设自由贸易港的基础较为薄弱。在这一背景下建设海南自由贸易港，显然需要一些超常规的制度安排。一步到位实行更为优惠的税收制度，有助于在较短时间内吸引足够的资本、产业和人才集聚海南，确保自由贸易港的建设能够如期推进。

（2）税收洼地及风险防控问题。毫无疑问，自由贸易港税收制度和政策的实施，会使海南成为税收洼地，由此可能会对其他地区造成负面影响。有人甚至怀疑海南可能会因此成为“逃税港”。对此问题，同样需要有个明确的认识。首先，超常规的税收优惠是自由贸易港的天然属性。建设自由贸易港，必然要求实施相配套的优惠政策。不管是在当前实施还是在未来实施，这一问题都无可回避。其次，自由贸易港的税收优惠政策并非无限制地给予，特别是一些直接税优惠政策，是与重点发展产业和行业捆绑在一起的。这类税收政策符合产业发展导向，同时也在很大程度上避免了对其他地区的负面影响，减轻了税收竞争的可能性。最后，海南岛具有天然的区位优势，作为一座岛屿，完全可以用常规办法，实现“一线放开、二线管住”的有效海关监管，因此成为“逃税岛”的风险完全可以管控住。

11. 税收优惠政策的财政收入影响分析

毫无疑问，实施上述关税、增值税、企业所得税、个人所得税等优惠政策会在一定程度上减少海南省的财政收入，进而影响到海南省财政收支平衡。对此，要从两方面进行分析：一方面，实施各项税收优惠政策虽然在静态上减少了短期内的税收收入，特别是海南本级财政收入，但从动态来看，有助于吸引更多的资金、项目和人才流入海南，会带来税源的增加，因此，长期来看对海南的财政收入影响并不大，而且会形成正向激励带来税收收入的长远增长。另一方面，对于短期内税收收入下降的问题，可从两个层面进行解决：一是加大中央对海南自由贸易港建设的财政资金支持力度，这本身也是海南自由贸易港建设中必不可少的外部条件之一；二是海南也要从自身出发，不断优化财政支出结构，持续压缩一般性支出，释放出更多的财政资金使用空间，进一步提高财政资金支出效率。

（三）海南自由贸易港的税收服务创新优化

1. 充分利用地理区位优势，搭建高水平税收征管平台

海南是我国与东南亚 11 国交流的前沿门户，是我国海上丝绸之路的中心节点，1823 公里的海岸线蕴藏巨大的贸易发展潜力。目前，海南省共拥有 24 个港口和 2 个千万级国际机场，高速公路及“三横四纵”骨干公路网，全省形成“3 小时交通圈”。海陆空立体交通格局的形成为资本、劳动力、生产资料的集聚与流动提供了动力，尤其是为东南亚诸国的经济贸易互动提供了基础条件支撑的发展机遇。海南得天独厚的地理位置便于建立“一带一路”专项税收征管平台，以海南自由贸易港为中心，扩大“一带一路”宣传辐射范围，建立国内外税收信息大数据中心及其网络，

为应对各国复杂的税收征管情况提供更多平台便利，建设中国与“一带一路”沿线国家税收征管的“命运共同体”。

2. 结合构建海南自由贸易港金融管理中心建立专项税源档案库

海南自由贸易港建设为完善税源管理档案库提供了机会和政策支持，可细化企业在境内外银行、金融、保险等机构的资料信息，结合企业信用评级和企业投资或贸易总额，对企业信息进行分类管理，将纳税人编码与企业在境外的经营情况、涉税项目、税收优惠享受等情况相联系，并定期对企业信用等级等有关资信情况进行重新检查，充分了解企业产出构成、经营变化、征税情况等，对停产、合并、非正常户等特殊税源动态进行跟踪，防止税源流失。推动部门功能整合，进行跨部门联网合作和信息互通，为征管作业提供信息支持。税源的管理不仅要从事前防控和事中监管两个角度展开，还要注重事后评估机制构建。应明确自由贸易港企业纳税评价的内容和标准，如涉税类型、税款缴纳及时率、企业信息申报完整度等，进而丰富对企业的税源管理方法。

3. 建设税收抵免调节平台，提高税收征管效率

首先，可进一步完善间接抵免方法。针对企业纳税所在国未能及时开具缴税凭证的情况，在自由贸易港内可提供应急解决途径。如通过与税收征纳所在国税务机关搭建沟通渠道，可以以纳税总额或企业信誉等级为参考标准，允许符合标准的企业提供其他可证明其完成纳税义务的材料，如官方税务网站中有关纳税完成进度等方面的材料。其次，在间接抵免标准方面，海南自由贸易港积极与“一带一路”沿线各国签订相应的税收抵免文件，为海南自由贸易港的“走出去”企业争取更优抵免要求，同时为“引进来”的企业提供优惠，降低抵免要求中的控股比例要求并深化控股层级，促进中国企业在国外的产业延伸，也为自由贸易港引进资本雄厚的高质量企业提供机会。同时可结合“一带一路”沿线各国情况，有选择地在不同行业和国家增加税收抵免惠及的企业层级，增加税收抵免对企业“走出去”涉足领域的导向能力，拓展企业的业务广度和深度。

4. 信息技术、人工智能、海洋经济等自由贸易港重点发展产业率先调整亏损结转制度

为鼓励信息技术、人工智能、海洋经济等产业的发展，可在这些产业试行亏损结转制度。这不仅可以拓展国内相关企业发展空间，还可以促进国内外技术交流合作，形成良性互动。可借鉴美国经验，允许企业境外亏损抵销往年或未来年度利润，（美国规定在一个年度，海外企业发生经营性亏损时，允许其用该亏损抵销前 3 年或未来 5 年利润）。同时，还需重视企业经营状况的复核和审计，以防止出现企业为取得亏损结转利益而产生作假行为。税务机关需要提升对企业纳税上下游环节的监管能力。还可建立企业投资准备金制度，针对不同国家和行业设立不同标准的准备金提取比例，对其进行专项管理，为企业长期稳定经营与投资提供资金支持。

5. 建设税收饶让协定平台，增强税收激励效果

当前与中国相互给予税收饶让的国家仅 21 个。面对中国与其他国家税收饶让条款签订不足情况，应积极推进税收协定的修订与补充。鉴于国内发展情况较多样化，可以海南自由贸易港为试点，扩大税收饶让在“一带一路”沿线各国的辐射范围，促进税收饶让在区域内的实施，为进一步推广至全国提供参考，以使中国企业能够有效地享受国外的税收优惠政策。目前，中国与其他国家在投资方面的税收饶让严重不足，一方面不利于中国企业对外投资的增长，另一方面也不利于吸引其他国家资本进入中国，进而影响中国对国际生产要素的整合和利用。因此，可首先重点推进海南自由贸易港与东南亚国家在投资方面税收饶让协议的签订，结合不同国家的发展阶段特点、产业结构和生产要素优势，给予不同比例的饶让优惠。还需建立起对税收饶让政策实施效果的评价体系，凭借对政策效果的合理评估为政策调整提供依据，适应经济形势及环境变化。

6. 建设涉税复合人才培养平台，提升征管队伍质量

可通过高等教育平台促进税收征管人才数量增加和质量升级，建设人

才智库，对语言、贸易、经济、法律等多种专业人才进行选拔，并培养多学科背景的复合型人才。同时，建立自由贸易港工作岗位与人才培养对接制度，在海南自由贸易港设定“一带一路”专项服务岗位，实现人才供需平衡，也为专业人才提供一线工作机会。

7. 建设跨国税收协作平台

为提高国际合作层次，应积极推进税收情报交换协定的签谈。税收情报交换协议能够明确中国与缔约国情报交换内容。从情报来源机构看，中国可以获取并提供银行以及其他金融机构掌握的情报；从情报利益相关方来看，中国可以获取并提供有关公司、合伙人、受托人以及受益人等情报。此外，中国可以规范情报获取申请程序，包括书面、口头或通信等情报申请形式的选择，申请获取情报以及情报提供时限规定，以及拒绝提供情报的原因说明等。还可以通过情报交换协定为境外税务检查提供指导，从而能够进入境外交易或投资地点，对企业税收征管资料进行更为准确的检查和管理。此外，建设以海南自由贸易港为中心的“一带一路”国际税收管理机构。在国际范围建立统一的征管秩序，有利于加强国际税源监管和国际信息交流。

四、海南自由贸易港的财税改革重大问题与配套条件

（一）与中央的财政体制：在分税制规范化框架下的合理优惠支持机制

分税制的真正含义在于作为财政收入来源的各个税种，原则上要分别划定为中央税或地方税（可保留为数有限的共享税）。在这一格局中，各级政府可以主要根据以本级税收为主的收入，相应安排其支出，相对独立地组织本级预算平衡，做到“一级政权，一级事权，一级财权，一级税基，一级预算”。同时，中央应保持必要的自上而下安排转移支付的调控能力。

1. 分税制框架的规范性需得到维护

立足本国国情，合理借鉴国际经验，并考虑到各税种的特殊情况，我

国分税制改革中的大原则，是将维护国家权益、实施宏观调控所必需的税种划为中央税；将同经济发展直接相关的主要税种划为中央与地方共享税；将适合地方征管的税种划为地方税，并合理构建地方税体系，充实地方税税种，增加地方税收收入。税种在中央、地方间的划分即税基的配置应遵循如下基本原则：与国家主权和全局性宏观调控功能关系密切或税基覆盖统一市场而流动性大的税种，应划归中央；而与区域特征关系密切、税基无流动性或流动性弱，以及税基较为地域化，不会引起地区间过度税收竞争和需要“因地制宜”的税种，应划归地方。这种税基配置事关税权—财权配置，也与政府事权配置的三原则（外溢性、信息复杂程度和激励—兼容机制）存在内在关系。

海南自由贸易港建设是服务于完善与创新性地健全社会主义市场经济全局的重大举措，与之相匹配的财税制度建设必须服从于深化财税体制改革这一大前提，即在维护分税制框架的规范性下进行设计。按税收法定税种划分中央、地方收入，属于分税制框架下的题中应有之义和关键特征。无论税种（税基）如何配置，收入是独享还是共享，对其划分原则和共享办法与比例，我国都必须继续坚持其上下贯通、规范统一的原则。所以在确定海南自由贸易港的相关优惠性的财税制度时，那些理论上宜由中央或地方专享，但出于过渡性或长期理由不得不划为共享税的税种（如我国目前的增值税、企业所得税和个人所得税），也仍然需要执行全国统一的分享办法和分享比例。

2. 一般性转移支付计算公式中可加入“自由贸易港”因子体现适当优惠

一般性转移支付按照公平公正、公开透明和稳步推进的原则，主要参照各地标准财政收入和标准财政支出的差额及可用于转移支付的资金规模等客观因素，按统一公式计算确定。其中，标准财政收入是指各地的财政收入能力，主要按税基和税率分税种测算；标准财政支出是指各地达到均等化基本公共服务水平的财政支出需求，主要按地方政府规模、平均支出水平和客观因素测算。一般性转移支付的目标是缩小地区间财力差距，逐步实现基本公共服务均等化，财政越困难的地区，中央财政补助程度越高。

目前在确定一般性转移支付额时，基本办法是在公式设计中选取影响财政收支的客观因素，适当考虑人口规模、人口密度、海拔、温度、少数民族等成本差异，结合各地实际财政收支情况，采用规范的公式化“因素计分法”思路与方法进行分配。采用“某地区一般性转移支付额=（该地区标准财政支出－该地区标准财政收入）×该地区转移支付系数”来确定一般转移支付额。对海南自由贸易港一般转移支付额的计算，其中的变量分为收入和支出两部分，收入部分包括本级标准财政收入、中央对地方返还及补助（扣除地方上解），支出部分包括行政公检法、教育、离退休人员、卫生、农林水、文化体育、社会保障、城市维护、优抚和社会救济、廉租房建设、困难企业职工取暖、粮食风险基金地方配套、地质灾害防治、按人员经费一定比例提取的支出、乡村道路建设、村级管理、救助管理、农村计划生育奖励补助、农村合作医疗等各项支出。

在这些规范化的因素处理基础之上，有弹性的空间主要体现在转移支付系数的确定上。转移支付系数要根据当年中央财政用于转移支付的资金总额以及存在缺口地区的标准收支差额确定，并参照各地需要程度适当调整。在中央一般性转移支付中加大对海南自由贸易港建设的支持力度，具体办法可能考虑：转移支付资金的50%部分按照统一的系数对缺口进行补助，其余50%部分可考虑自由贸易港的具体情况按优惠取向做出调整，以适当强化财力分配中的支持力度。如将海南自由贸易港维持基本运转支出占标准收入的比重适当提高，来体现中央对其优惠式扶持的程度，或者可在一般性转移支付中加入“自由贸易港”因子，使对自由贸易港的收支缺口的补助水平提高，以有力提升海南自由贸易港政府的财政保障能力，在促进基本公共服务均等化的同时，有相对充裕的财力用于加快自由贸易港建设的一些特定支出（由海南省级预算做具体的统筹安排）。

3. 专项转移支付应有积极支持的具体安排

专项转移支付是按照政府间事权与支出责任划分，由上级政府对承办委托事务、共同事务以及符合上级政府政策导向事务的下级政府所给予的补助。该类补助专款专用，所以又称有条件补助或专项拨款。近年来，按照建立健全公共财政体系的基本方向，经过逐步调整和压缩，原用于竞争性领域、支持企业发展方面的专项转移支付逐步减少，用于民生领域、地区均衡发展等方面的专项转移支付比重逐步加大。从增量看，增加的专项转移支付大多用于国家要求重点保证的支出项目。近几年，中央政府增加的专项转移支付，主要用于贯彻落实党中央、国务院确定需要支持的改革、稳定和可持续发展方面的重大支出。对海南自由贸易港的转移支付，属于符合中央政策导向事务范围的专项转移支付。特别是对正处于发展初期和“爬坡”式冲破“瓶颈期”阶段的海南自由贸易港，如中央财政与有关部门共同配合，积极采取措施，完善对海南自由贸易港地区的专项拨款分配办法，可以加大支持力度，并提高财政资金使用效益，为自由贸易港建设中的改革发展事项和相关政策措施的顺利实施，提供较大帮助。

4. 离岛免税、医药贸易等特殊政策酌情优化和加大支持力度

海南自由贸易港系我国内地的国际自由贸易港。2011 年 4 月 20 日开始试点执行的离岛免税政策，已使海南岛成为全球第 4 个实施离岛免税的岛屿。财政部 2016 年 1 月 28 日印发了《关于进一步调整海南离岛旅客免税购物政策的公告》（中华人民共和国财政部公告 2016 年第 15 号）。自 2016 年 2 月 1 日起，海南离岛免税政策实施两项政策调整：一是调整免税购物限额管理方式，对非岛内居民旅客取消购物次数限制，每人每年累计免税购物限额调高为不超过 16000 元人民币；二是同意三亚海棠湾免税店和海口美兰机场免税店开设网上销售窗口。据海口海关统计，截至 2018 年 1 月底，共监管三亚、海口两家免税店累计销售额 314.8 亿元，购物 4027.2 万件，购物人数 1000.7 万人次。离岛免税政策实施近 7 年来，历经 4 次调整，分别对政策惠及人的年龄、离岛免税商品品种、免税购物限额、购物次数限制、销售方式等实行以宽松为大方向的调整，每一次调整

都使免税销售额得到 20%以上的增长，释放需求的效应明显。实施海南自由贸易港发展战略规划后，可酌情进一步适当加大离岛免税政策优惠的力度，体现中央政府的特定支持。

海南药用植物极为丰富，具有“天然药库”“南药之乡”的美誉。海南岛被称作著名的健康岛、长寿岛、无疫区和养老宜居、健康度假的天堂，具有发展医疗健康产业的良好资源禀赋和天然优势。2015 年海南医药产业产值 150 亿元，到 2020 年，海南将初步建立起具有海南特色的医疗健康产业体系，成功打造一批知名品牌，并形成一定的国际竞争力，同时，医疗健康产业增加值占全省 GDP 比重为 15%，产业规模达到 1000 亿元左右。因此，在海南自由贸易港建设的新阶段，中央政府对海南医药贸易、医养产业发展的财税政策支持，可酌情作出加大支持力度的专门设计，包括农业综合开发资金、PPP 产业基金等对特定项目的专门支持。

总之，在接下来的发展中，应深入思考海南自由贸易港建设如何用足用好离岛免税、医药贸易等特殊优惠政策，进一步放大政策效应。根据海南的特点，通过一系列的财税改革和政策优化措施，提高对海南实现特定发展目标的支持力度，形成从中央到海南统一规范、协调合理的优惠支持机制，较好地发挥财税分配调节的能动作用，为海南自由贸易港建设发展提供更好的条件扶持与政策保障。

5. 中央对海南自由贸易港财政资金支持方式具体安排

综合来看，考虑到海南自身基础条件和财力有限，而自由贸易港建设的时间紧、任务重，中央应酌情通过多个途径及时加大对海南自由贸易港建设的资金支持力度，包括一般性转移支付、专项转移支付、中央预算内投资、中央级产业基金等。主要的具体支持方式、使用方向、做法，如表 2.2 所示。在资金支持期限和额度上，可结合海南自由贸易港建设的需要和步骤安排，分两期执行：一是在 2019 年至 2027 年期间，中央对海南的各项财政转移支付、预算内投资资金和中央级产业基金投入，年增长率不低于 15%；二是在 2028 年至 2035 年期间，中央对海南的各项财政转移支付、预算内投资资金和中央级产业基金投入，年增长率不低于 10%。

表 3.2　中央对海南资金支持方式选择

中央资金支持方式	资金使用方向	具体做法
中央一般性转移支付	海南基础设施建设、生态环境保护、经济结构转型等支出，提高基本公共服务水平	在一般性转移支付计算公式中加入“自由贸易港”因子，提高补助标准
中央专项转移支付	自由贸易港基础设施建设	增加对自由贸易港建设的专项拨款制定合理分配办法
中央预算内投资	公益性以及以公益性为主的基础设施、生态环保、社会事业等领域的项目建设	增加投资项目和金额 减少海南配套资金比例
中央级产业基金	自由贸易港基础设施建设、特色优势产业项目	增加项目投资数量 提高基金投入比例 优化基金运作机制

（二）海南地方税费体系建设：在创新发展中领跑

1. 房地产税制与收费的“一揽子改革”可先行，住房保有环节税收加快“从无到有”

房地产税作为综合配套改革中十八届三中全会“60 条”要求逐步提高其比重的一种直接税，可对房地产市场及相关领域的运行产生一种“压舱促稳”的作用。它在保有环节上形成的可估量的年复一年的成本，会引导相关主体的预期和他们的行为，产生的效果一定是有利于抑制肆无忌惮的炒作、减少空置、提高土地集约利用程度并产生收入再分配、地方政府财源建设与职能合理转变等方面的一系列正面效应。如推进房地产税的改革：一方面，新制度条件下，原来努力买大户型的民众，可能会较多地考虑未来将面临的税收调节，会放松这方面的要求，改为中小户型；另一方面，房地产的持有环节税收压力会减少房屋空置率。一些人认为在海南囤房是给自己买了一个“商业化的社会保险”——因为考虑到海南的发展前景，有理由认为海南房价会按照不动产成交价的上扬曲线演变，所以并不在买入后很快出手卖出。但是，有了房地产税以后，此类人会考虑不再让房子空置，以出租取得现金流对冲税负，于是就会有租房市场的增供，从而会提高土地的集约利用水平，即提高了资源配置的效率。

房地产税与地方政府职能合理化是内洽的，会内生地促进地方政府职能转变。如果在海南自由贸易港的财源建设中，培养出来一个不动产保有环节大宗稳定的收入，那么依靠在辖区内的住房持有环节年复一年取得税收，可以为自由贸易港需要的发展投入提供地方税收支持，进而提高公共服务水平，这恰恰就是一种非常值得商定的稳定发展机制。经济学逻辑与案例经验都在证明，房地产税是与市场经济所客观要求的政府职能合理化内洽的引导机制。如果海南政府尽心尽力将“优化投资环境，提升公共服务水平”做好了，便会使辖区内的不动产进入升值的轨道，每隔一段时间做一次房地产税的税基评估，就是在“套现”财源建设的成果。尽政府应尽之责，也就把财源建设问题基本解决，这是一种与转变政府职能内在相关的、十分值得肯定的正面效应。

海南是我国著名的健康度假地，在房地产投资方面，也持续受到关注。在内地大量投资者或意图常住者踊跃于三亚购房的压力之下，前些年三亚市已比照北京、上海、广州、深圳等一线城市不得已而为之的行政性办法实施限购等措施；在国际旅游岛战略作出明确部署或宣示之后，海南又不得不把限购措施扩大到全岛。考虑到经济杠杆手段置换替代行政手段和加强房地产健康发展长效机制所需的基础性制度建设的大方向，以及海南自由贸易港建设中制度创新先行、领跑的必要性，海南可积极利用其地区特点和高关注度，与中央层面房地产税改革的“加快立法”和对地方的“充分授权”相呼应，择机先行推出房地产税制与相关收费的“一揽子改革”，使住房保有环节税收“从无到有”，成为我国房地产税改革和制度建设方面的“先行军”和示范区。

2. 消费税改革或可先行：把一些品目的纳税环节推到销售环节，成为地方收入

2014 年 6 月 30 日，中共中央政治局召开会议，审议通过了《深化财税体制改革总体方案》，要求新一轮财税体制改革在基本完成重点工作和任务后，于 2020 年基本建立现代财政制度。总体方案明确了预算、税收和财政体制三大关键改革领域。按中央指导精神，2016 年全面实行营改增之后，地方的收入减少，但是事权没有相应减少，于是中央通过过渡期增值税收入共享办法，实际上仍是以财力补助、税收返还的方式来弥补地方财政收入。今后根本上还需要通过加快建设地方税体系，让地方侧重于以税收收入的形式取得和事权相适应的财力，否则，第一大税增值税“50∶50”央地共享的过渡性方案一旦给地方层面形成“稳定下来”的预期，地方政府职能扭曲式地在辖区内大办企业的偏向会很快大行其道。因此，地方税收体系的建设任务已很急迫。在我国持续推进的财税体制改革中，原体制安排由中央专享的消费税改革势在必行，至少要考虑原来百分之百收归中央的消费税收入分出很可观的一部分调给地方政府。但目前我国的消费税改革需要放在整个税改的大盘子里通盘安排，同时涉及如何与中央地方收入划分改革等相匹配、改革与立法如何协调进行等事项，相关信息还不明朗，在全国出台看来尚需时日。

在此背景下，海南作为岛屿型地方辖区，可借鉴当年先行推出燃油附加费改革的经验，积极向中央争取在海南省先行推进消费税改革试点，将一些税目由海南自由贸易港政府来征收。通过区域性地把消费税部分税目改到销售环节征收并调整为中央和地方共享收入的试点方案，可以激发地方政府优化辖区市场环境以扩大消费的积极性，并为地方财政提供收入支持。在征收上从生产环节后移到销售环节，即把一些品目的纳税环节推到批发与零售环节，同时加强税收征收效率。根据不同消费品的具体情况，合理确定征收环节，可对目前已经具备条件的部分消费品，比如珠宝玉石、鞭炮烟花、摩托车、小汽车、游艇等，改为在销售环节征收；对完全不适合在零售环节征收或征管成本过大的商品，可仍坚持在生产环节征收。如此，在消费税改革先行试验中，海南自由贸易港可依靠巨大的消费增长市场潜力，为地方政府收入提供一项可观的来源支撑，打造地方经济社会良性循环发展的机制，并为全国的消费税改革积累经验。

3. 研究开征旅馆业特别税（属于流转税的地方设税权）

住宿税在欧美观光景区早已有之，美国纽约、洛杉矶、夏威夷、波士顿，法国巴黎，意大利罗马、威尼斯，德国柏林等地均有住宿税，目的是筹集解决因观光客大增而产生的拥挤、脏乱问题，以及现有公共设施和交通改善与升级所需要的费用。地方政府将这笔加设的税收收入投入文化、修缮、加强外语服务和优化大众运输、公共交通等方面。2017 年 11 月 2 日，日本京都市议会投票通过关于收取住宿税的市条例案，未来游客住宿需要每晚交 200 至 1000 日元住宿税。京都市将从 2018 年 10 月开始收取这项新税，预计一年可增加 46 亿日元（约 2.7 亿元人民币）以上的进账。这个数额，几乎相当于东京一年收到的住宿税额的 2 倍。2018 年 1 月 31 日，加拿大多伦多市议会批准了对市政住宿税的强制征收，税收收入的一部分将流向多伦多旅游局，以支持该市旅游业发展。2018 年4 月 1 日开始，多伦多开始对该市所有宾馆酒店开征 4%的市政住宿税。根据市政公告，该税适用于在各类酒店、旅馆的住宿房间入住 4 小时以上的情形。诸如会议室租用、食品与饮料、客房服务、网络及电话费等，则不包括在计税范围内。

从国际经验看，为了增强地方财政能力，促进旅游资源的保护性开发，海南自由贸易港可积极借鉴国际相关重要旅游城市和区域的经验，研究在本地开征旅馆业特别税。从财政体制改革视角来看，这属于已讨论多年的中央给予地方政府特定的“因地制宜”设税权的制度创新问题，涉及的是特种流转税，对自由贸易港政府财力不无小补。

（三）自由贸易港建设中的若干重点配套改革事项与条件建设

1. PPP 创新支持基金（政策性产业基金：母基金+子基金模式）

在海南自由贸易港建设中，既有必要，又有巨大的可能空间来特别注重采取 PPP、政府购买服务、产业投资引导基金等多种形式，激发和引导社会有效投资支持公共工程、基础设施、产业园区规划、建设、运营等重大项目，鼓励和引导企业的技术研发投资，促进投资升级。例如，基于国内外已有的 PPP 规范发展经验，海南可在自由贸易港建设规划实施中，大力推进重点基础设施、医养特色小镇、新兴产业园区等项目应用PPP模式，既能加快建设进度，又能取得政府、企业、专业机构“1+1+1>3”的绩效提升效果。又比如，设立产业发展与创新引导基金等专项基金，采取市场化运行模式，吸引社会资金支持创新、发展。

在推进产融结合的过程中需要发挥财政的后盾作用，但财政支持不应该采取原来那种“撒胡椒面”式大包大揽的方式，而是应该直接针对具体项目做定制化的融资支持。政府注资的产业引导基金的母基金，要引出民间投资跟进的若干子基金，每个子基金都要有专业的团队管理，在自身承担风险的情况下得到母基金的适当助力，并在政府产业政策引导下形成具体投资决策。

具体对应海南自由贸易港的产业引导基金，按照目前已有经验，应强调子基金决策团队在决策项目上的“跟投”，实现权责利的紧密结合，而母基金的作用则是提供助推力。特别重要的第一推动力，是初始政府按照产业政策安排的财政资金——规范化、阳光化，走预算程序筹集的公共资源。这一步骤安排出来以后，可以看出，初始资金的性质就是“政策性资金”，其后的重点，则是一定要做到“市场化运作”，即要对接有效市场，再之后是“专业化管理”——专业化团队必须有国际眼光、创新思维，在实际运行过程中主要依靠合理机制防范“道德风险”，可持续地追求基金绩效与公共利益最大化的结合。这种“政策性资金、市场化运作、专业化管理、杠杆式放大”的机制最终要达到的效果，是通过海南自由贸易港政策性产业基金，以母基金带动各种各样非政府主体资金的加入，设立一系列的子基金，由子基金直接选择符合政策导向的可支持项目，有效地设立风险防范机制，并匹配合理的激励机制。

2. 海南“省直管县”体制积极从财政领域推广至行政领域

在财税体制改革的创新和转型中，应该充分意识到，从财政的扁平化改革切入，推进到未来减少行政层级全面配套改革的历史阶段，是大势所趋。海南由于辖区的具体特点，在这一改革取向下有得天独厚的先行条件与相对优势，天然认同“省直管县”体制。在海南财税改革与配套改革中，应高度关注这一问题，争取使这个意义重大的配套改革得到比较合理的、实质性的深化。

积极将“省直管县”体制从财政扩展到行政，解决分税制在省以下得不到实际贯彻落实的问题。在维持海南省分税制体制框架和规定范围内的合理既得利益的前提下，重新调整与合理设定省与设区市、直管县的财政收支范围，建立省与设区市、直管县均直接联系的财政体制。在收入划分方面，设区市不分享直管县的财政收入，各直管县征收的财政收入（包括税收和非税收入）在省与直管县之间做基于税基配置的合理划分，并适度向直管县倾斜，以增强直管县的财政保障能力。在财政支出方面，省和市县两级的支出责任界定与财政收入体制相顺应，设区市原则上同样地承担省直管县相应的支出责任，从中央到省和市县，按三级框架形成事权一览表和支出责任明细单。与此配套呼应，应积极推进乡镇综合改革，在“乡财县管”基础上，积极探讨乡镇行政层级上的重要改革，即将乡镇演变为县级政府派出机构（乡公所和镇公所），不必设“五大班子”，减少行政实体层级，从而在海南省内更简明清晰地合理化政府行政架构及其职能，降低政府运行成本。这是实行海南自由贸易港财税现代化战略，推进配套改革中具有历史意义的改革任务。

从财政角度研究，可知应抓住两个切入点：一个是乡镇层级的突破性配套改革；另一个是从财政省直管县到行政省直管县的改革，即在财政层级的扁平化方面完成后，拉动整个行政体制框架的再造。省直管县再加上农村税费改革以后普遍化了的“乡财县管”，实际上是把财政的实体层级从五级变成三级，即中央、省、市县。这五级变三级看起来是技术性调整带来的行政层级精简，但实际上它的意义非常重大，使 1994 年财税体制改革这个框架真正具备可持续性，满足与市场经济匹配的以分税制为基础的分级财政在中国真正于省以下落实所必需的整体架构要求。

当 1994 年实行分税制时，还来不及处理省以下体制怎么办的具体设计问题。之后的实践证明，按五级分税走不通，无解，所以省以下迟迟未能真正进入分税制状态。困扰我们多年的基层财政困难、地方隐性债务和“土地财政”行为等问题，都与此有关。搞“乡财县管”，就是把乡镇看成县级预算单位管理的一个预算单位，在全国农村税费改革以后，已经把这种事做到位了，剩下的，就是市和县这两个平台有没有可能归并在一起的问题。

浙江经验表明，市县可以行政不同级但财政同级，减少一个财政层级，有利于县域经济的发展。特别是五级变成三级框架下，有望形成可操作的分税方案，真正理顺中央、地方各级政府间的事权、财权关系。明确三级政府事权后，再配好三级税基，以求完成分税制在省以下落地的改革攻坚任务。每一级政权，跟着要有一级事权，再配有一级财权——财权最关键的是配税基，以税基基本解决“钱从哪里来”“怎么来”的问题，跟着再解决“用到哪里去”“怎么用”的问题，进而落实为规范化的三级预算。政权、事权、财权、税基、预算理顺了，中央所要求的事权和支出责任相适应，便能落到三级可操作的支出科目上，体现政府职能的合理化。在后面，还应配以各级产权、举债权，并进行中央、省两级自上而下转移支付的制度建设。在这一套制度安排下，应使整个财政体制最后达到这样的境界：无论是发达还是欠发达地区的政府，都能拿到必要的财力以履行其应该履行的职能。为达到这种境界所要求的行政层级的扁平化，全国可以相对从容地来逐渐推进，但首先已把财政的省直管县、财政层级的扁平化，较明确地做到位的海南，应可以在随之而来的行政扁平化方面走到全国前列，先行进行试点，引领这方面全局性的改革。

3. 按最大特区授权，先行扩展大部制机构改革

建立与社会主义市场经济相适应的行政管理体制，必然涉及机构改革，除纵向的扁平化之外，横向的大部制改革是另一个重要突破口。大部制改革在方向上和原则上早已得到确认，但 10 余年来只走出一些“小碎步”“小花步”，实质性的推进方面步履维艰，是属于中国改革深水区“拆香火”的冲破利益固化藩篱的“啃硬骨头”之举。对企业而言，所感受的负担问题与要真正解决的各局、委、办审批权林立问题，有直接的关系。审批权应该尽可能少，而审批权尽可能减少所需的制度性大框架，就是政府机构要尽可能精简。2018 年中央召开十九届三中全会之后，于“两会”上明确部署了新的一轮大部制取向的整合、精简机构的改革方案、大部制改革终于迈出了较大步伐，但仍带有明显的过渡性方案的特点。

在海南自由贸易港建设中，乘势先行扩展大部制改革，是一个非常重要的改革方向。海南在自由贸易港建设中，可基于本省扁平化改革的捷足先登，借鉴国内外的相关机构改革经验，率先推进进一步的大部制配套改革，在整合同类项，减少局、委、办数量方面进一步先行先试。实行简政放权，政府还应逐步将微观事项下放给基层和外移给社会，减少直接管理的成本。围绕转变职能，在与整合职能相同、相近或者交叉的机构相关的人事调整中，可立足于保持工作的延续性，优化组合，人岗适配，以达到政令畅通，提高行政效率的新境界。

4. 建立与中央部委层面的“联席协调”特别机制

深化行政审批制度改革，现在已经触及更深层的系统性、体制性问题，需要从“重视数量”转向“提高质量”，以法治化、系统化、标准化、信息化、协同化、阳光化为指针，结合大部制改革内在逻辑，协调联动职能、机构、编制，“结合式”将行政审批制度改革向纵深推进。在海南自由贸易港建设方面，又会涉及有关审批和上下左右协调的大量创新型事务，亟待健全部门间协调配合机制，促进跨部门协同联动。目前政府部门间仍存在着立法冲突、政出多门、职责同构、权责不清、互信不足、沟通不畅等问题，在现实中遇到交叉问题、具体问题、紧急问题或重大问题等，往往很难及时有效地解决。要等待法律法规的完善和规范，需要花费大量的时间。因此，在自由贸易港建设中建立与中央部委层面的“联席协调”特别机制，对及时协调海南与中央部委间关系，促进跨部门、跨省市协同联动，高效解决可能出现的一些重大、棘手的问题，提高地方行政管理效能，具有重要作用。

在全面深化改革的背景下，建立“联席协调”机制，应特别注意探索海南供给侧结构性改革之中的管理方式创新，积极落实“规划先行”“多规合一”等政府职能优化再造。在形成联席工作框架后，应动态对接未来继续展开的“大部制”机构改革和政府办事流程优化，将发改、国土、城乡、交通、环保、产业、财政等部门纳入“联席协调”机制内，及时有效地形成政策对现实生活的影响与反馈，加强海南省级与中央层级的信息沟通，提高决策效率，强化管理当局方针政策的指导性和针对性。

5. 明确宣示海南自由贸易港制度和政策设计的“一揽子”性质（部分内容可分步实施）以及海南自由贸易港与国内其他区域相比的特殊性

海南自由贸易港建设需要有其制度与政策设计上的统筹谋划和通盘考虑，应将其视作中央在现代化全局部署中的一个战略性重点和区域性特例。“零敲碎打”和“边施工边设计”的思路与方略都是不可取的，但总体设计的“系统工程式”解决方案，并不否定整体推进中的分阶段探索和某些方案内容的动态优化与分步实施。适当预留“干中学”的一定弹性试错与创新空间，是必要的。税收优惠特殊政策的力度，可以考虑分步到位。

另外，海南自由贸易港建设的特殊性虽然一目了然，但仍可能引起其他地方政府的攀比。应由中央明确，原则上国内其他省市一律不得搬用、套用海南实行的自由贸易港特殊优惠政策。可以估计，外界也会产生海南将成为“逃税港”的议论与指责，对此应注重宣传和说明：海南的税收优惠，与香港“准自由港”的税收优惠高度相似，这是特殊区域发展战略的特殊需要，且是着眼于服务全局的宗旨而形成的，不应简单地或意气用事地将其指责为“逃税港”。没有区别就没有政策，也无从谈起高水平的战略设计，而海南的特殊区别处理，是属于政策区别、扶助差异中的极致案例。海南的开放将采取“一线放开、二线管住”的模式，自有其特殊的岛屿自然条件因素，而同时也具有其天然内在的防攀比、防扩围意图。

第四章　海南自由贸易港的金融体制①

李　扬
中国社会科学院金融研究所所长

赋予海南经济特区改革开放新的使命，是习近平总书记亲自谋划、亲自部署、亲自推动的重大国家战略。海南自贸试验区与自由贸易港建设需要以制度创新为核心，通过大胆试、大胆闯、自主改，深化金融体制改革，加快形成法治化、国际化、便利化的营商环境和公平、开放、统一、高效的金融业市场环境。

一、金融体制改革在自由贸易港建设中的重要意义

（一）金融体制改革是中央赋予海南的重要任务之一

习近平总书记在庆祝海南建省办经济特区 30 周年大会上的讲话（简称“习近平总书记‘4·13’重要讲话”）中多次强调了海南自由贸易试验区推进金融体制改革，加快发展金融业的要求。《中共中央　国务院关于支持海南全面深化改革开放的指导意见》（简称“中央 12 号文件”）要求：“实行高水平的贸易和投资自由化便利化政策，对外资全面实行准入前国民待遇加负面清单管理制度，围绕种业、医疗、教育、体育、电信、互联网、文化、维修、金融、航运等重点领域，深化现代农业、高新技术产业、现代服务业对外开放。”这意味着，金融业是海南自由贸易试验区

---

①本报告为 2018 年中国特色自由贸易港研究院专项委托课题成果，由中国社会科学院课题组完成。课题组组长：李扬。

建设的十大重点行业之一。而且，金融业是现代服务业的最重要代表，是发展现代服务业的必要支撑。

中央 12 号文件和《中国（海南）自由贸易试验区总体方案》（简称《总体方案》）也进行了详细阐释。而且，中央 12 号文件进一步提出："有效履行属地金融监管职责，构建金融宏观审慎管理体系，建立金融监管协调机制，加强对重大风险的识别和系统性金融风险的防范，严厉打击洗钱、恐怖融资及逃税等金融犯罪活动，有效防控金融风险。"

《总体方案》则提出，"到 2020 年，自贸试验区建设取得重要进展，国际开放度显著提高，努力建成投资贸易便利、法治环境规范、金融服务完善、监管安全高效、生态环境质量一流、辐射带动作用突出的高标准高质量自贸试验区"，"放宽人身险公司外资股比限制至 51%"。

所以，从习近平总书记的"4·13"重要讲话、中央 12 号文件和《总体方案》中，都不难看出完善金融服务、加快金融体制改革对海南自由贸易试验区、自由贸易港的重要意义，它是自由贸易试验区和自由贸易港建设的最重要任务之一。

（二）以金融体制改革促进海南金融业发展，更好地服务实体经济

海南金融业发展非常滞后，严重限制了实体经济的发展。根据《海南统计年鉴 2019》，2018 年海南金融业实现增加值 309.09 亿元，仅占 GDP 比重的 6.4%，占第三产业的比重也仅为 11.3%，低于全国平均水平。所以，要通过金融体制改革，增强区域金融服务功能。金融服务功能的增强，将带动金融配套服务的升级和优化。金融业的发展滞后限制了海南实体经济的发展。《中国统计年鉴 2019》显示，2018 年海南全省地区生产总值 4832.05 亿元，按可比价格计算，比上年增长 5.8%。海南 GDP 在全国排名第 28 位，增速列全国第 26 位。从全国来看，海南金融业和实体经济都有很大的发展空间。

海南自由贸易试验区与自由贸易港建设需要启动金融体制改革，发挥金融作为实体经济"润滑剂"的作用，优化配置要素的时间空间配置，减少资源在时间和空间上的错配，减少金融交易摩擦，增加金融市场要素配

置的有效性，从而促进实体经济发展。

（三）探索金融改革创新经验，形成可复制试点经验

根据习近平总书记“4·13”重要讲话精神，经济特区要成为改革开放的试验平台。目前，已有的自由贸易试验区已经在探索改革开放可复制试点经验方面积累了许多经验，海南探索的任务将更加艰巨。在此背景下，海南自由贸易试验区与自由贸易港的历史使命就包括了：勇于扛起历史责任，适应国内外形势新变化，按照国家发展新要求，发扬敢闯敢试、敢为人先、埋头苦干的精神，站在改革开放最前沿，在各方面体制机制改革中先行先试、大胆探索，为全国提供更多可复制可推广的经验。具体而言，海南要坚持全方位对外开放，按照“先行先试、风险可控、分步推进、突出特色”的原则，第一步，在海南全境建设自由贸易试验区；第二步，探索实行符合海南发展定位的自由贸易港政策。

二、金融支持自由贸易港建设的国内外经验

成熟的金融支持是自由贸易港发展的重要条件，发展成熟的自由贸易港的金融业具有许多相似点，概括起来主要有以下三点。

第一，金融业在经济中占比较高。2016 年，中国香港和新加坡银行业资产占 GDP 比重分别高达 829%和 586%。同期，美国为 91%，中国为 304%，日本为 204%。2016 年末，中国香港和新加坡每万人拥有的银行数量分别为 2.64 家和 2.21 家，同期美国仅为 1.83 家，中国为 0.32 家，日本为 0.29 家。从金融业对 GDP 的贡献度来看，2017 年中国香港金融业增加值占 GDP 比重为 17.5%，新加坡为 12.5%，迪拜为 11%。同期，中国内地金融业增加值占 GDP 比重为 7.9%，美国为 7.5%。在中国香港、新加坡、迪拜，金融业均为当地前三大产业，它们也在世界金融中心中排名靠前，其中中国香港为第 3 位，新加坡为第 4 位，迪拜为第 19 位。

第二，金融业开放程度很高。自由贸易港实现了货币自由兑换和资本项目高度开放。1973 年，中国香港就取消了外汇管制，实现货币自由兑换，同时逐步放开资本项目，1978 年，新加坡取消所有外汇兑换限制，资

本和金融账户高度开放。2004 年，迪拜实现了货币自由兑换，设立国际金融中心(DIFC)，在保持货币自由兑换的基础上，DIFC 内实现资本项目完全开放。自由贸易港外资金融机构占比也比较高，截至 2017 年年末，共有 155 家银行在中国香港注册，其中外资银行数量达 133 家，占比高达 85.8%。2017 年，全球前 500 大银行中，有 187 家银行在中国香港设立子行、分行或者代表处。2017 年，非港资注册银行资产规模占香港银行业总资产比例为63.1%。2016 年，新加坡外资银行在银行业资产中占比高达 63.4%。2017 年年底，DIFC 入驻金融企业包括全球前 20 大银行中的 17 家，全球前 25 大资产管理公司中的 12 家，全球前十大保险公司中的 6 家，以及全球前十大律师事务所中的 7 家。

第三，实行离岸金融的特殊安排。为配合离岸金融发展，自由贸易港作出了相应的离岸金融制度安排。中国香港建立了基于多币种、多种业务实时全额支付系统（RTGS）的金融基础设施，成为人民币、美元等多种货币的重要金融离岸市场。中国香港对金融机构特许权价值进行严格管理，如要从事港币零售业务，必须设立子行。当地银行分为持牌银行和限制持牌银行，两类机构面临的监管要求和开展业务存在明显差别。新加坡在实现本外币同一账户管理基础上，强调不同金融机构的牌照管理。新加坡将银行分为特准全面银行、批发银行和离岸银行，银行根据自身牌照情况开展相应的业务，离岸银行只能开展外币业务。迪拜强调本外币在 DIFC 内外的分离，区内设立银行不得开展零售业务，不得吸收居民存款。受该政策影响，国际大型银行会在迪拜在岸市场和 DIFC 内各设立一个机构，分别从事在岸和离岸金融业务。

（一）新加坡的经验和启示

1. 新加坡金融领域改革和开放历程

作为世界第二大集装箱港口所在地，新加坡拥有技术先进且运转良好的通信网络，可以实现与世界各贸易、金融中心的密切联系。这些都为新加坡金融业的发展奠定了良好的基础。总体来看，第二次世界大战以前，新加坡的金融业与自由贸易港相结合，主要面向转口贸易。第二次世界大战之后，新加坡的国际金融与多元化金融体系发展迅速，并于 1970 年成为国际离岸中心，其表现是：外国金融机构不断涌入，本地的金融机构也迅速向外扩展；对外的资产和负债都高速增长，成为国际资本流动的集散地；金融机构的资金供应和存款中，以美元、日元和德国马克为外汇存款和供应额增幅较大，是亚洲的主要外币存款市场和外汇供应中心之一。

新加坡服务于转口贸易活动的金融产业，在 19 世纪后半叶已形成了相对广泛而复杂的银行系统。1864 年，新加坡已有渣打、有利、东方和亚洲四家外国银行的分行，不过都属于为转口贸易服务的商业银行。取得自治后，新加坡政府采取了各种激励措施促进经济的发展，也带动了金融业的繁荣。随着新加坡工业计划的不断推进和诸如《经济扩展（豁免所得税）法案》（1967 年）等法律以及自由贸易政策的实施，越来越多的外国资本涌入新加坡，许多跨国公司纷纷投资设厂，跨国银行和其他国际金融机构则利用新加坡宽松的金融政策开展国际金融业务。

1968 年，新加坡通过实行税务优惠政策发展亚元市场，经营以美元为主的离岸金融业务，独立记账接受非新加坡公民的美元存款，免收利息税，鼓励海外银行参与离岸银行业务而不受国外银行法管制并给予减税鼓励。此举拉开了建立亚洲美元市场的序幕，为把新加坡建成国际金融中心迈出了重要的一步。1973 年，新加坡引入离岸银行的概念，为许多亚元市场的国际银行提供便利。到 20 世纪 80 年代，新加坡发展成为重要的国际金融中心，拥有许多国际金融机构。到 1994 年，新加坡已发展为世界第四大外汇交易中心。2000 年新加坡金融产业年产值占国内生产总值的 12%，远远高于发达国家的平均水平。

2. 金融领域改革和开放对新加坡的重要作用

首先，新加坡培育和构建了良好的金融业发展条件。经过多方面努力，新加坡拥有了健全的经济结构和法制结构、自由的企业制度、稳定的货币、安定的政治环境、高素质的劳动力、优越的地理位置、现代化的通信手段、良好的基础设施、发达的信息和服务业等各方面的条件。这些条件为金融业迅速发展奠定了基础，使得新加坡很快成为国际金融中心。

其次，新加坡作为国际金融中心，其成长模式属“政府主动塑造型”，政府的作用非常显著。新加坡国际金融中心是因政府大力策划推动而形成的，形成了新加坡模式。其特点：一是建设优良的基础设施；二是制定完备的法令规章及优惠的财税政策；三是创造吸引国际金融机构和人才的优良环境和条件。

最后，为使新加坡发展成为跨境金融交易中心，从 1970 年初开始，在政府的扶植下，黄金、证券、保险、期货等市场不断发育成熟。1976 年，政府牵头成立了出口信用保险公司，对离岸保险与再保险给予降低印花税与所得税的鼓励。1986 年，新加坡成立外汇市场委员会，以推动市场的发展，采取对汇率及货币的监管政策，以维持稳定的价格和低的通胀率。1987 年，新加坡证券业实行公司化，并将证券业放给所有本土、外资金融机构。1987 年，为鼓励中小企业上市筹集资金，又成立第二证券市场，对上市的中小企业提出必须连续 3 年赢利的要求。1984 年，新加坡成立国际期货交易所。目前，新加坡已形成各种要素的金融市场。

3. *新加坡金融改革和开放的启示*

(1) 地理位置对金融业发展非常重要。由于拥有天然的深水港，新加坡长期以来一直是国际航运的中枢和东南亚重要的贸易转口中心。从国际金融市场的时区位置来说，新加坡地处伦敦市场和东京市场之间，处于全天候运作的有利地带。上午，新加坡市场与东京、中国香港、悉尼等地相通。下午，东京市场闭市后，由于新加坡市场比东京晚一个半小时闭市，日本银行便可转到新加坡市场进行交易。到了下午 3：30，欧洲各市场相继开张，新加坡又可与之进行交易。因而在同一天里，白天新加坡可以与伦敦、东京市场进行交易，使远东和欧洲市场衔接，夜间又可与纽约、加拿大市场联结，进行交易。

(2) 健全的经济体系是金融业发展的基础。经济的高速增长，使得新加坡的国内物价比较稳定，就业充分，生活水平高。通货膨胀保持在比较低的水准，虽然外贸有逆差，但整个国际收支每年仍有盈余，外汇储备充裕，新元在亚洲地区又较为稳定，从而有力地促进了金融业的迅速发展，并推动国民经济其他各部门的增长。

（3）政府的扶植、鼓励和严格监管是金融业发展的保障。新加坡建国初始就以成为“亚洲苏黎世”为目标，利用其作为国际贸易港的有利条件加速发展金融市场。为了促进金融市场的发育成长，当局通过提供税赋和管理上的种种优惠，重点培植了亚洲美元市场和金融期货交易所。随着新加坡金融中心地位的提高，政府通过内改外引的方法改革和完善新加坡的金融制度，如现行的英国式的由会员管理的股票交易管理制度改为美国式的由政府及银行组织参与管理的管理制度，建立证券期货市场，允许个人用存入中央公积金局的公积金购买黄金、股票等，以促进新加坡金融市场更加国际化。

（4）完善的基础设施是金融业发展的前提。新加坡不仅有完善的铁路、公路、地铁网络和一流的港口、码头、机场设施，而且拥有良好的生活环境，是世界著名的花园城市和旅游城市。新加坡政府还极为重视电信网络和信息事业的发展，大力投资电信系统和信息工程的建设。快捷、迅速、准确、便利的电讯和信息服务体系及网络，既保证了新加坡对国际市场的适应性，又为新加坡赢得了时间、速度和信誉。

（5）高效率的办事机构和体制必不可少。新加坡与外国金融机构和外国投资者相联系的部门集中，层次少，效率高。

（6）高素质的国际金融人才是金融业发展的推动力。新加坡政府和各金融企业非常重视人力资源的开发和管理，一方面以各种优厚的待遇和条件，引进优秀的技术人才和管理人员，以弥补本国金融专业人才的不足；另一方面注重加强对现有人员的教育和培训，以提高金融业员工的整体文化水平、劳动技能及业务素质。

（7）金融业的发展反哺实体经济发展。金融业的发展，极大地促进了新加坡的经济增长，不仅有力地支持了新加坡炼油业、修造船业和电子电器业等工业的发展，而且在新加坡推行经济结构重组，向高科技产业发展方面起到了重要作用。同时，金融业的发展，既提高了金融服务的收入，又为吸引外资、改善国际收支提供了有利的条件。

（二）中国香港的经验和启示

1. 香港金融改革和开放的启示

香港是没有离岸业务和本地业务之分的混合型离岸中心，外资机构进入数量和参与程度居亚洲第一，其自由化和国际化程度是东京和新加坡所不能比拟的。而且，香港不是依靠自身的资金来支撑其金融业务，而是通过打造极具竞争力的金融营商环境，吸引跨国银行等各种外资金融机构集聚，境外资本提供各种境外金融服务。香港具有优越的地理位置、高度开放的经济制度、较低的税率、健全的法律机构、熟悉国际金融业务的专业人才，英语普及，信息灵便。这些基础性条件吸引了大批外国金融机构，并促使各类金融市场发展。

2. 香港国际金融中心的发展特色

（1）自由贸易港政策及国际化特色。香港长期奉行的是自由经济管治理念，香港特区政府长期采取不干预市场的施政方针，努力营造公平、公正、公开的市场竞争环境。自由主义贯穿于政治、经济、法律、生活等各个方面。例如，在政治上，政府长期坚持自由贸易港政策，商品进出香港免征关税；在经济上，资本允许自由进出香港，外资在香港的投资领域不受任何限制；在法律上，企业在法律许可范围内经营自由；在生活上，人员进出境自由，本地居民和外来人士均可以不受限制地购买商品。总之，香港是世界上自由程度最高的经济体，并具备高度外向化和国际化的特色。

（2）联系汇率制度。香港是唯一实行联系汇率制度的国际金融中心，这也是香港国际金融中心的另一特色。香港采取盯紧美元的联系汇率制度，在很大程度上简化了其货币政策目标，使得货币政策主要围绕汇率稳定这一目标而实施。而港元兑美元的固定汇率也为香港经济运行的相对稳定，乃至金融市场的稳定，提供了有力保障。只要香港保持充足的美元储备资产，加上内地庞大的美元储备资产作为后盾，香港经济就能平稳运行。近年来，随着美元的缓慢贬值，港元购买力也相对下降，但对于实施自由贸易港政策的香港而言，其利大于弊。与此同时，联系汇率制度在弱化央行职能的同时，也促进了国际资本在香港自由流动，加快了香港国际金融市场的发展，提升了香港国际金融中心地位。

3. 香港人民币离岸市场的发展及借鉴意义

（1）香港人民币离岸金融市场的发展历程。2003 年，香港开始着手建立人民币离岸金融市场。同年，中国人民银行在香港提供人民币清算业务，初步建立了境外人民币的回流机制，为香港银行开办个人人民币业务提供充分条件，为人民币离岸金融市场的发展奠定了基础。但直到 2008 年，出于降低交易成本、提高人民币持有和使用意愿等目的，香港人民币离岸金融市场的业务量增长始终较为缓慢。

2010 年修订后的《关于人民币业务的清算协议》正式实施，有效拓展了参加行的人民币业务范围，促使境外人民币的数量剧增。资金池迅速扩大，人民币成规模输往境外，离岸金融产品需求也不断增加，离岸金融产品体系初具规模。同时，香港在我国中央的政策倾斜支持下，成为境外最主要的人民币离岸金融市场。

2015 年，中国人民银行进一步完善人民币汇率中间价报价，注入更多市场化的元素，令汇率机制更透明化。自 2016 年 10 月 1 日起，人民币纳入 IMF 特别提款权货币篮子，国家经济实力日益增强，人民币在国际贸易上愈加重要，极大加快了中国金融改革开放的步伐。受益于人民币国际化进程和内地金融改革的提速，香港人民币离岸业务蓬勃发展起来，全球七成以上的人民币结算业务都由香港来处理，已基本构建起人民币离岸金融中心的制度框架。

目前，离岸人民币金融业务逐渐趋向成熟化、多元化，由有限的个人人民币业务拓展到债券、股票、货币、证券和基金等业务。香港市场优势明显，人民币以结算、投资和储备货币的形式活跃在离岸金融市场内。香港离岸人民币资金池的规模，对离岸金融业务纵深发展起着明显的支撑作用。在全面建设香港人民币离岸金融市场的大环境下，继续深化金融机构间的合作，实现金融创新，离岸人民币金融产品将会有更高程度的创新发展。

(2) 香港人民币离岸金融市场的架构与业务。随着香港人民币支付结算体系的逐步完善，香港逐渐发展起多元化的人民币离岸金融业务，并由此形成了多层次的人民币离岸金融市场，奠定了人民币国际金融中心的地位。在香港，各类金融机构开展了多种多样的人民币离岸金融业务，涉及储蓄存款、消费信贷、企业长短期贷款、融资担保、票据贴现、同业拆放、债券发行、股票发行、企业再融资、资产管理、货币兑换、外汇即期及远期交易、金融衍生品等多项金融业务。香港人民币离岸金融市场的发展，有利于加速汇聚和融通离岸人民币资金，创新离岸人民币金融交易产品，优化离岸人民币资源的配置，完善离岸人民币汇率形成机制。

(三) 上海自由贸易试验区建设经验

1. 借助自由贸易试验区建设契机，基本形成建设国际金融中心的政策体系

自上海自由贸易试验区挂牌以来，各金融管理部门出台了一系列金融开放创新的框架性政策举措及若干细则，从而基本形成了有利于金融开放创新的制度体系，为国际金融中心建设奠定制度基础。如中国人民银行、证监会、保监会、银监会先后发布金融支持自由贸易试验区建设的意见和措施（简称“金改51条”）。其中中国人民银行的30条意见（简称“人行30条”）涉及自由贸易账户体系、资本项目可兑换、利率市场化、人民币跨境使用、外汇管理体制改革、风险管理六方面内容；银监会的8条措施主要是支持中外资银行入区经营发展，支持民间资本进入区内银行业；证监会的5条措施旨在深化资本市场改革，提升我国资本市场对外开放度；保监会的8项措施侧重于完善保险市场体系，促进功能型保险机构的聚集。“金改51条”构成了金融支持自由贸易试验区实体经济发展的总体政策框架，明确了自由贸易试验区金融改革的总体方向。

2015年10月，经国务院同意，中国人民银行等六部委和上海市政府联合发布了《进一步推进中国（上海）自由贸易试验区金融开放创新试点　加快上海国际金融中心建设方案》（简称“金改40条”），深化上海自由贸易试验区金融改革创新，这也是新阶段加强上海自由贸易试验区和上海国

际金融中心建设的纲领性文件。围绕“金改 51 条”和“金改 40 条”等政策举措，各金融监管机构推出若干细则，涉及人民币跨境使用、自由贸易账户（简称“FT 账户”）、外汇管理、反洗钱和反恐怖融资等方面，有力支持了金融开放创新。如中国人民银行上海总部发布若干通知，明确了设立 FT 账户的具体方案及跨境双向人民币资金池业务的相关规则，并在上海率先建立资本账户可兑换的路径和风险管理方式，全面放开区内的本外币境外融资。国家外汇管理局上海分局明确和细化了“人行 30 条”和“金改 40 条”提到的外汇管理改革措施，为企业和金融机构开展业务提供了具体指引。

2. 推进资本账户可兑换，夯实国际金融中心建设的基础

（1）创立分账核算单元与自由贸易账户。自由贸易账户可以提供包括跨境结算、跨境融资、跨境担保、跨境并购、跨境理财、跨境债券等在内的经常项目和资本项目下的本外币一体化的金融服务，支持“黄金国际板”、国际再保险平台、自贸区市政债、自贸区航运指数及大宗商品衍生品中央对手清算业务等。

（2）扩大人民币跨境使用，在上海建立人民币全球服务体系。2014 年 2 月，中国人民银行上海总部发布了《关于支持中国（上海）自由贸易试验区扩大人民币跨境使用的通知》，推出人民币境外借款、双向人民币资金池、跨境人民币集中收付等创新业务。2016 年 11 月，中国人民银行上海总部发布《关于进一步拓展自贸区跨境金融服务功能支持科技创新和实体经济的通知》，推出全功能型跨境双向人民币资金管理池业务等。

（3）深化外汇管理改革。2019 年 7 月，国家外汇管理局上海市分局印发《进一步推进中国（上海）自由贸易试验区外汇管理改革试点实施细则（4.0 版）》，放宽货物电子单证审核条件，允许区内融资租赁公司收取外币租金，支持发展外汇市场业务等。

（4）建立跨境融资宏观审慎管理。2015 年 2 月，中国人民银行上海总部发布《中国（上海）自由贸易试验区分账核算业务境外融资与跨境资金流动宏观审慎管理实施细则（试行）》，依托自由贸易账户系统的宏观预警

功能和监测微观主体的境外融资上限功能，开展以资本约束机制为基础、本外币一体化的宏观审慎的境外融资试点，实现了区内企业和金融机构不经行政审批，就可自主开展本外币跨境融资，有效扩大了经济主体从境外融资的规模和渠道。2016 年，这项政策先后在其他三个自由贸易试验区乃至全国进行了复制推广。2017 年 1 月，中国人民银行发布《关于全口径跨境融资宏观审慎管理有关事宜的通知》，进一步扩大了企业全口径融资的额度。

3. 提高金融市场和金融机构的国际化程度

（1）基本建立面向全球的金融交易平台和金融市场。近 5 年来，自由贸易试验区上海国际能源交易中心、原油期货国际交易平台等一系列面向国际的金融市场平台相继挂牌成立，上海基本建立面向全球的金融市场体系。

（2）国际金融机构加快向上海国际金融中心集聚。2015 年 7 月，金砖国家新开发银行在上海开业，这是首个总部设于上海的国际金融组织。2016 年 7 月，金砖国家新开发银行在银行间市场发行人民币计价的绿色金融债券，这是首只由总部设在中国的国际金融机构发行的人民币绿色债券。2016 年 6 月，全球清算对手方协会（CCP12）法人实体落户上海，并于 2017 年 11 月在上海外滩发布首个清算行业国际标准——《CCP12 量化披露实务标准》。2015 年 10 月，人民币跨境支付系统（CIPS）一期成功上线。总体来看，目前浦东已集聚了全国近半数的外资法人银行和外资保险机构，全球管理规模排名前十的资产管理公司中的 8 家，是全国金融业国际化程度最高的地区。

4. 对接“走出去”和“一带一路”等国家战略，推动上海国际金融中心建设

上海自由贸易试验区推出了多项金融开放创新举措，为国家战略提供金融支持。

第一，为企业“走出去”提供投融资便利。自由贸易试验区不断加大对“一带一路”沿线国家双边本外币互换和人民币结算的促进力度，鼓励符合条件的沿线国家和企业在区内发行人民币债券，切实加强中国企业、金融机构与“一带一路”沿线国家企业、机构间的互联互通。

第二，开展非居民金融业务创新试点，为“走出去”企业提供金融支持。围绕企业“走出去”，金融管理部门支持试验区内机构为其企业客户提供境外人民币银团借款和跨境并购融资业务等金融服务，满足企业海外项目的融资需求。

第三，鼓励发展保险和再保险，为企业开展跨境业务提供风险保障，同时以保险资金支持国家战略和实体经济的发展。

5. 基本构建与国际规则接轨的金融监管制度体系

(1) 转变监管方式，支持机构先行先试。一是探索负面清单管理，推出银行间市场准入简化政策；二是发挥行业组织作用，创建利率市场秩序和外汇市场自律机制，助推利率和汇率市场化改革；三是创新金融监管模式，创造性建立“自贸区银行业务创新监管互动机制”，支持银行业机构针对监管规制未覆盖或规定不清晰的领域，通过与监管部门充分沟通，以“监管无异议”的形式实现个案突破，鼓励机构自主创新、先行先试。

(2) 不断提升监管能力，守住金融安全底线。一是强化监管统筹协调；二是建立风险监测机制；三是优化金融营商环境。

三、海南自由贸易港金融业发展和开放现状

近年来，海南省金融业运行总体平稳，金融市场健康发展，金融业改革不断深化，金融服务不断完善，为海南省经济社会发展提供了有力支撑。但同时也要看到，海南金融业发展还存在不少的困难和问题：金融发展总体较为落后，金融发展基础还比较薄弱，发展不平衡不充分的问题仍然突出；对外开放程度和国际化水平仍不高。海南省需要进一步优化金融资源配置，加大对重点领域和薄弱环节的支持力度，不断加强金融改革创新，提升金融服务水平，积极防范化解各类金融风险，维护区域金融稳定，助力海南自由贸易试验区建设向更高质量、更高层次发展。

（一）海南金融业发展总体情况

1. 金融业规模

从目前的产业结构来看，海南第一产业占比仍然较高，2018 年，海南金融业的增加值仅 309.09 亿元，占 GDP 比重 6.4%，在服务业中的比重为 11.3%，与全国金融业占第三产业比重 15%和上海占比 25%相比，海南金融业的发展还有较大的空间。中央 12 号文件提出，要围绕金融等重点领域，深化现代服务业对外开放。未来，海南自由贸易试验区旅游、贸易等现代服务业的发展将会扩大对金融服务的需求，叠加金融领域的开放和创新，金融业的发展将继续保持高速增长，巩固并加强在经济中的支柱作用。

2. 金融业基础设施

独特的自然条件方面的比较优势使得海南经济以农业、旅游业为主，工业发展较为滞后，金融业发展也较为滞后，金融业基础设施和金融机构存在许多不足。就金融基础设施来说，目前批准设立的海南金融交易场所一共有 6 家，分别是：海南产权交易所，主要从事国有资产及股权的交易业务；海南大宗商品交易中心，主要从事槟榔现货交易；海南国际商品交易中心，主要从事红木现货交易；海南股权交易中心，主要从事非上市公司股权登记、托管、转让和可转债发行；洋浦国际能源交易中心，主要从事石油化工原料的现货交易；亚联盟金融资产交易中心，主要提供金融资产交易及相关咨询、财务顾问、票据和应收账款服务等。

海南未来将大力发展金融业，争取更多国内外金融机构在海南设立分支机构，建立全方位的金融服务基础设施和金融市场。

（二）海南金融机构发展现状

1. 银行业发展现状

海南金融以间接融资为主，银行业在海南省金融业中的占比较高。近年来，海南银行业运行总体平稳。

第一，银行业规模稳步扩大，经营效益良好。2017 年年末，海南省银行业金融机构资产总额 1.5 万亿元，同比增长 2.9%。其中，城市商业银行资产规模同比增长 43.6%。银行业经营效益良好，全省银行业金融机构实现利润同比增长 13%。

第二，存款总体平稳，定期及其他存款增长较快。2018 年年末，海南省本外币各项存款余额 9610.47 亿元，同比下降 4.8%。从存款部门分布看，住户存款增长较快，同比增长 11.2%。从期限看，全省住户存款定期及其他存款同比增长 17%，增速高于活期存款 6.9%的增速。

第三，贷款稳步增长，支持重点领域和薄弱环节的力度加大。2018 年末，全省金融机构本外币贷款余额 8820.12 亿元，同比增长 4.3%。从投向看，信贷支持重点领域和薄弱环节的力度有所加大。2017 年，全省新增基础设施类贷款占各行业新增贷款的 37.8%，高于上年同期 4.1 个百分点。2017 年年末，全省小微企业贷款同比增长 13.3%，高于全省贷款增速 3.3 个百分点。

第四，表外业务规模同比下降。2017 年年末，海南省银行业金融机构表外业务规模同比下降 1.7%。其中，保函、表外理财、委托贷款和承诺业务占比分别为 25.7%、24.4%、20.3%和 19.5%。保函和承诺业务分别同比增长 34.8%和 31.4%，委托贷款和表外理财分别同比下降 22.7%和 5.7%。

第五，贷款利率稳中有降，金融机构自主定价能力逐步提高。2017 年，海南省金融机构人民币一般贷款加权平均利率呈现稳中有降态势，从 1 月的 5.74%降至 12 月的 5.63%，下降了 0.11 个百分点。海南省利率市场化进程稳步推进，金融机构自主定价能力逐步提升。地方法人金融机构同业存单发行规模稳步扩大。2017 年，全省地方法人金融机构共发行同业存单 54.5 亿元，规模同比增长 23.8%。2017 年 8 月，海南银行和海口联合农村商业银行通过合格审慎评估，分别成为全国市场利率定价自律机制基础成员和观察成员。

第六，地方法人金融机构经营总体稳健。2017 年年末，全省银行业金融机构不良贷款率 1.5%，低于全国平均水平，信贷风险总体可控。地方法人金融机构经营稳健。2017 年年末，全省地方法人银行业金融机构资产总额和负债总额分别同比增长 14.4%和 14.6%，各项贷款余额和各项存款余额分别同比增长 16.7%和 22.1%。全年累计实现利润 21.8 亿元，同比增长17.4%。

第七，银行业金融机构改革扎实推进，服务体系进一步健全。2017年，海南省农信社改革不断深入，临高农村信用社改制为农村商业银行；全省18家村镇银行注册资本、分支机构数量等均比年初增加。中国农业银行海南省分行“三农金融事业部”管理体制进一步完善，“三农”产品和服务创新取得进展，金融扶贫工作进展顺利。2017年，全省共41家金融机构加入人民银行金融管理与服务系统，其中，银行业金融机构29个，证券业金融机构12个。

第八，跨境人民币业务加快发展。2017年，海南省跨境人民币结算额180.9亿元。市场基础不断扩大，与海南省发生跨境人民币结算的境外国家新增6个，办理跨境人民币业务的银行机构与企业分别新增2家和175家，海口农村商业银行成为海南首家开办跨境人民币业务的地方法人金融机构。跨境人民币业务大力支持海南省与“一带一路”沿线国家经贸合作和高端旅游产业发展，旅游产业跨境结算额同比增长41.1%，其中高端旅游产业跨境结算额同比增长44.2%。海南省与“一带一路”沿线国家跨境结算额同比增长12.7%。

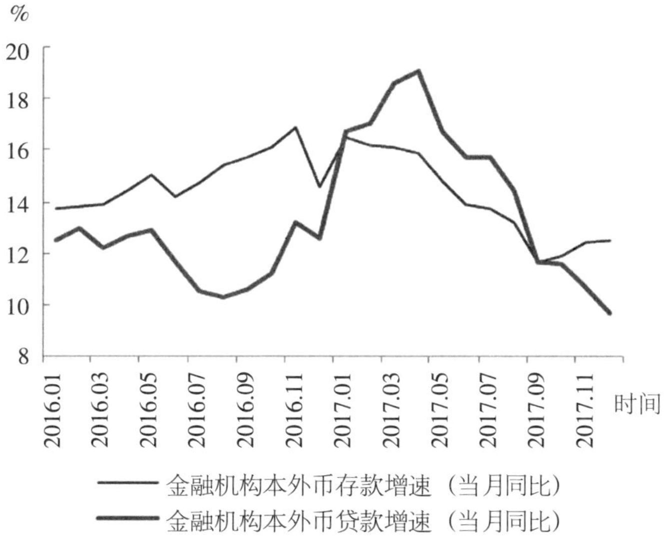

图4.1 2016—2017年海南省金融机构本外币存、贷款增速变化

数据来源：中国人民银行海口中心支行。

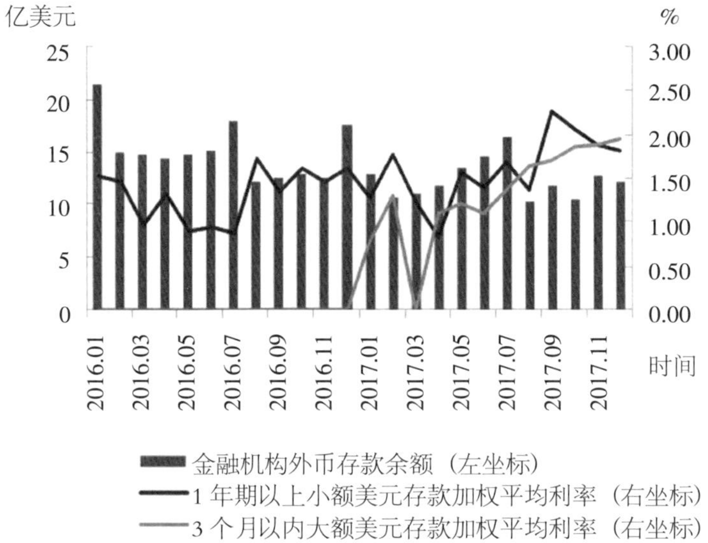

图 4.2　2016—2017 年海南省金融机构外币存款余额及外币存款利率

数据来源：中国人民银行海口中心支行。

2. 证券业发展现状

海南是我国资本市场发育最早的地区之一，曾创造过我国资本市场的“两个第一”：我国第一家股份制公司上市和第一家民营企业上市。但总体来看，海南证券业发展还比较滞后。截至 2018 年末，海南省仅有 2 家法人证券公司、26 家证券公司、58 家证券营业部和 2 家法人期货公司、2 家期货分公司、11 家期货营业部。近年来，海南省证券市场交易活跃度不断下降。2018 年，海南省证券经营机构证券交易量同比下降 21.6%，期货经营机构代理交易量同比下降 32.1%。海南企业的股票融资规模也比较小，近年来还小幅下降。2018 年，海南省仅有 31 家上市公司，上市公司总市值仅 4353.03 亿元，同比下降 0.5%。

3. 保险业发展现状

近年来，海南保险业稳步发展，服务领域全面拓展。2018 年，海南保险保费收入 183.10 亿元，比上年增长 11.08%。其中，财产险业务收入 57.14 亿元，增长 13.21%；人身险业务收入 115.45 亿元，增长 9.87%。而在过去 3 年，海南保险公司实际赔付支出 154.30 亿元，企财险、工程险、船舶险为一批新建港口、水电站、五星级酒店建设项目以及粤海铁路新增滚装船和本地游艇提供了强有力的保障。此外，国家给予海南国际旅游岛建设发展的政策中明确要求鼓励保险机构创新旅游保险产品，海南正在研究旅游综合保险、仓储物流保险等保险品种，为海南国际旅游岛建设保驾护航。

但由于海南特殊的产业结构，海南的保险业更加侧重于农业领域，主要发展对“三农”事业和小微企业的保险服务。2017 年，海南省农业保险累计提供风险保障资金 387.1 亿元，共赔付支出 2.9 亿元，受益农户20.2 万户次，同比增长 115.7%。全国首张天然橡胶期货价格保险保单在白沙签发，随后在省内其他 5 个市县开始试点，共为农户提供风险保障1.8 亿元，触发赔付支出 307.1 万元。

（三）海南金融业存在的不足

虽然海南金融业发展已进入一个健康良性的发展轨道，金融业对经济的整体贡献持续提升，但总体上看，金融业仍是海南经济发展的最大短板，也是制约海南自贸试验区和自贸港建设的难点和重点问题。

1. 现代金融业总体规模偏小

虽然现代金融业对海南经济发展的贡献率不断提高，但是和其他发达国家或者发达城市相比，总体规模仍然偏小。在我国的经济特区中，虽然海南金融业增加值的增长速度略高于深圳、厦门，但是增加值的总量和其他地区相比还是偏低，尤其是和深圳相比，2018 年海南全年金融业的增加值仅为深圳地区的 10.07%。具体来看，原因如下。

一是社会融资规模小。从总量来看，2018 年末海南全省金融机构本外币贷款余额仅占全国社会融资规模的 5‰左右。从增量上看，2017 年海南社会融资全年增加 856 亿元，在全国 31 个省、区、市中位列倒数第一位。从结构看，外币贷款还下降 4 亿元。

二是金融机构实力较弱。银行业方面，2018 年海南全部银行业金融机构资产占全国银行业金融机构资产 5‰左右。证券业方面，海南省注册的金元证券和万和证券在中国证券业协会编制的《2017 年证券公司经营业绩排名情况》的营业收入排名中，分别位于 62 位和 94 位（总共 98 家）。另外，海南尚未设立自己的保险公司和证券基金公司，私募基金管理人也仅 46 家，不足全国总量的 2‰。

三是综合服务能力不足。海南目前还没有与自由贸易港相匹配的金融交易市场，实物资产和特色资源无法实现有效的交易周转。配套服务机构不足，2016 年，香港法律、会计、工商咨询等专业服务机构产值 3029 亿元港币，占 GDP 比重为 12.16%，而海南的金融服务机构才刚刚入驻。

2. 金融市场化程度不高，创新能力不足

目前海南只有南洋商业银行一家外资银行，以及一家省级商业银行海南银行。资本市场发育程度滞后，融资方式主要是以借贷融资为主的间接融资，资产证券化的比例偏低。直接融资和间接融资严重不平衡，企业杠杆率居高不下。在金融创新方面，海南也是相对落后，金融创新能力与发达城市相比远远不足，金融产品相对单一，金融资源短缺。因此，在吸引外资方面存在着很大缺陷。同时，在对外资的使用方面也存在问题。比如项目小、科技含量低、资方实力不大等。

3. 中小微型企业融资政策支持力度不够

海南中小微型企业共约 14 万家，2017 年实现增加值 1399.51 亿元，占同期海南 GDP 总量的 49.01%；创造税收 511.45 亿元，占海南全口径公共财政收入的 66.34%；吸纳就业约 138 万人，占海南企业就业总数的90%。中小微型企业是促进海南经济发展的主要力量，但是海南融资政策都是向大中型企业以及国有企业倾斜，又因为中小微型企业存在着信用程度相对较低、多以传统产业为主、生产经营困难等情况，金融机构的信贷资金支持远远不能满足中小微企业的资金需求。

4. 储蓄规模小，资金供求结构失衡

储蓄规模是一个地区经济实力的体现。2018 年海南金融机构本外币存款余额 8820.12 亿元，而深圳仅 2017 年上半年就高达 53094 亿元。由此可见，海南的储蓄规模虽然每年都在递增，但与我国发达地区相比还不够大。海南资金供求结构失衡体现在银行信贷客户结构失衡以及企业融资渠道单一化。各商业银行采用统一的内部信用评级和授信管理标准，使得金融机构的贷款资金没有惠及民营企业和中小微型企业，主要还是流向国有企业和大中型企业。同时，由于海南资本市场发展相对滞后，海南企业主要通过银行和债券公司，尤其是国有银行体系等渠道进行间接融资，过度依赖间接融资，导致大量的社会资金沉淀在货币市场，引发资金供给结构失衡。

（四）海南金融业未来发展重点

1. 优化海南产业结构，进一步健全经济金融协调发展机制

合理的产业结构布局是推动地方经济发展的强力推手，作为资本密集型产业的现代金融业更需要发达的本地经济作为依托。虽然海南的经济增长率自从 1988 年建省以来不断提升，但海南依然属于欠发达地区，办经济特区难以吸引金融机构与金融资本的入驻。因此，海南政府必须首先通过经济结构调整，充分发挥当地经济的比较优势，大力发展海南现代金融业，为其制造良好的经济条件。

2. 加大对海南中小微型企业信贷投放力度，积极合理地引导资金流向

中小微型企业融资发展，需要政府和其他金融机构、企业的支持，建立健全金融市场体系，提高中小微型企业融资成功率。例如，政府应该为具有成长潜力的企业创造有利的条件，使其能在资本市场直接融资，扩大资本市场直接融资比例。

3. 大力拓展海南融资渠道，提高资本形成能力

海南可以借鉴上海浦东新区和深圳等发达地区的成功经验，制定优惠的金融政策来不断吸引国外银行在海南设立分支机构，加快银行业国际化进程。应大力支持股份制银行的成立和发展，形成以国有金融机构为基础，地方性银行、股份制银行和外资银行等多种金融机构并存的多元化金融组织结构体系。应大力鼓励非银行类金融机构实施金融服务创新，不断推出新型金融衍生产品，拓展服务领域和范围。

4. 引进先进金融服务理念，增强海南金融机构创新能力

海南与其他金融发达地区相比，主要差距在于金融创新能力欠缺。现

代金融业终究是为了更好地服务实体经济，海南应依托海口省会城市和金融资源优势，加大力度推动金融产品和服务创新，全方位打造海口金融机构总部集聚区，力争建设成为区域性金融中心。向上海、深圳等金融业发达的城市学习，大力发展互联网金融，结合海南本土特点，推进海洋金融创新、跨境金融创新等，增强金融对海南经济发展的支持力度。

5. 强调公共治理观，实现现代金融业的有效监管

现代金融业发展中许多潜在的风险都源于政府监管不到位，为了实现对海南金融业的有效监管，海南政府应树立科学的公共治理观。首先，要有科学的金融监管理论做指导，用完善的金融监管理论体系来指导金融实践；其次，要制定完整的金融监管法律体系，保证金融宏观调控政策的有效实施，促进地区经济健康发展，规范金融市场主体行为，维护金融市场的竞争秩序；最后，政府应厘清政府与市场的职能边界，不断更新公共管理方式和政策工具，优化跨市场的流动性监管，健全场外金融衍生品，强化影子银行监管，大力提升跨部门的综合监管效率。

四、海南自由贸易港金融体制改革总体目标

（一）服务于海南自由贸易港建设总体要求和发展战略

1. 围绕海南自由贸易港发展战略，推进金融体制改革

在推进海南金融改革和构建金融体系基本框架时，要紧紧围绕海南自由贸易港战略定位和发展战略，建立和完善金融服务支持体系和金融基础建设，吸引更多类型的中外大型金融机构参与海南金融业务的发展、创新和金融市场的运作，创新金融服务产品，发挥信贷投放、扩大直接融资、发展投资基金、金融创新等方面的政策优势，提升金融服务重点产业的作用，促进海南自贸港的建设与发展。

2. 以制度创新为核心，推动金融开放创新

按照“以制度创新为核心，大力推动自由贸易试验区金融开放创新”的要求，以探索建设中国特色自由贸易港为目标，以服务自由贸易区（港）建设为出发点，研究出台一系列制度和政策措施，以发展离岸贸易

和离岸金融为核心，加快金融创新开放和改革发展，推进人民币资本项目可兑换和人民币国际化进程。具体包括以下几个方面。

第一，以服务橡胶等大宗商品现货离岸交易，国际能源、航运、大宗商品、产权、股权和碳排放权等交易场所建设为出发点，研究设立更加开放，账户内资金可自由进出，且可自由兑换的自由贸易账户体系，促进离岸贸易发展。

第二，以离岸金融发展为核心，将海南打造成离岸贸易和离岸金融中心，促进投融资和汇兑便利化，进而推进人民币国际化。在海南自由贸易试验区允许符合条件的金融机构开展离岸业务。除了交通银行、浦发银行、招商银行和平安银行外，对于符合条件的银行类金融机构，经相关监管部门核准后，可以允许其在海南开展离岸金融业务。

3. 创新金融监管体系

在打造创新开放和包容型金融体系，促进投融资和汇兑便利化的进程中，并不意味着不要金融监管，取消或弱化金融监管，而是对金融监管提出了更高的要求，即金融监管要着力避免监管的缺失和失效。这就要求在推进金融创新改革与开放的同时，也要构建起透明、公平和有效的金融风险防控监管框架。在具体推进过程中，不能求多求快，而是要根据海南自贸区（港）发展的定位和实际情况，逐步地推进相关改革开放政策措施的出台和实施，成熟一项推出一项，切实防控好金融风险和跨境资金流出入的风险。

（二）为海南自由贸易港产业发展提供金融支持

1. 海南经济短期可能出现井喷式增长

第一，海南贸易有望快速增长。自由贸易试验区实施国际贸易单一窗口、搭建海关数据平台等举措使贸易更加便利化，促进贸易的增长。海南自由贸易试验区与自由贸易港政策的实施范围为全岛，叠加海南国际旅游消费中心的定位，将进一步刺激海南对外贸易发展。

第二，海南吸引外资数量将大幅增加。虽然我国利用外资增速下降，但是海南自由贸易港的突出特点是投资门槛低、产业开放度高、营商环境透明，对外资的吸引力较大，外商投资将有可能逆势增长。例如，上海自由贸易试验区合同外资增长 5.2 倍，广东自由贸易试验区合同外资增长 2 倍，之后吸引外资增速下降，但也高于同期全国利用外资增速。预计随着海南自由贸易港政策效应的不断释放，吸引外资数量将快速增长。

第三，海南新增企业注册数量将飙升。上海自由贸易试验区成立后的一年内，新增企业注册数量增长 1.6 倍，超过以往 20 年之和；广东自由贸易试验区注册企业数量为 56000 家，超过以往 10 年之和；天津、福建以及第三批自由贸易试验区的企业注册数量都出现飙升。鉴于此，随着商事制度改革和企业注册手续简化，预计海南自由贸易试验区在成立后，无论内资企业，还是外资企业，新增企业注册数量都会大幅增加。

第四，海南 GDP 可能实现快速增长。自由贸易试验区在行政管理、贸易、投资、金融开放等方面的改革释放了经济增长的活力，带动自由贸易试验区 GDP 快速增长。其中，天津自由贸易试验区成立一年，GDP 达到 1800 亿元，GDP 增长 20%；广东自由贸易试验区成立一年，GDP 超过 2000 亿元，增长 40%。海南自由贸易港的改革开放力度不会低于自由贸易试验区。

2. 海南经济有望长期保持中高速发展

第一，海南对外贸易有较大发展空间。2017 年海南对外贸易占 GDP 的比重仅为 16%，低于全国 34%的占比，更是远远低于中国香港 310%和新加坡 210%的比重。2017 年海南外贸进出口总额为 701 亿元，相当于中国香港和新加坡 20 世纪 80 年代初期的对外贸易量。海南对外贸易发展缓慢，对经济发展的贡献度较低，但自由贸易港将为海南对外贸易的腾飞提供契机。中国香港和新加坡在自由贸易港建设中对外贸易发展迅速。自 20 世纪 60 年代初到 1997 年亚洲金融危机，中国香港进口平均增长 17%，出口平均增长 18%。从中国香港和新加坡自由贸易港的情况来看，海南的对外贸易有较大的增长空间。参照中国香港和新加坡在自由贸易港建设过程中对外贸易平均增长 15%的速度，2035 年海南的对外贸易将达到8700 亿元，是 2017 年的 12 倍。

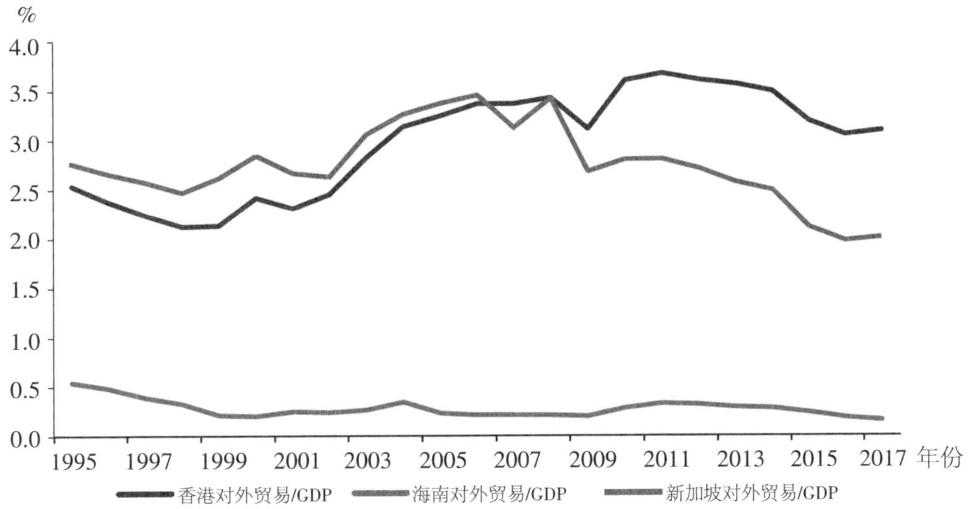

图 4.3　中国香港、海南和新加坡对外贸易占 GDP 比重

资料来源：Wind。

第二，自由贸易试验区建设为海南经济发展提供了新动力。目前，海南经济发展程度和中国香港、新加坡还有很大的差距。从经济规模来看，海南目前的 GDP 相当于中国香港和新加坡 20 世纪 90 年代初的GDP。2018 年海南的 GDP 为 4832.05 亿元，中国香港 1991 年的 GDP 为 4700 亿元，新加坡 1993 年的 GDP 为 3505 亿元。从经济增速来看，中国香港和新加坡在自贸港建设过程中经济发展迅速。20 世纪 60 年代初到 90 年代末，在近 40 年的时间里中国香港平均经济增速高达 16%，新加坡平均增速达 12%。自由贸易港建设为中国香港和新加坡提供了持续发展的动力，中国香港和新加坡在自由贸易港建设初期到建成后近 40 年的时间内保持两位数的高速增长。参照中国香港、新加坡在自由贸易港建设过程中的经济增速，即 12%，到 2035 年海南的 GDP 总量为 34000 亿元（约等于 2017 年湖南的 GDP 总量，全国排名第九），是 2017 年的 8 倍。

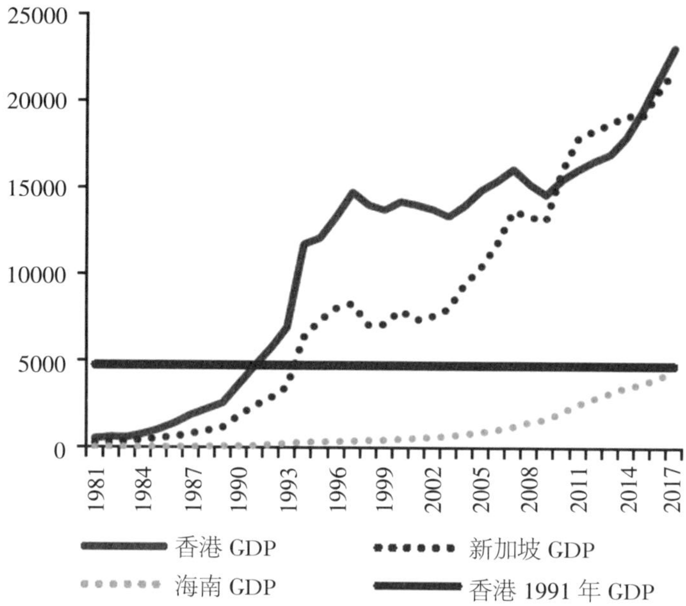

图 4.4　中国香港、海南和新加坡 GDP 变化趋势（单位：亿元）

资料来源：wind。

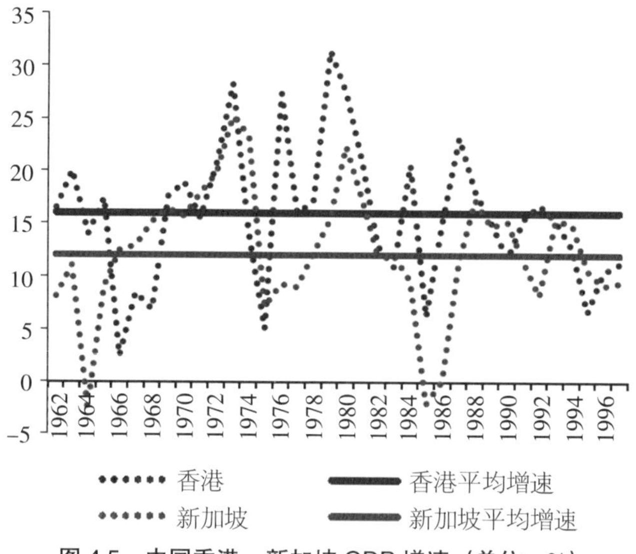

图 4.5　中国香港、新加坡 GDP 增速（单位：%）

资料来源：wind。

（三）探索更高水平的金融开放创新实践经验

纵观世界顶级金融中心，如伦敦、纽约、中国香港、新加坡，甚至东京，无不在资本项目开放、金融业开放、本外币跨境使用等方面具有极高的自由度，建立了面向世界的金融市场，同时在金融产品创新方面引领世界方向。

要争取率先实现人民币资本项下可兑换，逐步提高资本项可兑换程度；进一步扩大人民币跨境使用范围，实行贸易、实业投资与金融投资三者并重，推动资本和人民币走出去，使人民币成为全球主要的交易储备和定价货币；扩大金融业对内对外开放，对接国际高标准，推动金融业对符合条件的民营资本和外资金融机构扩大开放；加快建设面向国际的金融市场，依托自贸区金融制度创新和对外开放优势，推进面向国际的金融市场平台建设，拓宽境外投资者参与境内金融市场的渠道；构建与金融开放运行相宜的金融风险防范机制，建立适应自贸区发展的联动监管机制等。

（四）服务“一带一路”建设需要

“一带一路”建设是我国今后相当长一个时期内对外开放和对外合作的总体规划。海南是“21 世纪海上丝绸之路”的战略支点。海南具备海洋资源优势和背靠大陆、面向东盟与连通海上丝路的区位优势，是实施“一带一路”倡议南海区域的主力军。多个政策文件均强调海南要继续加强航空、海运等领域的投资建设，打造泛南海国际贸易和航运枢纽，大力推进海南与“一带一路”沿线地区空中和海上的互联互通。

（五）培育和集聚一批具有国际竞争力的金融机构

通过金融体制改革，创造良好的政策环境和营商环境，培育和集聚一批具有国际竞争力的金融机构。要吸引国内外金融机构来海南设立分支机构、地区金融总部，甚至全球金融总部，要形成银行、证券、保险、基金、信托等各领域的金融机构集聚海南的良好局面。例如，要吸引英国保诚集团、英杰华集团、汇丰控股有限公司、巴克莱银行、渣打银行、瑞银、花旗银行、新加坡淡马锡等金融机构在海南设立分支机构、创新机构或专营机构。要引导国际知名券商在海南设立中外合资券商。

此外，要打造各类型金融交易平台和中心，在海南设立国际能源、航运、大宗商品、产权、股权、碳排放权等交易场所。要以国际化视野、更开放的措施，配合国家“一带一路”倡议实施等节奏，吸引世界银行、国际货币基金组织、亚洲开发银行、亚洲基础设施投资银行等到海南开设地区总部或运营分部，与有条件的“一带一路”沿线国家和地区在金融机构互设准入和金融市场有序相互准入等方面进一步放宽限制，吸引各类外资金融机构在海南集聚；支持海南银行等法人金融机构引进境外金融机构入股，有序到周边国家和地区开设分支机构。

（六）探索适应自由贸易港建设的金融监管制度

海南自由贸易港建设本身是一项浩大且复杂的系统工程，需要多部门协同配合。例如，在探索建立离岸金融市场方面，不可避免地面临现有法规不完善的限制以及制度创新所带来的风险。很多改革举措和制度创新涉及多个部门，尽管各个部门改革积极性很高，但是不同部门改革的重点、次序、节奏不一致，从而会出现改革措施的不统一、不配套、不协调的问题。所以需要探索金融监管的新体系。要探索增强监管协作，适当改革监管体系，更新监管理念。同时，要借鉴国际经验和教训，实行审慎监管，与国际监管标准接轨，注意发挥市场和行业的作用，不能以政府监管完全代替市场纪律。

五、海南自由贸易港金融体制改革：重点任务

充分发挥金融支持自由贸易港建设的重要作用，出台金融领域的一揽子政策措施，以服务实体经济、促进贸易投融资便利化为出发点和落脚点，以制度创新为核心，大力推动自由贸易试验区金融开放创新。从具体领域来看，要进一步扩大人民币跨境使用，探索资本项目可兑换，深化外汇管理改革，探索投融资汇兑便利化，扩大金融业开放，为贸易投资便利化提供优质金融服务。

(一)构建金融体制改革的政策体系

加快与国家金融管理部门的协商，抓紧出台支持海南自由贸易港金融体制改革的若干意见，从而形成金融支持自由贸易试验区实体经济发展的总体政策框架，明确金融改革的总体方向。第一，人民银行要在自由贸易账户体系、资本项目可兑换、利率市场化、人民币跨境使用、外汇管理体制改革、风险管理等方面尽快出台相关措施和细则。第二，银保监会要在放宽银行业外资市场准入、支持中外资银行经营发展、扩大保险业对外开放、完善保险市场体系、促进功能型保险机构的集聚等方面出台相关措施和细则。第三，证监会要在放宽证券业外资股比及业务范围限制、拓展自由贸易账户功能和使用范围、深化资本市场改革、提升我国资本市场对外开放度等方面出台相关措施和细则。

(二)建立适应海南自由贸易港的自由贸易账户体系

建立海南特色的 FT 账户，为实体经济和贸易投资提供优质金融服务。第一，与上海相呼应，打造功能互补、差异定位的境内人民币离岸中心。通过 FT 账户并组建和引入国内外大型金融服务机构，为海南外贸企业和本地金融企业提供人民币离岸价为结算价的金融服务，在降低企业汇兑、融资成本的同时，打造境内的人民币离岸交易和结算中心。第二，与重点产业发展相结合，鼓励境外机构境外募集资金，并通过 FT 账户直接投资海南，对投资海南重点发展产业的，给予国民待遇并准许其通过 FT 账户结汇。第三，与国际旅游业相结合，扩大个人投资者通过 FT 账户对外投资政策范围和适用群体。在满足一定条件下，逐步允许岛内居民和高端游客开立个人 FT 账户，投资海外资本市场。

(三)推进资本项目可兑换

人民币资本项目开放的最终目标是，使居民与非居民在大陆境内外可以自由地购买以人民币或东道国货币定值的实物资产和金融资产。按照国际货币基金组织(IMF)的分类，资本项目包括 7 大类 40 个子项。目前我国基本可兑换或部分可兑换项目有 36 项，不可兑换项目有 4 项，占比 10%。所以，我国仍需进一步加快资本账户可兑换和开放，提高人民币的自由使用程度。而新一轮贸易投资自由化协定都更注重贸易与投资并举，服务贸易和投资协定相联，其结果都是对我国资本账户开放提出了更高的要求。

因此，推动资本项目可兑换是自由贸易港金融改革的重点，特别是要探索实施流入侧的资本项目可兑换，完善外汇管理体制，使境内外企业和个人更加灵活地使用人民币，不断增强人民币作为计价、支付、交易、储备货币的功能，为人民币国际化提供新的动力。海南可以构建自由贸易港离岸人民币中心为突破口实现资本账户放开。具体而言，要进一步扩大资本项目可兑换范围。一是深化资本项目外汇管理改革，促进跨境投融资便利化；二是在跨境双向投融资及担保方面按照宏观审慎原则给予企业更多自主权；三是支持区内银行与境外同业探索开展双向债权类资产跨境转让；四是支持开展合格境内投资者境外投资业务试点；五是允许符合条件的区内个人按照规定开展包括证券投资在内的各类境外投资等。

（四）跨境融资和人民币境内外一体化

海南自由贸易港建设要进一步畅通跨境融资渠道和扩大跨境融资规模，推动跨境人民币结算业务发展，扩大人民币在贸易、投资、保险等领域的使用，进而可以深入研究开展个人境外直接投资试点，还可积极配合开展民营资金进入金融业的政策研究，探索设立民间资本发起的自担风险的民营银行和金融租赁公司、消费金融公司。要加快布局打造国际离岸人民币中心，建立包括贸易结算回流、人民币外债市场、外商直接投资、境外商业贷款等的多层次境外人民币回流体系，加快形成国际领先的离岸人民币市场，力争把海南建设成为全球性的人民币产品创新、交易、定价中心。

进一步通过跨境投融资和人民币离岸金融中心的共同作用，推动人民币国际化。在离岸市场上离岸人民币与越来越多的币种实现实时报价以及自由兑换将进一步优化境内人民币汇率形成机制。而资本跨境的不断流动也自然地为资本在境内与境外市场最终自由流动铺平道路。此外，只有在自由贸易港内率先实现资本项目开放，并逐步实现人民币可自由兑换，人民币国际化才能真正起航，彻底摆脱目前人民币国际化以来采取的"跨境贸易 + 离岸金融"的模式。

在风险管理方面，要建立跨境融资宏观审慎管理机制。人民银行要依托自由贸易账户的宏观预警功能和监测微观主体的境外融资上限功能，开展以资本约束机制为基础、本外币一体化的宏观审慎的境外融资试点，实现区内企业和金融机构不经行政审批，就可自主开展本外币跨境融资，有效扩大经济主体从境外融资的规模和渠道。

（五）外汇管理体制改革

在海南自由贸易港建设背景下，需要探索深化外汇管理改革，要围绕促进国际收支基本平衡这一战略目标，不断提升外汇管理服务实体经济能力。

1. 探索建立调节国际收支的市场机制和管理体制

进一步完善外汇管理中长期工作规划，对外汇管理各项重要任务进行梳理，确定实施步骤、时限以及分工，明确路线图和时间表。同时，深入研究托宾税、无息存款准备金、外汇交易手续费等价格调节手段，抑制短期投机套利资金流出入。扩大外汇市场开放，放宽交易范围，增加交易主体，丰富避险保值产品，逐步建成一个成熟发达的多层次外汇市场体系。

2. 防范跨境资金流动的冲击

密切跟踪形势变化，针对潜在风险，加快建立跨境资金流动监测预警平台和指标体系，充实以逆周期调节为主的政策预案。加强与相关部门的监管协调，不断丰富和完善监管协调的合作形式和机制，形成防范跨境资金流动冲击的监管合力。

3. 明确自由贸易港外汇管理体制改革的具体方向

一是简化经常项目单证审核，实行外商投资企业外汇资本金意愿结汇；二是允许区内企业（不含金融机构）外债资金实行意愿结汇，进一步简化经常项目收支手续；三是支持银行发展人民币与外汇衍生产品服务等；四是放宽货物电子单证审核条件，允许区内融资租赁公司收取外币租金，支持发展外汇市场业务等；五是创新本外币账户管理模式，允许跨国公司总部在海南开展本外币资金集中运营；六是放宽外汇资金进出管制，促进海南投融资汇兑便利化；七是开展自由贸易港内本外币资金自由兑换，企业可自主选择货币结算。

（六）金融业开放

作为一个独立的地理单元，海南自由贸易试验区要率先实现金融业开放，先行先试，探索金融业全面开放背景下的市场经营新路径。具体而言，有如下几点。

一是加快取消证券机构外资持股比例限制，支持设立外商独资金融机构。二是扩大合资证券公司业务范围，允许从事经纪、咨询等业务。三是放开外资保险经纪公司经营范围，允许开展为投保人拟定投保方案、选择保险人、办理投保手续、协助被保险人或者受益人进行索赔，以及再保险经纪业务。四是对外资保险代理和公估业务，不设股比限制。五是降低外资保险公司设立的限制条件，取消外资保险公司设立需开设两年代表处的要求。六是允许在开展国际业务方面有优势的银行在海南设立离岸业务管理总部。七是允许设立专业从事境外股权投资的公司，支持符合条件的投资者设立境外股权投资基金。八是拓宽中外金融市场合作领域，金融领域负面清单以外事项实行内外资统一管理。

六、海南自由贸易港金融体制改革：金融监管

金融监管体制是金融体制改革的重要组成部分，海南要抓紧形成支持金融开放创新、有效防范风险的金融监管体制。

（一）创新监管方式，加强监管能力

1. 探索负面清单监管模式

研究制定海南金融负面清单，对标中国香港、新加坡自由贸易港以及跨太平洋伙伴关系协定（TPP）、美韩自贸协定等负面清单管理模式，按照“极简版、高透明、可操作”的改革方向，探索构建“准入前国民待遇＋极简负面清单＋准入后国民待遇”的管理模式对外资金融机构进行管

理。研究制定海南负面清单指引，梳理汇总金融领域有关外资准入的规定，为外资进入金融领域提供便利。

在银行间市场准入方面，境内主体进入同业拆借市场可不再需要行政审批，市场逐步向负面清单管理制度靠拢。推出区内机构和高管准入简化制度，由核准制改为备案制。对银行业，除法人机构“三长”、一级分行主要负责人外，其他高管准入事项由事前审批改为事后备案。进一步简化机构准入方式，银行二级分行以下（含二级分行）的机构设立、变更事项由事前审批改为事后备案。进一步简化业务准入方式，银行机构部分业务准入事项由事前审批改为事后备案，仅对部分创新业务实行事前备案制。

在保险业准入方面，推出区内保险机构和高管准入备案机制，将航运保险营运中心、再保险公司在自由贸易试验区设立分支机构和自由贸易试验区内保险支公司高管人员任职资格均由事前审批改为事后备案管理。

2. 加强监管协作，创新监管手段

加强垂直管理的金融监管部门与海南当地金融管理部门的沟通、联系与协作。一方面，可在现行体制下打破部门间的藩篱，增强监管协作。另一方面，也可尽快发现本地已出现的系统性风险，寻求预防与解决机制。此外，有必要成立自由贸易试验区金融工作协调推进小组，并建立监管协调机制，开展综合监管试点，探索功能监管。

3. 创新金融监管体制

海南自由贸易港金融监管体制创新的重点任务包括以下几点。一是构建以信用监管为核心的事中事后监管模式。例如，推出“市场违法经营行为提示清单”“失信商事主体联合惩戒清单”。二是建立动态监管机制。制定特色监测报表，设立相对独立的统计和监测体系，定期监测分析风险现状。三是建立属地金融综合监管，建立“监管沙盒”机制。四是强化跨市场跨领域监管，强化不同监管部门之间的协调机制，及时全面了解跨市场交易规模和资金流向。五是探索中央和地方双层监管体制，赋予更多自主权，将金融创新产品、创新业务限定在自由贸易试验区内，不必一定寻求在其他地方复制推广。六是建立健全区域金融监管协调机制，加强对重大风险的识别和系统性风险的防范，利用好地方的各类系统，打通信息共享渠道，有效履行属地监管职责，做细做实资金流监测、重点行业金融风险监测、重要金融风险监测等工作，切实防范金融风险。七是增强地方金融监管局与中央金融监管部门的监管协作和风险防控协作，强化监管协调联动。

4. 推动形成行业自律监管机制

发挥行业组织作用。一是创建利率市场秩序和外汇市场自律机制。仿效上海，成立“利率市场秩序自律委员会”，以规模最大的银行为理事，发挥其作为存款利率稳定器的作用，形成海南自由贸易港特色的外汇市场自律机制。二是组建跨境金融服务专业委员会，构建同业展业规范。发挥银行同业协会作用，搭建中外资银行创新试点交流对接机制。

5. 建立金融信息监测系统

加快自由贸易账户系统内的信息监测系统建设，不断加强日常金融风险的监测评估。在此基础上，以自由贸易试验区账户、自由贸易试验区资金流信息监测系统和现有的支付结算、清算系统为依托，建立跨部门、跨行业、跨市场的全口径的金融信息实时监测分析系统，提高对自由贸易试验区金融风险的识别能力和系统性风险的防范能力。

（二）优化金融营商环境，提高金融监管透明度

2017 年海南发改委调研全省 20 个行业的 304 家企业的调查问卷结果显示，有近 70%的企业认为海南的营商环境处于一般、比较差或非常差的水平，超过 20%的企业对海南改善营商环境缺乏信心。所以，海南要加强建设市场化、法治化、国际化的营商环境和公平、公正、公开的市场环境，对标国际一流标准，加快构建与国际规则相接轨的体制机制。

一是按照世界银行等国际机构的 10 多项营商环境评价标准和指标体系，对照国际领先的自由贸易港不断完善，并通过系统集成，确保海南的营商环境达到国际国内一流。二是优化营商环境，仅仅通过加快审批速度、减税降租是不够的，一流的营商环境一定是软环境的高地，在宏观上要致力于法治化、国际化、便利化；在微观上要突出公平、高效、透明和可预期。三是意识到各类属性的企业对营商环境的要求不同。对外资企业，要更关注会计、法律、仲裁、评估、检验检测等专业服务；对内资企业，要关注政府执行力和办事效率，以及政策的延续性。四是加快构建与国际规则相接轨的体制机制。例如，深化行政审批制度改革，构建多元化国际商事纠纷解决机制和国际化的法律服务机构，成立国际专业仲裁调解机构。完善外资企业投诉机制，保护它们的合法权益。加强对产品的司法保护。

此外，还要意识到随着金融机构混业经营的发展，传统分业监管已远不适应海南自由贸易港金融监管需要。为此，有必要实施综合金融监管政策，同时提高金融监管部门政策与行政处罚的透明度和传播力，降低金融业务合规风险与成本。

七、海南自由贸易港金融体制改革：推进策略

（一）加强顶层设计

海南自由贸易区（港）在起步阶段可以在以下几个领域重点发力。

第一，推进金融业的双向开放。金融机构集聚是优化金融服务的前提，要以国际化视野、更开放的措施，配合国家“一带一路”倡议实施等节奏，吸引世界银行、国际货币基金组织、亚洲开发银行、亚洲基础设施投资银行等到海南开设地区总部或运营分部。与有条件的“一带一路”沿线国家和地区在金融机构互设准入和金融市场有序相互准入等方面进一步放宽限制，吸引各类外资金融机构在海南集聚。支持海南银行等法人金融机构引进境外金融机构入股，有序到周边国家和地区开设分支机构。

第二，加快布局打造国际离岸人民币中心。建立包括贸易结算回流、人民币外债市场、外商直接投资、境外商业贷款等多层次境外人民币回流体系。率先实现人民币资本项下可兑换，加快形成国际领先的离岸人民币市场，力争把海南建设成为全球性的人民币产品创新、交易、定价中心。

第三，加强与国内自由贸易试验区的协同合作。考虑发起自由贸易港金融开放论坛，打造“引进来”的高地和“走出去”的基地。

（二）加快金融市场建设，带动金融业发展

要以海南国际能源、航运、大宗商品、产权、股权、碳排放权等交易场所建设为突破，加快形成开放、包容并与国际接轨的金融市场，同时取消区内企业境外融资行政管制，支持企业自主在境外融资，降低融资成本。结合人民币项下可兑换改革进程，发展以人民币计价的能源、国际大宗商品现货和期货市场，探索以人民币定价的规则和机制。

1. 建立国际能源交易所

以省金融办、洋浦开发区管委会等相关部门和机构为主体，加紧研究设立以洋浦国际能源交易中心为基础的国际能源交易所，进一步调整优化股东结构，引进大型国企、国内外能源领域的跨国企业等作为股东，借鉴上海、香港和新加坡能源交易所经验，启动完善现有交易平台改造升级，制定对标国际的新交易规则，加快各类能源金融产品研发，满足国内外对能源现货、期货的跨境交易需求。在此基础上，尽快申请建设国家级能源交易所，申请相应的跨境结算配套政策。

2. 建立航运交易所

建议以海南省交通运输厅、省金融办为主体，加紧调查研究，参考国内外经验，引入优质境内外股东，建立混合所有制航运交易所，并尽快投入运营。加快制定金融支持海南航运发展的实施意见，形成航运金融支撑体系。

3. 完善海南大宗商品交易中心

借鉴新加坡亚太交易所、上海期货交易所、郑州商品交易所等国内外大宗商品交易所经验，研究海南大宗商品交易模式和发展路径。同时，对海南现有大宗商品交易场所的发展能力和战略定位进行研究，制定组织机构方案、实施方案。尽快完成海南大宗商品交易所的筹建，完成基础设施建设、网络工程建设、交易系统建设、交易所配套软硬件建设等。设计例如天然橡胶、棕榈油等代表性交易产品，基本建立外币结算、供应链金融等业务支撑体系。

适应自身发展特点，海南在建设大宗商品交易中心时，应重点发展国际热带农产品交易中心、定价中心和指数发布中心，以及与之相配套的具有一定影响力和公信力的期货、期权等衍生品交易中心。建议通过投资入股、战略合作等方式，与上海期货交易所、郑州商品交易所等国内现有商品期货交易所合作，利用期货交易所的专业力量和技术资源，探索加快推进以天然橡胶为主的国际热带农产品交易中心、定价中心和指数发布中心。

4. 完善海南产权交易所

相关部门（省国资委、省政府政务服务中心）要吸收借鉴北京产权交易所、广东省产权交易集团、上海联合产权交易所的建设经验，加快引进战略合作方，整合市场，扩大交易品种，尽快完善运营机制，建设品牌和客户数据，条件成熟时编制产权交易指数，确定服务功能、业务品种，建立和巩固全岛统一的产权交易市场运营机制。

5. 完善海南股权交易中心

相关部门（省国资委、省金融办等）要借鉴上海和深圳证券交易所，伦敦和新加坡等国外证券交易所的经验，并展开合作，与东盟国家的资本和交易所合资建设国际化的海南股权交易所，并不断和国际接轨，逐步发展成为投资交易品种丰富、融资功能强大的交易场所，促进境内外资金融通和业务合作。在政策允许条件下国外企业可以挂牌上市。允许境外投资者参与市场，实现与东盟国家的资本互联互通，投资自由进出。

6. 碳排放权交易所

相关部门（省发改委、省金融办等）要加快研究设立国际碳排放权交易所工作方案，与北京环境交易所等进行战略合作，设立海南国际碳排放权交易所，打通国内外资金双向流通渠道，提升国内外投资者境内外双向投资的便利化程度，面向东南亚和“一带一路”沿线国家，建立国际碳排放权交易合作机制，开展碳交易活动，建立国际自由贸易港碳基金。

此外，各交易所要加快招商引资，广泛对接国内外投资者。例如，能源交易所要对接中化集团、华能集团、上海能源交易中心等。航运交易所相关机构要对接上海航运交易所、广州航运交易所等。产权交易所筹建机构可与广东省产权交易集团开展合作，争取尽快实现金融资产交易、药品交易、知识产权交易、环境资源交易等平台在海南落地的目标，并探索推进南海海洋资源产权交易所和人才交易平台建设。

（三）以四大特色金融业务为重点

1. 跨境金融

总的来看，金融市场开放带来了跨境金融发展的机遇，海南自由贸易港金融开放程度将高于自由贸易试验区。争取中央支持，通过立法为离岸金融发展提供制度支撑，允许海南自由贸易港内的金融机构经批准开展跨境融资、投资、贸易结算等离岸金融业务；开展跨境财富管理业务创新，如为机构客户提供全球化资产配置，试点个人跨境财富管理业务等。同时，制定跨境金融的税收优惠政策，吸引国内外公司总部来海南发展总部经济。

2. 贸易金融

中央 12 号文件提出，海南不以转口贸易为重点。未来海南有望朝着离岸贸易、离岸金融的方向发展。离岸贸易与传统的转口贸易相比，物理成本更低，而且对地理位置等要求不高，只要有信息源，世界各地的贸易都可以做。对外贸易的扩大势必给贸易金融的发展带来机遇。要在供应链金融业务、现金管理业务、跨境人民币业务等方面进行金融创新。

3. 科技金融

中央 12 号文件提出，要面向深海探测、海洋资源开发利用、航天应用等战略性领域，支持海南布局建设一批重大科研基础设施与条件平台，建设航天领域重大科技创新基地和国家深海基地南方中心，打造空间科技创新战略高地。同时，鼓励探索知识产权证券化，完善知识产权信用担保机制，这将带来科技金融发展的机遇。

要把科技金融和科技创新产业的发展结合起来。可行的思路是加强对战略新兴产业、先进制造业和科技企业的信贷和金融服务支持，扩宽它们的直接融资渠道。例如，设立科技银行，允许受国家政策支持的试点战略新兴企业、先进制造业企业以及科技企业发行中长期的高收益债券，并允许外资认购及转让。

4. 绿色金融

绿色金融与海南创建国家生态文明试验区的战略定位高度契合，建议将海南全省纳入绿色金融改革创新建设范围，引导区内金融机构按照绿色金融标准创新、发展绿色金融产品和服务。引导银行信贷从传统落后产业向绿色新兴产业转化，吸引资金投入绿色农业、清洁能源、绿色交通、污染防治等领域。

5. 航运金融

国际航运中心的发展与航运金融市场的发展息息相关。海南自由贸易港要大力发展航运金融，创新航运融资模式。一是支持境内外企业和机构开展航运保险、航运仲裁、海损理算、航运交易、船舶融资租赁等高端航运金融服务，打造现代国际航运金融服务平台，支持设立专业化地方法人航运保险机构。二是率先在海南自由贸易港内形成示范效应，进而发展服务全国的航运金融市场，并推动区内金融机构、航运企业在区外设立子专业性航运机构。三是探索在区内试点发布航运价格指数和尝试在区内发行航运金融衍生品。

（四）改善金融营商环境，构建金融集聚区

加快形成自由开放、低交易成本、法律法规政策透明的良好营商环境，尊重并适应国际市场规则和惯例，从而充分调动市场积极性，让市场在资源配置中发挥决定性作用，打造我国进一步融入经济全球化的重要载体与国际高标准自由贸易港。为此，政府的重点工作应该落在制度环境优化和治理能力提升上，包括为各类市场主体平等准入和有序竞争提供保障，为贸易转型升级提供监管服务便利，实施以负面清单管理为核心的投资管理制度等，全面提升法治化、国际化、便利化水平。具体而言，一是海南金融改革创新要通过完善金融服务，建设国际化一流园区，并以要素交易平台的搭建作为总部基地的核心工作，形成证券、基金、交易所、保险等创新金融产业，构建海南自由贸易港的创新金融聚集区。二是要充分利用海南优惠政策把全国金融机构吸引到海南落地，并争取引进外资金融机构，让海南受益于全国金融的发展。

（五）完善国际金融人才服务体系

金融人才国际化是国际金融中心崛起的重要条件和标志，海南要通过金融人才建设推进金融开放创新。从现实情况看，目前海南的金融人才国际化水平还较低，成为制约其金融创新力度和发展水平的重要因素。所以，海南要加快推进金融人才建设，加紧出台一系列规章制度，引进高端国际金融人才，加强培养各类金融人才，致力于形成人才国际竞争比较优势。

1. 吸引国内金融人才

要创新“候鸟型”金融人才引进和使用机制，设立“候鸟”人才工作站，允许内地金融技术和管理人才按规定在海南兼职兼薪、按劳取酬。加大国家级人才计划对海南省人才队伍建设的支持力度。紧紧围绕强化公益属性的目标深化事业单位改革，除仅为机关提供支持保障的事业单位外，原则上取消行政级别，允许改革后的事业单位结合实际完善有利于激励人才的绩效工资内部分配办法。

2. 大力引进国际金融人才

国际金融中心新加坡的外国常住人口比重高达 33%，这是新加坡成为全球领先金融中心的重要原因。所以，海南要制定吸收国外高端人才和紧缺人才的政策，在个人所得税、永久居住、延长居留期限、办理人才签证、过境免签等方面给予政策优惠，探索与国际接轨的人才招聘和评价体系。

3. 创新人才培养支持机制

鼓励海南充分利用国内外优质教育培训资源，加强教育培训合作，培养高水平的国际化人才。鼓励国内知名高校和研究机构在海南设立分支机构。完善职业教育和培训体系，深化产教融合、校企合作，鼓励社会力量通过独资、合资、合作等多种形式举办职业教育。鼓励海南引进境外优质教育资源，举办高水平中外合作办学机构和项目，探索建立本科以上层次中外合作办学项目部省联合审批机制。支持海南通过市场化方式设立专业人才培养专项基金。完善促进终身教育培训的体制机制。

4. 全面提升人才服务水平

加大优质公共服务供给，满足人才对高品质公共服务的需求。大力引进优质医疗资源，鼓励社会力量发展高水平医疗机构，推进国际国内医疗资源合作，积极引进优秀卫生专业技术人员。深度推进跨省异地就医住院医疗费用直接结算，鼓励发展商业补充保险。推进社会养老服务设施建设。加快数字图书馆、数字博物馆、网上剧院等建设，构建标准统一、互联互通的公共数字文化服务网络。出台专门政策解决引进人才的任职、住房、就医、社保、子女教育等问题。

（六）推动完善金融法律法规

近年来，我国金融业发展迅速，各类金融市场、金融产品和机构不断丰富，与国际金融相关的业务也不断增多，但是相关金融法律法规大多是若干年前制定的，已经不能适应当前金融开放创新的需要。具体来看，金融相关法律体系存在如下问题：现有各类法律法规在金融开放创新业务上存在空白或者严重滞后；缺少一部统一的、能够调整和规范外资金融机构的基本法。除此之外，我国金融法律法规在一定程度上更注重对原则的阐述，比较抽象，操作性不是很强，无法满足金融业对外开放的内在要求。

构建与国际规则接轨的金融法治新生态是自由贸易港金融业发展的必要条件。海南自由贸易港要通过推动国家和地区层面的金融法规不断完善，来推动金融体制改革。此外，要争取国家对海南自由贸易港在金融领域单独立法的许可，从而加快金融立法进程。同时，要加强与国家部委的沟通协调，请求在自由贸易港内暂时调整有关现行法律、行政法规、国务院文件和部门规章，为自由贸易试验区和自由贸易港建设顺利推进提供有力的法律保障。加强和完善特区立法，建立与金融开放创新相适应的管理制度，建立公正透明、体系完善的金融法律环境。

第五章　海南自由贸易港人才制度创新[①]

吴　江
中国人事科学研究院原院长
亚洲公共行政学会主席

建设海南自由贸易港是党中央、国务院在我国改革开放 40 周年、海南建省办经济特区 30 周年之际做出的重大战略决策，实现了海南从国际旅游岛建设到自由贸易港建设的新跨越。人才资源作为经济社会发展的关键推动力量，是海南自由贸易港建设的关键智力保障。聚集优质人才资源，尤其是服务贸易领域人才资源，实现人才资源与自由贸易港建设协同发展将是海南自由贸易港建设的重要主题。

习总书记在庆祝海南建省办经济特区 30 周年大会上的讲话指出，“重点发展旅游、互联网、医疗健康、金融、会展等现代服务业，加快服务贸易创新发展，促进服务业优化升级，形成以服务型经济为主的产业结构”。人才需求应该紧紧服务于产业发展趋势。未来，应加大对旅游、教育、医疗健康、金融、会展等重点服务业领域的高端人才，特别是国际化人才的吸引力度，形成海南自由贸易港建设的人才支撑。

改革开放 40 多年来，海南在服务贸易领域人才培养、引进、激励、使用上积累了一定的经验，但对比海南自由贸易港建设的新形势、新任

---

①本报告为 2019 年中国特色自由贸易港研究院专项委托课题成果，由中国人事科学研究院课题组完成。课题组组长：吴江。课题组成员：范巍、黄梅、赵宁、潘娜。

务、新需求，海南服务贸易领域的人才短板日益显现出来，突出表现在：人才总量不能满足海南自由贸易港建设的需要，人才结构不能匹配海南自由贸易港的功能定位和产业需求，国际高端人才汇聚不能支撑海南自由贸易港服务贸易创新发展，等等。

当前，海南面临着重大发展机遇，人才发展要适应服务业开放与服务贸易发展的要求、海南自由贸易港建设的要求、国际人才管理改革试点建设的要求。在新的历史方位下，海南必须下大力气开展人才发展体制机制创新，建立符合海南自由贸易港建设需求的国际人才管理改革制度。建设海南自由贸易港的关键在于国际人才的交流改革。为进一步落实改革，海南需要在以下几个方面有所突破。

一、编制外国人工作指导目录

从国际惯例和外国人才工作管理路径来看，根据本国经济社会发展需求准确界定外国人才，并加以选择与储备，已成为世界各国优选的政策实践，主要体现为以工作指导目录制度、计点积分制度及劳动力市场测试制度为主体的制度整合设计。外国人以工作指导目录制度作为典型的需求导向的制度设计，在外国人才的引进中发挥着重要作用。海南自贸港外国人工作指导目录的编制，将客观反映海南重点发展领域对急需紧缺外国人才的需求状况，有助于帮助政府加强对外国人流向、流量的宏观指导，指导各级政府部门有序开展外国人才的引进工作。

（一）细分海南自由贸易港建设中服务贸易发展主要领域

进一步发挥服务贸易在海南自由贸易港建设中的积极作用，按照商务部等 11 部委关于推广服务贸易创新发展试点经验的要求，结合海南实际，界定服务贸易为以下细分领域：一是基于推动供给侧结构性改革的跨境交付贸易，主要包括新一代信息技术与实体经济融合发展、现代服务业集聚发展、旅游产业转型升级、新兴产业国际化发展等；二是基于服务创新驱动发展战略的跨境交付贸易，主要包括重大空间科技创新领域研发国际合作、国家科技创新平台建设国际合作等；三是基于促进现代服务业开放创新的跨境服务贸易，主要包括加快航运服务国际化布局、推进旅游消费国际化、推动科技服务领域国际合作、推动国际金融保险服务创新、促进全球维修新业态发展、培育跨境电子商务服务、拓展跨境运输服务范围、推动其他专业服务发展等；四是基于推进国际旅游消费中心建设的跨境消费贸易，主要包括扩大高端旅游入境消费、扩大旅游购物入境消费、扩大文化旅游入境消费、扩大体育旅游入境消费等方面。

（二）分析海南自由贸易港建设中服务贸易领域人才需求

围绕海南自由贸易港建设中服务贸易发展的重点领域，界定海南自由贸易港建设中急需紧缺人才为支撑保障类、服务贸易类、创新创业类等三大类：一是支撑保障类急需紧缺人才，主要包括急需紧缺党政人才、社会治理人才、公共服务人才等；二是服务贸易类急需紧缺人才，主要包括服务贸易领域急需紧缺经营管理人才、专业技术人才、国际商务人才、高技能人才等；三是创新创业类急需紧缺人才，主要包括急需紧缺杰出科技创新人才、卓越创业创意人才、领军科技人才和具有发展潜力的海外留学生。

表 5.1　海南自由贸易港建设急需紧缺人才目录

人才大类	人才中类	人才细类	简要说明
支撑保障类	党政人才	高端国际化党政人才、高素质专业化党政人才	突出具有自贸港建设等领域相关经验以及助推海南全面深化改革开放的能力
	社会治理人才	高层次行政管理人才、司法管理人才、城市治理人才、环境保护人才以及人工智能技术应用人才	突出城市社会治理社会化、法治化、智能化、专业化

续表

人才大类	人才中类	人才细类	简要说明
支撑保障类	公共服务人才	知名教师、知名校长、高级职称医护人员、高级社工人才、高素质人才公共服务人才、高端公共文化管理人才、体育场所运营人才以及其他公共基础设施运营管理人才	聚焦教育、医疗、文化、体育、社会工作、人才服务等公共服务重点领域，以及港口、机场、公路、铁路、水利综合枢纽等重大基础设施运营管理
服务贸易类	经营管理人才	优秀的金融行业经营管理人才、投资领域经营管理人才、资本运作管理人才、国际贸易领域经营管理人才、航运企业运营人才、医疗健康行业经营管理人才、会展行业经营管理人才、旅游行业经营管理人才、文化领域经营管理人才、交易所运营管理人才、专业服务机构运营管理人才	聚焦助推海南城市功能转型的重点领域，主要包括金融、投资、资本运作、国际贸易、航运、医疗健康、会展、旅游、文化等重点领域，吸纳国际能源、航运、大宗商品、产权、股权、碳排放权等交易场所运营管理人才，以及规划、建筑工程、建筑设计、仲裁、会计、知识产权、医疗健康、影视、会展等专业服务机构管理人才
	专业技术人才	高层次医疗健康专业人才、会展专业人才、旅游专业人才、信息网络技术人才、电子商务专业人才、航运服务专业人才、金融保险专业人才、文化创意专业人才、教育专业人才、维修领域专业人才、检验检疫专业人才、高端航运服务人才	围绕海南自贸区（港）服务贸易重点领域，具体包括医疗健康、会展、旅游、信息网络、电子商务、航运物流、金融保险、文化创意、教育、维修，以及航运保险、航运仲裁、海损理算、航运交易、船舶融资租赁等高端航运服务

续表

人才大类	人才中类	人才细类	简要说明
服务贸易类	国际商务人才	高层次国际经济人才、国际贸易人才、跨国投资专业人才、法律人才、会计人才、工程设计人才、工业设计人才、检验检测人才、知识产权服务人才	聚焦海南自贸区（港）建设对国际商务的需求，瞄准港台等地、欧美等国的国际智囊和相关优质人才资源，加强人才引进与交流，带动服务贸易深层次发展
	高技能人才	西餐厨师、调酒师、SPA按摩师、西餐酒吧经理、涉外销售经理、大堂副理、客户关系经理、私人管家、演艺人员、涉外导游、卫生保健人员	基于推进国际旅游消费中心建设，进一步开放旅游消费领域，培育旅游消费新业态、新热点，提升高端旅游消费水平，推动旅游消费提质升级
创新创业类	杰出科技创新人才	深海探测领域杰出人才、海洋资源开发利用杰出人才、航天应用领域杰出人才、现代农业领域杰出人才、国际离岸创新创业领域杰出人才、生物安全管理领域杰出人才	聚焦航天领域重大科技创新基地、国家深海基地南方中心、国家南繁科研育种基地、国家热带农业科学中心、全球动植物种质资源引进中转基地五大平台，以及海南国际离岸创新创业示范区建设
	卓越创业创意人才	杰出领导人才、业界精英、明星企业家、文化大师、艺术大师、体育明星、娱乐明星	把握全球从管理型经济向创业型经济转变的背景，以及全球要素流动与集聚的契机，加大对全球杰出创业创意人才的引进和集聚力度

续表

人才大类	人才中类	人才细类	简要说明
创新创业类	领军科技人才	高新技术产业领军型科技人才、旅游业领军型科技人才、现代服务业领军型科技人才，重大创新项目科研带头人、重点实验室科研带头人、重点学科带头人、重点专科带头人	围绕突出创新驱动，培育自贸区人才发展和经济发展新优势，聚焦现代农业、高新技术产业、现代服务业重点产业，种业、医疗、教育、旅游、电信、互联网、文化、金融、航空、海洋经济、新能源汽车制造等重点领域，以及重大创新项目、重点实验室、重点学科、重点专科等平台建设需要
	海外留学生	高新技术产业、旅游业、现代服务业发展相关的专业，教育、医疗、科技、文化等重点领域所需专业的海外留学生	聚集教育、医疗、科技、文化等重点领域与主导产业和新兴产业领域，引进具有发展潜力的科技人才，其中最重要的是海外留学生

（三）关注海南重点服务业领域的国际化人才需求

聚焦海南自贸港建设中服务业市场开放与服务贸易创新发展重点方向，围绕旅游、医疗健康、教育、金融、会展、互联网等现代服务业发展提供强大的国际化人才支撑。面向旅游产业的转型升级，重点引进优秀的旅游行业经营管理人才、高层次旅游专业人才、旅游业领军型科技人才，以及涉外销售经理、客户关系经理、私人管家、涉外导游等技能型实用人才。面向医疗健康产业的创新发展，重点引进优秀的医疗健康行业经营管理人才、高层次医疗健康专业人才、重点医学学科带头人、高级职称公共卫生人员、卫生保健人员等。面向教育行业领域的创新发展，重点引进知名教师、知名校长、高层次教育专业人才、重大创新项目科研带头人、重点实验室科研带头人、重点学科带头人、重点专科带头人。面向金融行业的创新发展，重点引进优秀的金融行业经营管理人才、出色的投资领域经营管理人才、知名的资本运作管理人才、高层次金融保险专业人才、高层次国际经济人才、高层次跨国投资专业人才、金融业领军型科技人才等。面向会展行业的创新发展，重点引进优秀的会展行业经营管理人才、高层次会展专业人才、会展业领军型科技人才等。面向互联网等高新技术行业，重点引进优秀的互联网行业经营管理人才、高层次信息网络技术人才、高层次电子商务专业人才、高新技术产业领军型科技人才等。聚集旅游、医疗健康、教育、金融、会展、互联网等上述重点领域，引进具有发展潜力的科技人才，其中最重要的是海外留学生。

（四）编制海南自由贸易港外国人工作指导目录

根据《关于扩大试行〈外国人在中国境内工作指导目录及计点积分方案〉的通知》（外专发〔2015〕68号）的指示，进一步推进海南自由贸易港《外国人在中国境内工作指导目录及计点积分方案》试点工作，探索采用定性研究和对标研究相结合的方法编制海南自由贸易港外国人工作指导目录（以下简称“指导目录”）。主要涉及海南自由贸易区（港）高新技术产业、旅游业、现代服务业三大产业类型，重点服务种业、医疗、教育、旅游、电信、互联网、文化、金融、航空、海洋经济、新能源汽车制造等重点领域发展需要。按照外国人工作指导目录常规编制体例，目录的基本框架主要包括职位分类、教育程度、工作经验、在华年工作时长、岗位年薪、语言能力、最需要的行业等七部分（详见表5.2）。其中，职位分类是根据海南自由贸易港建设急需紧缺人才目录以及企业实际需求来确定的；教育程度是指相应职位对外国人学历的要求；工作经验是指相应职位对外国人才工作经验的要求；年龄是指相应职位对外国人的年龄要求；语言能力是指相应职位对所需外国人才的英语和汉语能力的要求；年薪是指相应职位从业人员的平均薪资状况；最需要的行业是根据海南自由贸易港建设的实际需求而确定的。

表 5.2 海南自由贸易港外国人工作指导目录

职位分类			任职资格													最需要的行业
一类	二类	三类	在华年工作时长		工作提供的平均年薪(万)	教育程度		工作经验		年龄		英语能力		汉语能力		
服务保障	社会治理	高层次城市治理专家	1. 9个月及以上 2. 6~9个月 3. 3~6个月 4. 无要求	90% 5% 5%	40	1. 博士 2. 硕士 3. 学士 4. 学士以下	20% 30% 50%	1. 2年及以下 2. 2~5年 3. 5~8年 4. 8~10年 5. 10年及以上 6. 无要求	30% 40% 20% 10%	1. 35岁及以下 2. 36~60岁 3. 60岁及以上 4. 无要求	30% 50% 20%	1. 母语英语 2. 取得英语为教学语言的学士学位 3. 雅思6.5分以上或托福75分以上 4. 无要求	50% 10% 40%	1. 有汉语言资格证书（HSK3级） 2. 无水平要求	10% 90%	社会工作
		高层次环境保护专家	1. 9个月及以上 2. 6~9个月 3. 3~6个月 4. 无要求	90% 5% 5%	40	1. 博士 2. 硕士 3. 学士 4. 学士以下	30% 30% 40%	1. 2年及以下 2. 2~5年 3. 5~8年 4. 8~10年 5. 10年及以上 6. 无要求	10% 30% 40% 10% 10%	1. 35岁及以下 2. 36~60岁 3. 60岁及以上 4. 无要求	20% 60% 20%	1. 母语英语 2. 取得英语为教学语言的学士学位 3. 雅思6.5分以上或托福75分以上 4. 无要求	50% 10% 40%	1. 有汉语言资格证书（HSK3级） 2. 无水平要求	10% 90%	生态保护和环境治理业

续表

职位分类			任职资格													最需要的行业
一类	二类	三类	在华年工作时长		工作提供的平均年薪(万)	教育程度		工作经验		年龄		英语能力		汉语能力		
服务保障	社会治理	高层次人工智能技术应用专家	1. 9个月及以上 2. 6~9个月 3. 3~6个月 4. 无要求	90% 5% 5%	45	1. 博士 2. 硕士 3. 学士 4. 学士以下	50% 40% 10%	1. 2年及以下 2. 2~5年 3. 5~8年 4. 8~10年 5. 10年及以上 6. 无要求	 40% 50% 10%	1. 35岁及以下 2. 36~60岁 3. 60岁及以上 4. 无要求	40% 50% 10%	1. 母语英语 2. 取得英语为教学语言的学士学位 3. 雅思6.5分以上或托福75分以上 4. 无要求	50% 10% 40%	1. 有汉语言资格证书（HSK3级） 2. 无水平要求	10% 90%	1. 社会工作 2. 生态保护和环境治理业
	公共服务	知名语言类教师	1. 9个月及以上 2. 6~9个月 3. 3~6个月 4. 无要求	90% 5% 5%	50	1. 博士 2. 硕士 3. 学士 4. 学士以下	10% 40% 50%	1. 2年及以下 2. 2~5年 3. 5~8年 4. 8~10年 5. 10年及以上 6. 无要求	 20% 40% 20% 20%	1. 35岁及以下 2. 36~60岁 3. 60岁及以上 4. 无要求	30% 60% 10%	1. 母语英语 2. 取得英语为教学语言的学士学位 3. 雅思6.5分以上或托福75分以上 4. 无要求	50% 40% 10%	1. 有汉语言资格证书（HSK3级） 2. 无水平要求	10% 90%	教育

续表

职位分类			任职资格													最需要的行业
一类	二类	三类	在华年工作时长		工作提供的平均年薪(万)	教育程度		工作经验		年龄		英语能力		汉语能力		
服务保障	公共服务	高级职称医护人员	1. 9个月及以上 2. 6~9个月 3. 3~6个月 4. 无要求	90% 5% 5%	50	1. 博士 2. 硕士 3. 学士 4. 学士以下	60% 40%	1. 2年及以下 2. 2~5年 3. 5~8年 4. 8~10年 5. 10年及以上 6. 无要求	 20% 20% 30% 30%	1. 35岁及以下 2. 36~60岁 3. 60岁及以上 4. 无要求	10% 70% 20%	1. 母语英语 2. 取得英语为教学语言的学士学位 3. 雅思6.5分以上或托福75分以上 4. 无要求	50% 10% 40%	1. 有汉语言资格证书（HSK3级） 2. 无水平要求	10% 90%	卫生
		高端公共文化管理人员	1. 9个月及以上 2. 6~9个月 3. 3~6个月 4. 无要求	90% 5% 5%	50	1. 博士 2. 硕士 3. 学士 4. 学士以下	20% 40% 40%	1. 2年及以下 2. 2~5年 3. 5~8年 4. 8~10年 5. 10年及以上 6. 无要求	10% 30% 40% 10% 10%	1. 35岁及以下 2. 36~60岁 3. 60岁及以上 4. 无要求	20% 60% 20%	1. 母语英语 2. 取得英语为教学语言的学士学位 3. 雅思6.5分以上或托福75分以上 4. 无要求	50% 10% 40%	1. 有汉语言资格证书（HSK3级） 2. 无水平要求	10% 90%	文化艺术业

续表

职位分类			任职资格													最需要的行业
一类	二类	三类	在华年工作时长		工作提供的平均年薪(万)	教育程度		工作经验		年龄		英语能力		汉语能力		
服务贸易	公共服务	高端体育场所运营人员	1. 9个月及以上 2. 6~9个月 3. 3~6个月 4. 无要求	90% 5% 5%	50	1. 博士 2. 硕士 3. 学士 4. 学士以下	10% 40% 50%	1. 2年及以下 2. 2~5年 3. 5~8年 4. 8~10年 5. 10年及以上 6. 无要求	10% 20% 40% 20% 10%	1. 35岁及以下 2. 36~60岁 3. 60岁及以上 4. 无要求	10% 70% 20%	1. 母语英语 2. 取得英语为教学语言的学士学位 3. 雅思6.5分以上或托福75分以上 4. 无要求	50% 10% 40%	1. 有汉语言资格证书（HSK3级） 2. 无水平要求	10% 90%	体育
	经营管理	高端金融行业经营管理者	1. 9个月及以上 2. 6~9个月 3. 3~6个月 4. 无要求	90% 5% 5%	100	1. 博士 2. 硕士 3. 学士 4. 学士以下	40% 40% 20%	1. 2年及以下 2. 2~5年 3. 5~8年 4. 8~10年 5. 10年及以上 6. 无要求	20% 60% 10% 10%	1. 35岁及以下 2. 36~60岁 3. 60岁及以上 4. 无要求	10% 70% 20%	1. 母语英语 2. 取得英语为教学语言的学士学位 3. 雅思6.5分以上或托福75分以上 4. 无要求	50% 10% 40%	1. 有汉语言资格证书（HSK3级） 2. 无水平要求	10% 90%	1. 货币金融服务 2. 资本市场服务 3. 保险业

续表

职位分类			任职资格							最需要的行业
一类	二类	三类	在华年工作时长	工作提供的平均年薪(万)	教育程度	工作经验	年龄	英语能力	汉语能力	
服务贸易	经营管理	高端投资领域经营管理者	1. 9个月及以上 90% 2. 6~9个月 5% 3. 3~6个月 5% 4. 无要求	100	1. 博士 20% 2. 硕士 40% 3. 学士 40% 4. 学士以下	1. 2年及以下 2. 2~5年 30% 3. 5~8年 50% 4. 8~10年 10% 5. 10年及以上 10% 6. 无要求	1. 35岁及以下 10% 2. 36~60岁 70% 3. 60岁及以上 4. 无要求 20%	1. 母语英语 50% 2. 取得英语为教学语言的学士学位 3. 雅思6.5分以上或托福75分以上 10% 4. 无要求 40%	1. 有汉语言资格证书（HSK3级） 10% 2. 无水平要求 90%	资本市场服务
		高端资本运作管理者	1. 9个月及以上 90% 2. 6~9个月 5% 3. 3~6个月 5% 4. 无要求	100	1. 博士 20% 2. 硕士 40% 3. 学士 40% 4. 学士以下	1. 2年及以下 2. 2~5年 30% 3. 5~8年 50% 4. 8~10年 10% 5. 10年及以上 10% 6. 无要求	1. 35岁及以下 10% 2. 36~60岁 70% 3. 60岁及以上 4. 无要求 20%	1. 母语英语 50% 2. 取得英语为教学语言的学士学位 3. 雅思6.5分以上或托福75分以上 10% 4. 无要求 40%	1. 有汉语言资格证书（HSK3级） 10% 2. 无水平要求 90%	资本市场服务

续表

职位分类			任职资格							最需要的行业
一类	二类	三类	在华年工作时长	工作提供的平均年薪(万)	教育程度	工作经验	年龄	英语能力	汉语能力	
服务贸易	经营管理	高端国际贸易领域经营管理者	1. 9个月及以上 90% 2. 6~9个月 5% 3. 3~6个月 5% 4. 无要求	50	1. 博士 20% 2. 硕士 40% 3. 学士 40% 4. 学士以下	1. 2年及以下 2. 2~5年 30% 3. 5~8年 50% 4. 8~10年 10% 5. 10年及以上 10% 6. 无要求	1. 35岁及以下 10% 2. 36~60岁 70% 3. 60岁及以上 4. 无要求 20%	1. 母语英语 50% 2. 取得英语为教学语言的学士学位 3. 雅思6.5分以上或托福75分以上 10% 4. 无要求 40%	1. 有汉语言资格证书（HSK3级） 10% 2. 无水平要求 90%	商务服务业
		高端航运企业运营管理者	1. 9个月及以上 90% 2. 6~9个月 5% 3. 3~6个月 5% 4. 无要求	60	1. 博士 10% 2. 硕士 40% 3. 学士 50% 4. 学士以下	1. 2年及以下 2. 2~5年 20% 3. 5~8年 50% 4. 8~10年 20% 5. 10年及以上 10% 6. 无要求	1. 35岁及以下 10% 2. 36~60岁 80% 3. 60岁及以上 4. 无要求 10%	1. 母语英语 50% 2. 取得英语为教学语言的学士学位 3. 雅思6.5分以上或托福75分以上 10% 4. 无要求 40%	1. 有汉语言资格证书（HSK3级） 10% 2. 无水平要求 90%	航空运输业

续表

职位分类			任职资格														最需要的行业
一类	二类	三类	在华年工作时长		工作提供的平均年薪(万)	教育程度		工作经验		年龄		英语能力		汉语能力		
服务贸易	经营管理	高端医疗健康行业经营管理者	1. 9个月及以上 2. 6~9个月 3. 3~6个月 4. 无要求	90% 5% 5%	80	1. 博士 2. 硕士 3. 学士 4. 学士以下	10% 50% 40%	1. 2年及以下 2. 2~5年 3. 5~8年 4. 8~10年 5. 10年及以上 6. 无要求	 40% 40% 10% 10%	1. 35岁及以下 2. 36~60岁 3. 60岁及以上 4. 无要求	10% 70% 20%	1. 母语英语 2. 取得英语为教学语言的学士学位 3. 雅思6.5分以上或托福75分以上 4. 无要求	50% 10% 40%	1. 有汉语言资格证书(HSK3级) 2. 无水平要求	10% 90%	1. 卫生 2. 旅游业 3. 娱乐业
		高端会展行业经营管理者	1. 9个月及以上 2. 6~9个月 3. 3~6个月 4. 无要求	90% 5% 5%	80	1. 博士 2. 硕士 3. 学士 4. 学士以下	10% 50% 40%	1. 2年及以下 2. 2~5年 3. 5~8年 4. 8~10年 5. 10年及以上 6. 无要求	 40% 40% 10% 10%	1. 35岁及以下 2. 36~60岁 3. 60岁及以上 4. 无要求	10% 70% 20%	1. 母语英语 2. 取得英语为教学语言的学士学位 3. 雅思6.5分以上或托福75分以上 4. 无要求	50% 10% 40%	1. 有汉语言资格证书(HSK3级) 2. 无水平要求	10% 90%	商务服务业

续表

职位分类			任职资格													最需要的行业
一类	二类	三类	在华年工作时长		工作提供的平均年薪(万)	教育程度		工作经验		年龄		英语能力		汉语能力		
服务贸易	经营管理	高端旅游行业经营管理者	1. 9个月及以上 2. 6~9个月 3. 3~6个月 4. 无要求	90% 5% 5%	90	1. 博士 2. 硕士 3. 学士 4. 学士以下	10% 50% 40%	1. 2年及以下 2. 2~5年 3. 5~8年 4. 8~10年 5. 10年及以上 6. 无要求	 40% 40% 10% 10%	1. 35岁及以下 2. 36~60岁 3. 60岁及以上 4. 无要求	10% 70% 20%	1. 母语英语 2. 取得英语为教学语言的学士学位 3. 雅思6.5分以上或托福75分以上 4. 无要求	50% 10% 40%	1. 有汉语言资格证书(HSK3级) 2. 无水平要求	10% 90%	旅游业
		高端文化领域经营管理者	1. 9个月及以上 2. 6~9个月 3. 3~6个月 4. 无要求	90% 5% 5%	90	1. 博士 2. 硕士 3. 学士 4. 学士以下	10% 50% 40%	1. 2年及以下 2. 2~5年 3. 5~8年 4. 8~10年 5. 10年及以上 6. 无要求	 40% 40% 10% 10%	1. 35岁及以下 2. 36~60岁 3. 60岁及以上 4. 无要求	10% 70% 20%	1. 母语英语 2. 取得英语为教学语言的学士学位 3. 雅思6.5分以上或托福75分以上 4. 无要求	50% 10% 40%	1. 有汉语言资格证书(HSK3级) 2. 无水平要求	10% 90%	文化艺术业

续表

职位分类			任职资格													最需要的行业
一类	二类	三类	在华年工作时长		工作提供的平均年薪(万)	教育程度		工作经验		年龄		英语能力		汉语能力		
服务贸易	经营管理	高端交易所运营管理者	1. 9个月及以上 2. 6~9个月 3. 3~6个月 4. 无要求	90% 5% 5%	90	1. 博士 2. 硕士 3. 学士 4. 学士以下	10% 50% 40%	1. 2年及以下 2. 2~5年 3. 5~8年 4. 8~10年 5. 10年及以上 6. 无要求	 40% 40% 10% 10%	1. 35岁及以下 2. 36~60岁 3. 60岁及以上 4. 无要求	10% 70% 20%	1. 母语英语 2. 取得英语为教学语言的学士学位 3. 雅思6.5分以上或托福75分以上 4. 无要求	50% 10% 40%	1. 有汉语言资格证书(HSK3级) 2. 无水平要求	10% 90%	商务服务业
		高端专业服务机构运营管理者	1. 9个月及以上 2. 6~9个月 3. 3~6个月 4. 无要求	90% 5% 5%	60	1. 博士 2. 硕士 3. 学士 4. 学士以下	20% 30% 50%	1. 2年及以下 2. 2~5年 3. 5~8年 4. 8~10年 5. 10年及以上 6. 无要求	10% 30% 40% 10% 10%	1. 35岁及以下 2. 36~60岁 3. 60岁及以上 4. 无要求	10% 70% 20%	1. 母语英语 2. 取得英语为教学语言的学士学位 3. 雅思6.5分以上或托福75分以上 4. 无要求	50% 10% 40%	1. 有汉语言资格证书(HSK3级) 2. 无水平要求	10% 90%	商务服务业

续表

职位分类			任职资格													最需要的行业
一类	二类	三类	在华年工作时长		工作提供的平均年薪(万)	教育程度		工作经验		年龄		英语能力		汉语能力		
服务贸易	专业技术	高层次医疗健康专业人员	1. 9个月及以上 2. 6~9个月 3. 3~6个月 4. 无要求	90% 5% 5%	60	1. 博士 2. 硕士 3. 学士 4. 学士以下	50% 40% 10%	1. 2年及以下 2. 2~5年 3. 5~8年 4. 8~10年 5. 10年及以上 6. 无要求	 40% 40% 10% 10%	1. 35岁及以下 2. 36~60岁 3. 60岁及以上 4. 无要求	10% 70% 20%	1. 母语英语 2. 取得英语为教学语言的学士学位 3. 雅思6.5分以上或托福75分以上 4. 无要求	50% 10% 40%	1. 有汉语言资格证书(HSK3级) 2. 无水平要求	10% 90%	卫生
		高层次会展专业人员	1. 9个月及以上 2. 6~9个月 3. 3~6个月 4. 无要求	90% 5% 5%	60	1. 博士 2. 硕士 3. 学士 4. 学士以下	20% 30% 50%	1. 2年及以下 2. 2~5年 3. 5~8年 4. 8~10年 5. 10年及以上 6. 无要求	10% 30% 40% 10% 10%	1. 35岁及以下 2. 36~60岁 3. 60岁及以上 4. 无要求	30% 50% 20%	1. 母语英语 2. 取得英语为教学语言的学士学位 3. 雅思6.5分以上或托福75分以上 4. 无要求	50% 10% 40%	1. 有汉语言资格证书(HSK3级) 2. 无水平要求	10% 90%	商务服务业

续表

职位分类			任职资格													最需要的行业
一类	二类	三类	在华年工作时长		工作提供的平均年薪(万)	教育程度		工作经验		年龄		英语能力		汉语能力		
服务贸易	专业技术	高层次旅游专业人员	1. 9个月及以上 2. 6~9个月 3. 3~6个月 4. 无要求	90% 5% 5%	60	1. 博士 2. 硕士 3. 学士 4. 学士以下	20% 30% 50%	1. 2年及以下 2. 2~5年 3. 5~8年 4. 8~10年 5. 10年及以上 6. 无要求	10% 30% 40% 10% 10%	1. 35岁及以下 2. 36~60岁 3. 60岁及以上 4. 无要求	30% 50% 20%	1. 母语英语 2. 取得英语为教学语言的学士学位 3. 雅思6.5分以上或托福75分以上 4. 无要求	50% 10% 40%	1. 有汉语言资格证书（HSK3级） 2. 无水平要求	10% 90%	旅游业
		高层次电子商务专业人员	1. 9个月及以上 2. 6~9个月 3. 3~6个月 4. 无要求	90% 5% 5%	60	1. 博士 2. 硕士 3. 学士 4. 学士以下	20% 30% 50%	1. 2年及以下 2. 2~5年 3. 5~8年 4. 8~10年 5. 10年及以上 6. 无要求	10% 30% 40% 10% 10%	1. 35岁及以下 2. 36~60岁 3. 60岁及以上 4. 无要求	30% 50% 20%	1. 母语英语 2. 取得英语为教学语言的学士学位 3. 雅思6.5分以上或托福75分以上 4. 无要求	50% 10% 40%	1. 有汉语言资格证书（HSK3级） 2. 无水平要求	10% 90%	商务服务业

续表

职位分类			任职资格													
一类	二类	三类	在华年工作时长		工作提供的平均年薪(万)	教育程度		工作经验		年龄		英语能力		汉语能力		最需要的行业
服务贸易	专业技术	高层次航运服务专业人员	1. 9个月及以上 2. 6~9个月 3. 3~6个月 4. 无要求	90% 5% 5%	70	1. 博士 2. 硕士 3. 学士 4. 学士以下	20% 50% 30%	1. 2年及以下 2. 2~5年 3. 5~8年 4. 8~10年 5. 10年及以上 6. 无要求	 40% 40% 10% 10%	1. 35岁及以下 2. 36~60岁 3. 60岁及以上 4. 无要求	10% 70% 20%	1. 母语英语 2. 取得英语为教学语言的学士学位 3. 雅思6.5分以上或托福75分以上 4. 无要求	50% 10% 40%	1. 有汉语言资格证书（HSK3级） 2. 无水平要求	10% 90%	航空运输业
		高层次金融保险专业人员	1. 9个月及以上 2. 6~9个月 3. 3~6个月 4. 无要求	90% 5% 5%	80	1. 博士 2. 硕士 3. 学士 4. 学士以下	40% 40% 20%	1. 2年及以下 2. 2~5年 3. 5~8年 4. 8~10年 5. 10年及以上 6. 无要求	 40% 40% 10% 10%	1. 35岁及以下 2. 36~60岁 3. 60岁及以上 4. 无要求	10% 70% 20%	1. 母语英语 2. 取得英语为教学语言的学士学位 3. 雅思6.5分以上或托福75分以上 4. 无要求	50% 10% 40%	1. 有汉语言资格证书（HSK3级） 2. 无水平要求	10% 90%	1. 货币金融服务 2. 资本市场服务 3. 保险业

续表

职位分类			任职资格													最需要的行业
一类	二类	三类	在华年工作时长		工作提供的平均年薪(万)	教育程度		工作经验		年龄		英语能力		汉语能力		
服务贸易	专业技术	高层次教育教学专业人员	1. 9个月及以上 2. 6~9个月 3. 3~6个月 4. 无要求	90% 5% 5%	60	1. 博士 2. 硕士 3. 学士 4. 学士以下	50% 40% 10%	1. 2年及以下 2. 2~5年 3. 5~8年 4. 8~10年 5. 10年及以上 6. 无要求	 40% 40% 10% 10%	1. 35岁及以下 2. 36~60岁 3. 60岁及以上 4. 无要求	10% 80% 10%	1. 母语英语 2. 取得英语为教学语言的学士学位 3. 雅思6.5分以上或托福75分以上 4. 无要求	50% 10% 40%	1. 有汉语言资格证书(HSK3级) 2. 无水平要求	10% 90%	教育
		高层次检验检疫专业人员	1. 9个月及以上 2. 6~9个月 3. 3~6个月 4. 无要求	90% 5% 5%	70	1. 博士 2. 硕士 3. 学士 4. 学士以下	20% 50% 30%	1. 2年及以下 2. 2~5年 3. 5~8年 4. 8~10年 5. 10年及以上 6. 无要求	 40% 40% 10% 10%	1. 35岁及以下 2. 36~60岁 3. 60岁及以上 4. 无要求	10% 70% 20%	1. 母语英语 2. 取得英语为教学语言的学士学位 3. 雅思6.5分以上或托福75分以上 4. 无要求	50% 10% 40%	1. 有汉语言资格证书(HSK3级) 2. 无水平要求	10% 90%	专业技术服务业

续表

职位分类			任职资格							最需要的行业
一类	二类	三类	在华年工作时长	工作提供的平均年薪(万)	教育程度	工作经验	年龄	英语能力	汉语能力	
服务贸易	国际商务	高级国际经济人员	1. 9个月及以上 90% 2. 6~9个月 5% 3. 3~6个月 5% 4. 无要求	80	1. 博士 40% 2. 硕士 40% 3. 学士 20% 4. 学士以下	1. 2年及以下 2. 2~5年 40% 3. 5~8年 40% 4. 8~10年 10% 5. 10年及以上 10% 6. 无要求	1. 35岁及以下 10% 2. 36~60岁 70% 3. 60岁及以上 4. 无要求 20%	1. 母语英语 50% 2. 取得英语为教学语言的学士学位 3. 雅思6.5分以上或托福75分以上 10% 4. 无要求 40%	1. 有汉语言资格证书（HSK3级） 10% 2. 无水平要求 90%	商务服务业
服务贸易	国际商务	高级国际贸易人员	1. 9个月及以上 90% 2. 6~9个月 3. 3~6个月 5% 4. 无要求 5%	40	1. 博士 20% 2. 硕士 30% 3. 学士 50% 4. 学士以下	1. 2年及以下 10% 2. 2~5年 30% 3. 5~8年 40% 4. 8~10年 10% 5. 10年及以上 10% 6. 无要求	1. 35岁及以下 30% 2. 36~60岁 50% 3. 60岁及以上 4. 无要求 20%	1. 母语英语 50% 2. 取得英语为教学语言的学士学位 3. 雅思6.5分以上或托福75分以上 10% 4. 无要求 40%	1. 有汉语言资格证书（HSK3级） 10% 2. 无水平要求 90%	商务服务业

续表

职位分类			任职资格													最需要的行业
一类	二类	三类	在华年工作时长		工作提供的平均年薪(万)	教育程度		工作经验		年龄		英语能力		汉语能力		
服务贸易	国际商务	高级跨国投资专业人员	1. 9个月及以上 2. 6~9个月 3. 3~6个月 4. 无要求	90% 5% 5%	100	1. 博士 2. 硕士 3. 学士 4. 学士以下	50% 40% 10%	1. 2年及以下 2. 2~5年 3. 5~8年 4. 8~10年 5. 10年及以上 6. 无要求	 30% 50% 10% 10%	1. 35岁及以下 2. 36~60岁 3. 60岁及以上 4. 无要求	10% 70% 20%	1. 母语英语 2. 取得英语为教学语言的学士学位 3. 雅思6.5分以上或托福75分以上 4. 无要求	50% 10% 40%	1. 有汉语言资格证书（HSK3级） 2. 无水平要求	10% 90%	资本市场服务
		高级法律人员	1. 9个月及以上 2. 6~9个月 3. 3~6个月 4. 无要求	90% 5% 5%	80	1. 博士 2. 硕士 3. 学士 4. 学士以下	40% 40% 20%	1. 2年及以下 2. 2~5年 3. 5~8年 4. 8~10年 5. 10年及以上 6. 无要求	 40% 40% 10% 10%	1. 35岁及以下 2. 36~60岁 3. 60岁及以上 4. 无要求	10% 70% 20%	1. 母语英语 2. 取得英语为教学语言的学士学位 3. 雅思6.5分以上或托福75分以上 4. 无要求	50% 10% 40%	1. 有汉语言资格证书（HSK3级） 2. 无水平要求	10% 90%	商务服务业

续表

职位分类			任职资格													最需要的行业
一类	二类	三类	在华年工作时长		工作提供的平均年薪(万)	教育程度		工作经验		年龄		英语能力		汉语能力		
服务贸易	国际商务	高级会计人员	1. 9个月及以上 2. 6~9个月 3. 3~6个月 4. 无要求	90% 5% 5%	80	1. 博士 2. 硕士 3. 学士 4. 学士以下	40% 40% 20%	1. 2年及以下 2. 2~5年 3. 5~8年 4. 8~10年 5. 10年及以上 6. 无要求	 40% 40% 10% 10%	1. 35岁及以下 2. 36~60岁 3. 60岁及以上 4. 无要求	10% 70% 20%	1. 母语英语 2. 取得英语为教学语言的学士学位 3. 雅思6.5分以上或托福75分以上 4. 无要求	50% 10% 40%	1. 有汉语言资格证书（HSK3级） 2. 无水平要求	10% 90%	商务服务业
		高级工程设计人员	1. 9个月及以上 2. 6~9个月 3. 3~6个月 4. 无要求	90% 5% 5%	70	1. 博士 2. 硕士 3. 学士 4. 学士以下	20% 50% 30%	1. 2年及以下 2. 2~5年 3. 5~8年 4. 8~10年 5. 10年及以上 6. 无要求	 40% 40% 10% 10%	1. 35岁及以下 2. 36~60岁 3. 60岁及以上 4. 无要求	10% 70% 20%	1. 母语英语 2. 取得英语为教学语言的学士学位 3. 雅思6.5分以上或托福75分以上 4. 无要求	50% 10% 40%	1. 有汉语言资格证书（HSK3级） 2. 无水平要求	10% 90%	专业技术服务业

续表

职位分类			任职资格													最需要的行业
一类	二类	三类	在华年工作时长		工作提供的平均年薪(万)	教育程度		工作经验		年龄		英语能力		汉语能力		
服务贸易	国际商务	高级工业设计人员	1. 9个月及以上 2. 6~9个月 3. 3~6个月 4. 无要求	90% 5% 5%	70	1. 博士 2. 硕士 3. 学士 4. 学士以下	20% 50% 30%	1. 2年及以下 2. 2~5年 3. 5~8年 4. 8~10年 5. 10年及以上 6. 无要求	 40% 40% 10% 10%	1. 35岁及以下 2. 36~60岁 3. 60岁及以上 4. 无要求	10% 70% 20%	1. 母语英语 2. 取得英语为教学语言的学士学位 3. 雅思6.5分以上或托福75分以上 4. 无要求	50% 10% 40%	1. 有汉语言资格证书（HSK3级） 2. 无水平要求	10% 90%	专业技术服务业
		高级知识产权服务人员	1. 9个月及以上 2. 6~9个月 3. 3~6个月 4. 无要求	90% 5% 5%	50	1. 博士 2. 硕士 3. 学士 4. 学士以下	40% 40% 20%	1. 2年及以下 2. 2~5年 3. 5~8年 4. 8~10年 5. 10年及以上 6. 无要求	 40% 40% 10% 10%	1. 35岁及以下 2. 36~60岁 3. 60岁及以上 4. 无要求	10% 70% 20%	1. 母语英语 2. 取得英语为教学语言的学士学位 3. 雅思6.5分以上或托福75分以上 4. 无要求	50% 10% 40%	1. 有汉语言资格证书（HSK3级） 2. 无水平要求	10% 90%	科技推广和应用服务业

续表

职位分类			任职资格													最需要的行业
一类	二类	三类	在华年工作时长		工作提供的平均年薪(万)	教育程度		工作经验		年龄		英语能力		汉语能力		
服务贸易	国际商务	高端检验检测人员	1. 9个月及以上 2. 6~9个月 3. 3~6个月 4. 无要求	90% 5% 5%	70	1. 博士 2. 硕士 3. 学士 4. 学士以下	20% 50% 30%	1. 2年及以下 2. 2~5年 3. 5~8年 4. 8~10年 5. 10年及以上 6. 无要求	 40% 40% 10% 10%	1. 35岁及以下 2. 36~60岁 3. 60岁及以上 4. 无要求	10% 70% 20%	1. 母语英语 2. 取得英语为教学语言的学士学位 3. 雅思6.5分以上或托福75分以上 4. 无要求	50% 10% 40%	1. 有汉语言资格证书（HSK3级） 2. 无水平要求	10% 90%	专业技术服务业
	技能实用	西餐厨师	1. 9个月及以上 2. 6~9个月 3. 3~6个月 4. 无要求	90% 5% 5%	50	1. 博士 2. 硕士 3. 学士 4. 学士以下	 10% 90%	1. 2年及以下 2. 2~5年 3. 5~8年 4. 8~10年 5. 10年及以上 6. 无要求	 40% 40% 10% 10%	1. 35岁及以下 2. 36~60岁 3. 60岁及以上 4. 无要求	30% 50% 20%	1. 母语英语 2. 取得英语为教学语言的学士学位 3. 雅思6.5分以上或托福75分以上 4. 无要求	50% 10% 40%	1. 有汉语言资格证书（HSK3级） 2. 无水平要求	10% 90%	餐饮业

续表

职位分类			任职资格							最需要的行业
一类	二类	三类	在华年工作时长	工作提供的平均年薪(万)	教育程度	工作经验	年龄	英语能力	汉语能力	
服务贸易	技能实用	调酒师	1. 9个月及以上 90% 2. 6~9个月 5% 3. 3~6个月 5% 4. 无要求	50	1. 博士 2. 硕士 3. 学士 10% 4. 学士以下 90%	1. 2年及以下 2. 2~5年 40% 3. 5~8年 40% 4. 8~10年 10% 5. 10年及以上 10% 6. 无要求	1. 35岁及以下 30% 2. 36~60岁 50% 3. 60岁及以上 4. 无要求 20%	1. 母语英语 50% 2. 取得英语为教学语言的学士学位 3. 雅思6.5分以上或托福75分以上 10% 4. 无要求 40%	1. 有汉语言资格证书（HSK3级） 10% 2. 无水平要求 90%	餐饮业
		SPA按摩师	1. 9个月及以上 90% 2. 6~9个月 3. 3~6个月 5% 4. 无要求 5%	50	1. 博士 2. 硕士 3. 学士 10% 4. 学士以下 90%	1. 2年及以下 2. 2~5年 40% 3. 5~8年 40% 4. 8~10年 10% 5. 10年及以上 10% 6. 无要求	1. 35岁及以下 30% 2. 36~60岁 50% 3. 60岁及以上 4. 无要求 20%	1. 母语英语 50% 2. 取得英语为教学语言的学士学位 3. 雅思6.5分以上或托福75分以上 10% 4. 无要求 40%	1. 有汉语言资格证书（HSK3级） 10% 2. 无水平要求 90%	旅游业

续表

<table>
<tr><th colspan="3">职位分类</th><th colspan="13">任职资格</th><th rowspan="2">最需要的行业</th></tr>
<tr><th>一类</th><th>二类</th><th>三类</th><th colspan="2">在华年工作时长</th><th>工作提供的平均年薪(万)</th><th colspan="2">教育程度</th><th colspan="2">工作经验</th><th colspan="2">年龄</th><th colspan="2">英语能力</th><th colspan="2">汉语能力</th></tr>
<tr><td rowspan="2">服务贸易</td><td rowspan="2">技能实用</td><td>西餐酒吧经理</td><td>1. 9个月及以上
2. 6~9个月
3. 3~6个月
4. 无要求</td><td>90%
5%
5%</td><td>50</td><td>1. 博士
2. 硕士
3. 学士
4. 学士以下</td><td>

10%
90%</td><td>1. 2年及以下
2. 2~5年
3. 5~8年
4. 8~10年
5. 10年及以上
6. 无要求</td><td>
40%
40%
10%
10%</td><td>1. 35岁及以下
2. 36~60岁
3. 60岁及以上
4. 无要求</td><td>30%
50%

20%</td><td>1. 母语英语
2. 取得英语为教学语言的学士学位
3. 雅思6.5分以上或托福75分以上
4. 无要求</td><td>50%

10%
40%</td><td>1. 有汉语言资格证书（HSK3级）
2. 无水平要求</td><td>10%
90%</td><td>餐饮业</td></tr>
<tr><td>涉外销售经理</td><td>1. 9个月及以上
2. 6~9个月
3. 3~6个月
4. 无要求</td><td>90%
5%
5%</td><td>50</td><td>1. 博士
2. 硕士
3. 学士
4. 学士以下</td><td>

10%
90%</td><td>1. 2年及以下
2. 2~5年
3. 5~8年
4. 8~10年
5. 10年及以上
6. 无要求</td><td>
40%
40%
10%
10%</td><td>1. 35岁及以下
2. 36~60岁
3. 60岁及以上
4. 无要求</td><td>30%
50%

20%</td><td>1. 母语英语
2. 取得英语为教学语言的学士学位
3. 雅思6.5分以上或托福75分以上
4. 无要求</td><td>50%

10%
40%</td><td>1. 有汉语言资格证书（HSK3级）
2. 无水平要求</td><td>10%
90%</td><td>1. 住宿业
2. 餐饮业
3. 旅游业</td></tr>
</table>

续表

职位分类			任职资格													最需要的行业
一类	二类	三类	在华年工作时长		工作提供的平均年薪(万)	教育程度		工作经验		年龄		英语能力		汉语能力		
服务贸易	技能实用	涉外导游	1. 9个月及以上 2. 6~9个月 3. 3~6个月 4. 无要求	90% 5% 5%	50	1. 博士 2. 硕士 3. 学士 4. 学士以下	 10% 90%	1. 2年及以下 2. 2~5年 3. 5~8年 4. 8~10年 5. 10年及以上 6. 无要求	 40% 40% 10% 10%	1. 35岁及以下 2. 36~60岁 3. 60岁及以上 4. 无要求	30% 50% 20%	1. 母语英语 2. 取得英语为教学语言的学士学位 3. 雅思6.5分以上或托福75分以上 4. 无要求	50% 10% 40%	1. 有汉语言资格证书（HSK3级） 2. 无水平要求	10% 90%	旅游业
创新创业	杰出科技创新人才	深海探测领域杰出人才	1. 9个月及以上 2. 6~9个月 3. 3~6个月 4. 无要求	90% 5% 5%	100	1. 博士 2. 硕士 3. 学士 4. 学士以下	50% 40% 10%	1. 2年及以下 2. 2~5年 3. 5~8年 4. 8~10年 5. 10年及以上 6. 无要求	 20% 40% 20% 20%	1. 35岁及以下 2. 36~60岁 3. 60岁及以上 4. 无要求	 70% 30%	1. 母语英语 2. 取得英语为教学语言的学士学位 3. 雅思6.5分以上或托福75分以上 4. 无要求	50% 10% 40%	1. 有汉语言资格证书（HSK3级） 2. 无水平要求	10% 90%	1. 专业技术服务业 2. 仪器仪表制造业 3. 石油和天然气开采

续表

职位分类			任职资格													最需要的行业
一类	二类	三类	在华年工作时长		工作提供的平均年薪(万)	教育程度		工作经验		年龄		英语能力		汉语能力		
创新创业	杰出科技创新人才	海洋资源开发利用杰出人才	1. 9个月及以上 2. 6~9个月 3. 3~6个月 4. 无要求	90% 5% 5%	100	1. 博士 2. 硕士 3. 学士 4. 学士以下	50% 40% 10%	1. 2年及以下 2. 2~5年 3. 5~8年 4. 8~10年 5. 10年及以上 6. 无要求	20% 40% 20% 20%	1. 35岁及以下 2. 36~60岁 3. 60岁及以上 4. 无要求	70% 30%	1. 母语英语 2. 取得英语为教学语言的学士学位 3. 雅思6.5分以上或托福75分以上 4. 无要求	50% 10% 40%	1. 有汉语言资格证书(HSK3级) 2. 无水平要求	10% 90%	1. 专业技术服务业 2. 石油和天然气开采
		航天应用领域杰出人才	1. 9个月及以上 2. 6~9个月 3. 3~6个月 4. 无要求	90% 5% 5%	100	1. 博士 2. 硕士 3. 学士 4. 学士以下	50% 40% 10%	1. 2年及以下 2. 2~5年 3. 5~8年 4. 8~10年 5. 10年及以上 6. 无要求	20% 40% 20% 20%	1. 35岁及以下 2. 36~60岁 3. 60岁及以上 4. 无要求	70% 30%	1. 母语英语 2. 取得英语为教学语言的学士学位 3. 雅思6.5分以上或托福75分以上 4. 无要求	50% 10% 40%	1. 有汉语言资格证书(HSK3级) 2. 无水平要求	10% 90%	1. 专业技术服务业 2. 铁路、船舶、航空航天和其他运输设备制造业

续表

职位分类			任职资格													最需要的行业
一类	二类	三类	在华年工作时长		工作提供的平均年薪(万)	教育程度		工作经验		年龄		英语能力		汉语能力		
创新创业	杰出科技创新人才	现代农业领域杰出人才	1. 9个月及以上 2. 6~9个月 3. 3~6个月 4. 无要求	90% 5% 5%	100	1. 博士 2. 硕士 3. 学士 4. 学士以下	50% 40% 10%	1. 2年及以下 2. 2~5年 3. 5~8年 4. 8~10年 5. 10年及以上 6. 无要求	20% 40% 20% 20%	1. 35岁及以下 2. 36~60岁 3. 60岁及以上 4. 无要求	70% 30%	1. 母语英语 2. 取得英语为教学语言的学士学位 3. 雅思6.5分以上或托福75分以上 4. 无要求	50% 10% 40%	1. 有汉语言资格证书(HSK3级) 2. 无水平要求	10% 90%	农业
		国际离岸创新创业领域杰出人才	1. 9个月及以上 2. 6~9个月 3. 3~6个月 4. 无要求	90% 5% 5%	100	1. 博士 2. 硕士 3. 学士 4. 学士以下	50% 40% 10%	1. 2年及以下 2. 2~5年 3. 5~8年 4. 8~10年 5. 10年及以上 6. 无要求	20% 40% 20% 20%	1. 35岁及以下 2. 36~60岁 3. 60岁及以上 4. 无要求	70% 30%	1. 母语英语 2. 取得英语为教学语言的学士学位 3. 雅思6.5分以上或托福75分以上 4. 无要求	50% 10% 40%	1. 有汉语言资格证书(HSK3级) 2. 无水平要求	10% 90%	商务服务业

续表

<table>
<tr><th colspan="3">职位分类</th><th colspan="13">任职资格</th><th rowspan="2">最需要的行业</th></tr>
<tr><th>一类</th><th>二类</th><th>三类</th><th colspan="2">在华年工作时长</th><th>工作提供的平均年薪(万)</th><th colspan="2">教育程度</th><th colspan="2">工作经验</th><th colspan="2">年龄</th><th colspan="2">英语能力</th><th colspan="2">汉语能力</th></tr>
<tr><td rowspan="2">创新创业</td><td>杰出科技创新人才</td><td>生物安全管理领域杰出人才</td><td>1. 9个月及以上
2. 6~9个月
3. 3~6个月
4. 无要求</td><td>90%
5%
5%</td><td>100</td><td>1. 博士
2. 硕士
3. 学士
4. 学士以下</td><td>50%
40%
10%</td><td>1. 2年及以下
2. 2~5年
3. 5~8年
4. 8~10年
5. 10年及以上
6. 无要求</td><td>
20%
40%
20%
20%</td><td>1. 35岁及以下
2. 36~60岁
3. 60岁及以上
4. 无要求</td><td>
70%

30%</td><td>1. 母语英语
2. 取得英语为教学语言的学士学位
3. 雅思6.5分以上或托福75分以上
4. 无要求</td><td>50%
10%
40%</td><td>1. 有汉语言资格证书（HSK3级）
2. 无水平要求</td><td>10%
90%</td><td>专业技术服务业</td></tr>
<tr><td>领军科技人才</td><td>高新技术产业领军型科技人才</td><td>1. 9个月及以上
2. 6~9个月
3. 3~6个月
4. 无要求</td><td>90%
5%
5%</td><td>80</td><td>1. 博士
2. 硕士
3. 学士
4. 学士以下</td><td>50%
40%
10%</td><td>1. 2年及以下
2. 2~5年
3. 5~8年
4. 8~10年
5. 10年及以上
6. 无要求</td><td>
20%
40%
20%
20%</td><td>1. 35岁及以下
2. 36~60岁
3. 60岁及以上
4. 无要求</td><td>
70%

30%</td><td>1. 母语英语
2. 取得英语为教学语言的学士学位
3. 雅思6.5分以上或托福75分以上
4. 无要求</td><td>50%
10%
40%</td><td>1. 有汉语言资格证书（HSK3级）
2. 无水平要求</td><td>10%
90%</td><td>1. 高新技术产业
2. 新能源汽车制造</td></tr>
</table>

续表

职位分类			任职资格													最需要的行业
一类	二类	三类	在华年工作时长		工作提供的平均年薪(万)	教育程度		工作经验		年龄		英语能力		汉语能力		
创新创业	领军科技人才	旅游业领军型科技人才	1. 9个月及以上 2. 6~9个月 3. 3~6个月 4. 无要求	90% 5% 5%	80	1. 博士 2. 硕士 3. 学士 4. 学士以下	50% 40% 10%	1. 2年及以下 2. 2~5年 3. 5~8年 4. 8~10年 5. 10年及以上 6. 无要求	 20% 40% 20% 20%	1. 35岁及以下 2. 36~60岁 3. 60岁及以上 4. 无要求	 70% 30%	1. 母语英语 2. 取得英语为教学语言的学士学位 3. 雅思6.5分以上或托福75分以上 4. 无要求	50% 10% 40%	1. 有汉语言资格证书(HSK3级) 2. 无水平要求	10% 90%	旅游业
		现代服务业领军型科技人才	1. 9个月及以上 2. 6~9个月 3. 3~6个月 4. 无要求	90% 5% 5%	80	1. 博士 2. 硕士 3. 学士 4. 学士以下	50% 40% 10%	1. 2年及以下 2. 2~5年 3. 5~8年 4. 8~10年 5. 10年及以上 6. 无要求	 20% 40% 20% 20%	1. 35岁及以下 2. 36~60岁 3. 60岁及以上 4. 无要求	 70% 30%	1. 母语英语 2. 取得英语为教学语言的学士学位 3. 雅思6.5分以上或托福75分以上 4. 无要求	50% 10% 40%	1. 有汉语言资格证书(HSK3级) 2. 无水平要求	10% 90%	现代服务业

续表

职位分类			任职资格													最需要的行业
一类	二类	三类	在华年工作时长		工作提供的平均年薪(万)	教育程度		工作经验		年龄		英语能力		汉语能力		
创新创业	领军科技人才	重大创新项目科研带头人	1. 9个月及以上 2. 6~9个月 3. 3~6个月 4. 无要求	90% 5% 5%	80	1. 博士 2. 硕士 3. 学士 4. 学士以下	50% 40% 10%	1. 2年及以下 2. 2~5年 3. 5~8年 4. 8~10年 5. 10年及以上 6. 无要求	 20% 40% 20% 20%	1. 35岁及以下 2. 36~60岁 3. 60岁及以上 4. 无要求	70% 30%	1. 母语英语 2. 取得英语为教学语言的学士学位 3. 雅思6.5分以上或托福75分以上 4. 无要求	50% 10% 40%	1. 有汉语言资格证书(HSK3级) 2. 无水平要求	10% 90%	研究和试验发展
		重点实验室科研带头人	1. 9个月及以上 2. 6~9个月 3. 3~6个月 4. 无要求	90% 5% 5%	80	1. 博士 2. 硕士 3. 学士 4. 学士以下	50% 40% 10%	1. 2年及以下 2. 2~5年 3. 5~8年 4. 8~10年 5. 10年及以上 6. 无要求	 20% 40% 20% 20%	1. 35岁及以下 2. 36~60岁 3. 60岁及以上 4. 无要求	70% 30%	1. 母语英语 2. 取得英语为教学语言的学士学位 3. 雅思6.5分以上或托福75分以上 4. 无要求	50% 10% 40%	1. 有汉语言资格证书(HSK3级) 2. 无水平要求	10% 90%	研究和试验发展

续表

职位分类			任职资格													最需要的行业
一类	二类	三类	在华年工作时长		工作提供的平均年薪(万)	教育程度		工作经验		年龄		英语能力		汉语能力		
创新创业	领军科技人才	重点学科带头人	1. 9个月及以上 2. 6~9个月 3. 3~6个月 4. 无要求	90% 5% 5%	80	1. 博士 2. 硕士 3. 学士 4. 学士以下	50% 40% 10%	1. 2年及以下 2. 2~5年 3. 5~8年 4. 8~10年 5. 10年及以上 6. 无要求	 20% 40% 20% 20%	1. 35岁及以下 2. 36~60岁 3. 60岁及以上 4. 无要求	70% 30%	1. 母语英语 2. 取得英语为教学语言的学士学位 3. 雅思6.5分以上或托福75分以上 4. 无要求	50% 10% 40%	1. 有汉语言资格证书（HSK3级） 2. 无水平要求	10% 90%	1. 研究和试验发展 2. 教育
		重点专科带头人	1. 9个月及以上 2. 6~9个月 3. 3~6个月 4. 无要求	90% 5% 5%	70	1. 博士 2. 硕士 3. 学士 4. 学士以下	50% 40% 10%	1. 2年及以下 2. 2~5年 3. 5~8年 4. 8~10年 5. 10年及以上 6. 无要求	 20% 40% 20% 20%	1. 35岁及以下 2. 36~60岁 3. 60岁及以上 4. 无要求	70% 30%	1. 母语英语 2. 取得英语为教学语言的学士学位 3. 雅思6.5分以上或托福75分以上 4. 无要求	50% 10% 40%	1. 有汉语言资格证书（HSK3级） 2. 无水平要求	10% 90%	1. 研究和试验发展 2. 教育

二、探索推进国际移民事务管理体系

创新移民事务管理是海南开展国际人才管理改革试点的关键环节。目前，海南在国际移民事务管理理念、国际移民数量规模①以及移民管理服务品质等方面还存在显著问题。未来海南应该在自由贸易港开展人才发展体制机制改革的契机下，以制度创新为核心，以移民事务管理规则及举措为抓手，大力扩大国际移民数量，提升移民服务质量，以建立符合海南发展需求的国际移民事务管理体系。

（一）打造专业的移民事务管理机构及协作机制

1. 创建独立的国际移民事务管理局

在国家移民管理局、公安部、外交部、国家外国专家局等部委的领导下，创建独立的海南国际移民事务管理局。海南国际移民事务管理局是负责海南自由贸易区（港）国际移民制度设计与实施的核心机构，统筹从宏观到微观的海南国际移民战略设计和举措实施，整合过去外国人才来海南居留就业等零散管理职能，统一审批外国人才绿卡和入籍申请，承担外国人入境与出境等管理职能，健全签证管理协调机制，负责出入境管理，口岸证件和边民往来管理，外国人停留、居留、永久居留管理，国际人才管理等综合性事务，以及外国人才评估及积分制度、国际人才服务绿色通道等具体举措，同时还肩负移民领域国际合作、来海南移民定居人员的社会融入服务，以及“三非”外国人治理和非法移民遣返等职能。

---

①2017 年《国际移民报告》指出，全球约有 2.58 亿移民，占全球总人口的 3.4%；美国有 4980 万移民，占美国总人口（3.26 亿人）的 15.3%；《中国国际移民报告(2018)》指出，接收移民数量最大的国家为美国（4700 万人），接收近世界移民人口总数的 1/5（19%）；德国和俄罗斯为世界移民的第二大接收国（均为 1200 万人），接收世界移民人口总数的 4.6%，移民人口分别占两国总人口的比重为 14.4%和 8.2%；第三为沙特阿拉伯，1000 万移民，占世界移民人口总数的 3.9%，占本国人口的 30%。

目前，海南移民人口约 2000 人，占海南总人口（1000 万人）的 0.02%。根据国际移民人口占全球总人口的比例（3.4%）来测算，海南起码得有 34 万移民。

2. 推进关联部门的分工合作机制

在公安部、外交部、国家移民管理局、国家外国专家局等部委的领导下，成立支持海南自由贸易港技术移民创新试点的专项工作组，统筹协调海南省公安厅、人社厅、科技厅、民政厅、外专局等部门，合力创新海南国际移民事务管理的制度建设和实施。首先，省人社厅、外专局和拟建的海南国际移民事务管理局根据省情及港情，共同承担海南移民职业清单以及国际人才紧缺职业清单的编订。其次，由省民政厅牵头设定国际移民的福利政策、公共待遇，负责国际移民居留的后续融入、服务管理工作。再次，省公安厅的出入境管理部门协助海南国际移民事务管理局负责相关证件的办理，比如绿卡、签证等。最后，外国人申请绿卡、入籍成功之后的社保、档案以及可能的（集体）户口等相关管理服务由人社厅负责。

3. 简化、优化签证等办理流程

开设高层次外籍人才以及其科研辅助人员的引进绿色通道，进一步优化远程在线办理的系统平台，为国际高层次人才提供更友好、更便捷的出入境管理和居留服务。推动设立外国人证件业务办理“单一窗口”，实行外国人就业许可、外国人居留许可、外国人邀请确认函等服务事项“三窗合一”。加强海南自由贸易港国际人才服务建设和市场化运作，组建一支专业化人才服务团队，提供更多高端化、定制化、菜单式服务。进一步删减签证准备材料，简化签证办理手续；进一步缩短高层次人才绿卡办理时限，将办理时限缩减至 50 个工作日。

（二）设置与国际接轨的移民类型

1. 设置国际通用的移民类型

根据国际移民国家的通用做法，在海南自由贸易港设置家属 / 家庭移民、投资移民、技术移民、职业移民、特别移民（海外雇用人员、宗教人士）等移民类型，并根据外国人才工作指导目录，针对自由贸易港急需紧缺人才设定移民优先级、配额比例及资质条件。大力利用技术移民和职业移民，吸引国外科学、文艺、教育、商业和体育各界的卓越人才，包括杰出的教授、研究员，跨国公司行政人员、经理，以及各类国外科技专业技术人才。

2. 设置独立的技术移民类别

允许没有中国工作经验和用人单位工作邀请的高端国际人才，由本人直接向海南的外国人管理工作部门提出申请，出具《外国高端人才确认函》，方便其在海南申请人才类工作签证和在华永久居留资格。针对独立技术移民人才，大幅简化就业和签证办理手续，优化境外、境内办理流程，免办外国人工作许可通知书、邀请确认函，直接办理外国人工作许可、职业签证和工作居留许可。并且进一步延长海南境内外国高端人才（A类）和外国专业人才（B类）签证的有效期①。

（三）实施重点类别国际人才入籍入境、学习就业管理机制

1. 实施移民入籍、华裔卡等身份证制度

首先，鼓励和优先审理华裔出入境申请，为海外华人在海南出入境方面提供便利。修改绿卡审批管理办法，降低绿卡门槛，设置更加灵活务实的申请条件，加大海南吸引海外人才的力度。其次，对原先持有中国护照的海外华人在其自愿申请的基础上，可参照中国政府颁发给港澳台同胞的“台胞证”或“回乡证”的做法，给在琼海外侨胞发放类似功能的“侨胞证”或“华裔卡”，该证具有类似于绿卡的作用，享受除了政治权利和法定限制以外的所有国民待遇。最后，对原籍中国、已入籍海外国家的华人发放华裔卡，持卡者可享中国永久居留权及本土居民待遇。

2. 开设留学生在海南学习、实习、就业的绿色通道

通过海南自由贸易港国外优质教育资源及机构的引入，大力吸引、培养和留住留学生，面向“一带一路”沿线国家扩大海南高校留学生规模。首先，提供直接便捷的校园签证服务，试点为来海南留学的全日制国际学生提供直接的校园签证，在隶属于海南自由贸易港的大学校园内设置专门的学生签证服务中心，为拿到中国政府奖学金、持有有效签证、校际交换

①目前，外国高端人才（A类）工作签证有效期为3~5年；外国专业人才（B类）工作签证有效期为1~2年。

等的留学生提供“不出校门”的签证服务。其次，尽快将外国留学生纳入中国人才市场，为在读期间的来华留学生提供有条件的海南自由贸易港工作许可和机会，为完成学业的留学生提供合法实习、就业的工作许可和签证，并保证留学生在其后的发展中享受包括申请长期居留权在内的技术移民法规定的所有权利、待遇和身份。

3. 开放外籍劳工入琼，提升家政服务品质

利用海南的南海贸易通道及在东南亚的特殊地理位置，扩大外籍劳工入琼的开放程度并增强管理效能，尤其需要优化南海周边国家外籍劳工入琼的管理措施，强化外籍劳工的职业资格管理及评价机制，提供较有竞争力的薪酬待遇，增强外籍劳工的依法管理能力等。这不仅为高层次人才解决后顾之忧，也为加强海南与南海周边国家的人文交往和经济联系提供通道。比如保姆等外籍家政人员、服务人员的引进，需要重视资格资历的审查、从业执业水平的追踪及评价，强化薪酬机制的激励作用以及违法违规情况的惩处机制等。

积极利用“一带一路”机遇，树立对外劳务长期合作发展的战略思想，推进与南海周边国家签订劳动输出长效合作协议框架，制定和规范外籍劳工的市场法规，并利用护照、签证和工作许可证等证照进行就业约束。此外，加强外籍劳工的专业化培训，帮助他们学习和掌握当地语言，熟悉当地风土人情等。建立自贸港外籍家政服务人才供需信息发布平台，加强顶层设计和统筹，整合各类外籍劳工数据库和信息服务平台；加大投入和支持力度，整合专业化猎头公司的力量，整体提升数据库和信息平台的建设水平和服务能力。同时，厘清并寻求外籍劳工恰当的用工模式，包括用工去向、用工周期等，进一步打造符合海南自贸港人才需求的用工方式和用工机制。

三、探索建立计点积分制度

积分评估制度又称为计点制、点数法、记分评估制等，是目前国际上最为常见的移民制度设计。一般而言，一国政府以选定的重要特征设立一

个列表，每一项特征又分为不同的等级并赋予相应的分数，具备相应特征并获得分数的外国劳动者可以获得允许暂时或永久移民。[①]积分制主要应用于经济移民类中的独立技术移民，即不需要提名或担保、完全依靠自身的人力资本存量获得进入另一国家资格的移民。与雇主导向的移民制度有所不同，积分制关注的重点不是移民与工作的匹配，而是着重于对人力资本的定向选择与储备。[②]一国政府需要根据本国经济社会发展的需要，对进入本国的移民提出必要的、定向的能力要求，以保证引进的人才是切实符合本国需求的。

为此，依据《中华人民共和国出境入境管理法》和中央政策的方向指引，结合海南自由贸易港引进外国人才的现实需要，提出海南建立引进外国人计点积分方案。

（一）外国人才分类及相关政策规定

根据《外国人来华工作许可服务指南（暂行)》，在华工作的外国人分为三类：外国高端人才（A 类）、外国专业人才（B 类）和其他外国人员（C 类）。坚持“鼓励高端，控制一般，限制低端”的原则。

1. 外国高端人才（A 类）

外国高端人才是指符合“高精尖缺”和市场需求导向，中国经济社会发展需要的科学家、科技领军人才、国际企业家、专门特殊人才等，以及符合计点积分外国高端人才标准的人才，如各国科学院院士、工程院院士，各国科技计划项目成果负责人、首席科学家或主要成员，世界 500 强企业高管或技术研发重要成员，国内三甲医院聘任担任高级管理职务或副高级以上专业技术职务的人员，受聘担任高校科研机构高层管理或副教授、副研究员、高级讲师的人员，国家级、省级运动队聘请的助理运动

---

①Papademetriou D G，Sumption M. Rethinking points systems and employer-selected immigration［J］. Migration Policy Institute，Washington D C，2011.

②Papademetriou D，Somerville W，Tanaka H. Hybrid immigrant-selection systems：The next generation of economic migration schemes［J］. Talent，Competitiveness and Migration，2008：267-336.

员、主教练等。外国高端人才可不受年龄、学历和工作经历限制。

2. 外国专业人才（B 类）

外国专业人才是指符合外国人来华工作指导目录和岗位需求，属于经济社会发展急需的人才，具有学士及以上学位和 2 年及以上相关工作经历，年龄不超过 60 周岁，如跨国公司派遣的中层以上雇员，各类企事业单位、社会组织等聘用的外国管理人员或专业技术人员，外国语言教学人员，飞行员等。对确有需要，符合创新创业人才、专业技能类人才、优秀外国毕业生条件的，符合计点积分外国专业人才标准的，以及执行政府间协议或协定的，可适当放宽年龄、学历或工作经历等限制。

3. 其他外国人员（C 类）

其他外国人员是指满足国内劳动力市场需求，符合国家政策规定的其他外国人员。根据《外国人在中国就业管理规定》，其他外国人员（C 类）需符合“用人单位聘用外国人从事的岗位应是有特殊需要，国内暂缺适当人选，且不违反国家有关规定的岗位”，总体上来讲，此类人群属于受限制的人群。在海南省获批的其他外国人员（C 类）主要为航空业的乘务员、酒店业的厨师、服务业的业务经理和总经理助理等。

（二）在海南工作的外国人基本情况

自 2017 年 4 月 1 日起，“外国人入境就业许可”和“外国专家来华工作许可”在全国正式整合为“外国人来华工作许可”，在海南省由省外国专家局及海口、三亚、儋州外国专家管理部门负责具体实施。截至2019 年 1 月 31 日，全省办理有效工作许可证 1866 件，其中 A 类 50 件，B 类 1037 件，C 类 779 件。

1. A 类工作许可证发放情况

在发放的 50 件外国高端人才（A 类）工作许可证中，按行业划分：制造业 15 人（外籍华人 9 人）、教育行业 8 人（外籍华人 4 人）、科学研究和技术服务业 7 人、卫生和社会工作 4 人（外籍华人 3 人）、农林牧渔业 4 人（外籍华人 2 人）、商务服务业 3 人，其他行业 9 人（外籍华人 4 人）。按国别划分：美国 21 人、加拿大 5 人，其他国家 24 人，曾经具有中国国籍的外籍华人共有 22 人。

2. B 类工作许可证发放情况

在发放的 1037 件外国专业人才（B 类）工作许可证中，按行业划分：教育业 251 人、交通运输业 183 人、住宿和餐饮业 107 人、农林牧渔业 36 人、制造业 35 人、旅游和商务服务业 30 人、房地产业 24 人，其他行业 371 人。按国别划分：美国 123 人、俄罗斯 77 人、韩国 66 人、加拿大 48 人、泰国 38 人、新加坡 38 人、英国 36 人、马来西亚 36 人，其他国家 575 人，曾经具有中国国籍的外籍华人共有 34 人。

3. C 类工作许可证发放情况

在发放的 779 件其他外国人员（C 类）工作许可证中，按行业划分：交通运输业 285 人、住宿和餐饮业 132 人、商务服务业 58 人，其他行业 304 人。按国别划分：韩国 207 人、俄罗斯 79 人、泰国 42 人、印度26 人、马来西亚 24 人、法国 21 人，其他国家 380 人，曾经具有中国国籍的外籍华人共有 13 人。

（三）存在的问题

1. 其他外国人员（C 类）需求量大，与《外国人在中国就业管理规定》冲突

企业在引进外国高端人才（A 类）和外国专业人才（B 类）时没有太大问题，海南省酒店、旅游、医疗等领域企业对技能型实用人才（属于C 类）需求较强烈和迫切，且需求量较大。这类人员学历低、层次低，总体属于限制的甚至是禁止的，主要为酒店前台接待、话务员、客房服务员、餐饮服务员等一线岗位工作人员，以及涉外酒店中的技术岗位如西餐厨师、调酒师、SPA 按摩师，管理岗位如西餐酒吧经理、负责国际市场的销售经理、大堂副理、客户关系经理、私人管家、演艺人员等。根据《外国人在中国就业管理规定》，“用人单位聘用外国人从事的岗位应是有特殊需要，国内暂缺适当人选，且不违反国家有关规定的岗位”，在政策解读上非常模糊，没有明确允许他们可以来华工作，难以操作。而实际上，目前国家并没有放开不受限制地允许其他外国人员（C 类）来华工作。

2. 办理外国人来华工作许可各类证明材料烦琐

在办理外国人来华工作许可时，申请人需提供工作资历证明、最高学位（学历）证书及认证、职业资格证明、无犯罪记录证明及认证、体检证明等材料。外国高端人才（A 类）可采用承诺制，外国专业人才（B 类）和其他外国人员（C 类）仍需如数提供。企业反映需要花较长时间成本和金钱成本去准备，且可能导致聘请失败。

3. 工作签证和工作类居留许可不畅通

根据目前的操作模式，已经持其他类型签证入境的外国人（除外国高端人才以外），如获工作许可，还需要出境办理工作签证后再次入境，方可办理工作类居留许可。在境外办理了工作许可通知，来不及到我国驻外使领馆办理工作签证的，不能在海南口岸办理工作签证入境。

（四）海南自贸港外国人才计点积分初步方案设计

《中国（海南）自由贸易试验区总体方案》中提出关于人才工作的任务，即“支持开展国际人才管理改革试点，允许外籍技术技能人员按规定在自贸试验区工作。探索建立与国际接轨的全球人才招聘制度和吸引外国高技术人才的管理制度。开辟外国人才绿色通道，深入实施外国人来华工作许可制度”。基于以上背景，依据《中华人民共和国出境入境管理法》和中央政策的方向指引，结合海南自由贸易港建设，有必要开展关于编制外国人在海南计点积分方案的工作。

以国家引进外国人积分方案要素体系、权重、分数线为参考，并结合其他地区的经验和海南的实际，初步形成外国人在海南工作计点积分方案，以期对海南现行引进外国人才的工作加以改进，并作为探讨海南自贸区争取国家授权实施海外技术移民制度试点和国家授权海南审批中国绿卡的可行性，降低绿卡申请门槛，取消现行绿卡制度中对申请人职务和职称的要求实例，改为按专业、从事岗位、实际贡献、学历、年龄等综合条件评分确定绿卡申请资格。

表 5.3 国家标准与海南标准对照表

国家标准						海南标准					
积分要素	分值权重	积分标准		是否加分	加分标准	积分要素	分值权重	积分标准		是否加分	加分标准
公认职业成就	100	1. 荣获国际国内大奖 2. 诺贝尔奖获得者 3. 各国工程院科学院院士		否	—	公认职业成就	100	1. 遵照国家标准 2. 海南大师级人才、杰出人才、领军人才获得者		否	—
过往收入(年收入)	20	<50，000元	0	否	—	过往收入(年收入)	20	<50，000元	0	否	—
		50，000～69，999元	5					50，000～69，999元	5		
		70，000～14，999元	8					70，000～14，999元	8		
		150，000～249，999元	11					150，000～249，999元	11		
		250，000～349，999元	14					250，000～349，999元	14		
		350，000～449，999元	17					350，000～449，999元	17		
		450，000元及以上	20					450，000元及以上	20		
工作经验	15	不足2年	0	是	有世界500强企业、知名金融机构、律师事务所等的任职经验，加10分	工作经验	15	不足2年	0	是	遵照国家标准，国内其他地区同等工作经历，加10分
		2年及以上不满5年	5					2年及以上不满5年	5		
		5年及以上不满8年	10					5年及以上不满8年	10		
		8年及以上不满10年	15					8年及以上不满10年	15		
		10年及以上	20					10年及以上	20		

续表

国家标准						海南标准					
积分要素	分值权重	积分标准		是否加分	加分标准	积分要素	分值权重	积分标准		是否加分	加分标准
教育水平	25	博士	25	是	毕业于世界知名大学，加 5 分	教育水平	25	博士	25	是	遵照国家标准，本科以上学位毕业于国内“双一流”高校，加 5 分
		硕士	15					硕士	15		
		学士	10					学士	10		
		其他与学士相当	10					其他与学士相当	10		
年龄	10	1. 60 岁及以下积 10 分 2. 60 岁为基准，每增加 1 岁对应积分减 1 分 3. 该项积分减至 0 为止，不出现负积分		否	—	年龄	10	1. 60 岁及以下积 10 分 2. 60 岁为基准，每增加 1 岁对应积分减 1 分 3. 该项积分减至 0 为止，不出现负积分		否	—
语言能力	10	英语		否	—	语言能力	10	英语		是	具有汉语言HSK证书（一至三级），可使用汉语无障碍交流（在中国读过书、母语为汉语），加 5 分
		英语为母语	10					英语为母语	10		
		取得英语为教学语言的学士以上学位	7					取得英语为教学语言的学士以上学位	7		
		雅思 6.5 分以上或托福 75 分以上	3					雅思 6.5 分以上或托福 75 分以上	3		
		其他	0					其他	0		

续表

国家标准						海南标准					
积分要素	分值权重	积分标准		是否加分	加分标准	积分要素	分值权重	积分标准		是否加分	加分标准
语言能力	10	汉语		否	—	语言能力	10	汉语		是	具有汉语言HSK证书（一至三级），可使用汉语无障碍交流(在中国读过书、母语为汉语），加5分
		HSK 三级	10					HSK 三级	10		
		HSK 二级	7					HSK 二级	7		
		HSK 一级	3					HSK 一级	3		
		其他	0					其他	0		
		英语能力和汉语能力以积分高的为准						以英语能力作为积分标准，汉语能力作为加分项，			
在华每年工作时间	15	不满3个月	0	否	—	在华每年工作时间	15	不满3个月	0	否	—
		3个月及以上不满6个月	5					3个月及以上不满6个月	5		
		6个月及以上不满9个月	10					6个月及以上不满9个月	10		
		9个月及以上	15					9个月及以上	15		
工作定向	5	是西部定向	5	否	—	工作指导目录	10	工作指导目录中职业	10	否	—
		不是西部定向	0					非工作指导目录中职业	0		

四、扩大海南人力资源服务业对外开放程度

人力资源服务业作为生产性服务业和现代服务业的重要组成部分，对推动经济发展，促进就业创业和优化人才配置具有重要作用。在海南自贸区（港）中，必须更好地发挥市场在人力资源配置中的决定性作用，更好地发挥政府作用，以海南产业升级和提高效率为导向，扩大海南人力资源服务业对外开放程度，推动其向专业化和价值链高端延伸。

（一）建设中国（海南）人力资源服务产业园

围绕海南自由贸易港建设，遵循“专业化、知识化、品牌化、信息化、国际化”的人力资源服务业发展趋势，加大人力资源服务产业引导、政策扶持和环境营造力度，推进海南人力资源服务业健康发展。争取国家相关部门支持，借助人社部将海南列入人力资源服务业支持计划的契机，探索在全省规划建设分布合理的人力资源服务市场网络，重点打造“一园两极”，即中国（海南）人力资源服务产业园和三亚、海口南北两极的国家级人力资源服务产业园的发展布局。突出特色、服务创新，围绕海南产业转型和社会转型需要，适时引入全球知名的人力资源服务商，助力海南自由贸易试验区和中国特色自由贸易港建设中自由贸易领域人才的全球配置，促进高端国际化人才资源向高新技术产业、旅游业、现代服务业等重点产业和社会发展领域集聚。

（二）引进海外高端人力资源服务机构

借助中国（海南）人力资源服务产业园建设契机，发挥其引进海外高端人力资源服务机构、配置海外高端人才的虹吸效应。鼓励在人力资源管理咨询、人才测评、高级人才寻访、人力资源信息网络服务等重点领域，引入海南人力资源市场急需的高端人力资源服务机构，重点引进世界500强的跨国人力资源服务公司和具有国际先进水平的人力资源服务高端项目。引进知名全球性人力资源服务专业协会、专业研究机构和高端中介服务机构，支持在自贸港内开展人力资源服务领域的国际认证等项目，建立符合海南自由贸易试验区和中国特色自由贸易港建设的高端人才评价、培

训、激励体系。瞄准港台等地、欧美等国的国际智囊和相关优质人力资源、服务资源，加强人力资源服务领域的国际交流与合作，带动海南人力资源服务深层次发展。

（三）开展海南自贸区（港）人力资源市场外资准入试点

提高海南人力资源市场对外开放水平，按照国家商事制度改革要求，实施更加开放的市场准入制度。允许外商独资人力资源服务机构在海南省设立总部或分支机构以及已在国内落户的合资人力资源服务机构在海南独资经营。鼓励香港、澳门人力资源服务机构按有关规定来海南设立独资人力资源服务企业。试行中外合资人才中介机构在设立中取消“中外投资者应当是成立 3 年以上的人才中介机构”的要求。加强与“一带一路”沿线国家人力资源服务机构交流合作，吸引“一带一路”沿线国家的优质人力资源服务机构在海南自贸区投资设立人力资源服务企业。鼓励境外人力资源服务企业在海南与中国境内的人力资源服务机构或其他经济组织设立合资合作企业，试行合资企业的外资持股比例可放宽至 70%。

（四）探索建立海南自贸区（港）人力资源服务产业发展基金

设立政府人力资源服务产业发展引导资金，专项用于招商引企、产业集聚、技术创新、招才引智、管理保障工作，引导人力资源服务产业快速发展，促进产业转型升级。在政府引导、市场运作，注重效益、防范风险的基础上，探索建立人力资源服务产业发展基金，重点聚焦国家级人力资源服务研究中心的建立，云计算、大数据、移动互联网、人工智能等新技术的应用，新知识、新技术在人力资源服务领域的成果转化与应用，以及本土人力资源服务企业跨国经营或海外工作站的设立等方面，共同推动人力资源服务产业创新发展。

五、探索建立国际职业资格认证体系

随着经济的全球化发展，国内外人才交流越来越频繁，需要我国的职业资格证书“走出去”，同时也要引入国外的职业资格证书，通过职业资格认证体系的互通来加强国际各行业人才的交流。目前，我国已经初步形成了职业资格框架体系，实现了职业资格清理由“治标”到“治本”的关键性转变。如今，国家的职业资格制度正在重构，其中，职业资格互认是重要一环。

全面建设海南自贸区（港）是国家的重大战略，吸引人才、留住人才、用好人才，实行更加积极、更加开放、更加有效的人才政策，创新人才培养支持机制，构建更加开放的引才机制，全面提升人才服务水平，让各类人才在海南各尽其用、各展其才，成为海南当前需要解决的首要问题之一。在吸引各国家、各地区人才时，必定会涉及这些人才的职业资格认证的问题。通过系统研究国内和国外的职业资格互认相关政策，提出海南自贸区（港）建立职业资格互认制度的相关建议。

（一）加强顶层设计，明确职业资格制度的功能定位和衔接问题

我国现行的职业资历主要包括职业资格证书、技能等级鉴定、继续教育与培训证书、国家认可的民间资格等四个方面，学历资历包括高等教育证书、普通教育证书和中等职业教育证书等三个方面。在国家资历框架的视角下，职业资格制度改革需要重点考虑与其他职业资历和学历资历制度间的对应关系和沟通衔接机制。职业资格制度作为职业资历框架的重要组成部分，是由国家设定并以国家职业资格目录清单的方式公布，旨在维护公共利益，规范人力资源市场秩序，提升专业服务质量，证明资格申请人具备从事某一职业所需知识、技能或信誉的一项人才评价制度，在我国多元主体人才评价制度中发挥着基础性、支撑性和引领性作用。

同时，要注重资历间的沟通衔接问题，这也是国家资历框架构建的操作性目标。20 世纪 90 年代初，我国开始在一些职业院校积极推行“双证书”制度，即在中职和高职院校的专业课程设置中增加职业资格标准内容，通过考核获得中职、高职院校学历证书或文凭的学生，同时也可以获得相应等级的国家职业资格证书。分类探索学历（学位）证书与职业资格证书衔接办法，这是职业资格和学历证书间沟通衔接的一项有益尝试。基于此，可以进一步延展职业资格和学历资历的沟通衔接。对认证类职业资

格，探索建立“双证书”制度。对于有专业学位授予权的培养单位，其课程设置和培养要求要达到职业资格检定标准，并经职业资格主管部门认可，在学生毕业时由培养单位授予学位证书，由职业资格主管部门颁发职业资格证书。对许可类职业资格，探索建立考试“成绩互认”制（“学分银行”制），即专业学位获得者申请职业资格的，其在攻读学位过程中通过考试的科目，经职业资格主管部门认可，在职业资格考试中可予以免考。职业资格获得者在职业资格考试中通过的科目，经教育行政主管部门认可，在攻读相应专业学位时可承认其学分或予以免修。

海南自贸区（港）可以在依托国家职业资历的基础上，先行先试，推动国内不同地区职业资历沟通衔接工作的开展，尝试建立合理的资历评价制度。

（二）统筹规划职业资格和学历资历的等级设置

从其他国家资历框架的设计来看，无论资历等级设置为多少级，其技能型等级设置基本为五级，并且与职业资格等级一一对应，五级以上等级细分的差别主要是因为各国学历（学位）设置不同。结合我国实际情况，目前职业资格的实施对象包括专业技术人员和技能人员，专业技术人员职业资格大致为三级，技能人员职业资格为五级，学历资历分为高等教育资历等三级，职业教育资历大致为五级。在国家资历框架视角下，统筹规划职业资格和学历资历等级设置，将职业资格分为专业型和技术与专业辅助型，对应专业技术人员和技能人员；学历资历分为学位与学历型和学历型，对应高等教育和职业教育。资历等级统一设计为八级，在技能人才职业资格五级基础上，增加专业技术人员初、中、高三级。其中，技能人员职业五级与专业技术人员职业资格初级相对应。高技能人才（技能五级+）与专业技术人员中级相对应。在高等教育学历（学位）三级基础上，借鉴国际经验和北京市职业院校实行等级制试点经验，细分职业教育学历为五个等级。其中，职业教育五级与高等教育（学士）一级相对应。

表 5.4　资历等级设计

资历等级	职业资格专业型	职业资格技术与专业辅助型	学历资历学位与学历型	学历资历学历型
八级	专业三级（高级）		博士	
七级	专业二级（中级）	技能五级 +	硕士	
六级	专业一级（初级）	技能五级	学士	职教五级
五级		技能四级		职教四级（大专）
四级		技能三级		职教三级
三级		技能二级		职教二级
二级		技能一级		职教一级（高中）
一级		初级工		初中

根据其他国家资历等级的设计经验，海南可以根据国内外的实际情况，设计出适用于不同地区和不同国家的资历等级表格，使职业资格、学历资历等具有国际可比性。

（三）突出标准设计的职业化、专业化、社会化和国际化

由于国家资历框架是跨部门、跨领域的顶层设计，其所确立的能力标准导向将成为完善职业资格标准体系的基本依据。因此，职业资格的标准设计应该以职业分类为基础，以学习者的学习成果为导向，以通用职业能力标准为核心，旨在促进职业资格与其他职业资历和学历资历的衔接。

借鉴国际经验，并结合海南的实际情况，应从知识技能、能力素质和情感价值观等方面入手，依托于国家职业标准内容结构和技术规范，将其修改完善，使得每一等级标准能体现不同职业发展阶段对劳动者知识技能、能力素质和情感价值观等维度的不同要求，突出职业化、专业化、社会化和国际化，增强职业资格的国际可比性和等效性，从而为职业资格的国际互认、人才的国际流动提供基础标准保障。此外，还应进一步发挥海南地区国家职业资格主管部门及有关部门、行业学会协会在高等教育专业认证中的作用，以国家资历框架等级标准为共同参照，形成职业标准与教

学标准联动开发机制。

（四）结合海南自贸区（港）的发展需要，先行先试制定职业资格互认制度

海南自贸区（港）建设的创新根源、动能转换的支撑点位是人才，海南要探索建立吸引外国高技术人才的管理制度，营造良好的人才体制机制，加紧谋划搭建海南自贸区（港）人才引进战略基本框架。

职业资格互认是指两国或者多国政府间、非政府的专业团体间，以协议的形式确认专业资格在本国或者地区范围内的同等效力、兼容性和可接受性，并在其管辖范围内赋予该专业资格持有人相应权利。有关专业资格承认方面，大致可分两种：其一，自动给予，即一国单方面接受、认可外国专业资格的标准；其二，双边或多边协商互认，即两个或两个以上国家、经济体接受对方的专业资格的效力、标准，接受相关成员的专业资格的效力、标准。目前，多数国家是通过双边或多边的协商来完成专业资格的互认。

海南可以经过国家主管部门授权在自由贸易港建设需要范围内，开展职业资格互认试点工作，在旅游业、现代服务业、高新技术产业等方面制定相关的职业资格制度，先行先试。按照“三步走”战略，逐步完成对国际职业资格互认制度的探索。

第一步，以国际公认标准为基础，细化、量化我国职业资格的能力、素质标准；采取国际先进的评价手段，使之客观、真实反映专业人员的能力；要建立符合国际惯例的职业资格认证程序，做到透明、一致、可靠；要建立和完善职业资格质量保证体系，确保职业资格达到国际标准。

第二步，加强专业组织在技术、工程、专业服务等领域的经济技术、人力资源开发方面的国际合作，加快职业资格互认进程，让专业类社会团体唱“主角”，充分发挥专业团体、行业协（学）会在制定专业标准、开展专业评价、实施专业管理等方面的主导作用。经国家授权批准引进香港、澳门、台湾地区高质量的职业（执业）资格评价专业机构，合作开展有关自贸区(港）建设需要的非许可类的职业认证服务。

第三步，借鉴日本、韩国、澳大利亚、英国等发达国家的国家资历框架制度，制定符合中国特色的职业资格互认制度。建立与国际接轨的职业资格证书质量监测评估标准体系和第三方评估机制。加强职业资格证书与继续教育、专业学位教育、会员管理和职业诚信体系建设等制度的衔接。

表 5.5　澳大利亚资历框架

<table>
<tr><th>资历级别</th><th>资历类型</th><th>职业教育及培训</th><th>学校教育和高等教育</th></tr>
<tr><td>10</td><td>14</td><td></td><td>博士学位</td></tr>
<tr><td>9</td><td>13</td><td></td><td>硕士学位</td></tr>
<tr><td rowspan="4">8</td><td rowspan="2">12</td><td>研究生文凭</td><td>研究生文凭</td></tr>
<tr><td>研究生证书</td><td></td></tr>
<tr><td>11</td><td></td><td>研究生证书</td></tr>
<tr><td>10</td><td></td><td>荣誉学士学位</td></tr>
<tr><td>7</td><td>9</td><td></td><td>学士学位</td></tr>
<tr><td rowspan="3">6</td><td rowspan="2">8</td><td rowspan="2">进修文凭</td><td>副学士</td></tr>
<tr><td>进修文凭</td></tr>
<tr><td>7</td><td></td><td></td></tr>
<tr><td>5</td><td>6</td><td>文凭</td><td>文凭</td></tr>
<tr><td>4</td><td>5</td><td>第四级证书</td><td></td></tr>
<tr><td>3</td><td>4</td><td>第三级证书</td><td></td></tr>
<tr><td>2</td><td>3</td><td>第二级证书</td><td></td></tr>
<tr><td>1</td><td>2</td><td>第一级证书</td><td></td></tr>
<tr><td></td><td>1</td><td></td><td>高中毕业证书</td></tr>
</table>

（五）健全职业资格质量监督机制

严格的质量监督机制是保证职业资格证书质量，保障职业资格培训及颁证工作有效实施的关键。为了有效推动职业资格国际互认工作的展开，应该健全职业资格质量的监督机制。目前，我国职业资格的质量监督职能还比较缺位，在资格设置方面，哪些职业应当设置职业资格，是设定许可还是水平评价，尚缺乏评估判定标准。海南自贸区（港）可以先行先试，设置职业资格质量监督机构，并且可以随着政府职能转变和行政审批制度改革，将一些职业资格认证职能逐步委托协会、学会等社会组织。同时，健全资格证书的质量保障体系，注意资格证书管理与相关制度的配套与衔接。

因此，可以以海南为试点，建立健全国家职业资格证书质量监测评估标准体系和第三方评估机制。加强职业资格证书与继续教育、专业学位教育、会员管理和职业诚信体系建设等制度的关联复合。完善职业资格信息服务体系，打破部门信息壁垒，以学习成果为导向，搭建职业资格证书与学历（文凭）、技能等级鉴定证书、继续教育证书和职业培训证书等学分积累、认证、转换数据平台。改变以政府主导国家职业资格证书工作的单一治理模式，实施归口管理和共同治理。

六、不断学习并遵循国际人才流动经验

为更好地做好国际人才流动工作，支撑海南自由贸易港建设。课题组以中国香港和新加坡为例，细致分析两地的国际人才吸引政策，为海南省更好吸引国际人才提供政策依据。

（一）香港

受产业结构的长期影响，香港的高等院校侧重于应用型人才的培养，专业人才主要扎堆在金融、贸易、法律、工商管理、会计等领域，科技开发人员及工程技术人员等与科技创新相关的人才尤为短缺，人才培养和行业需求出现严重脱节，直接制约着香港的科技创新和产业升级。为此，香港特区政府开始着手制定引进各地优秀人才的专项计划，并发布“人才清单”。

1. 香港的揽才计划

香港的揽才计划主要有一般就业政策、资本投资者入境计划、优秀人才入境计划、非本地毕业生留港/回港就业安排、输入中国籍香港永久性

居民第二代计划等。

一般就业政策主要针对有意来港工作的海外人士、台湾及澳门的专业人士，包括持有中国护照，在海外获得永久居民身份的专业人士。这些专业人士在申请之前不但应获得香港雇主的聘用，而且是香港本地人无法履任的工作。一般就业政策不受行业和配额限制，顶尖人才可不受其他逗留条件限制，规定的逗留期限为“2+6”年。一般就业政策并非香港特区政府大力推广的计划，获批难度比其他计划要高很多。

资本投资者入境计划亦称“创业移民计划”，于亚洲金融风暴之后开始实施，目的是吸引资本投资者将资金带来香港，对投资者的学历、背景和语言等条件没有限制。从 2010 年起，该计划剔除房地产投资项目，并将门槛从 650 万港元提升到 1000 万港元。2015 年起暂停该计划，表明香港特区政府已经从“求财”向“求才”转变。

优秀人才入境计划亦称“优才计划”，是一项设有配额的移民吸纳计划，主要吸引全球高技术人才或优才来港定居工作，借以提升香港的竞争力。申请人无须在来港前获得雇主的聘任，但要符合年龄、财政、品格、语言能力、学历等基本资格要求。该项计划实行计分制度，申请者可选择综合计分制或成就计分制中的一种进行评核，达到最低及格分数者方可获批。

非本地毕业生留港 / 回港就业安排亦称“读书定居计划”，主要对象是在香港读书的非本地毕业生。非本地毕业生不论何时获得所需资历，均可根据申请留港或回港工作，工作次数不限，即使毕业后离港再返回亦可再申请回港就业。

输入中国籍香港永久性居民第二代计划，亦称“‘港二代’回流计划”。该计划是一项试验计划，不设配额，旨在吸纳移居海外的中国籍香港人第二代子女返回香港发展。

2. 发布“人才清单”

为吸引世界各地的优秀人才，以更有效和聚焦的方式配合香港经济高增值及多元化发展，2018 年 8 月香港特区政府公布首份香港“人才清单”。

首批纳入“香港人才清单”的优秀人士包括11个专业类别：资深废物处理专家或工程师，资深资产管理专才，资深海运保险专才，精算师，资深金融科技专才，资深数据科学家及资深网络安全专家，创新及科技专家，造船师，轮机工程师及船舶总管，创意产业专才，专门解决国际金融及国家与投资者之间纠纷的争议解决专才，以及拥有处理来自投资或东道国跨境交易的专门知识及经验的业务交易律师。

（二）新加坡

新加坡各方面的资源都很匮乏，因此决定了新加坡对人才资源和智力资源的重视。李光耀指出“在这个时代，所有的发达国家为了增强竞争力，都必须依赖外来移民和人才，而美国之所以能在许多领域居于领先地位，就是因为它广纳人才”。

1. 建立国家猎头，有针对性、策略性地引进外籍人才

新加坡在海外设立8个“联系新加坡”联络处，专门负责海外宣传和招聘联络工作，以吸引更多的全球人才在新加坡工作。1998年，它协助新加坡发展银行雇佣了J. P. Morgan&Co.前常务董事、美国人JohnT. Olds做CEO（首席执行官），此人被授予重组银行的权力，奠定了新加坡发展银行在21世纪的地位。“联系新加坡”很快建立了世界范围内的潜在人才数据，并保持长期的跟踪和关注。

新加坡还建立了国际资金，资助各国人才来新加坡访问与服务。同时定期举办“新加坡职业博览会”，在全球各大城市巡回展出并现场招聘。新加坡对外通过这些国家猎头部门，进行按需搜才；对内人力部则统一对人才引进进行协调和管理，明确人才需求的重点。新加坡对经济发展急需的通信、电子及其他领域的高技术人才和金融领域的专业人才，通常会优先从速引进。

2. 放宽外籍人才居留与工作限制

自2003年11月起，新加坡为更进一步打开吸引人才的大门，特别设立了商业入境证，凡是有意在新加坡创业的外国人，凭自己的商业计划，都可以申请来新加坡居留两年，居留期内可以无限次出入境，并能更新居

留期限为家属申请居留权。新加坡政府每年都批准大约 3 万名外国人成为新加坡永久居民，并允许部分外籍专业人士成为新加坡公民。新加坡招收的外国留学生，毕业后只要找到用人单位就可以很快成为永久居民。

3. 实施免税、退税等优惠措施

目前，新加坡个人所得税税率为 0%～22%，这为吸引外籍人才提供了优厚的条件。1999 年，新加坡政府在《21 世纪人力报告》中提出，要用退税等措施吸引外国人才。其制定的海外工作者纳税人计划税务优惠制度，规定对外国工作者有 5 年的税务优惠期。

同时，新加坡政府还通过调低个人所得税、出资为在新加坡工作的外籍人员提供培训机会等手段，进一步吸引外国人才。为了鼓励企业招纳外国优秀人才，新加坡政府规定，企业在招聘、培训外来人才方面的支出，以及为外来人才提供高薪和住房等福利待遇方面的支出，可以享受减免税。

4. 营造社会开放兼容、政府高效率与廉洁的人才环境

新加坡总理李显龙曾指出：新加坡吸引人才的经验是，“必须是开放宽容的社会。让这些人才觉得在这个地方自在舒服，愿意居住，把家人带来。所以必须是一个开放、平安、有法治的、有系统的国家”。

新加坡政府的高效率和高度协助，也是吸引国际人才的重大因素。在新加坡，政府一个月内就可以完成发放个人签证、协助土地取得、银行快速受理贷款等系列程序。

5. 吸引国际知名学校、跨国企业为其培训人才，扶助高科技产业

自 2000 年起，新加坡就积极邀请欧洲工商管理学院、芝加哥大学商学院、约翰霍普金斯医学院等来当地设分校与分院，以提高国际知名度并培养高端人才。同时，这还可以吸引更多跨国企业到新加坡投资，使企业人员有机会接受专业训练，获得更多跨国人才。目前，共有 600 多家跨国公司在新加坡开设了分公司或办事处。这些跨国公司不仅给新加坡带来了大量的外国直接投资，同时也带来了大批优秀人才。

新加坡也善于通过招收留学生来补充人才资源。为了使高层次留学人

才更好地留下来为本国服务，新加坡政府规定，凡是申请公立政府理工学院的国际学生，接受学校录取的同时，可以接受政府助学金（一般是学费减免 80%），但同时需要和新加坡政府签订一份服务协议，即在毕业后留在新加坡工作 3 年。①

（三）启示与建议

海南作为建设中国特色自由贸易港的先行者，需要有大胆的探索创新精神，制定更加开放、先进的引才机制，才能吸引外国高端人才进入海南自贸区（港）。

1. 及时把握全球高层次人才流动趋势，在国际人才竞争中占据主动位置

高层次人才逐渐成为国际人才流动的主要群体，高层次人才环流以及回流的趋势也日益明显。要在激烈的全球人才竞争中占据主动，在世界范围内吸引、选择和引进我们需要的高层次人才，必须及时了解掌握全球高层次人才国际流动的趋势和规律。

海南自贸区（港）在制定人才引进政策时，应注意及时了解高层次人才国际流动变化的新趋势和各国引才动态，研究应对方案，不断推出引才新举措，构筑引才新优势。应建立跟踪研究高层次人才国际流动动态的工作机制，政府、用人单位和研究机构多方合作，通过多种方式研究分析高层次人才国际流动的需求、流动动向和引才政策的有效性，提高海南在全球范围内吸引高层次人才的能力，为出台和实施更有针对性，更加积极有效的人才政策提供基础和支撑。

2. 进一步完善高层次人才的引进机制，建立高效便捷的流入通道

当前，若想要吸引高层次人才来海南，必须创建更加先进、开放的引才机制，增强人才政策的开放度。在加大力度引进外国专家的同时，也要进一步完善吸引我国海外留学人员回归的政策，同时积极探索支持高层次国外和境外留学生在海南就业创业的政策。要积极拓展海外引才引智渠

---

①王辉耀. 日本、韩国和新加坡的国际人才竞争战略［J］. 第一资源，2011（02）.

道，通过重大人才工程、人才发展平台、柔性引才等多种方式引进人才，优化创新团队引进政策，大力引进海南经济社会发展所需要的高层次人才和急需紧缺人才。对于一些特别优秀的海外高端及紧缺人才，进一步探索完善有针对性的出入境、居留、就业等证件办理的特批制度和优惠制度，简化办理手续和程序，为高层次人才的流入建立高效便捷的通道。

3. 积极推进全面深化改革，为吸引海外高层次人才提供有利条件

要贯彻落实党的十九大报告中对全面深化改革的战略部署，深化科技体制、教育体制、财税制度、商事制度等改革，加快推进海南大学创建世界一流学科，加强科研机构和科研设施建设，充分发挥企事业单位在人才资源配置中的主体作用，为海外高层次人才来海南创新创业提供更为广阔的事业发展空间和平台。深入推进人才发展体制机制改革，构建科学规范、开放包容、运行高效的人才发展治理体系和形成促进人才发展的培养、评价、流动、激励、引进及保障机制。积极营造尊重人才、求贤若渴的社会环境，待遇适当、后顾无忧的生活环境和公正平等、竞争择优的制度环境，努力形成人人渴望成才、人人努力成才、人人皆可成才、人人尽展其才的良好局面，为吸引海外高层次人才提供更加有利的条件。①

4. 精准调研，把握海南人才需求关系

建立专业的人才调研队伍，摸清家底，搞清海南的人才储备和人才缺口。特别要对海南的三大产业类型、10 个重点领域、12 个重点产业项目，以及“五网”基础设施项目、特色小镇项目、军民融合发展项目的人才状况有具体的了解，列出紧缺人才的详细清单。这样才能准确把握海南省的人才需求关系，做到精准引进，准确落地，避免出现人才空置、人才堆积的浪费现象。

科学决策，创新人才引进机制。坚持以需求为目的，以市场为主导的人才引进理念，实行职业岗位招聘，用岗位招人，用高薪引人，用事业留

①熊缨，唐志敏. 国外高层次人才国际流动趋势及启示［J］. 中国人事科学，2018（Z1）：60-64.

人，做到“人尽其才，才尽其用，用当其时”。实行人才自由流通政策，要以市场为主导，发挥政府在人才流通中的指导职能和服务职能，为人才创设一个宽松、自由的流通环境，尊重人才的意愿和选择，不设阻拦，让人才来去自由，寻找到最佳的定位。也就是要针对不同层次、不同专业、不同类型的人才，量身定制不同的人才引进模式，以满足不同人才、不同岗位的个性化需求。如采用“计分制”，对其才识、能力、水平和业绩进行准确评判，作为是否决定引进、如何引进、享受何种待遇的衡量标准。

5. 放开户口，颁发海南引进人才居住证

对户口在省外或海外，愿意来海南工作，但不愿意迁移户口到海南的人才，可尊重个人的意愿，不必强求。可以参照国务院颁发的《港澳台居民居住证申领发放办法》，给这些引进的人才颁发海南引进人才居住证。居住证采用第二代居民身份证的制作技术标准，以方便他们在海南工作、学习、出行、生活，凭海南引进人才居住证可以依法享受海南居民的权利、公共服务和各方面的便利。

6. 创新学历、职业资格互相认证制度

国内和国外的教育体制和培训体制不同，教育、培训机构的毕业文凭和专业技能证书也存在差异，这给人才引进带来一定的难度。海南省教育部门和人事部门应主动与国外教育和培训机构互商共议，就双方互相认证的问题达成共识，相互认可毕业文凭和专业技能证书，扫除认证障碍，为人才引进拓宽通道。要坚持“五湖四海”的人才原则，不断完善人才引进机制，用积极、开放、有效的人才政策，让各路优秀人才为海南建设自由贸易试验区和探索建设中国特色自由贸易港再立新功。

第六章　海南自由贸易港管理体制创新①

匡贤明

中国（海南）改革发展研究院院长助理、经济研究中心主任

以对标全球最高水平开放形态和加快推进海南自由贸易港建设为总体要求，以实现投资、贸易、资金、人员、信息的高度自由流动为基本目标，以有效防范各类风险为底线，以实行特殊的行政体制安排为“特别之举”，形成“经济高度开放、行政高效运转”的管理体制。为把海南打造成开放层次更高、营商环境更优、辐射作用更强的开放新高地提供重要体制保障，使海南率先建设成国家治理体系和治理能力现代化的先行区。

一、总体要求

对标当今世界最高水平开放形态的要求，坚持以开放为先，以制度创新为核心，以打造我国面向太平洋和印度洋的重要对外开放门户为战略定位，在内外贸、投融资、财政税务、金融创新、入出境等方面，探索更加灵活的政策体系、监管模式、管理体制。

1. 体现中国特色自由贸易港的基本要求

海南自由贸易港建设，是中国特色社会主义制度框架下的探索实践与开拓创新，是社会主义市场经济的重要组成部分。在海南自由贸易港建设

①本报告为2018年国家社会科学基金特别委托项目《海南自由贸易港管理体制研究》（批准号：18@ZH020）最终成果，由中国（海南）改革发展研究院课题组完成。课题组组长：匡贤明。课题组成员：郭达、甘露、郭文芹。

中体现“中国特色”：一是加强党的领导，二是坚持社会主义基本制度，三是坚守政治体制的基本框架。

2. 服务于打造全球最高水平开放形态

(1) 对标中国香港以及新加坡、迪拜等国际公认的自由贸易港。海南自由贸易港管理体制创新，要按照“境内关外”的基本原则，以对标国际自由贸易港的一般规则为基本要求，在内外贸、投融资、财政税务、金融创新、入出境等方面，探索更加灵活的政策体系、监管模式、管理体制。

(2) 对标世界最新及最高水平的经贸规则。把握全球经贸规则变化升级趋势，率先在海南探索实施“零关税、零壁垒、零补贴”，全面降低和取消贸易和投资壁垒；大胆借鉴并率先实施国际最新投资贸易协定相关条款，尽快开展电信、环保、劳工、政府采购、知识产权保护等领域的先行先试。海南自由贸易港管理体制创新，要为对标全球未来最高开放水平预留制度空间。

3. 服务于打造“两洋”门户的战略目标

(1) 把海南打造成为我国面向太平洋和印度洋的重要对外开放门户，是中央明确赋予海南自由贸易港的重大战略定位。加强同“一带一路”沿线国家和地区开展多层次、多领域的务实合作，建设“21 世纪海上丝绸之路”的文化、教育、农业、旅游等交流平台，在成为“21 世纪海上丝绸之路”重要战略支点上迈出更加坚实的步伐。海南自由贸易港管理体制创新，要服务于把海南打造成为我国面向太平洋和印度洋的重要对外开放门户这一重大战略定位。

(2) 把加快构建“泛南海经济合作圈”作为海南自由贸易港的战略使命。充分发挥海南地处太平洋和印度洋要冲的独有区位和地理优势，以自由贸易港为平台，加快构建“泛南海经济合作圈”，以经济合作促进政治安全，使海南成为“联通陆海、贯通南北、连接带路、联系内外”的重要枢纽。

4. 以形成高效运转的行政体制为关键

(1) 把实行特殊行政体制安排作为建设最高水平开放经济区的“特别之举”。海南作为一个相对独立的岛屿地理单元，区位和地理优势明显，但其自身基础差、经济外向度低。面对加快推进海南自由贸易港建设的重大战略任务，仅靠优惠政策支持，按照现行的行政体制难以实现中央赋予海南的重大战略使命。为此，要从打造当今世界最高水平开放形态的大目标和建设全球面积最大的自由贸易港的基本特点出发，以高效的行政管理体制机制支持建立最高开放型经济体系。

(2) 把实行特殊行政体制安排作为推进海南自由贸易港管理体制改革的重大举措。目前，多方担心疑虑的焦点在于海南现行的政府管理体制与政府工作效率能否有效地承担起自由贸易港建设的重任。从现状看，确实面临着难以解决的突出矛盾。例如，行政体制如何与高度开放的需求相适应；现行的中央与地方经济关系如何有利于全面开放政策的落地，等等。实行特殊行政体制安排，目的是加快建立适应自由贸易港建设发展需要的行政体制，并以此带动经济管理体制、海关管理体制、金融管理体制、财税管理体制等体制机制的重大变革。

(3) 从法治上保障海南自由贸易港实行高效率的、特殊的行政体制。在海南实行行政权力“大负面清单”制度，除国防、外交等国家重大事项外，建议中央政府从法制上赋予和保障海南自由贸易港高度的经济试验管理权限。

5. 以创新管理体制有效防范各类风险

(1) 有效防范系统性金融风险。打造高度开放的金融体系，促进投融资和汇兑便利化，对金融监管提出了更高的要求。这就要求在推进金融创新改革与开放的同时，也要研究构建起透明、公平和有效的金融风险防控的监管框架、管理体制与监管模式，切实防控好金融风险和跨境资金流出入的风险，尤其是防止资金“大进大出”对全国以及海南经济发展的冲击。

(2) 有效防范市场监管风险。为适应海南自由贸易港以服务贸易为主导及服务业全面开放的大趋势，需要尽快形成与国际接轨的服务业监管标准体系与管理模式，并建立与之相适应的监管体制，实现服务业高水平开放与风险防范的平衡。

（3）有效防范外部输入性风险。当前，世界处于百年未有之大变局。在贸易保护主义与单边主义势头增强、大国博弈长期化、各国围绕新一轮科技革命竞争日趋激烈的背景下，海南自由贸易港建设面临的外部输入性风险明显上升，这需要海南强化防范经济、金融、科技、生态、海洋、人员等外部输入性风险。

6. 采取一切有效办法，加快推进海南自由贸易港建设

“加快推进海南自由贸易港建设”是我国政府向国际作出的郑重承诺。推进自由贸易港建设只能提前，不能拖后；有条件落地的政策、某些“早期安排”要成熟一个推出一个；海南有条件做、能做的事要尽快行动。海南自由贸易港管理体制创新，要服务于“加快建设”的要求，尽快把海南打造成为“高度自由、高度便利、高度法治”的中国特色自由贸易港。

二、走向高度开放的市场管理体制

按照“2025 年营商环境达到国内一流水平”“2035 年营商环境跻身全球前列”的要求，尽快形成与全面开放、高度开放相适应的高效透明的市场管理体制，由此打造市场化、法治化、国际化的营商环境和公平、统一、高效的市场环境。

1. 把实现海南全面开放作为市场管理体制创新的基本要求

（1）加快推动海南全面开放、高度开放。2018 年，海南对外贸易依存度仅为 21.45%，低于全国 33.9%的平均水平。历史和实践说明，海南作为岛屿经济体，只有大开放才能凸显地理和区位优势，只有全面开放才能有全面发展。提高海南对外开放水平，重在通过管理体制机制变革，破解高度开放模式、开放政策需求与现行体制机制不相适应的突出矛盾。

（2）把形成市场化、法治化、国际化的营商环境作为基本导向。市场活力不足、企业主体少，是当前海南经济面临的突出问题。截至 2018 年

底，海南省市场主体为 75.45 万户，不及深圳的 1/4。能否顶住压力、克服短期困难，为中长期发展打下坚实基础，取决于市场治理变革与创新的实际成效。

（3）把服务业市场全面开放作为海南产业开放的重中之重。以服务贸易为主导加快推进海南自由贸易港建设，符合经济全球化大趋势，符合国际自由贸易港转型大趋势，符合中国开放转型大趋势，也符合海南自身特点。在服务贸易与服务业市场开放直接融合的背景下，海南自由贸易港要形成以服务贸易为主导的独特优势和突出特色，重点、难点、焦点大都集中在服务业市场开放的广度和深度。

2. 形成与国际对接的负面清单管理制度

（1）加快制定内外资一致的海南版服务贸易负面清单。争取到 2025 年全面取消现有投资准入负面清单与跨境服务贸易负面清单中禁止性与限制性措施。除对出版印刷、金融、电信、法律等领域实行牌照管理外，其余领域全面放开；保证外资进入后在经营范围等领域享有的待遇与境内投资者相同。取消跨境直接投资、融资外汇登记环节，跨境直接投资、融资资金进出完全自由，资金来源及使用按照负面清单管理。

（2）完善负面清单配套管理措施。详细列明海南负面清单的管理措施与相关描述，提高负面清单可操作性，降低负面清单的行业限制强度，完善负面清单的附件体系，为关键领域及未来新业态预留空间。

（3）强化负面清单的稳定性与可预期。通过地方立法明确规定，凡是与负面清单的开放承诺相冲突的部门现行规章，一律按照负面清单执行；建立"棘轮机制"，明确负面清单限制措施"只减不增"。

3. 加快完善自由企业制度

（1）大幅减少准入前认证。建议将准入前认证限定在满足最低标准要求的范围以内，放宽对市场准入前置条件的限制，并最大程度在市场准入后，在管理过程中保持中性，保障任何市场主体不受歧视地获得认证许可。

（2）尽快开展负面清单外无审批试点。在准入阶段全面实行企业法人承诺制；探索在退出阶段引入法人承诺制，企业股东或投资者只需承诺债权债务及清缴税款，就可以向登记机关申请退出登记，办理注销手续；构建市场主体信用风险提示与预警制度。

(3) 以大数据、区块链为基础构建市场治理的信息平台，提升市场治理效能。尽快建立全省统一的信用信息系统；整合银行、市场监管、税务、交通管理、统计等部门的信用信息，实现各地区、各部门信用信息共享；利用大数据、区块链等互联网技术快速发展的条件，推进“智能”监管，实现监管事项全方位、实时化监管。

4. 加快完善与最高开放水平相适应的市场监管体制

(1) 适应服务业市场开放的需求，市场监管的主要对象要由商品为主向服务为主过渡。随着海南服务业市场全面开放及各方对海南服务型消费快速增长，市场监管的转型与变革都面临着诸多需要解决的突出问题。尤其是在监管标准体系缺失的背景下，很难实现服务业开放发展与风险防范的平衡。为此，市场监管的主要对象要尽快由商品为主向服务为主转变。

(2) 以建立统一的市场监管协调机构为重点，理顺综合监管与专业监管的关系。建议海南省级政府层面建立统一权威的市场监管协调机构，统筹监管资源，提升市场监管尤其是特殊服务业领域监管的有效性。

(3) 以明确职责权限为重点，理顺省级与省级以下的监管体制。以药品监管为例，从现实情况看，市县难以有效履行药品监管职能。这就需要尽快理顺省级以下的药品监管机构职能。提出两种方案的建议：其一，明确各级政府市场监管机构的事权和责权划分；其二，实行省级市场监管的垂直管理。

(4) 建立与国际接轨的服务业管理标准体系。实行服务业管理的国际标准，对标美国、欧盟、日本、新加坡等在旅游、会计、法律、教育、金融等服务业行业的管理标准，允许符合当地标准的服务业企业和具备相关职业资格的人员，在海南备案审核后直接开展相关经营与业务活动；全面引进欧盟、美国、日本等医疗药品管理标准；制定市场经营行为差异化责任豁免目录。

(5) 在推进监管体制变革中强化监管队伍的能力建设。考虑试行公务员职务与职级并行、职级与待遇挂钩制度，突出职级在确定干部工资、福利等方面的作用；探索监管部门预算管理新模式，下放人事管理权，在预算约束的前提下允许监管部门自主聘任监管技术人才。

5. 推进以竞争中性为导向的经济政策转型

(1) 确立竞争中性的基本原则。在《海南自由贸易港法》及《海南自由贸易港市场监管条例》等专门性法律法规中明确提出“竞争中性原则”，在要素获取、准入许可、经营运行、政府采购和招投标等方面，对各类所有制企业平等对待。

(2) 从以产业政策为导向转向以竞争政策为基础。全面清理妨碍公平竞争的产业政策，减少行政力量对市场资源的直接配置，按照“非禁即准”的原则，清理与法律法规相抵触、制约各类市场主体进入各行业的规定和程序，严禁和惩处各类违法实行优惠政策的行为；全面实施普惠化的产业政策；全面实施功能性的产业政策，加大基础研发、人力资本、信息等投入，加快形成创新驱动的基本格局；制定适用产业扶持政策的负面清单。

(3) 强化对各类经济政策的公平竞争审查。赋予公平竞争审查机构对经济政策的审查权。强化对国企民企、内外资、政府采购等重点领域的公平竞争审查；建立企业公平竞争申诉制度；鼓励支持公平竞争审查工作中引入社会智库、权威性评估企业及行业协会进行第三方评估。

(4) 形成与竞争中性相适应的公平竞争监管体制。统筹监管资源配置与地方行政权力、行政机构调整，全面剥离市场监管机构的审批事项；以现有的反垄断局及价格监督检查和反不正当竞争局等机构为主体，组建海南自由贸易港促进竞争委员会；授权出台《海南自由贸易港市场监管条例》，重点将服务业反行政垄断纳入在内。

三、走向高度开放的海关监管体制

适应经济全球化的大趋势，尤其是国际经贸规则变化的大趋势，对标国际成功自由贸易港，创新海关监管体制。建议在海南设立国家海关特殊监管区，实行“分线管理、分类监管”；待时机成熟时，授权海南实行单独关税区的海关管理体制。

1. 适应走向高度开放，加快推进海关监管体制创新

（1）为适应高度开放，要求建立特殊的海关监管体制。一方面，打造全球最高水平开放平台对海关监管制度提出新要求。自由贸易港是“境内关外”，自由贸易港的“关外”主要指“关税征收的例外”和“常规海关监管的例外”。另一方面，与国际自由贸易港不同，海南自由贸易港起步阶段要求以旅游业、现代服务业和高新技术产业为主，这是中央对海南提出的明确定位。服务贸易更加注重服务、资金、人员、信息等要素的跨境自由流动，传统的物理围网监管模式难以适应新要求。这对海关监管体制创新提出迫切需求。

（2）把防范外部输入性风险作为海南海关监管体制创新的重大任务。随着全球“零关税”政策的逐步实施以及我国进口关税的不断降低，“防止走私”虽然仍是海关监管的一项重要任务，但更重要的是如何有效处理海南与内地的关系，如何有效防范外部输入性风险。为此，海南自由贸易港的海关监管职能和监管体制，要适应新的趋势变化进行调整和变革。

（3）把建立海南单独关税区作为海关监管体制创新的最终目标。单独关税区具有几个基本性质：一是属于“非国家实体”，按该地区政府颁布的海关法规执行；二是必须有主权国家即母国的授权；三是可以同其他国家和地区签订协议，最终责任仍然是由其母国来承担；四是符合国家主权原则等。目前我国的台湾、香港、澳门地区都是资本主义制度的单独关税区，在海南设立我国第一个社会主义制度的单独关税区，有利于向国际社会彰显我国社会主义制度的优越性，政治意义重大。此外，若中央能授权海南以“单独关税区”的形式，以“中国海南”的名义同世界各国、各地区及有关国际组织，尤其是与泛南海周边国家和地区签订经贸协议，就能务实推动与“一带一路”国家和地区的经贸合作，战略意义重大。

2. 设立国家海关特殊监管区

（1）在海南全岛设立国家海关特殊监管区。这个特殊监管区，不是一

个完整的单独关税区的概念，但执行国家赋予类似于香港、澳门“单独关税区”的海关监管职能。

（2）明确海南国家海关特殊监管区的法律地位。在《海南自由贸易港法》制定出台前，尽快暂停实施《中华人民共和国海关法》部分条款。同时，参考《香港海关条例》、澳门特别行政区第11/2001号法律《澳门特别行政区海关》的相关条文，授权海南制定《海南自由贸易港海关监管条例》，报全国人大和海关总署备案实施。在《海南自由贸易港海关监管条例》中明确海南为海关特殊监管区。

（3）实行特殊的海关监管体制。明确海南自由贸易港国家海关特殊监管区为国家海关总署派出机构，代表国家对海南实行特殊的海关管理，促进中央赋予海南的各项开放政策尽快落地实施，使海南自由贸易港既放得开，又管得住。

3. 实行“分线管理、分类监管、简易通关”模式

（1）以实现“双自由、双便利”为目标。“分线管理、分类监管”的海关监管制度，是在有效防范风险的前提下，既要面向国际市场又要服务国内近14亿人的内需大市场；既要保证海南与境外市场在各要素流动上的自由和便利，也要保证海南与内地市场在各要素流动上的自由和便利。

（2）探索实行“分线管理、分类监管”的模式。实行“一线放开、二线管住，人货分离、分类监管”的模式。为此，海关监管重心必须实现以下转变：一是从进出境监管向进出港监管转变；二是从海关监管为主向企业自管为主转变；三是从事先监管向事中事后监管转变；四是从货物的单一进出口监管状态向货物多种监管状态转变；五是从海关一家单打独斗向中央与地方各部门协同监管转变。

（3）实行服务贸易项下货物进出口自由化、便利化制度。制定服务贸易项下商品豁免查验目录，对旅游、健康、文化娱乐、研发设计等服务贸易项下的自用商品与相关设备采取豁免查验政策，将审核环节后退至市场监管领域；实施服务贸易“认可经济营运商计划”。

（4）尽快建设全岛一体化、智能化、信息化管控体系。以国际贸易

“单一窗口”为基础，借助大数据、云计算、物联网等，在海南全岛设立环岛电子围网，建立自由贸易综合信息化监管服务平台，实现人流、物流、资金流、信息流的交换共享；利用现代科技手段，推进智能化监管。

4. 创新关税管理制度

(1) 实行“零关税”制度。第一，尽快在相关服务贸易领域取得“零关税”的制度安排。例如，对医疗健康、文化娱乐、旅游、教育、科技研发、会展等服务业行业发展所需原材料、基础设施配套的用品设备的进口实施“零关税”，并免除进口环节增值税；对事关民生的重点行业实施“零关税”。第二，把日用消费品“零关税”作为“零关税”制度安排的重中之重，以解决本岛居民收入不高但生活成本高的突出问题。第三，逐步过渡到除部分商品外全面实现进口产品“零关税”。

(2) 创新关税征管制度。参照国际惯例，制定适用于海南自由贸易港的特殊产地规则，对岛内原产物资和进口后在岛内获得产地的货物出岛到内地不征收关税；对享受“零关税”的物资暂时出岛到内地接受加工处理或使用仍可继续享受“零关税”；进口后出岛到内地的商品，海关征收关税时对在岛内经过加工处理后的增值部分不计入海关估价；进口后出岛到内地的商品，如果其税则归类发生变化（但没有获得原产地），针对这种情况，实行让企业自主选择可以适用的税则归类。

5. 尽快过渡到与高度开放相适应的单独关税体制

(1) 赋予海南单独关税区的法律地位。建议通过修订《中华人民共和国海关法》，在《海南自由贸易港法》中明确提出“海南自由贸易港为单独的关税地区”，明确海南单独关税区的法律地位、性质、职能、管理体制、运作模式等，赋予海南对域内的经济法人、个人的经济行为更大管辖权，包括自主制定内部经济政策的权力。

(2) 条件具备时，授权以“中国海南”的名义加入国际经贸组织。允许海南在投资、贸易、金融、航运、通信、旅游、文化、体育、医疗等领域以“中国海南”的名义，以“单独关税区”的形式同世界各国、各地区及有关国际组织保持和发展经贸关系，签订和履行有关经贸协议；根据产地规则，海南可对产品签发产地来源证。由此全面对接国际市场，发挥其在构建泛南海自由贸易区网络中的特殊作用。需要强调的是，这是中央政府授予海南自由贸易港在对外贸易方面享有的经济自主权，是代表权而非缔约权。

四、走向高度开放的财税管理体制

适应加快推进海南自由贸易港建设的要求，以调整中央与地方税收关系、改革税制、创新征管体制等为重点，实行一套具有国际竞争力、有别于内地的财税体制，加快形成以“简税制、低税率”为主要特点的财税体制，增强海南自由贸易港的国际吸引力与产业集聚效应。

1. 以适应高度开放为目标，建立一套具有国际竞争力、有别于内地的税收体制

（1）具有国际竞争力的税收制度是成功的自由贸易港的基本特征和通行惯例。税收的国际竞争力越大，其对资本、人员、技术、服务等跨境流动性生产要素的吸引力越大。国际知名的自由贸易港，其税收制度通常都更具国际吸引力：税制简单，税种较少；多以直接税为主，以增值税、消费税、关税等为重点的流转税要么没有，要么税率较低。2017 年，香港宏观税负 23.3%，新加坡不到 20%，海南为 27.4%。税负较重仍然是海南企业发展面临的主要问题。

（2）加快建设海南自由贸易港迫切需要建立一套有别于内地的特殊的税收体制。我国是单一制结构的国家，中央与地方之间在事权划分上有着严格的界限，税收立法权高度集中于中央政府。按照我国现行税收，我国增值税和个人、公司所得税的边际税率偏高、税制复杂、税收配套优惠体系不完善等问题突出。从海南免税购物、博鳌乐城国际医疗旅游先行区等具体实践探索看，若实行与全国统一的财税制度，则会制约海南自由贸易港的建设。因此，在税收国际竞争日趋激烈的情况下，加快建设海南自由贸易港关键是构建“简税制、低税率”的财税体制，充分发挥财税政策在产业引导、要素集聚等方面的重要作用。

（3）海南实行单独财税体制不会对全国统一财税体制带来重大冲击。第一，海南的财政在全国财政盘子中占比不大，不会引起财政格局的异常波动。2018 年全国一般公共预算收入 18.3 万亿元，海南为 752.7 亿元，占比仅为 0.41%。第二，海南实行“境内关外”的财税体制，不会成为税收洼地。内地货物进入海南视同出口，不会带来类似注册地登记的税收流失。第三，海南发展的不是所谓的注册地经济，而是以服务贸易为重点，有坚实的产业支撑。

2. 授权海南实行“简税制、低税率”的特殊税制

（1）形成简税制的相关安排。建议授权海南通过停征、合并、调整征收范围等方式，将海南域内税种从 18 个减为 6 个，即减少后只有企业所得税、个人所得税、环境税、消费税、物业税、印花税等 6 个税种。

（2）实行具有明显吸引力的低税率。按不高于 10%的税率征收企业所得税；个人所得税税率最高不超过 10%；来自海南域外的收入不再征税；免除增值税，对海南自由贸易港内企业之间的交易适用增值税税率为零的政策。

（3）海南对部分行业企业或人员采取更大力度的税收优惠政策。加大对旅游业、现代服务业及高新技术企业的税收减免力度；实行对创新创业企业的税收优惠政策；加大对高新技术企业的研发环节补贴。

3. 待时机成熟时，授权海南实行独立的税制

（1）授予海南一定的财税自主权。建议在《海南自由贸易港法》中明确提出“海南实行独立的税收制度”，确立“零关税、简税制、低税率”的基本原则，授权海南根据实际情况自行立法规定税种确立与取消、税率调整、税收减免和其他税务事项。

（2）适应海南加快探索建设自由贸易港要求，合理确定中央与地方财税关系。服务于我国南海资源开发，维护海洋权益的战略需要，将海南省所辖海域油气田的资源税划归海南；在保持中央转移支付不变的同时，海南不再上划相关收入；同时，视海南发展情况，中央予以专项支持。

4. 创新税收征管体制

（1）强化与中央及内地省份的税收征管协作。尽快设立跨部门、跨省

市的税收“联席协调”特别机制；建立与内地共享的企业税务信息共享平台，实现海南与内地企业纳税信用联动、涉税信息互换、联合税收稽查等；在国家税务总局协调下，联合制定防逃税监管标准体系。对逃税行为的认定、处罚等方面实现制度性安排。

（2）强化税收征管的国际协调。以采用与国际衔接的预约定价协议机制强化对跨境业务的税收征管协调；建设以泛南海区域为重点的税收饶让协定平台，支持海南签署税收饶让协定；建设跨国税收协作平台。

（3）探索数字经济领域的跨境税收征管新规则。建议海南自由贸易港率先在数字经济税收管辖权标准、税收侵蚀、利润转移及跨境电商税收征管、反洗钱等领域进行探索，为我国积极参与国际数字经济税收规则制定提供海南经验。

五、走向高度开放的金融监管体制

海南自由贸易港要打造全球最高水平开放平台，不仅要实现金融的高度开放，更要建立与之相适应的高效金融监管制度，在促进资金自由流动的同时，有效防范金融风险。

1. 适应高度开放的趋势，加快实现资金自由流动

（1）金融开放是自由贸易港的本质特征。从全球自由贸易区、自由贸易港的基本特征看，资金进出自由是基本要素之一。例如，中国香港、新加坡均无外汇管制，资金可自由兑换。

（2）开放的金融市场是实现资金自由流动的重要条件。作为国际知名的成功自由贸易港，中国香港、新加坡、迪拜金融业发展主要具有以下特点：一是金融业在经济中的占比较高。2017 年，中国香港、新加坡、迪拜金融业增加值占 GDP 的比重分别为 17.5%、12.5%和 11%。二是金融业开放程度高。金融利率市场化，金融机构资产价格实行市场化定价；允许国际资本自由进出；金融体系完善且高效。三是实行离岸金融的特殊安排。例如，中国香港建立了基于多币种、多种业务实时全额支付系统（RTGS）的金融基础设施，成为人民币、美元等多种货币的重要金融离岸市场。

⑶ 加快推进海南自由贸易港建设，迫切需要推进金融市场开放。海南金融基础薄弱，市场开放度不高。2018 年，海南金融业占 GDP 比重仅为 6.4%。[①]海南金融开放如果没有大的突破，会影响和制约相关产业发展。高度国际化的金融业是现代服务业的龙头。针对海南金融基础薄弱和金融服务发展不足的问题，海南要对标国际自由贸易港，在金融制度方面作出一系列特殊的政策安排，从而实现金融要素的自由流动，最大限度释放资源要素活力，有效汇聚国际资金、金融机构和专业人才，为国内外企业提供资金、技术和专业服务等方面的支持，同时营造公开、公平、透明的投融资环境。

2. 尽快形成以外资、社会资本为主体的金融体系

⑴ 首要任务是加快推进金融市场全面开放。全面放开外资金融机构在持股比例、设立形式、股东资质、业务范围等方面的限制；适时全面取消外资金融机构与内资不同的资格条件限制与经营范围限制，对外资金融机构准入实行与内资同等标准、审批程序与期限；取消对外资金融机构经营范围单独设限的一系列规定等，尽快补齐海南自由贸易港金融体系短板。

⑵ 分阶段推进人民币资本项下自由可兑换。在现有海南自由贸易账户的基础上主动探索、分阶段推进人民币资本项下自由可兑换。率先实现资本项目流入侧的自由可兑换，除保留对投机性短期资本流入的管制外，取消对流入侧资金外汇兑换事前审批，支持境外个人投资境内证券市场和购买人民币理财产品；允许非银行金融机构办理结售汇业务；逐步放松资本项目流出侧汇兑限制。

⑶ 鼓励与支持内外资金融机构在海南开展离岸金融业务。支持金融机构经批准开展跨境融资、投资、贸易结算等离岸金融业务，逐步建立包括离岸银行、证券、保险、基金、资产管理等业务在内的多功能型离岸金融市场。支持海南建立人民币离岸业务在岸结算交易中心，打造服务境内

---

①数据来源：2018 年海南省国民经济和社会发展统计公报。

外交易主体、便利贸易投资的自由结算体系。探索建设离岸人民币金融中心，推动海南自由贸易港率先实现人民币国际化。

3. 形成在岸、离岸分类监管的制度性安排

（1）制定《海南自由贸易港离岸金融管理条例》。明确海南自由贸易港与境内为离岸与在岸的金融关系，实行在岸、离岸分离模式。明确离岸金融机构的准入、退出、业务监管、税收征管等标准；明确在离岸业务与在岸业务基本隔离的前提下，海南自由贸易港内实行相对独立的、与国际规则相衔接的离岸金融制度，与境外金融往来自由，与境内的往来实行跨境管理；明确将人民币作为海南离岸金融业务的交易货币。

（2）加快建立离岸与在岸金融联系机制。待离岸金融业务发展到一定规模后，在宏观审慎管理框架下，建立离岸与在岸金融市场之间资金相互连通的机制，推动境内外市场逐步、适度地相互渗透。

（3）设立离岸账户体系。建立以人民币为本位币、本外币合一、可自由兑换，基于自由贸易港离岸金融规则的账户体系，待时机成熟时将现有账户全部切换到离岸账户。

4. 构建独立高效的金融监管体制

（1）在海南建立混业金融监管体制。适应金融资本跨领域、跨机构、跨境联动，金融机构混业经营的大趋势，重构海南自由贸易港的金融监管体制，整合海南省“一行二会两局”（中国人民银行海口中心支行、中国银保监会海南监管局、中国证监会海南监管局、海南省外汇管理局、海南省地方金融监督管理局）的监管职能，建立综合型的海南金融监管局，实行混业监管。

（2）完善跨境资金流动宏观审慎监管框架。建立以账户体系为依托的资金“两线”流动留痕管理制度，推动形成既符合国际标准又满足海南自由贸易港审慎监管需要的跨境资金流动监测制度。根据金融机构的资本、杠杆、资产负债、流动性、跨境融资风险等情况，对海南自由贸易港金融机构进行宏观审慎管理，并按宏观审慎评估结果实施分级管理。

（3）在海南设立国家金融稳定发展委员会特派机构。强化海南自由贸易港的宏观审慎管理和系统性风险防范，协调中国人民银行、银保监会、

证监会、外汇局对海南自由贸易港金融业的综合统一监管，强化“反洗钱、反恐怖融资、反逃税”“三反”监管，维护海南自由贸易港的金融秩序；加强对国内其他省份资金进出海南的监管，避免海南成为资金“大进大出”的平台，避免冲击国内金融市场。

5. 创新金融监管方式

(1) 建立跨部门、跨行业、跨市场的全口径金融信息监测体系。打通部门间金融数据壁垒，建立资金流信息监测管理系统，实现银行证券保险数据全覆盖，夯实金融业资金流数据监测基础。建立金融风险实时监测分析平台，实现对各类金融市场、机构、产品、工具和交易结算行为等的金融风险监测监控全覆盖。运用信息技术手段完善金融监管工具，提升金融监管的专业性、统一性和穿透性。

(2) 利用现代金融监管手段。适应金融科技发展趋势，运用大数据、人工智能、区块链等技术手段创新金融监管科技，进一步强化创新监管与功能监管，扩大金融监管科技在金融风险管理中的应用，提高海南自由贸易港的金融风险识别能力和系统性风险防范能力。

(3) 以发行数字货币为重点实现金融监管的智能化。支持海南率先探索发行以国家信用为支撑、加密的法定数字货币。以数字货币为基础，构建“进岛加密、出岛解密”的金融监管体系，使进出海南的国内外资金实现“进出自由、区内有痕流动”，做到“可识别、可追溯、可监管”。

(4) 建立行业自律监管机制。创建利率市场秩序和外汇市场自律机制。成立“利率市场秩序自律委员会”，由规模最大的银行为理事，发挥其作为存款利率稳定器的作用。形成具有海南自由贸易港特色的外汇市场自律机制，组建跨境金融服务专业委员会，构建同行业规范。发挥银行同业协会的作用，搭建中外资银行创新试点交流对接机制。

六、走向高度开放的互联网治理

海南自由贸易港互联网治理，要以数据跨境自由流动为目标，在区分数据类型，分类、分级、分流向、分阶段推动数据跨境流动自由化、便利化的同时，加快建立信息安全与网络安全体系，推进网络安全治理机制化，以实现互联网信息安全有序地自由流动。

1. 以适应高度开放为目标推动互联网信息安全有序地自由流动

（1）信息自由流动是国际成功自由贸易港的基本要素。随着电子商务、数字贸易等加速发展，数字产业已成为各国经济发展的重要驱动力，大量数据信息在不同国家间频繁跨境流动。中国香港、迪拜、新加坡等世界著名自由贸易港的发展历程表明，数据自由流动、信息自由流动是自由贸易港建设取得成功的重要条件。

（2）海南自由贸易港发展需要信息自由流动。加快推进海南自由贸易港建设，需要吸引大量的企业、人才到海南，这对信息自由流动提出了更高需求。第一，海南自由贸易港产业发展需要信息自由流动。海南要形成以服务贸易为主导的独特优势和突出特色，重点、难点、焦点大都集中在服务业市场开放的广度和深度上。在数字经济引领产业变革的大趋势下，自由贸易港建设高度依赖于信息的高效自由流动。例如，没有信息的自由流动，就难以实现数字贸易、远程服务等新兴业态的发展。第二，吸引企业与人才进驻海南需要信息的自由流动。自由贸易港建设所需的跨国企业集团、外籍人才等对信息自由流动具有较高要求。例如，加快推进海南自由贸易港建设，需要引进大型跨国企业集团到海南，只有信息自由流动，这些跨国公司的业务开展以及集团高端人才才能有效地参与全球竞争。

（3）加强信息自由流动风险防控。随着信息技术与经济社会交汇融合发展，数据信息业已成为国家的基础性战略资源。若不加干预地放任各类信息数据随意流动，不仅有可能威胁个人、企业或组织的有关权利，更有可能构成对国家核心利益的侵害，影响国家安全。因此，加强风险防控，保障数据信息安全有序地自由流动至关重要。

2. 分类、分级、分流向、分阶段推动数据跨境流动自由化、便利化

（1）分类推动数据跨境流动便利化

——按数据内容划分。将数据区分为不同类型，如政府数据、技术数据、商业数据和个人数据，采取绝对禁止流动、一定限制流动和无限制流

动等不同的规制措施，以实现数据安全，有条件、有秩序地跨境流动。对事关国家经济、社会安全、个人基本权利的重要数据、个人数据等特定数据的跨境流动进行规制，保障网络安全；对不妨害国家安全和个人利益、不影响网络安全的数据则予以放开，促进自由流动。

——按不同区域划分。在洋浦经济开发区、博鳌乐城国际医疗旅游先行区、海口江东新区、三亚崖州湾科技城等外资企业和外国人集聚的主要产业园区，允许直接接入国际互联网；其他区域可借鉴前海经验，开发海南自由贸易港公共网络平台，符合条件人员可通过专门通道接入国际互联网。

（2）分级推动数据跨境流动

——借鉴国外数据分类经验，按照重要行业和信息主题分类标准，合理确定海南自由贸易港“重要数据”“敏感数据”的内涵和范围，开展风险评估和梯度管理。

——以数据泄露、篡改或滥用对国家安全和社会公共安全影响程度为标准划分“重要数据”“敏感数据”出境的风险等级，在实施风险评估后确定高、中、低风险下完全限制出境、审批后限制出境和出境后备案等不同的监管方式。

——依托大型成熟跨境企业，共同研究行业级的数据跨境流动安全管理规范，在电子商务、金融、航空、云服务等领域率先推动行业数据跨境流动标准的出台，以此带动整个行业的数据保护和数据流动。

（3）分流向推动数据跨境流动

对提供给家庭与公司企业、未成年人与成年人、公共大众与个人消费者的互联网内容区别对待，进行不同程度的审查。对进入家庭的资料检查应严于对进入公司企业的检查；政府有关部门对企业信息和非企业信息进行区分，供公司企业经营用的信息可以尽可能地自由流动，而对非企业信息、进入家庭的信息则应进行检查。针对未成年人的信息利用要严于对成年人的信息利用。对公共消费信息的检查要严于对个人消费信息的检查，对仅用于艺术等目的的资料检查可以相对宽松。

(4) 分阶段推动数据跨境自由流动

——压力测试阶段。建议在2020年，采用电子身份证、人脸识别等先进技术，允许符合条件的人员在实名认证下，获取国际互联网信息；探索以试点的形式逐步提升互联网资讯的开放水平，在重大产业园区率先实现直接接入国际互联网，开展压力测试，探索数据跨境自由流动的可行性。

——稳步推进阶段。经过压力测试后，在与国内互联网物理隔离的前提下，实现海南互联网无屏蔽访问，允许海南自由贸易港内各类人员、企业实名备案后自由访问、查阅国外数据库、网站等。

3. 依托大数据平台加快建立信息安全与网络安全体系

(1) 完善网络安全基础设施建设

推动建设全行业、全领域、全覆盖的海南自由贸易港网络安全态势感知平台，提升支撑网络安全管理、应对有组织高强度攻击的能力。鼓励重点行业、骨干企业建设漏洞库、病毒库等网络安全基础资源库。建设海南自由贸易港网络安全信息共享平台和应急指挥平台，实现跨企业、跨行业、跨地区信息共享和协调联动。支持构建、发展基于商用密码、指纹识别、人脸识别等技术的网络身份认证体系。

(2) 加快培育技术优势，完善大数据监管

以“数据系统攻不进、数据传输切不断、数据资产窃不走、数据滥用行为赖不掉”为目标，推动多方合作，加快数据存储、传输和分析等领域的技术研发和应用。如通过同态加密、多方计算等新技术来降低数据安全威胁，提升数据防护水平；充分运用大数据、云计算、人工智能等技术手段建立自动化监管流程，对数据流入、流出提供全面、精准的数据分析服务，建立数据流动异常预警机制，提高治理效率。

(3) 制定数据隐私保护方面的法规

尽快制定出台《海南自由贸易港数据安全法》《海南自由贸易港个人数据保护法》，确立“数据主权”地位，明确其管辖范围与数据处理的基本原则，明确其主体责任和监管内容，加强数据保护的法律保障。根据安全评估的主要标准，参考欧盟、澳大利亚等的政府部门提出的数据出境合同范本，引导企业建立指引性的数据跨境流动协议范本，通过合同法律机

制管控个人数据出境风险，防范出境后可能遭遇的数据泄露、数据滥用等侵犯个人合法权益的风险。

4. 加快网络安全治理的机制化建设

(1) 出台《海南自由贸易港网络安全条例》

在暂停实施或调整《中华人民共和国网络安全法》《国际通信出入口局管理办法》相关内容的基础上，尽快制定出台《海南自由贸易港网络安全条例》，明确互联网治理的主体范围及职责、互联网服务提供者和内容提供商应承担的责任、严格禁止传播的互联网内容范围以及违法开展互联网业务的处罚细则等。

(2) 建立自由贸易港网络安全治理统筹协调机构

网络安全治理涉及部门广、系统多，技术复杂，平台建设难度大，建议由权威部门统筹建立海南自由贸易港网络安全治理统筹协调机构，联系网络安全相关部门协调各自的领导机构，统筹各部门的网络安全事宜，提升海南自由贸易港应对大规模、跨行业网络安全事件的能力。

(3) 加强网络安全治理专业队伍建设

支持、鼓励海南省内各大院校开办信息通信与网络安全相关课程；建立网络安全专业奖学金计划和资助计划，吸引学生修读，从而使更多学生加入到网络安全事业当中。同时，与新加坡网络安全学院合作，在海南自由贸易港建立结合网络安全技能训练及网络袭击模拟测试的培训机构。

七、走向高度开放的人员流动管理体制

人员自由流动是国际自由贸易港的基本特点。加快服务贸易创新发展关键靠人才。"吸引人才、留住人才、用好人才，最好的环境是良好的体制机制。"加快推进海南自由贸易港建设，在多措并举推动人员自由流动、吸引国内外人才集聚的同时，要加强对外籍人才的管理与服务。

1. 以适应高度开放为目标推动人员自由流动

(1) 人员自由流动是自由贸易港的基本特点

以香港为例。第一，实行高度开放的出入境政策，允许人员自由流动。香港入境事务处对到香港从事商务活动的访客、旅游的游客和香港居民提供方便的出入境措施，对境外访客实施非常宽松的签证政策，以方便

其前往香港。目前，约有 170 个国家和地区的国民可免签证赴港进行商务、探访、探亲或观光旅游。第二，国际化人才流动便利。众多优质的跨国公司和香港企业吸引了来自全球各行各业的优秀人才，他们在香港进出十分方便，只需企业向香港特区政府申请工作签证即可。第三，劳动力资源配置具有较高流动性。如香港企业可以雇佣本地和内地员工。此外，香港的劳动力谋职是自由的，在行业、企业、单位之间的流动也是自由的。

(2) 加快建设海南自由贸易港客观要求推进境外人员出入境的自由便利

海南从 2018 年 5 月 1 日开始，正式实施 59 国人员入境旅游免签政策。虽在吸引境外游客上有积极进展，但总体来看，受政策实施时间、政策实施方式、政策配套条件以及政策管理等因素的影响，59 国免签政策效应远未释放，与打造具有世界影响力的国际旅游消费中心和加快推进海南自由贸易港建设需求还不相适应。

(3) 国际化人才短缺是海南自由贸易港建设的突出短板

经济发展最关键、最重要的因素就是人。从中国香港、新加坡、迪拜等国际知名自由贸易港和纽约、伦敦、悉尼等世界发达城市的经验来看，打造全球人才枢纽、形成国际化人才的集散地是基本做法和成功经验。从现实来看，无论是精通国际贸易规则、拥有自由贸易港建设经验的政府官员，还是法律、会计、仲裁、公证、知识产权、科技研发等方面的专业人才，甚至是调酒师、养老护理师等应用型人才，海南都十分缺乏。2018 年，海南省出台并实施了“百万人才进海南”行动计划，目前共吸引 4.2 万名人才落户，其中高层次人才约 900 人。但是，现有人才规模、结构、素质和能力，离自由贸易港的实际需求差距明显，人才资源特别是高端人才资源供给不足。在 2013—2017 年中国大陆各省、区、市六类高层次人才入选数量统计中，海南排全国倒数第四；2018 年底，海南每万人有效发明专利拥有量为 2.7 件，仅为全国平均水平（9.8 件）的 27.6%。实现海南产业结构的实质性转型，推进服务贸易创新发展，关键靠人才。

2. 实行人员自由流动政策

(1) 全面放开人员自由进出

在现有 59 国免签政策的基础上，适时并在严控风险的前提下，逐步放宽免签政策，扩大免签范围；降低绿卡申请门槛，取消对专业技能人才申请永久居留的最短居住时间限制；为外国高层次人才申请永久居留开辟绿色通道。

(2) 探索“双重国籍”制度试点

借鉴英国、加拿大、日本等国家的做法，对原中国籍海外华商、高学历留学生，以及已取得在海南永久居留资格后连续居住 5 年或 10 年以上且纳税记录良好的外籍高技术人才、高级管理人才，在海南恢复或申请加入中国国籍时可不必退出原国籍。建立“双重国籍”人才服务和管理制度，并规定拥有双重国籍的各类人才仅限在海南工作。

(3) 取消对获得工作签证的外籍人员的就业限制

例如，取消外籍人员来琼工作需办理就业证的相关规定，实行备案制管理；突破外籍人才只能在一家单位工作的限制，在有效管理的前提下，允许外籍人才在签证有效期内自由选择兼职与创新创业，并享受与本地人才相应的同等待遇；取消现有“聘用外国人从事的岗位应是有特殊需要，国内暂缺适当人选”等规定，在雇佣人员结构限制的条件下允许在海南注册的各类企业或机构自主选择聘请外籍人员。

3. 以法定机构为主要平台吸引国际化人才

(1) 重点通过法定机构吸引各类高端人才

建立各级政府外籍高级顾问制度。赋予法定机构法定自主权，包括内设机构设定权、人才聘用权、薪酬制定权等。

(2) 以设立海南移民管理局为重点，搭建并不断完善吸引全球高层次人才的平台

充分利用国家高层次人才引进、使用和管理资源，整合全省资源建立引进高级专业技术人才、创新创业人才、国际知名人士的高层平台；尽快建立国际人才库，打造覆盖多行业、开放共享的国际人才信息平台；通过与国外科研机构合作，争取在海南设立全球性研发基地。打造开放型学术团队网络，把海南某些高校新校区交由海内外名牌大学运营管理，以此吸引国际高端专业人才。

(3) 鼓励支持国际人才评估、认定的第三方组织和机构在海南发展

打造专业化的国际人才评价体系，其对国际人才的评估结果可以为海南政府部门和用人单位直接采用。

4. 分步建立国际职业资格互认制度

聚焦海南自由贸易港主导产业，在旅游业、现代服务业、高新技术产业方面制定相关的职业资格制度，先行先试。按照“三步走”战略，逐步完成职业资格互认制度的建设。

第一步，依托国家战略探索跨区域职称互认。学习借鉴国内其他地区相关经验。例如，京津冀三地共同推动建立京津冀职称工作协调共享机制，探索在条件成熟的领域统一评审标准、程序和方法，推进京津冀职称评审专家资源和专业技术人才资源信息共享；深入落实京津冀职称资格互认协议，逐步扩大跨区域职称互认领域和范围，推动三地人才自由流动。北京为支持雄安新区建设，为入驻雄安新区的本市企业随迁专业技术人才提供职称评价服务。湖南提出支持长株潭自主创新示范区探索跨区域职称评审。广东提出依托粤港澳大湾区战略，在条件成熟的区域或专业探索专业技术人才评价结果粤港澳互认。甘肃、重庆提出探索“一带一路”沿线省市职称资格互认。新疆积极探索自治区与援疆省市、兵团之间的跨区域职称互认。

第二步，针对日、韩以及东南亚国家的技术人员制定相关的职业资格互认制度。将日、韩等国的职业资格制度与我国的职业资格制度相对比，制定合理的职业资格互认制度。

第三步，针对欧美等发达国家的技术人员制定相关的职业资格互认制度。参照澳大利亚、英国等国家的国家资历框架制度，制定合理的职业资格互认制度。

5. 以建立海南移民管理局为重点完善国际移民事务管理

(1) 建立海南移民管理局

在国家移民管理局、公安部、外交部、国家外国专家局等部委领导下，整合海南现有公安出入境管理、边防查验管理、外事侨务事务及涉外执法等

相关职能，成立海南移民管理局，统一管理协调外国人签证、停留、居留、就业、保险、福利待遇、案事件处理、入籍、出入境等事务。

（2）推进关联部门的分工合作机制

在公安部、外交部、国家移民管理局、国家外国专家局等部委的领导下，成立支持海南自由贸易港移民创新试点专项工作组，统筹协调省公安厅、人社厅、科技厅、民政厅、外专局等部门，合力创新海南国际移民事务管理的制度建设和实施。首先，省人社厅、外专局和拟建的海南移民管理局根据省情及港情（自由贸易港的情况），共同承担海南移民职业清单以及国际人才紧缺职业清单的编订。其次，由省民政厅牵头设定国际移民的福利政策、公共待遇，负责国际移民居留的后续融入、服务管理工作。再次，省公安厅的出入境管理部门协助海南移民管理局负责相关证件的办理，比如绿卡、签证等。最后，外国人申请绿卡、入籍成功之后的社保、档案以及可能的（集体）户口等相关管理服务由人社厅负责。

（3）建立并完善国际化人才服务体系

在划定区域为来琼创新创业的国外企业家、高层管理人才、专家学者打造国际人才社区，营造适合国际高端人才创新发展、和谐宜居的“类海外”居住和文化环境；在海南设立外国人永久居留服务机构，探索租售同权等房地产政策，为引进的国际高端人才提供住房保障；完善交通、医疗、生活等基础设施；为国际创新创业人才的子女提供优质教育。

6. 加强对外籍人员的监管

（1）实行严格的工作签证分类管理政策

例如，对认定的高端专业人才或急需人才，对其个人及家属签发不少于 5 年的多次出入境有效签证及居留许可；对认定为中等技能人员和技师的，对其个人及家属签发不少于 2 年的多次出入境有效签证及居留许可；对在琼外籍务工人员实行配额制度，依照市场需求及时调整配额。

（2）设立海南自由贸易港外籍人员监管服务信息平台，建立入境人员负面清单

充分运用大数据、云计算、人脸识别等现代科技手段，建立海南自由

贸易港外籍人员监管服务信息平台，将出入境信息管理系统与国安、反恐、边防、旅游、外事、商务、海关等涉外管理部门监管系统对接，实现外籍人员信息化联防联控。利用现代信息技术，研发功能完善的人脸、指纹识别系统等生物特征信息库，将被其他系统列入不准入境名单人员的人像、指纹、身高等生物信息一律输入该系统，建立入境人员负面清单。

表 6.1 中国香港、新加坡、迪拜对外籍入境人员的管理措施

国家 / 地区	管理角度	具体措施
中国香港	雇主对外籍劳工的审核	1. 雇主在签订雇佣合同前必须先查阅身份证件，其次要雇佣人员的资料做文件记录并保存。 2. 在雇佣期间，雇主应定期查阅持有越南难民证的雇员的证件，如被雇佣者拒绝提供相应证件，雇主有权立即终止雇佣关系。
	对外籍居留人员的管理	1. 外籍人员在抵达酒店等住所时，必须告知该住所管理人他抵达香港的日期、来港所乘船只或航空公司的名称，以及他的职业。在离开该住所之时或之前，必须告知该住所管理人他要前往的地方；如离开香港，则须说明所搭乘的离港的船只或航空公司的名称。 2. 住所管理人必须将上述信息做书面记录并保存至少 12 个月供警务人员随时查看。
新加坡	对外籍居留人员的管理	若要经营外籍雇员宿舍等供外籍人员住宿的处所，必须获得该种处所的有效牌照。
迪拜	严格的入境审查	1. 在迪拜机场对入关旅客进行虹膜扫描。 2. 针对阿联酋永久居民推出智能电子门自助服务。 3. 采用虚拟水族馆隧道取代部分安检流程。
	实行保人制度	外国人在迪拜工作或居留，除需工作许可证外，通常还必须得到迪拜当地个人或已在劳动部注册许可企业的担保，担保人可收取担保金。雇主通常承担着保人的责任。

资料来源：崔凡. 我国建设自由贸易港的内涵、目标定位和建设思路：国际自贸港比较研究视角［R］. 2018.

(3) 建立多层次外籍人员管控体系

建立健全政府职能部门、公安机关警种、外事辅警和外管志愿者协同作战、多层次管控的网络体系，形成“统一归口、分级管理、多方协作、密切配合”的管理机制，在完善“以证管人”的基础上推行“以业管人”“以房管人”模式，完善外国人临时住宿登记、常住外国人管理机制，定期分析研判来自重点国家和地区人员的签证和工作学习情况。

八、走向高度开放的司法管理体制

高度法治是海南自由贸易港建设的基本要求和重要保障。随着海南自由贸易港开放广度、深度的不断扩大，将会有越来越多的境内外企业进驻海南，各类跨境民商事纠纷与案件也会不断增多，迫切需要加快推进与自由贸易港发展需求相适应的司法体制改革，由此营造法治化、国际化的营商环境。

1. 适应高度开放要求，实行特殊的司法管理体制

(1) 对标全球最高水平开放形态对司法体制改革的基本要求

对标全球最高水平开放形态有两层内涵：第一，对标国际成功的自由贸易港；第二，对标世界最新及未来最高水平经贸规则。海南自由贸易港司法体制改革的一个重要目标是要为促进投资、贸易、人员、资金、信息等各要素的自由高效便利流动，提供国际认可的法治化营商环境。

(2) 推动泛南海经济合作进程对司法体制改革的基本要求

“把海南打造成为我国面向太平洋和印度洋的重要对外开放门户”，这是中央决定建设海南自由贸易港的重大战略目标，是中央赋予海南新的重大历史使命，是海南实现海洋强省目标的历史性机遇。落实这一战略目标，抓住这一重大历史机遇，关键在于充分发挥海南地处南海要冲的独特地理和区位优势，推进泛南海经济合作圈的形成。泛南海旅游经济合作圈涉及泛南海周边 23 个国家和地区。随着海南自由贸易港开放程度的不断加大，与周边国家和地区的海上经贸合作也会日益紧密，各类涉海民商事案件也会增多，迫切需要海南适应区域经济一体化的发展趋势，推进司法体制改革。

（3）以服务贸易为主导建设海南自由贸易港对司法体制改革的主要需求

习近平总书记指出，“现代服务业是产业发展的趋势，符合海南发展实际，海南在这方面要发挥示范引领作用”。以服务贸易为主导加快推进海南自由贸易港建设，既适应我国扩大开放的大趋势，又符合海南的发展定位。未来海南将重点扩大旅游、健康、医疗、教育、文化、会展、金融、研发信息等服务业的开放，未来司法体制改革要为以服务贸易为主导的海南自贸港发展提供法律保障。

（4）建设全域型的自由贸易港对司法体制改革的基本需求

与国内其他的 17 个自贸试验区不同，海南是在全岛 3.54 万平方公里范围内探索建设中国特色自由贸易港；与国际自由贸易港不同，海南是在还有广大农村的情况下建设自由贸易港。要从海南省情出发，要从全岛建设自贸区、自贸港的整体布局出发，优化司法资源配置，提高司法效率。

2. 赋予海南更大的司法权限

（1）赋予海南自由贸易港特殊的司法权

借鉴国际上设立经济开放区的部分经验，赋予海南特殊的司法权，推动与国际惯例接轨的司法体制相融合，加快形成法治化、国际化、便利化的营商环境和公平统一高效的市场环境。比如，授权海南设立与自由贸易港相适应的审判机构、检察机构。设立海南特别经济区或海南自由贸易港特别法院、检察院，为最高人民法院和最高人民检察院的派出机构，就海南自由贸易港内发生的各类民商事纠纷与案件实行一套特殊的司法体制。涉及国防、外交、南海等国家行为的案例，由中央处理或者中央特别授权海南处理。

（2）赋予海南相关司法机构设置权

按照中央 12 号文件提出的“积极探索与行政体制改革相适应的司法体制改革”要求，创建海南自由贸易港“数字法庭”，推动数字化审判，充分利用大数据平台提高诉讼效率，提升司法治理能力；适应国际旅游消费中心建设需求，设立旅游法庭；适应未来金融业市场开放的趋势和实现资金自由流动的发展目标，设立金融法庭；设立破产法庭，促进市场主体有序退出和救治困境企业，加强债权人权益保护，维护市场经济秩序、保持社会稳定。

(3) 赋予海南一定的法律适用特权

一方面，赋予“豁免适用”相关法律的特别权力。另一方面，赋予适用某些国际公约、协议等方面的特别权力，明确相关法律及国际公约在海南的适用性规定。

3. 授权海南实行特殊的司法制度

(1) 以审判为中心推进刑事诉讼制度改革

推进审判权和执行权分开。法院独立行使审判权，成立独立的执行机构专司司法执行功能。

(2) 全岛范围合理配置司法资源

结合海南行政区划改革创新要求，积极探索与行政体制改革相适应的司法体制改革。按照优化协同高效原则，扎实推进法院内设机构改革。

加强行政审判，依法支持政府职能转变。支持海南法院探索行政案件跨区域集中管辖，依法保障行政体制改革，推动深化简政放权、放管结合、优化服务改革，助力政府提升治理能力。支持海南在建立完善自然资源资产产权制度和有偿使用制度等方面先行探索。

4. 服务“两洋门户”，加快涉海司法体制改革

(1) 强化海事司法管辖

重点关注涉海旅游、航运船舶、海洋资源开发、海岸带开发、海洋环保、海事行政等领域纠纷，以有效的海事司法管辖，为发展壮大海洋经济、保护海洋生态环境、维护国家海洋权益、促进海洋区域合作营造安全有序的法治环境。

(2) 创新海事审判工作机制

推进海上巡回审判和岛屿审判点建设；推动将涉海刑事案件纳入海事法院专门管辖；探索国际商事纠纷案件集中审判机制；探索设立涉外专门审判机构，组建涉外审判团队。

(3) 探索建立服务泛南海旅游经济合作圈建设的司法服务机制

例如，成立涉海旅游巡回审判点，推进司法服务关口前移，将巡回审

判点逐步延伸至邮轮等旅游纠纷的易发地、易发点。

5. 建立与国际贸易规则体系相适应的多元化纠纷解决机制

（1）建立以调解、仲裁等为主要手段的替代性纠纷解决机制

实施电子取证、网上调解、网上仲裁、时间戳证据保全等，在最短时间内有效保障当事人权益；建立包括行政调解、人民调解、行业协会调解、商会调解在内的多元化纠纷解决机制；加强与银行、证券、保险等方面的行业协会、社会组织合作，加快建立多功能、一体化诉调对接中心，完善纠纷在线解决平台功能，建立和解、调解、仲裁、公证、诉讼有机衔接、互相协调的诉调对接平台，降低纠纷解决成本。

（2）建立与国际接轨的仲裁制度

修订《中华人民共和国仲裁法》，明确其相关条款在海南自由贸易港的适用性，以及国际商事仲裁机构的准入要求和外国仲裁机构在海南作出的裁决的性质认定；授权出台《海南自由贸易港仲裁规则》《海南自由贸易港调解规则》；鼓励国际商事仲裁机构以独资、合资和合作等形式进入海南，引进域外先进的仲裁理念和仲裁模式；支持海南自由贸易港仲裁机构创建两大法系仲裁模式裁决民商事案件；组建由来自不同法系、不同国家和地区的法律专家组成的海南国际商事法律专家咨询委员会；对标国际仲裁规则，承认临时仲裁、友好仲裁制度在海南自由贸易港的适用和执行，引入高素质外籍专业解纷专家和国际专业替代性纠纷解决机构。

（3）在海南加快培育多元化法律服务市场

允许境外律师事务所在海南自由贸易港内设立分支机构，且允许分支机构经过司法行政部门备案后在海南自由贸易港内从事各类涉外民商事非诉讼法律服务；支持成立海南自由贸易港外国法查明中心，为市场主体提供法律服务。

九、走向高度开放的行政管理体制

海南现行行政体制与行政效率难以适应“加快推进自由贸易港建设”的需求，某些方面甚至严重不相适应。为此，要解放思想，大胆创新，把

重构行政体制作为海南自由贸易港管理体制创新的特别之举，以高效的行政管理体制带动市场管理体制、海关监管体制、财税体制、金融体制、互联网管理体制、人员流动管理体制创新取得重要突破。按照“经济高度开放、行政高效运转”的要求，实行特殊行政体制安排，加快建立“结构优化、运转高效”的行政体系。

1. 把实行特殊行政体制安排作为海南自由贸易港管理体制创新的重中之重

（1）从国际经验来看，拥有一套精简高效的管理机制是一个地区实现快速发展的重要保障

为促进某个地区经济开放发展，除赋予特殊的经济政策支持外，大都采取特殊的体制机制设计和制度安排。例如，韩国政府为促进济州岛开放发展，专门出台《建立济州特别自治道及开发国际自由城市的特别法》，以保障其行政的高度自主权；新加坡自由贸易区实行行政管理和开发经营职能分开的管理体制；中国香港在行政区划上分为香港岛、九龙、新界三个区域，共下辖 18 个区，在政府组织架构上实行的是以基本法为准绳、以高官问责制为中心的“三司十二局”行政管理体制；迪拜自由区的运营管理机构——自由区管理局，也采取了特殊的管理制度和体制安排。实践证明，实现一个地区的开放发展，高效灵活的行政管理体制和运行机制是重要条件。这也为海南建立与自由贸易港建设相适应的高效行政管理体制提供了重要参考和经验借鉴。

（2）海南现行行政体制与行政效率难以适应“加快推进自由贸易港建设”的需求，某些方面甚至严重不相适应

从建省办经济特区 30 多年的实践来看，海南的经济社会发展虽取得重大进展，但经济欠发达的省情仍没有改变。2018 年，海南人均地区生产总值和居民人均可支配收入分别为 51955 元和 24579 元，分别仅相当于全国的 80.4%和 98.6%。2019 年前三季度海南全省地区生产总值 3865.79 亿元，按可比价格计算，同比增长 5.5%，低于全国平均水平（6.2%）0.7 个百分点。

中央 12 号文件提出，到 2025 年，“自由贸易港制度初步建立，营商

环境达到国内一流水平”，到 2035 年，“自由贸易港的制度体系和运作模式更加成熟，营商环境跻身全球前列”的发展目标。从现实情况来看，营商环境不优是内外投资者诟病海南的集中点。中国财富网联合万博新经济研究院推出的《2018 年中国营商环境指数研究报告》显示，海南在 31 个省级行政区中排名第 21 位，其中硬环境排名第 11 位，软环境排名第 26 位；粤港澳大湾区研究院发布的《2018 年中国城市营商环境评价报告》显示，海口在 35 个大中城市中排名第 26 位，比 2017 年下降了 12 位，处于下游水平。

课题组认为，按照现行的政府治理体制难以实现“加快建设”的要求，海南需要建立与高度开放型经济形态相适应的高效率的、特殊的政府治理体制。

表 6.2　2018 年中国城市营商环境指数排名

2018 年名次	2017 年名次	城市	营商环境指数
1	3	深圳	0.611
2	4	上海	0.524
3	1	广州	0.512
4	2	北京	0.510
5	5	重庆	0.478
6	13	成都	0.405
7	6	南京	0.398
8	7	杭州	0.397
9	20	长沙	0.391
10	10	武汉	0.388
11	12	西安	0.377
12	9	青岛	0.375
13	22	昆明	0.359
14	30	贵阳	0.350
15	8	宁波	0.331
16	28	厦门	0.330

续表

2018年名次	2017年名次	城市	营商环境指数
17	23	郑州	0.324
18	11	天津	0.322
19	19	大连	0.318
20	17	南昌	0.313
21	18	福州	0.313
22	27	南宁	0.312
23	24	合肥	0.303
24	16	长春	0.301
25	26	沈阳	0.298
26	14	海口	0.297
27	15	济南	0.294
28	31	乌鲁木齐	0.289
29	32	西宁	0.271
30	34	银川	0.268
31	29	太原	0.265
32	25	哈尔滨	0.261
33	21	呼和浩特	0.255
34	35	兰州	0.248
35	33	石家庄	0.237

资料来源：粤港澳大湾区研究院. 2018年中国城市营商环境评价报告［R］. 2018.

表6.3　2018年中国31个省级行政区营商环境指数排名

排名	省区市	营商环境指数
1	上海	81.81
2	北京	81.61
3	江苏	79.88
4	浙江	78.53
5	广东	74.08
6	山东	68.50

续表

排名	省区市	营商环境指数
7	天津	67.39
8	福建	64.59
9	辽宁	58.22
10	湖北	56.56
11	安徽	55.41
12	河北	52.55
13	陕西	52.46
14	四川	52.36
15	湖南	49.19
16	重庆	48.90
17	河南	47.32
18	江西	42.51
19	黑龙江	40.94
20	吉林	40.31
21	海南	39.93
22	山西	39.41
23	广西	38.25
24	云南	37.15
25	贵州	35.74
26	内蒙古	35.21
27	宁夏	31.76
28	新疆	31.27
29	甘肃	29.47
30	青海	27.94
31	西藏	22.78

资料来源：中国财富网，万博新经济研究院. 2018 年中国营商环境指数研究报告[R]. 2018.

（3）把特殊的行政体制安排作为带动海南自由贸易港相关管理制度创新的特别之举。推动政策和改革落地，关键是靠政府执行能力。从海南建省之初到建设国际旅游岛，中央给了海南很多好的政策，可政策仍远未释放效应。这其中的一个重要原因就是海南的政府治理和执行能力较低。目前，多方担心和疑虑的焦点集中在海南现行的政府管理体制与政府工作效率能否担起“加快推进自由贸易港建设”的重任。海南的行政体制改革不是一般的修修补补，而是要以优化行政权力结构为重点重构行政体制，以高效的行政管理体制带动市场管理体制、海关监管体制、财税体制、金融体制、互联网管理体制、人员流动管理体制创新取得重要突破，由此推动各项重大改革有效落地。

2. 按一级行政建制的目标，分步调整行政区划

（1）把实现“六个统一”作为行政区划体制改革的基本要求

——加快形成“六个统一”的新格局。第一，统一规划。制定出台《海南省总体规划（2020—2050）》，对海南全省的空间、产业、资源、环境、城乡等做总体规划布局。强化省级政府对全省规划的统筹，建立健全规划执行实施情况的监督机制。第二，统一土地资源利用。强化省级政府对全省土地的统筹利用，将分散在不同部门管理的耕地、林地、国有农场等土地资源统一到一个部门管理；严格执行土地统一收购储备、统一开发管理、统一公开供应、统一规划岸线资源。第三，统一基础设施建设。统筹推进全省公路、机场、码头等交通、供水供电供气、排污、电信等基础设施的互联互通。第四，统一产业布局。坚持“规划衔接、突出特色、发挥优势、集群集聚”原则，扬长避短、优势互补，优化产业布局，推动形成更科学、更明晰、更紧密的产业分工协作关系。第五，统一环境保护。整合分散在各部门的环境行政权，统一集中到环境保护行政主管部门；实现城乡环境保护体制一体化。第六，统一城乡发展。强化省级政府在推进城乡融合发展中的作用，在城乡空间规划、市场要素资源配置、公共服务资源配置、社区管理等方面打破城乡分治局面，实现城乡经济、社会发展制度上的统一。

——以“六个统一”释放海南巨大的资本需求潜力。以土地为例，受19个市县分割分治的行政格局等因素制约，海南全省土地资源利用效益很

低。与台湾相比，海南与台湾的土地面积差不多，海南约 2/3 的土地是平原，台湾约 2/3 的土地是丘陵和山地，海南资源禀赋总体优于台湾，但 2018 年海南每平方公里土地产出的地区生产总值只相当台湾的 12.7%；2018 年海南每平方公里土地产出的地区生产总值仅相当于新加坡的0.41%、香港的 0.63%、广东全省的 25.4%。

通过统一全省土地资源利用，盘活存量土地资源，扩大土地资源供给，优化土地资源配置，进而提高全岛土地资源综合利用效益。到 2025 年，若海南土地资源利用效益达到广东省 2018 年的 50%左右，估计将会有 9500 亿元左右的资本需求；若达到台湾 2018 年的 30%，估计将会有 1 万亿元以上的资本需求；若达到香港 2018 年的 5%，估计将会有 3 万亿元以上的资本需求；若达到新加坡 2018 年的 5%，估计将会有 5 万亿元以上的资本需求。

表 6.4 2018 年海南、广东、台湾、香港、新加坡土地产出比较

（单位：亿元/平方公里；%）

	海南	广东	台湾	香港	新加坡
土地资源利用效益	0.137	0.54	1.078	21.69	33.11
海南相当于其他地区的百分比	—	25.4	12.7	0.63	0.41

数据来源：根据《2019 中国统计摘要》及香港特别行政区政府统计处、香港政府一站通网、新加坡统计网等公布的数据计算得出。

表 6.5 海南省土地资源利用效益测算

	2018 年	2025 年			
		达到广东2018年的 50%	达到台湾2018年的 30%	达到香港2018年的 5%	达到新加坡2018 年的 5%
海南土地资源利用效益（亿元/平方公里）	0.137	0.27	0.3234	1.0845	1.6555
海南省 GDP 预测（亿元）	4832.05	9545.6	11433.5	38341.4	58528.5
相当于 2018 年海南省 GDP 的倍数	—	1.98	2.37	7.93	12.11

注：假设海南全岛面积不变。

——以“六个统一”明显提升基本公共服务水平。与发达地区相比，海南教育、医疗等基本公共服务发展滞后。例如，2017 年海南每千人口执业（助理）医师为 2.24 人，低于全国平均水平（2.44 人），与江苏（2.70 人）、浙江（3.16 人）等发达地区差距更大。通过统一土地利用，将土地增值收益的 1/3 左右用于改善民生，将显著提升海南基本公共服务水平，缩小与发达省市间的差距。通过统一城乡发展，能够有效地缩小基本公共服务在城乡、区域、不同社会群体之间的差距，由此实现城乡基本公共服务均等化目标。

——以“六个统一”大幅提高政府效能。行政条块组织的经济管理体制，使全省资源配置效益大大降低，弱化了整体管理效能和市县间横向联系。以“六个统一”为重点，强化省级政府在资源统一开发方面的控制权，提高全省规划、建设的科学性、合理性和有效性；避免市县政府在经济开发上的同质竞争和行政资源的过度浪费，破除资源利用的行政分割和地区壁垒，集聚市县协调发展的合力。

⑵ 过渡时期，构建省下辖东、西、南、北、中、海上六大区域中心城市的行政格局

——调整省与市县行政格局。按照“全岛一个大城市”的思路，打破现行 19 个市县的行政区划格局，合并区域中心城市周边相关市县，构建省下辖东、西、南、北、中、海上六大区域中心城市的行政格局，即形成大海口、大三亚、大琼海、大儋州、大五指山、三沙市。

——调整市、县行政格局。岛内的五大区域中心城市“撤县（及县级市）改区”，建立统一的市辖区格局；在行政区划调整的同时，少数民族地区享受的扶持优惠政策保持不变。

——海口、三亚率先突破。发挥海口省会城市经济相对发达的优势，在推进海口、文昌、澄迈行政一体化方面率先突破；发挥三亚国际化旅游城市的优势，以市联县，统一三亚、陵水、乐东、保亭四个市县旅游资源开发，在以旅游业国际化带动城乡一体化上率先走出一条新路子。

——过渡时期不宜过长。可以考虑 3 年左右，即到 2022 年完成行政

区划的调整，基本形成“全岛一个大城市”的行政格局。为了避免行政体制调整大的变化，过渡时期的行政构架，除了省一级外，相关行政体制均为过渡性安排。

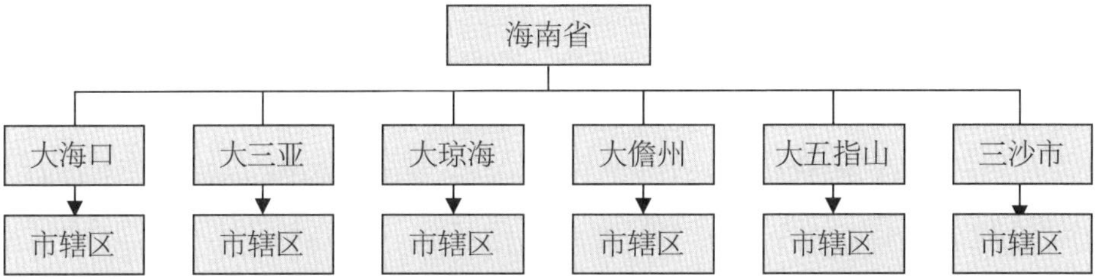

图 6.1　海南省下辖东、西、南、北、中、海上六大区域中心城市设想

(3) 除三沙市外，全面实行一级行政建制

——保持省级建制不变。海南建设自由贸易港，无论从人口规模、经济总量来看，都没有必要实行“省、市（县）、区、乡（镇）”四级行政层级。为适应高度开放的要求，建议海南解放思想，大胆改革，在保留省级行政建制不变的基础上，全面实行一级行政建制，大幅提高管理效率。

——撤市改区，形成省下辖五大区的新格局。除三沙市外，撤销市一级行政建制，将过渡时期的东、西、南、北、中五大区域中心城市，即大海口、大三亚、大琼海、大儋州、大五指山全部改为区，成立区级管委会，作为省级政府派出机构，全面承担省级政府赋予的经济、社会、环境保护、公共服务、社会管理等职能。

——区下设若干街道办事处。根据海南自由贸易港的人口、面积、经济、社会的管理与服务需求，划小街道办事处，划小社区居委会规模，充分发挥社区自治作用，构建大社会管理体制。

——以行政建制重构真正实现“六个统一”目标要求。在海南实行一级行政建制，可以从根本上打破城乡、区域之间的行政壁垒和体制束缚。通过强化省级政府统筹对全省经济、社会、环境、海洋等资源利用的能力，大幅提高资源配置效率，由此实现资源利用效益最大化的目标；推进行政建制重构涉及大量行政机构的撤并、优化、调整和行政人员的精简，有利于大幅提高行政效能。

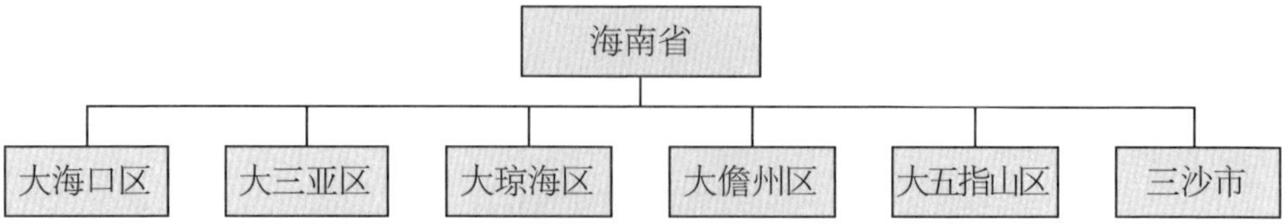

图 6.2 除三沙市外，实行一级行政建制

3. 按照重构行政建制的要求推进行政机构改革

（1）大幅精简省级行政机构。新加坡只有中央政府，没有地方政府，中央行政机构共 16 个部；中国香港实行了以《香港特别行政区基本法》为准绳，以高官问责制为中心的“三司十二局”行政管理体制。借鉴新加坡、中国香港的经验，在海南省一级实行大部门行政体制，建议省级设立政务厅、财政厅、资源厅、民政厅、司法厅等几大部门，分别承担内部外事政务、财政事务、资源统筹规划、公共服务、刑事检察等职能，由此最大限度地提高政府效能。

图 6.3 香港特别行政区政府组织图

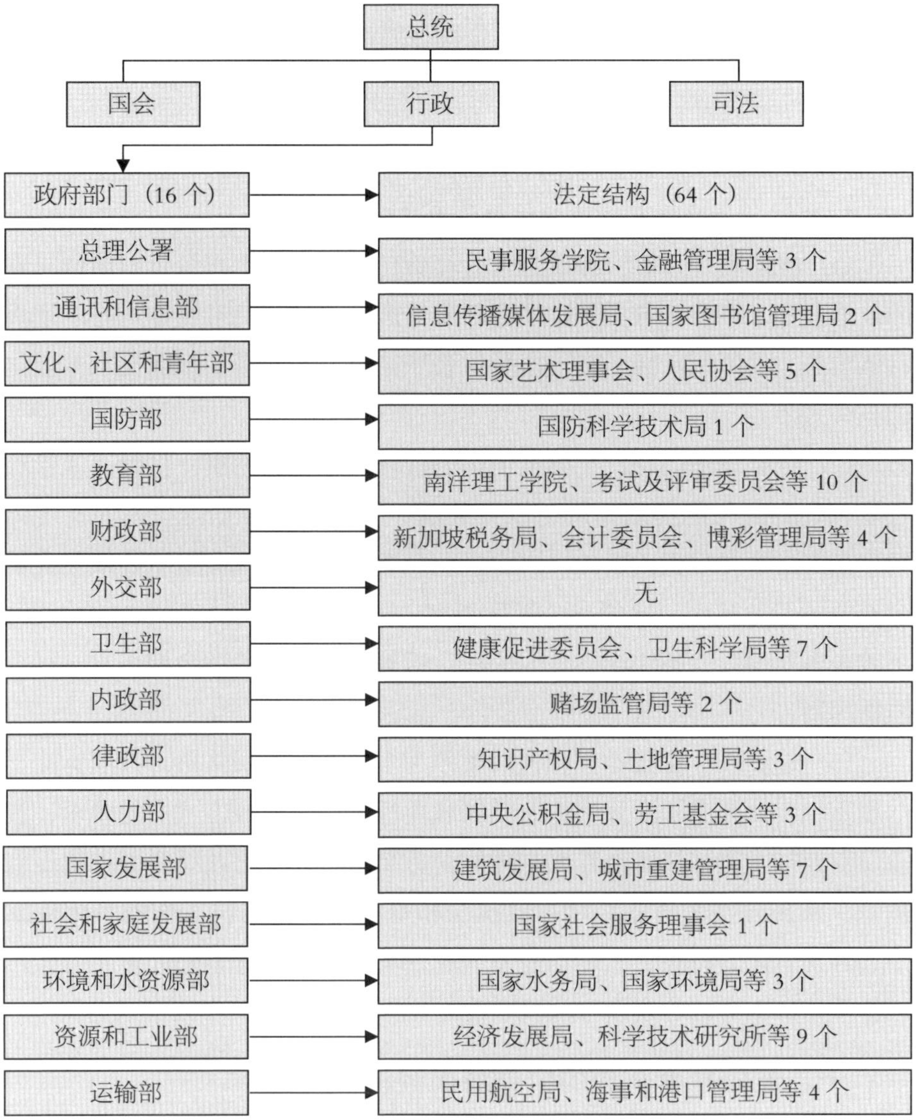

图 6.4　新加坡政治架构与政府组织结构示意图

(2) 加快推进法定机构化重构。省级现有的经济、社会、行政管理部门尽可能推进法定机构化改造，全省形成法定机构体系。法定机构拥有相对独立的财政管理权；管理人员实行聘任制，工作人员实行聘用制，不按公务员管理，采用企业化、市场化的用人制度；建立奖优罚劣、“能上能下、能进能出”的绩效考核评价体系，打造一套高效、灵活的执行体系。

(3) 加快向行业协会、社会组织下放、转移相关职能，形成政府治理与社会自治的良性互动。充分发挥街道办事处、社区居委会等基层组织的作用，把政府管不好、管不了的事情交由行业协会以及社会组织管理。

4. 推进与行政体制改革相适应的干部管理制度创新

(1) 探索实行政务官和事务官分开管理。政务官主要负责自由贸易港的政治决策，按照公务员规定确定薪酬待遇；事务官负责自由贸易港建设具体事务，参照国际标准实行市场化薪酬待遇，由此吸引国际化、专业化的高级人才。

(2) 除党政部门外，全面取消编制管理，实行聘用制。打破人才管理行政化、封闭化的传统格局，以专业性、开放性为重点重构人才管理体制。在海南除党政机关以外，国有企业、事业单位、社会组织等从业人员全部取消编制管理，取消参公管理类型。改革事业单位，采取预算管理，下放人事管理权，条件成熟时改为法定机构或者公益性社会组织，实行全员聘用制。

(3) 建设以专业技术类和执法类作为主体的公务员队伍。按照党的十八届三中全会提出“区分实施选任制和委任制干部选拔方式”的要求，建设以专业技术类和执法类作为主体的公务员队伍，把行政综合类占比压到最低。实施分类考核，结合行政执法和专业技术类职位工作内容比较固定、容易量化的特点，借助信息系统完善考核手段，探索建立量化考核指标体系，加强考核的客观性和科学性。

十、走向高度开放的中央海南经济行政关系

走向全面开放、高度开放的自由贸易港，打破现行体制与政策的矛盾，推动重大制度创新取得实质性突破，关键是以扩大自主权为总体要求进一步理顺中央部委与海南的经济行政关系。在《海南自由贸易港法》出台之前的过渡阶段，尽快以授权方式赋予海南相关权限，由此加快推进海南自由贸易港建设。

1. 以扩大海南经济自主权打破现行体制与政策的矛盾

海南建省办经济特区以来，中央赋予海南特殊政策，从实践看并未真正落地。这其中有海南执行落实政策能力的问题，更是因为体制与政策的不协调已成为突出矛盾。例如，受制于现行中央与地方的财税体制，海南离岛免税购物政策实施8年多来，政策效应远未释放，距离建设具有世界影响力的国际旅游消费中心的目标差距甚大。

在目前的18个自由贸易试验区中，在出台投资自由化一系列措施方面，需要向中央部门报批的占30%以上；贸易自由化方面的措施，要向中央报批的还有35%以上；金融领域市场化的改革措施50%以上需要中央审批；在财税方面，100%都要中央的财政、税务、海关部门审批。

2. 关键是赋予海南高度的经济自主权

（1）赋予海南自由贸易港更大的改革开放自主权

其主要包括：自由贸易港特殊地方立法权、对外经济合作自主权、经济政策制定自主权，以及与此相适应的行政管理权等。自贸港经济自主权的属性是中央对海南自贸港的授权，比其他省区享有的经济自主权范围更大，是解决自贸港建设与现行政策和体制矛盾的重要条件，是有效协调中央部委与海南经济关系的重要保障，也是海南自贸港立法的重要依据。

（2）尽快授予海南一定的财税自主权

——建议授权海南通过停征、合并、调整征收范围等方式简化自贸港的税制，形成企业所得税、个人所得税、环保税、销售税、印花税等为主要税种的简税制。

——建议授权海南按照提升对海内外资本和技术吸引力的需求，实行不高于10%的企业所得税税率，并且允许旅游业、现代服务业、高新技术产业等领域在一定期限内免征企业所得税。

——建议授权海南适应提升对海内外高端人才吸引力的需求，在部分旅游行业、现代服务业、高新技术产业实行最高不超过10%的个人所得税税率。

——建议授予海南相对独立的财税自主权。自贸港财税制度创新的目标是形成相对独立的财税体制，包括税种的确立与取消、税率调整、税收减免和其他税务事项的权利。明确这个目标，对增强内外对海南自贸港建设的信心至关重要。

(3) 授予海南一定的对外经贸自主权

建议设立海南自贸港海关特殊监管区，在条件成熟时将海南宣布为单独关税区，授权海南自贸港以“中国海南”名义加入WTO等国际经贸合作组织，签订经贸合作协定。这是中央政府授予海南自贸港在对外贸易方面享有经济自主权，这是代表权而非缔约权。授权海南自贸港单独关税区的地位，是“把海南打造成为我国面向太平洋和印度洋的重要对外开放门户”的重大举措。

3. 过渡阶段尽快对海南实行一揽子授权

在《海南自由贸易港法》出台前，对海南实行一揽子授权，赋予海南更大的经济社会行政管理权限。

(1) 提请全国人大对相关法律进行暂停适用

《中华人民共和国立法法》第十三条规定：“全国人民代表大会及其常务委员会可以根据改革发展的需要，决定就行政管理等领域的特定事项授权在一定期限内在部分地方暂时调整或者暂时停止适用法律的部分规定。”在相关法律法规尚未有重大突破的情况下，提请全国人大对海关、税收、投资、外贸、金融、入出境、仲裁等现行有关法律、行政法规进行暂停适用。

(2) 着眼于中央确定的时间表，对海南实行一揽子授权

在《海南自由贸易港法》及相关专项法律出台前，系统梳理《中共中央　国务院关于支持海南全面深化改革开放的指导意见》《中国（海南）自由贸易试验区总体方案》及中央各部委出台的支持海南专项方案中与现行法律法规相冲突的条文，形成具体授权清单（包括授权事项、授权范围、授权期限等），通过全国人大授权国务院暂停相关法律法规或直接授权等方式，尽快突破现行法律掣肘。

(3) 加快创新调法调规机制

建议强化推进海南全面深化改革开放领导小组对各部委的协调力度，明显缩短调法调规时间。

4. 充分利用特区立法权和地方立法权，推动专门立法

(1) 赋予海南自由贸易港更大省级立法权

一是对国家立法存在空白的区域，如知识产权保护、数字经济发展、离岸金融业务等，赋予海南先行立法权，在遵循国际规则基础上来填补空白，进行先行、创制性立法。二是针对国家已有的立法，应当结合海南自贸港建设的实际，分析、研判其适用的有效性，如果现有规定与实际情况存在着较大的差距，无法解决实践中出现的问题，则允许海南在基本原则前提下变通立法。

(2) 充分发挥特区立法权

一方面，加大对特区立法权的本质属性、地位和权限的深入研究和探索，明确特区立法权是国家立法权的逻辑衍生；另一方面，争取获得全国人大及其常委会进一步的明确授权，重点开展财税、海关、金融外贸、诉讼和仲裁制度及行政管理制度等具体操作性法规的授权。

(3) 提升自由贸易港立法的效力位阶

例如，海南省根据授权制定的法规与法律规定不一致的，根据授权法规的相关条款执行；明确海南自由贸易港授权制定的地方性法律法规的法律效力高于部门规章制度及政府规定，经过实践检验切实可行或条件成熟时，提升为全国人民代表大会及其常务委员会制定法律或确立为本层级法律，确保自由贸易港特殊的政策体系和制度创新得到有效落实。

5. 在《海南自由贸易港总体方案》中明确中央充分授权的基本原则

目前，中央相关方面正在抓紧研究制定《海南自由贸易港总体方案》(以下简称《总体方案》)，岛内外对此高度关注，寄予厚望。建议在《总体方案》中明确提出：在《海南自由贸易港法》出台前，为加快推进海南自由贸易港建设，对海南实行一揽子授权，明确赋予海南特殊地方立法权和一定的财税自主权、对外经济合作自主权、经济政策制定自主权以及与

此相适应的行政管理权，理顺中央部委与海南的经济行政关系，以稳定预期，增强信心，形成合力。

6. 尽快研究出台《海南自由贸易港管理体制改革方案》

建议由国家发展和改革委员会牵头，中央相关部委、海南省共同参与，尽快研究出台《海南自由贸易港管理体制改革方案》，作为《海南自由贸易港总体方案》的配套方案，明确海南自由贸易港管理体制改革的基本要求、主要目标、重点任务和保障措施，作出海南自由贸易港建设的早期安排，由此解决海南自由贸易港建设进程中的深层次体制矛盾。

第七章　海南自由贸易港立法的若干重大问题

王崇敏
海南大学副校长、教授

借鉴国际上成熟的中国香港、新加坡、迪拜等自由贸易港的法治建设经验以及国内现有自贸试验区的法治建设实践，充分发挥法治在海南自由贸易港建设中的保障作用，必须紧紧围绕习近平总书记在庆祝海南建省办经济特区30周年大会上重要讲话精神（以下简称"'4·13'重要讲话精神"）和《中共中央 国务院关于支持海南全面深化改革开放的指导意见》（以下简称"中央12号文件"）、《中国（海南）自由贸易试验区总体方案》（以下简称《总体方案》）的具体规定，重点解决好以下九大问题：一是投资便利化领域的重大法律问题；二是贸易便利化的重大法律问题；三是金融创新和监管的重大法律问题；四是事中事后监管的重大法律问题；五是法治化营商环境建设的重大法律问题；六是多元化纠纷解决机制的重大法律问题；七是生态环境保护的重大法律问题；八是社会治理创新的重大法律问题；九是人才引进领域的重大法律问题。

海南作为中国最大的经济特区，充分利用好海南特区立法权变通适用上位法的权限，发扬海南"大胆试、大胆闯、自主改"的改革进取精神，为海南自由贸易港建设扫除体制机制障碍。用好海南地方立法权，根据《中华人民共和国立法法》的授权，重点从城乡建设与管理、环境保护、历史文化保护三个方面为海南自由贸易港建设提供立法保障。推动全国人大制定一部基本法律——《自由贸易港发展促进法》，发挥立法的引领性与前瞻性。

一、海南自由贸易港建设的法律制度框架设计

要充分发挥法治在中国特色自由贸易港建设中的保障作用。其中，凡涉及调整现行法律或行政法规的，必须经全国人大或国务院授权后实施；凡是需要开展特区立法和地方立法的，应当充分利用特区立法权和地方立法权，开展科学民主立法，构建中国特色自由贸易港的法规体系，进而为中国特色自由贸易港建设积累立法经验。

（一）海南自由贸易港法治建设的法理基础

1. 海南自由贸易港建设的基本定位、目标与制度核心

（1）基本定位：货物、投资和服务全方位的“境内关外”

在全球贸易、投资、服务一体化的趋势下，海南自由贸易港的定位是形成对外开放的制度高地，在货物、投资、服务等领域实现全方位的“境内关外”，这需要在投资、服务、资金监管等方面，借鉴新加坡、迪拜等自由贸易港的经验，实行与国际自由贸易港通行的、高度自由化的制度，这一套制度不是基于现有国内在岸监管制度的小修小补，而是要体现“离岸”基本特点的制度，如在基本安全监管前提下的货物和资金自由进出，以及投资和服务高度自由化的制度，同时强调制度设计的独特性和不可复制性。

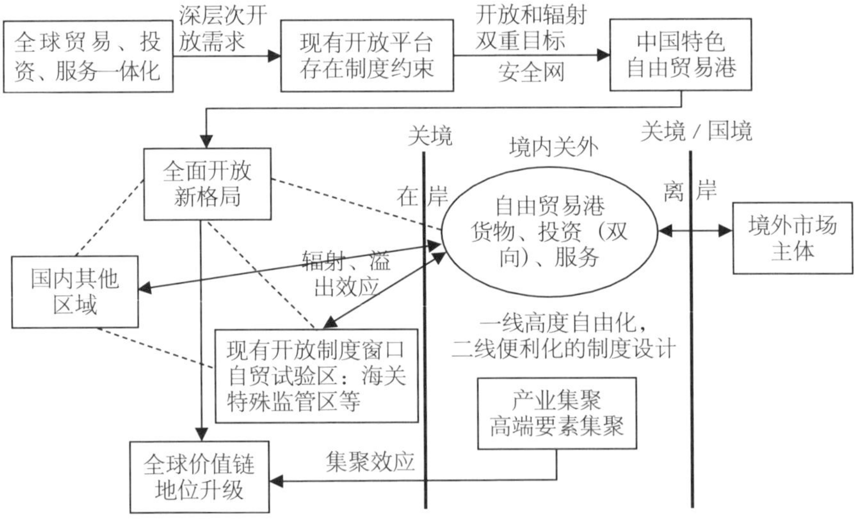

图 7.1 中国特色自由贸易港建设目标示意图

（2）建设目标：腹地辐射联动型自由贸易港

国际上著名的自由贸易港，不论是纯国际中转型自由贸易港、港口服务经济型自由贸易港，还是综合型自由贸易港，都属于单独关境区城市或者隶属于小型经济体，其共同特点是缺乏市场腹地。作为大型经济体，依据中共中央、国务院的制度设计，海南自由贸易港必然要与国内市场产生辐射联动作用，这恰恰是中国特色自由贸易港建设的意义所在。事实上，诸多研究表明，中国各阶段所实行的不同类型特殊经济区获得成功的重要因素在于，发挥了其与国内庞大市场的联动作用。因此，我国自由贸易港的制度设计与国际自由贸易港以纯“离岸”业务为主不同的是，其制度设计应更为强调“辐射联动”，即通过自由贸易港在高端供应链环节的深层次开放探索，促进整条供应链效率的提升，成为在岸业务和离岸业务的连接点。

（3）制度核心：开放和辐射双重目标下中国特色的制度设计

既要实行高层次的开放，又要与国内市场产生辐射和联动。第一，从产业的辐射联动来看，需要通过制度设计发挥自由贸易港的两重效应：一重效应是自由贸易港本身的产业集聚效应，体现为全球价值链高级要素的集聚，这种集聚需要通过高度自由化的制度设计和一定的财政税收激励政策去实现；二重效应是自由贸易港对国内产业和企业的溢出和辐射效应，溢出效应体现为产业链的技术溢出和知识溢出效应，通过上下游产业链传导，使得国内其他区域企业可以“干中学”，辐射效应主要体现为平台效应，例如总部服务、贸易结算、国际物流分拨等，这些效应需要通过制度设计促进自由贸易港内企业与国内市场之间的联动。第二，从区域的辐射联动来看，需要通过制度设计加强与现有制度平台的互动，自由贸易港需要建立与自贸试验区、保税区等海关特殊监管区域等制度平台之间的货物、资金和人员便利化流动制度。第三，辐射联动下的自由贸易港风险防控制度。货物、资金、人员从“一线”到“二线”的跨境流动上，需要设计一套既保证安全有效监管又具有高度便利化特点的风险防控制度。

2. 海南自由贸易港法治建设的基本路径：从规则升级到制度平台升级

（1）我国开放格局新取向：从规则升级到开放升级

国际经贸规则的升级对海南自由贸易港建设的全面开放新格局构建提

出了新要求。第一，对开放的深度提出了新要求。国际经贸新规则的重心从“关境间”深入到“关境内”，投资、竞争政策等新规则对我国的投资管理体制和国有企业的运行管理模式都将带来新的挑战。第二，对开放的广度提出了新要求。我国加入 WTO 以来的开放主要以货物贸易自由化和便利化为主，在服务贸易领域的进一步开放推进相对缓慢，即使是中国签署的双边 FTA 中涉及服务贸易领域扩大开放的也比较少，而国际经贸新规则中涉及许多服务领域的新规则，不仅包括基于《服务贸易总协定》基础上的规则深入，而且在欧美签署的 FTA 中详细制定了金融、电信等服务部门规则专章，此外电子商务规则也以专章形式纳入了最近签署的 FTA 之中。第三，对开放中的政府监管能力提出了新要求。WTO 框架下的规则集中于货物贸易领域，对一国而言，货物贸易跨境流动的监管相对容易，而国际经贸新规则下涉及资金、服务、人员等要素的跨境流动，对我国的政府监管能力提出巨大挑战。资金跨境流动的开放会对我国现有金融市场造成冲击，服务的开放对我国现有国际竞争力相对较弱的服务业发展带来压力，人员的跨境流动也会对我国的社会管理带来挑战。

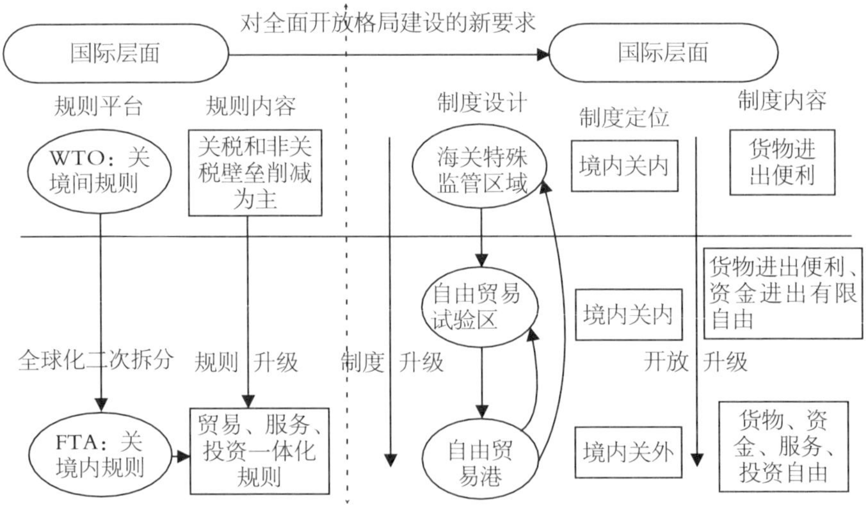

图 7.2 国际经贸规则升级与我国全面开放新格局构建示意图

(2) 海南自由贸易港建设：从开放升级到制度平台升级

不同经济发展阶段下我国开放制度性平台的演变大体经历了三个阶段：一是主要以经济特区、国家级新区为代表的特殊经济功能区，作为我国开放的制度性平台；二是主要以保税区为代表的海关特殊监管区域，作为我国开放的制度性平台；三是主要以自贸试验区，作为我国开放的制度性平台。

但现有开放平台的制度性约束在于：第一阶段以经济特区、国家级新区为代表的特殊经济功能区，随着我国总体市场经济改革的深入，逐渐演化为开发区模式，国家对其制度创新功能的要求弱化。第二阶段以保税区为代表的海关特殊监管区，由于政策设计之初就是为了推动货物贸易领域的开放和便利化，因此在制度创新的范围上不足以承担新形势下以“关境内”开放和改革为主要内容的制度需求。第三阶段自贸试验区制度平台的建立，受制于改革的自主权限，导致成效与制度设计的预期之间存在差距。总的来说，现有的制度开放平台无法满足构建全面开放新格局对制度开放提出的新要求。在这种背景下，需要从全球化新趋势下企业的微观需求出发，通过中国特色自由贸易港的制度设计，为我国构建全面开放格局网络体系提供新的制度平台，即通过真正意义上的“境内关外”的制度发展定位，扮演局部率先深层次开放的“安全阀”功能，在货物、资金和人员的跨境流动方面进行高度自由化的制度探索，发挥其在我国开放创新中的引领作用。

(二) 海南自由贸易港的法治建设目标

自由贸易港兴起至今，走过了转口贸易型、生产加工型、综合型以及跨区域综合型四个发展阶段。无论是第一代以“便利的交通运输”和第二代以“高效的加工生产”作为其发展的侧重点，还是第三代强调“完善的服务设施”以及第四代以“人才和技术要素”作为发展重点，自由贸易港的发展无不体现其法治的精神。

与第一代自由贸易港相配套的制度构建主要是围绕保税区和保税物流园区建设，没有保税区、保税物流园区的免税通关，就没有第一代自由贸易港的形成。第二代自由贸易港则离不开外商投资企业法的保障，没有法律明确规则给予外国投资者的税收优惠，就没有第二代自由贸易港的发展。而第三代、第四代自由贸易港建设则带动了整个地区乃至整个国家法治水平的提升。

纵观世界上几个主要金融中心，无论是纽约还是伦敦，乃至新加坡和中国香港，它们有一个共同点就是都位于普通法系法域，这不是偶然的。普通法系的判例法渊源和法官造法的特点能够很好地服务于金融法制的创新。金融是整个经济领域最活跃的部门，在法律制度供给不足的情况下，普通法系的法官能够根据自己的理解诠释新出现的问题。相比之下，成文法系立法的滞后和法官恪守法条解释的传统很难适应金融市场瞬息万变的发展速度。尽管我国的司法体系并不完全属于大陆法系，但是我国法院解释法律适用的权力还是有限的，加上我国金融领域的立法还有很多空白，我国的司法体制还不能很好地服务于金融领域的发展。

囿于上述客观现实，海南自由贸易港建设不可能像香港那样拥有独立的金融体制和自行发行货币，金融领域还会有许多限制。而海南拥有全国最美的自然生态环境，适合吸引高新技术产业进驻，利用自由贸易港的保税功能和进出口便利，可以在降低科研成本、促进科技成果转化以及吸引世界一流科技人才方面大有作为。

（三）海南自由贸易港法治建设的总体思路

1.“循序渐进、按需立法”推进自由贸易港立法

“循序渐进”是指自由贸易港立法是一个长期的过程，不能指望一蹴而就、一劳永逸；“按需立法”是指根据实际需要逐个修改现有法律或制定专门法律。由于我国的自由贸易试验区并非税收洼地，沿用的是保税区的优惠政策，减税功能并不突出。相比之下，自由贸易港的范围比保税区更广，自由化程度更高，减税的力度也更大。除了“境内关外”的征税方式外，无论是中间品还是一般商品，都可以在自由贸易港区内储存、拆散、分级分类、重新包装、重新标签以及加工制造和再出口。在自由贸易港销售的商品视如“境外消费”，免征营业税、消费税、增值税等国内税，在自由贸易港经营的企业和经营者也在相当长的期限内或者永久免缴企业

所得税和个人所得税。

2. 完善配套的行政法规与部门规章

自由贸易港所在地的立法机构也可以出台相应的地方性法规。自由贸易港建设包括硬件和软件两个方面，离不开基础设施建设和相关人员培训。国家没有这方面的财政投入，只能通过社会途径筹集资金，满足其建设发展需要。中央应及时出台鼓励社会资金投入自由贸易港基础设施建设和运营的政策法规。如果是政府经营自由贸易港的港区业务，建设资金可以通过发行政府债券筹集；如果是通过 BOT（私营创新与基础设施建设向社会提供公共服务的一种融资方式）、PPP 等形式管理自由贸易港，则允许条件具备的非政府运营机构上市融资，政府在其中主要行使监管职能。例如，新加坡 6 个海运为主的自由贸易区中，其中一个由裕廊海港私人有限公司管理。再以中国香港为例，所有经香港国际机场空运的货物都是由香港空运货站有限公司和亚洲空运中心有限公司负责处理。这两家公司都是私营机构，与香港机场管理局签署了经营管理合同。

3. 国际化的商事纠纷解决机制

我国的自由贸易港虽然不可能仿效迪拜国际金融中心，照搬普通法系的那套司法制度和使用英语作为工作语言，但是在仲裁方面可以做到与国际接轨。鉴于我国目前的法律还不承认临时仲裁，自由贸易港可以尝试适当放开临时仲裁，包括有条件地承认境外临时仲裁在自由贸易港的执行，吸引外国投资仲裁机构将仲裁业务放在自由贸易港内；自由贸易港提供对国际投资仲裁的服务和管理，并实施对仲裁员免签入港、减免个人所得税以及仲裁机构在港内较低，甚至免除税收等优惠政策。

境外仲裁机构在自由贸易港仲裁的法律障碍是市场准入问题和外国仲裁机构在自由贸易港作出的裁决性质如何认定的问题。自由贸易港因其开放程度比自由贸易试验区更高，可以通过修改自由贸易试验区新版的外资准入“负面清单”解决市场准入障碍。对于外国仲裁机构在自由贸易港作出的裁决性质，目前认定其为“涉外仲裁裁决”更为妥当。为此，我国应该尽快修改《中华人民共和国仲裁法》，将认定仲裁裁决性质的“仲裁机构所在地标准”改为“仲裁地标准”。

二、海南自由贸易港建设法律制度的具体构建

（一）自由贸易港投资便利化法律制度的构建

1. 《海南自由贸易港投资便利化促进条例》

该条例的制定旨在解决自由贸易港投资便利化整体框架与顶层设计之间的问题，以期推动提升自由贸易港内投资的自由化和便利化水平，为投资提供一个更稳定、更透明和更具可预见性的政策与法律环境。具体规则涵盖但不限于：一是明确企业商事登记确认制；二是统一行政审批；三是统一监管；四是完善相关税收税制。

2. 《海南自由贸易港外国投资条例》

《海南自由贸易港外国投资条例》理应贯彻以下理念：一是改革外商投资的多头监管模式，统一监管职权；二是完善外商投资争议解决程序机制和行政救济制度；三是完善外资准入的审核或备案制度，实现高效服务，创造便利的营商环境，将自由贸易港内对外商投资的管控权力限制在最小的范围之内。

3. 海南自由贸易港相关税收法律规则的完善

（1）试行有限或者单一的税收管辖权

我国个人所得税的纳税人是根据收入来源地税收管辖权和居民税收管辖权确立的双重税收管辖权。双重税收管辖权符合国际税收的惯例，也是国家税收主权的体现，但随着跨国纳税人的增加，国际双重征税问题也日益严重，更为重要的是，双重税收管辖权诱发了国际避税行为，导致了国内投资者和国外投资者之间的不公平竞争。我国香港地区已经实行了“有限或者单一的税收管辖权”，允许香港本地或者其他地区的纳税人自由选择纳税地点，鼓励人才的流动和投资的引进。在自由贸易港内先行先试个人所得税有限或者单一的税收管辖权，以招揽更多优秀的人才参与到海南自由贸易港的建设中来。

（2）完善个人所得税税前扣除

自由贸易港作为中国改革开放的窗口，目前海南的生活成本与国内其

他地区存在较大差异。我国整齐划一的工资薪金扣除标准无法反映地区间的差异性，因此，自由贸易港应在符合我国税制改革方向和国际惯例的前提下，结合本地区居民的开支系数和物价指数，试行符合本地区的浮动税前扣除标准，增加个人养老保险性支出、赡养支出、家庭住房支出、子女教育支出等开支项目，以便于吸引国际高端人才的入驻。

(3) 适度扩大企业所得税税收优惠

与其他经济特区相比，海南自由贸易港不宜再以直接优惠的方式对企业所得税提供优惠，而应从加速折旧、投资抵免、加计扣除等方面进行考虑。例如针对金融业可以考虑对股息和利息的税前扣除，对于电子商务企业的技术研发、创新等费用可以在一定的比例内进行税前扣除。对外国企业入驻还可以考虑给予非居民企业一些额外的抵免优惠，尤其是从事创新型金融业务的外国企业。

(4) 适度扩大个人所得税税收优惠

递延纳税的激励效应主要通过改变税收的时间占有成本来实现，纳税人将应纳税额递延至一定的期限之后缴纳，从而取得对税收更长的支配时间，这一延长的支配时间是对纳税时间的优惠。可以考虑适当加大税收优惠力度。例如对创新型人才因发明创造活动而获得的企业奖金免税，对于个人向特定行业转让专利等无形资产实施个人所得税优惠等。

(二) 海南自由贸易港贸易便利化与贸易监管法律制度的构建

1. 海南自由贸易港贸易便利化与贸易安全法律制度构建

(1) 敢于争夺国际贸易投资规则话语权

一方面，参与发达国家主导的自贸协定谈判，通过谈判对规则制定施加影响，化解被动局面。由于与美国已经开启中美 BIT（双边投资协定）谈判，这成为我国对高标准贸易投资规则施加影响的直接通道。在谈判中，既要尊重高标准规则的发展趋势，也要结合我国实际情况充分表达主张，在部分明显超越当前承受能力的条款上争取相应的调整和缓冲时间。在开放我国服务业的同时，促使美国实现相应的对等开放，特别是我国呼吁已久的高新技术出口等方面，最终实现双方互惠共赢。另一方面，我国应该主动完善自贸区谈判的战略布局，制定既符合国际贸易发展趋势，又适应我国与贸易伙伴实际发展需要的贸易投资规则。充分利用这些自贸协议途径，借助亚投行、“一带一路”倡议等举措，敢于主动争夺国际规则制定的主导权，在规则制定层面全力维护我国贸易安全。

(2) 坚定改革国内贸易管理体系

贸易安全的保障来自于国内贸易管理体系的改革，首要任务就是调整服务业开放有关的法律法规体系。第一，建议尽快修订《中华人民共和国对外贸易法》，制定政策措施促进服务出口。第二，推进行业领域法律法规体系的整合和修改。对涉及服务行业的法律法规，按照最新签署的双边或区域贸易协定进行系统整理，废除过时条款，修订妨碍贸易自由化的条款，增加预警和监管条款，为贸易安全建设一个透明公正的法律支持体系。

(3) 尽快建立一个保障贸易安全的管理体系

按照“权力清单”“负面清单”“责任清单”的相关要求，促进外商投资和对外投资管理制度由审批制转为备案制，推动政府管理由事前审批向事中事后监管转变，创造一个最大限度保证贸易自由化措施公正运行的体系。建议采取贸易调查制度，充分掌握服务贸易运行情况。

(4) 建立针对性更强的服务贸易促进体系

建议通过在海外设立专门的服务贸易办公室以及开展专项展销会等措施，促进服务贸易出口。通过设立贸易质量评价指标体系，以质量为导向系统评价贸易发展状况，为后续制定促进措施提供决策依据。同时，统筹制定产业体系优化措施。贸易安全的基础是拥有国际竞争力的产业体系。只有促进产业发展，培育产业竞争力，才能为贸易安全提供保障。而贸易安全的实现，又会带动和推进产业升级，构筑更加合理的产业结构，在产业安全层次上更进一步。

2. 海南自由贸易港监管体制机制创新

(1) 推动负面清单管理模式下监管制度改革

在实施负面清单模式时做好风险防范制度建设。一方面，在制定负面清单时，要为可能出现的新业态预留政策空间，一旦出现风险性较强的新产业，能够依照制度安排纳入监管范围。另一方面，应设立国家安全例外条款、金融服务例外条款等，通过这一措施对涉及重大安全问题的贸易活动进行有效管制。通过加强贸易活动的事中事后监管，维护市场秩序和贸易安全。

（2）谨慎采纳投资者—国家争端解决机制（ISDS）

我国应以充分保障本国利益为基础，对投资者采用国家争端解决机制的适用范围进行限制，力求在穷尽东道国救济措施之后再适用 ISDS。同时，在完善 ISDS 方面，应该更加明确投资定义，界定因投资产生争议的范围，对有权提起仲裁的投资者进行严格界定等，保留我国对服务业的更多外资管辖权。

（3）创建服务贸易相关的救济制度与统计制度

与货物贸易相比，我国服务贸易救济制度尚不完善，可以考虑建立符合服务贸易特点的援助机制，既为保护我国服务贸易拓展市场提供支持，又为国外企业侵害我国贸易利益确立维权路径。同时，我国服务贸易统计也较为落后。在最基本的统计分类上，我国服务贸易统计分类就与国际通行分类标准不一致，需要尽快实现接轨。建议参照国际服务贸易分类标准及统计方法，扩大统计范围和丰富数据采集手段，纳入新兴服务贸易领域，为我国服务贸易监管决策提供数据支持。

3. 创新自由贸易港口岸职能部门监管服务

随着改革的深入，政府与市场的关系将更加明晰，作为职能部门的监管方式也面临转型，要从监管具体贸易活动转向注重法律制定和政策引导。由于服务贸易涉及领域宽泛，关联部门较多，造成综合监管的难度加大。各职能部门应该在坚持风险防范和贸易便利化并重的原则下，加强监管职能创新，加快信息平台建设，建立信息共享机制，切实提高监管效率。为应对服务业扩大开放对贸易监管提出的新要求，海关、检验检疫等职能部门的服务创新是重要方面。

（三）海南自由贸易港金融创新法律制度构建

1.《海南自由贸易港金融监管条例》

制定一部海南自由贸易港内适用的金融监管法规，进而构建完善、全面的监管框架，具有现实必要性。在此方面涉及诸多问题，主要包括立法的依据问题、立法的协调问题、立法的主要框架等。《海南自由贸易港金融监管条例》的立法内容方面宜将金融监管的基本模式和主要制度以立法的形式固定下来。借鉴他国和地区的经验，该《海南自由贸易港金融监管条例》至少应包括以下内容：确立明确的监管理念；确立独立的监管机构并赋予其相应职权；确立基本的监管制度；确立纠纷解决机制。

2. 离岸金融的相关法律规则

(1) 构建自由贸易港离岸金融市场的准入监管规则立法

首先，进入自由贸易港从事离岸金融业务的银行，对于中资银行应当严格审查其资本状态以及经营能力，以避免其因参与国际市场经验不足导致的金融风险，危及在岸经济；对于外资银行，应当规定其以母国总行的分行形式进入，以母国总行的资产缓冲离岸银行所造成的交易风险。其次，针对离岸银行的存款准备金，鉴于中国特色自由贸易港的离岸金融市场尚处于起步阶段，可借鉴日本的经验，即离岸账户直接的资金往来银行不需要缴纳存款准备金，离岸账户与在岸账户之间的资金往来需缴纳存款准备金，以此规避离岸账户对在岸金融市场造成的风险。

(2) 构建自由贸易港离岸金融市场的业务监管立法

第一，加强汇率利率方面的监管。汇率方面可效仿新加坡的监管经验，采取管理浮动汇率的模式，以保持人民币汇率在合理均衡水平上的基本稳定；在利率方面，放开利率管制，活跃中国自由贸易港的离岸金融市场。第二，完善离岸金融交易货币方面的监管。基于离岸金融市场的交易货币最重要的特征是可自由兑换，因此建议将人民币作为离岸金融市场的交易货币予以考虑。第三，完善离岸金融交易主体方面的监管。海南自由贸易港发展离岸金融的目的在于通过离岸金融带动本国金融业的繁荣发展，这一目标的实现不可避免地需依托居民参与到离岸金融中进行交易。因此建议适当放松对居民参加离岸交易的监管，严格监管居民在岸账户与离岸账户之间的交易以防范居民参与到离岸金融市场可能带来的不良后果。

(3) 构建自由贸易港离岸金融市场的退出监管立法

为了从根本上解决离岸金融市场退出监管问题，自由贸易港应完善立法，健全离岸金融市场退出监管机制。首先，明确实行风险预警机制。其次，完善银行存款保险制度，通过国务院授权解除《存款保险条例》第二条的束缚，建议把自由贸易港内的所有离岸金融机构均纳入存款保险范围，及时防范和化解金融风险，保护存款人的利益，稳定金融市场秩序。最后，建立最后贷款人制度。通过制定自由贸易港相关法律规则，将中央银行作为最后的风险屏障。当金融机构面临破产时，由中央银行维护离岸金融市场对于银行体系的信心。此外，应当对离岸金融机构的强制退出作出规定，当其违反相关规定时，给予警告、罚款处罚，严重时强制其退出离岸金融市场。

3. 《海南自由贸易港融资租赁条例》

自由贸易港应该形成以《中华人民共和国合同法》为核心的融资租赁立法体系，制定《海南自由贸易港融资租赁条例》，实现自由贸易港融资租赁的立法创新。

(1) 提请全国人大对相关法律进行调整与暂停适用

第一，删除《中华人民共和国合同法》中租赁物归属相关规范，保持其作为债法的纯粹性。第二，将租赁物权属问题纳入《中华人民共和国物权法》进行规范，统一动产物权公示方式。

(2) 制定《海南自由贸易港融资租赁条例》

一方面，在自由贸易港构建融资租赁公司统一监管模式。有效解决因融资租赁业务不协调，市场准入门槛不一致，监管标准、计税标准不统一所引发的行业监管难题。自由贸易港金融监管部门要创新融资租赁“事中事后监管”方式。另一方面，创新融资租赁多层次交易安全保障机制，允许出租人通过抵押、质押、保证等方式保障出租人收取租金的权益；建立健全融资租赁信用保险机制。

(四) 海南自由贸易港事中事后监管法律制度构建

1. 监管体系的构建

在海南自贸港事中事后监管体制建设过程中，应积极发挥政府机构、行业组织以及其他社会主体的作用，形成一个社会共治的格局。

(1) 强化市场主体的自治

将市场主体视为权利主体而不仅仅作为被监管主体，引导市场主体自治自律，强化市场主体的责任意识，通过企业信用体系建设提高市场主体的诚信水平，并积极推进企业年度报告公示制度建设。

(2) 推进行业自律建设

发挥商会以及行业协会等组织在事中事后监管中的作用，推进政府部门与行业协会的脱钩改革，制定政府职能转移清单，明确行业自律的发挥空间，形成与行业协会在事中事后监管的协作关系。加强行业协会自身建设，健全行业组织管理制度，完善行业组织法人治理结构，增强行业协会商会自治能力。完善行业自律的规范体系，应加快制定行业协会法，明确行业协会的法律地位，赋予行业协会相应的权力和职能。

(3) 健全社会监管制度

建立健全社会力量参与市场监管制度，通过投诉、舆论监督参与自贸港事务，发挥社会监督的作用。应当根据海南自贸港建设的需求，结合市场专业化服务组织的优势，构建多层次的监督机制，规范政府购买社会服务机制，明确政府向市场专业化服务组织购买服务的范围、条件以及程序等内容，为政府购买社会服务提供规范支撑和依据；此外，还应拓宽公众参与社会监督的渠道和方式。通过发挥社会公众的监督，能够与政府监管形成互补，从而提升行政审批事项事中事后监管的有效性。

2. 监管职责的明确

(1) 坚持职责法定原则

强调职权必须在法律授权的范围内行使，坚持谁审批、谁监管，谁主管、谁监管，按照法律、行政法规以及相关规定，厘清各部门市场监管职责，推进市场监管法治化、制度化、规范化、程序化。

(2) 应当明确划分监管主体职责

结合权力清单梳理，按照“谁主管、谁审批、谁负责”的原则，科学划分各级政府及部门的监管职责，厘清职能范围内的监管职责，严格依法履职，规范执法行为；应当明确上级与下级部门之间的监管职责划分，科学划分并严格依法和依据机构职能履行监管职责，进一步完善监管协调联动机制，实现资源共享。

（3）应当推进政府监管制度建设

编制行政权力清单和责任清单，厘清权力边界，健全追责体系。逐项或分类制定具体的事中事后监管制度，明确监管对象、内容、方式和措施等，依法对下级行政机关实施行政审批的监督、指导等职能。

（4）应当建立综合协助监管机制

应通过以监管机制共同、监管信息共享、监管平台共建、监管职能共商、监管责任共担等为原则，建立集快速响应、协调联动、综合执法、信息共享为一体的协同监管体系。

3. 监管方式的法定

（1）注重信息化监管方式

积极运用大数据等信息化监管手段，开展大数据社会运用，积极稳妥推动数据开放，构建快速电子报告系统，扩大监管信息来源渠道；建立监管信息共享联动监管渠道，实现信息与信息之间的交换和共享，将证照衔接、监管联动、执法协作等方面的制度措施有机贯通，支撑事中事后监管；建立信息公开平台及披露机制，确保信息的客观性、时效性。

（2）注重信用监管方式

信用监管逐渐成为事中事后监管的核心，贯穿整个事中事后监管的全过程。为此，可以建立市场主体信用名录、异常名录、严重失信黑名单制度和信用信息公示制度，建立信用分级监管制度，并对不同信用级别的企业实施分类监管，强化失信联合惩戒制度。建立健全跨部门联动响应机制和失信惩戒机制，建立健全经营异常名录制度和违法经营者黑名单制度。

（3）注重风险监管方式的运用

加强风险监测与防控，建立风险评估指标体系、风险监测预警和跟踪制度、风险管理防控联动机制，推行分类分级监管，建立安全审查和反垄断审查制度。

(4) 推进柔性化监管方式

通过妥协和让步，尊重市场主体的权利，合理把握监管尺度，保障市场主体的正常经营行为和竞争行为。为此，应当注重非强制监管方式和激励性监管方式的运用，并推进综合执法体制的建立。

4. 监管规范体系的健全

(1) 制定一部统一的专门针对事中事后监管的法规或者规章

对自贸港监管的主体、范围、事项、程序，以及各部门之间的协调、协调机构和监管责任等作出系统的规定，各行政部门可以依据该法规或者规章，结合本部门的具体情况再制定相应的实施办法，使得各部门之间更好地协调沟通。

(2) 及时修订相关法律法规

应对与法律法规条文规定相冲突的内容和不合时宜的旧法内容进行梳理，根据当前实际情形，确定合理的法律标准进行修改，对试行的新法、暂行办法等，根据实践总结和评估，及时补充。法律需要修改的及时提请全国人民代表大会修改，法规或规章需要修改的，及时提请国务院、各部委（局）、地方政府及时作出修改。

(3) 制定有针对性的法规规章

针对事中事后监管中出现的新问题、新情况，围绕安全审查机制、反垄断审查机制、企业年度报告公示制度、信用管理体系、综合执法体系和部门监管信息共享机制等监管方式，制定相应的法规或规章对其进行明确，增强其实施的效果。

(4) 注重市场监管程序立法

监管程序立法的内容与重点应当围绕事中事后监管的全过程，从程序上保证监管方式与手段的合法性；要实现监管程序的透明化，使监管政策的制定和发布、监管手段的行使、执法决定的作出都向社会公开，确保相对人知情权的落实和社会公众的有效监督；应当以程序规范确保监管的常态化，通过对监管程序的科学设置来确保政府监管常态化地、稳定地予以推进。

（五）海南自由贸易港法治化营商环境法律制度构建

1. 基本理念和原则的建立

（1）坚持平等保护和公正司法相结合原则

在司法活动的过程和结果中坚持公平与正义原则，建设公开、透明、智慧的司法体系，弘扬契约精神，保障经营主体合法权益，最大程度保持公平竞争的营商环境。

（2）坚持宏观制度和微观创新相结合

营商环境制度首先是围绕法治环境开展制度创新，围绕企业全生命周期开展微观服务创新，推进放管服改革，加大放权力度，增强民营经济发展的内生动力。

（3）坚持外部经验与本地实际相结合

对各地区营商法治环境总体现状及细分领域进行深入解析，梳理典型地区优化营商环境的先进经验，在借鉴国际先进法治经验的同时，尊重海南自贸港的实际，为营商环境优化提供可借鉴的思路和方法。

2. 逻辑框架的构建

海南自贸港营商环境的构建要从海南省治理体系与治理能力现代化的角度思考未来转向，从全能政府转向有限政府，从企业依附转向商人自治，从封闭社会转向开放社会，从行政管控转向司法独立，营造简政放权、竞争中立、裁判中立、社会自治的秩序。

3. 具体内容的展开

（1）积极开展制度创新，完善相关法律法规

对当前省内立法制度进行系统梳理，对不符合国际惯例和自由贸易港建设内容的相关制度进行修订或废止，围绕自贸区法制创新，完善涉及营商环境的法律法规。研究如何借助新兴国际贸易规则，加快开放型经济新体制建设，推进贸易服务、金融服务、科技创新、公共管理等领域的制度创新，促进投资和贸易相关法律制度与国际接轨，为今后政策创新和制度创新探索方向。

(2) 充分运用大数据等技术，构建社会信用体系

加速推进互联网法治，主动运用大数据、云计算等现代科技，推行政务公开，加强政府机构公共服务和智能服务效能，推动建立健全与市场主体信用信息相关的司法大数据收集共享和应用机制，建立社会诚信体系，实现信息共享，激励诚信守约行为，严格制裁违约失信行为。

(3) 健全法律救济机制，完善国际商事仲裁制度

建立快速响应机制，通过设立专线、投诉等保障法律救济权利，实现多元纠纷解决机制的整合。完善国际商事仲裁制度，对接国际标准，发展国际商事仲裁和商事调解机制；研究国际通用的仲裁规则，加大人才引入，建立多元背景的仲裁员名单，不断完善诉讼与非诉商事纠纷解决制度间的衔接，构建符合国际标准的仲裁庭。

(4) 完善知识产权保护制度，激发企业自主研发积极性

从产权保护、合同审理、垄断遏制、侵权赔偿等多方面加以规范和指引，加大对企业自主知识产权的支持力度，建立快速通道和奖惩机制保护创新成果，鼓励和推动企业抓紧核心技术研发。建立知识产权快速维权制度，推进知识产权案件快速受理和审理，提高案件处理效率，打造集知识产权申请、纠纷调解、行政执法、司法诉讼为一体的知识产权纠纷快速解决平台，为企业提供知识产权申请、授权、维权的绿色通道。

(5) 建立国际交流机制，提升国际化水平

参照世界银行营商环境评价体系，加强与国际标准和世贸规则的对接，主动对标国际一流营商环境，提升国际竞争力和对投资者的吸引力。

(6) 强化自然资源保护制度，提升生态环境质量

加强和创新社会治理，加强公共服务设施和基础设施建设，营造美丽宜居的生态环境。

(六) 海南自由贸易港多元化纠纷解决机制法律制度构建

1. 建设海南自由贸易港亟待多元化纠纷解决机制的构建

一方面，基于海南自由贸易港所具有的境内关外，“一线放开，二线安全、高效管住”的特点，其必然呈现出比自贸试验区更高的自由与开放

水准。因此，对于发生于港区的纠纷，应当提供更多、更为灵活的解决路径，给予当事人充分的选择自由。另一方面，域外的自由贸易港建设经验表明，运用多元化纠纷解决机制的案件呈上升趋势，尤其是中国香港和新加坡表现最为突出。例如，截至 2016 年，香港国际仲裁中心共受理 460 起案件，其中 262 起为仲裁案件、15 起为调解案件。

一旦启动海南自由贸易港建设进程，采用更加宽松的企业准入负面清单，更多的外商投资企业纷至沓来，涉外商事纠纷必将随之激增。有限的司法审判资源既无法处理如此数量级的纠纷案件，亦不能满足当事人追求的自由协商的意志。除此之外，海南自由贸易港的电子商务将更为发达，因此亟待打造更加快捷、高效的纠纷解决机制。在此趋势下，以调解、仲裁等手段为代表的替代性纠纷解决机制发挥自身所长，弥补了司法诉讼的不足，例如实施电子取证、网上仲裁等，保障在最短的时间内实现当事人双方利益最大化的现实需求。

2. 海南自由贸易港国际商事仲裁的法律制度构建

(1) 明确国际商事仲裁机构的准入要求

作为特殊的法律服务，自贸港引入国际商事仲裁机构，离不开市场准入方面的制度安排。具体而言，港区内可以参照外资律师事务所的模式，明确国际商事仲裁机构的准入标准与条件，特别是是否将国内争议也放开给外国仲裁机构。建议遵循循序渐进的开放模式：一方面，承认开放国际仲裁机构在华业务的种种优点；另一方面，法律服务业的开放需要考虑 WTO 的“棘轮效应”。

(2) 摸索国际仲裁机构入驻自贸区（港）的多元模式

国际仲裁机构入驻自贸区（港）会面临具体设立模式的问题。参考外资企业的模式，国际仲裁机构入驻自贸区（港）可采取的模式可分为独资、合资和合作三种模式。就目前已入驻上海自贸区的国际商会仲裁院、新加坡国际仲裁中心和香港国际仲裁中心来看，它们采取了类似于独资的模式。该种模式也可见于域外的实践。除独资以外，迪拜国际金融中心（DIFC）的实践也很独具特点，迪拜本地仲裁机构通过与英国伦敦国际仲裁院(LCIA)合作，在 DIFC 内设立了 LCIA 的机构。未来，境内外仲裁机构的合作也不失为一种可供参考的途径。借此模式，域外先进的仲裁理念与管理模式和中国国情可以得到有机结合。

(3) 调整《中华人民共和国仲裁法》部分条款和法律标准在自贸港(区)内的适用。为了避免突破《中华人民共和国仲裁法》，在现有法律未做修改的情况下，可以参考“三资企业法”暂停实施的模式，在自贸港(区)内实施特殊规范。全国人大常委会在该事宜上，可以考虑给予自贸港(区)一定的支持。具体而言，可以考虑将仲裁法中关于“仲裁机构所在地”“仲裁委员会”等法律条款做调整适用。特别是，很有必要在自贸港(区)内明确“仲裁地”标准。除此之外，DIFC 的实践同样可供参考。为了更好地提升 DIFC 内仲裁的国际竞争力，DIFC 内实施了特别法，即对《联合国国际贸易法委员会国际商事仲裁示范法》(以下简称《示范法》)的转化适用。尽管 DIFC 的实践得益于其顶层法律设计和联邦制的国家体制，这与我国的国情大不相同，但在自贸港(区)内实施特殊规范的做法至少从短期看，它可以使得仲裁准据法和国际仲裁机构的实践良好融合，有助于亚太仲裁中心的构建。

(4) 最高人民法院出台相关司法解释

鉴于我国现有法律规范对调整国际商事仲裁机构在我国的仲裁活动存在诸多真空地带，在相关法律修改调整或新的法律出台之前，可采用由最高人民法院在现有法律体系框架内出台相关司法解释的方法作为弥补法律不足的权宜之计。具体来说，司法解释需要着重规定的问题，包括但不限于境外仲裁机构中国仲裁的仲裁协议效力、境外仲裁机构中国仲裁的管辖和撤销、境外仲裁机构中国仲裁的执行等。但困难的是，司法解释具有局限性，过度的扩张解释恐有造法之嫌。

(5) 大力推动我国仲裁法的修改

在仲裁法的修改过程中，有必要考虑当下国际商事仲裁的主流做法，参考《示范法》和《纽约公约》，明确以“仲裁地”标准取代“仲裁机构所在地”标准。不仅如此，还有必要消除一些诸如“仲裁委员会”的措辞，因为这样的术语不能清晰地涵盖所有境内外仲裁机构。此外，我国仲裁法在修订过程中，也有必要纳入仲裁庭临时措施发布权、友好仲裁、紧急仲裁员制度等，这将有助于我国仲裁法与境外仲裁机构规则的配合。最后，就外国仲裁机构在我国的法律地位、设立和管理模式，以及可从事业务范围等方面，也有必要纳入仲裁法的修改。

3. 海南自由贸易港临时仲裁法律制度构建

(1) 海南自由贸易港临时仲裁的特别立法问题

在海南自由贸易港引入临时仲裁制度，首先需要解决临时仲裁的特别立法问题。建议由国务院提请全国人大授权在海南自贸港（区）内灵活变通《中华人民共和国仲裁法》适用，然后由全国人大授权海南单独制定临时仲裁条例或规则。制定临时仲裁条例应当包含以下四个方面的内容：首先，采用仲裁机构加临时仲裁的模式进行试点；其次，确立一个明确的仲裁机构，授权仲裁机构行使指定或替代临时仲裁仲裁员的权力，但权力的行使必须尊重当事人的意思自选；再次，需要明确仲裁机构对临时仲裁仲裁员的仲裁不加以干涉，但享有监督的职权；最后，需要明确临时仲裁的司法审查主体，建议由仲裁机构所在地的中级人民法院行使司法审查权。

(2) 制定海南自由贸易港临时仲裁的示范性条款

临时仲裁制度在海南自由贸易港内顺利运行除了需要全国人大的特别立法以及特别授权外，还有赖于获得授权的仲裁机构制定临时仲裁的示范性条款。建议由被授权协助处理临时仲裁案件的仲裁机构制定相关临时仲裁的示范性条款供自贸港（区）内的市场主体参考适用。而该仲裁机构所制定的临时仲裁示范性条款应当包括仲裁员选任规则，以及相关仲裁规则应当如何依据双方意思自治来约定等。建议被授权的仲裁机构在制定相关的临时仲裁示范性条款时，尽可能地参考《联合国国际贸易法委员会仲裁规则》的相关临时仲裁规则。被授权制定临时仲裁示范性条款的仲裁机构有权制定临时仲裁示范性条款，指导与协助临时仲裁的争议当事人在仲裁员选任以及仲裁规则的选择适用上达成一致，并提供临时仲裁的仲裁场所。建议赋予当事人自由选择临时仲裁员的权利。建议海南多元化引入临时仲裁的仲裁机构，通过设立新的仲裁机构来与现有仲裁机构形成良性竞争。

（3）完善海南自由贸易港临时仲裁员选任制度

仲裁员的选任对于仲裁的结果起着至关重要的作用。建议海南自由贸易港临时仲裁员选任制度的构建应当做到以下几点：首先，通过全国人大授权海南采取特别立法的形式，明确降低临时仲裁员选任的准入门槛，借鉴国际主流做法，只要具备完全的法律行为能力，即可赋予当事人自由选择的权利，仲裁机构不得加以干涉；其次，即便由仲裁机构制定临时仲裁员名册，也需详尽列举每一位仲裁员的相关信息，通过互联网与大数据手段方便当事人查询；最后，实行临时仲裁员末位淘汰制度，定期进行更新，选任要更加注重仲裁员在各个专业领域的技能，而不仅仅只考察法律专业素养。

（4）临时仲裁员民事责任的构建

建议从以下几个方面着手认定临时仲裁员的故意与重大过失行为：仲裁员具有欺诈行为的；仲裁员收受贿赂的；仲裁员违反保密义务给当事人造成损失的；仲裁员在接受当事人选定前存在影响公正以及独立裁决的因素，且未予披露。出现上述行为时，应当认定为临时仲裁员故意或重大过失行为，临时仲裁员须对当事人的损失承担一定的民事责任。临时仲裁员承担民事责任是以违反法律强制性规定为前提，一般性的业务过失应当被排除于民事赔偿责任之外。建议在临时仲裁员民事责任制度设计中引入“业务判断规则”，即临时仲裁员在作出仲裁裁决时，基于理性或者由于认知所限导致的“业务判断过失”可免于承担民事责任。

（5）简化海南自由贸易港适用临时仲裁的相关程序性规定

海南自由贸易港引入临时仲裁的初期，建议暂时只受理自贸区、自贸港范围内的商事临时仲裁案件的申请，至于国内其他地区的临时仲裁案件依据地域管辖原则暂不受理。试点初期较宜将受案的标的确定为小额或争议事由清晰的简单商事争议案件，随着试点推进逐渐扩大临时仲裁的受案范围。同时尽量简化当事人的临时仲裁申请程序，降低临时仲裁程序相关服务性收费标准。在临时仲裁裁决后，建议只需临时仲裁员签名即可，不需要临时仲裁协助机构盖章确认。为了事后当事人申请司法介入的便利需要，临时仲裁裁决文书可在仲裁机构内留存备案。

(6) 构建海南自由贸易港临时仲裁裁决的监督机制

首先，临时仲裁裁决的司法审查。建议海南自由贸易港引入临时仲裁程序应尽可能淡化法院对临时仲裁裁决的实体性审查，更加侧重于程序问题的形式审查。其次，构建临时仲裁裁决的内部监督机制。建议海南自由贸易港临时仲裁内部监督机制构建秉承独立性、专业性原则，广泛借鉴国外临时仲裁的监督自律机制，最大限度地在内部监督临时仲裁程序可能出现的不公。

(7) 确保海南自由贸易港临时仲裁裁决被承认与执行

建议海南自由贸易港引入临时仲裁程序可以借助大数据和互联网手段，将所有的临时仲裁信息存储并搭建统一信息查询平台，平台内设数据存储的云端，所有的临时仲裁裁决都通过仲裁机构存储于云端。同时这个云端平台与法院的执行系统相关联，根据当事人的申请，法院可直接通过云端执行临时仲裁裁决。

4. 海南自由贸易港替代性纠纷机制的法律制度构建

(1) 海南自由贸易港替代性纠纷解决理念的国际化对标

建设自由贸易港应当“对标国际最高标准”，这种国际化的对接不仅适用于贸易等机制的运行，更应成为海南建设自由贸易港的理念核心。海南自由贸易港高度的自由与开放程度，将带来涉外纠纷量的上升。涉外纠纷当事人更倾向于通过替代性纠纷解决机制处理商事争端，并且在解纷手段的选择上强调个人的自主选择权，兼具极强的私人性，注重所涉纠纷信息的保护。

对于在海南自由贸易港建设替代性纠纷解决机制，应当在坚持中国特色解纷观念的基础上糅合西方的通行理念，注重当事人关系的稳定与社会的和谐，但以当事人权利保护为前提；以纠纷妥善解决为目标，但更重视当事人对个体私密性的需求；强调效率与公平的兼容并蓄，更尊重当事人对解纷方式的自主选择；法院等机构适当干预，亦承认当事人对解纷过程的控制性。

（2）以立法保障海南自由贸易港替代性纠纷解决机制的实施

理念先行，立法相适应，这是建设海南自由贸易港替代性纠纷解决机制应当遵循的思路。替代性纠纷解决机制立法应当以既有自贸试验区法律为参照，并针对自贸试验区法律碎片化的特点于海南自由贸易港中加强立法的体系化建设。因此海南自由贸易港替代性纠纷解决机制立法领域应当给予变革：第一，远期目标是由全国人大出台纲领性的《海南自由贸易港法》，并在该法中规定港内当事人得根据纠纷的实际情况选择相适应的纠纷解决方式；第二，有关于调解、仲裁等途径的具体法律规制，可选择在《海南自由贸易港法》的总领下出台普适性的《海南自由贸易港仲裁规则》《海南自由贸易港调解规则》等规则，此类规则应当充分考量自由贸易港处于开放一线的情况，适当引入临时仲裁等国际通行机制，以侧面达到倒逼《中华人民共和国仲裁法》等目前滞后的、存在无法与实践相适应情形的法律进行修改与完善的效果，为商事替代性纠纷解决制度提供改革的新契机；第三，充分发挥地方立法的补充作用，针对海南有别于其他地区经济、政治等实际情况，通过地方性法规等形式弥补总领性法律法规“纲领性有余、针对性不足”的问题。

（3）以海南自由贸易港人员自由流动政策填补专业解纷人员缺口

在机制构建理念与立法保障均完备的背景下，海南自由贸易港替代性纠纷解决机制仍面临专业解纷人员的缺口。基于此，海南自由贸易港对专业人才的引入制度，即港内外人员流动制度应当适当放宽限制。在实践中，自然人流动过程中面临经济需求测试、签证制度、执业资格认证等三大壁垒，其中后两者的困境能够通过海南自由贸易港相关配套制度限制的放宽得以破解。第一，自由贸易港应施行更为宽松的签证制度。在自由贸易港进一步扩大免签范围，可借此对更多国家纠纷解决专业人才实行免签政策，同时针对海南自由贸易港“境内关外”的特殊性适当放松工作签证与居留期限的限制。第二，可通过执业资格承认标准的适度放松吸引境外专业人才。更宽领域的执业资格承认制意味着更多外籍仲裁、调解专业人才的引入，这对于极其注重解纷人员专业素质的纠纷当事人而言将是利好消息。

(4) 建设海南自由贸易港替代性纠纷解决机制的机构变革

在符合建设海南自由贸易港替代性纠纷解决机制秉承的国际化理念、立法保障以及专业人员完备的前提条件下，替代性纠纷解决机构的变革亦应当提上日程。自由贸易港作为自贸试验区的升级版，其开放与自由的优势更为显著，因此能够适应较之自贸试验区更为大胆的纠纷机构开放政策，建议替代性纠纷解决机构应当从市场准入角度进行变革。

(七) 海南自由贸易港生态环境保护法律制度构建

1. 对规划和建设项目进行环境影响评价

海南省相关主管部门应根据《中华人民共和国环境影响评价法》和《规划环境影响评价条例》的规定，对自贸港的规划和建设进行相应的规划环境影响评价和建设项目环境影响评价。中央 12 号文件中也指出海南应构建国土空间开发保护制度，严格自然生态空间用途管制，加快建立重点海域入海污染物总量控制制度。这些要求的实现也需要对自贸港的规划和建设项目进行环境影响评价，对可能的环境影响进行充分评估并采取必要的预防措施，确保相关决策不会对环境造成显著的不良影响。

基于我国环境影响评价的分类管理制度，自贸港环境影响评价需要筛选和识别可能有重大环境影响的贸易规划或政策以及相关建设项目。环境影响评价所要关注的主要环境问题可以用因果链分析法进行定性识别。自贸港相关部门应结合实际，识别可能带来主要环境问题的行业和部门并在一般的环评步骤基础上进行细化，编制自贸港环境影响评价技术导则，为进行环境影响评价提供技术支持。

2. 完善环境保护相关立法

建议出台《海南自由贸易港（促进）条例》，并在其中加入环境保护相关条款。环境保护条款应参考相关自由贸易协定中对环境规制的相关规定，规定包括环境影响评价和环境准入等自贸港环境保护的基本制度，并着重对自由贸易可能影响的环境领域进行规定。此外，由于条例中的环境保护条款可能比较原则性无法具体化，还可在条例相关条款的基础上通过出台专门的配套环境保护地方性法规和规章进一步细化和完善自贸港环境保护的相关法规。最后，自贸港环境立法还应注意与多边环境协定的衔接。例如在立法的具体内容方面，可以对多边环境协定禁止非法木材贸易以及濒危野生动植物物种国际贸易的相关规定进行转化和规定。

自贸港相关立法中也应对环境责任制度进行规定。海南自贸港建设应在中央 12 号文件的基础上进一步落实和明确相关环境责任制度，这有助于自贸港的良性发展，也符合国际贸易中对环境问题愈来愈重视的基本趋势。完善环境责任制度可促使监管者履行职责，促使生产者将其责任扩展到产品生命周期的各个阶段，将有利于自贸港在国际贸易中占据有利地位。

3. 加强市场准入管理

在国际贸易中，环境要求与市场准入早已结合在一起。中央 12 号文件中指出海南应坚持“绿色、循环、低碳”理念，建立产业准入负面清单制度，全面禁止高能耗、高污染、高排放产业和低端制造业发展。加强环境保护准入管理，禁止在自贸试验区内引入环境污染超标、能耗严重、列入淘汰目录的行业和工艺，是保障自贸区建设和发展符合生态文明要求的必要措施，也符合贸易协定中环境规制的精神和一般要求。

4. 推动绿色贸易发展

在建设国家生态文明试验区的要求下，海南自贸港应当着力推动绿色贸易发展，拟定相关措施鼓励企业申请绿色产品或相关标准认证，以及在政府采购方面向绿色产品和技术倾斜。中央 12 号文件中指出实行碳排放总量和能耗增量控制。据此海南自贸港可以鼓励区内企业申请国际环境和能源管理体系标准认证，这将有助于自贸港产品和技术的推广。海南自贸港也应鼓励区内企业采用先进生产工艺和技术，探索开展出口产品低碳认证。这样既可以促进自贸港产品和技术得到认可，还可以节约能源，减少污染物和温室气体排放。中央 12 号文件中指出要研究构建绿色标准体系，建立绿色产品政府采购制度。如前所述，贸易协定中一般不禁止缔约方实施旨在实现高水平的环境保护的规制措施。例如在政府采购领域，许多国家的政府采购倾向于绿色产品和技术。

此外，自贸港还应尽快建设自贸港绿色发展示范园。促进相关企业自觉遵守自贸港环境保护相关法规的要求，并着力提升工艺和技术。建设绿色发展示范园需要在其中采取推动绿色发展的行动，具体而言可以包括鼓励绿色产品和技术的生产和研发，培育新型环保企业，淘汰落后产能，采取监管措施减少污染和碳排放，探索环保循环新模式，支持生态保护行动等。

5. 促进环境服务贸易的发展

随着环境保护相关产业的发展，环境服务贸易已成为服务贸易的重要组成部分之一。海南自贸港应促进环境服务贸易的发展，这样既有助于自贸港贸易的繁荣，又可推动环保产业的发展。海南自贸港在制定促进环境服务贸易发展的规则和政策时，可以在符合非歧视原则等国际贸易一般原则的要求下，适度向本国环境服务企业倾斜，在促进自贸港内环境服务贸易发展的同时，推动本国环保产业的发展。

6. 鼓励企业签订改善环境行为的自愿协议

环境自愿协议是一种集行政管制、经济激励和社会治理三位一体的综合性环境政策机制，被国际社会认为是环境政策发展的前沿和潮流，用于改进区域、行业部门或企业的环境绩效，已有很多成功案例。海南自贸港可以鼓励区内企业与管委会签订改善环境行为的自愿协议，以推动相关企业改善生产工艺和技术，公开环境信息，减少污染物排放，提升环境质量。企业与管委会签订的改善环境行为的自愿协议中，可以规定企业可以在哪些方面得到一定的支持，以激励相关企业主动改善环境行为。此外，自贸港相关部门及管委会应做好相关的技术培训和服务支持，并开展自愿协议的绩效评估，使自愿协议能切实改善环境。

7. 构建涵盖与环境有关的贸易争端的争端解决机制

争端解决机制是自由贸易顺利开展的重要保障，建立自贸港争端解决机构和机制也是自贸港建设和发展中需要完成的任务。自贸港争端解决机制应涵盖与环境有关的贸易争端，这既有助于自贸港相关环境与贸易争端的解决，也符合自由贸易协定争端解决机制的发展趋势。在具体构建涵盖与环境有关的贸易争端的自贸港争端解决机制时，宜参考自由贸易协定中的争端解决机制，在考虑自贸港特色的基础上，规定磋商阶段和正式的争端解决机制的框架体系和具体程序，包括如何选任专家组的专家，以及专家组审议的期限、专家组报告的效力、“法庭之友”等事项。

（八）海南自由贸易港社会治理法律制度构建

1. 社会共同治理机制法治化

海南自由贸易港的社会治理理念要有所改革，就要打破行政本位主义，充分依赖市场因素和社会力量。一是充分发挥市场的作用，这就要求政府部分放权，充分激发市场的活力。市场发挥重要基础性作用的经济是一种开放型经济，在自贸港治理中，可以借鉴长三角公共治理机制经验，要求区域成员政府间建立共同市场，强化经济合作与开放机制，遵循市场规律。二是发挥社会力量在治理机制中的作用，包括充分发挥社会组织及公民的参与作用。引导社会参与，是高效解决自贸港问题的实践之必然，在解决环境、交通等关系日常生活的问题中，各类社会组织能够在综合理论与现实基础上，提出切实可行的解决措施；而公民参与，则是保障公民宪法权利，共同参与治理国家的一大重要途径。在自贸港建设初期，公民参与更能提出贴和自贸港自身土壤的建议及措施，这对自贸港综合治理，起到内在调节作用。

2.“管理”向“治理”转变的制度保障

适应社会治理规律，建立符合现代社会治理要求的体制机制，通过完善相关制度建设提供制度保障。在实现“法制”向“法治”转变的新时期，海南自贸港建立后，更要建立完备的法治保障机制，践行依法治国的国家方略。在自贸港建设及治理过程中，依法治理能够充分发挥其两大优势：一是节约社会交易成本，二是增强政府的合法性。

结合海南自贸港建设的特殊性，社会治理现代化理念的践行，还要求全面落实社会协商机制在现代化治理体系中的具体应用和实践。一方面要构建合理的协商民主体系，外部要建立社会协商与其他协商形式相关联合作，内部要优化协商内容与层次性。另一方面要提高协商主体的参与意识及参与水平，加强对协商主体的培育。要加大培育资金投入，完善社会组织培训机制，也要加强政府协商民主参与人员素质教育，将专业素养、法律意识、道德培养等多方面落实到培训中来。

3. 信息化时代社会诚信机制和信任机制构建

适应网络化、信息化和大数据化的时代要求，建立信息化时代社会诚信机制和信任机制，完善相关的法律制度建设。数据信息收集及处理，是社会治理中的基础性环节，在自贸港建设中，信息网络及大数据的应用必不可少，它不仅在自贸港建设信息、交易信息、市场运行、政府管理信息的收集及处理方面发挥着关键作用，还为由数据分析而产生的自贸港治理模式的更新与变革提供技术支撑。

当然，随着信息化和大数据时代的到来，无纸化的信息数据连带产生诚信与信任机制的建立与完善。去中心化交易模型的广泛应用，为自贸港信用机制的搭建提供强有力的借鉴意义，有关信用机制法律制度的完善也必须跟得上时代发展的步伐，从法律层面规范诚信及信用机制，是现代社会治理之必然。诚信在法律对其规制之前就已经存在，它被吸收到法律之中，并不是将诚信融入法律中而不用精准性术语规制它，而是将诚信转化为“法律诚信”这个专业术语。

4. 构建科学的海南自由贸易港人才流动机制

建立以人为本的海南自由贸易港建设发展理念，构建科学的海南自由贸易港人才流动机制，改善海南自由贸易港人口结构，为海南自由贸易港的建设发展提供人才基础。我们不仅要从其他地区引进优秀国内人才，还应该制定相关优惠政策，引导海外人才的迁入。自贸港人才引进计划应该立足于本身社会建设缺陷与不足之处，有针对性地在全球范围内挖掘人才，在生物科技、资源再生利用、网络技术革新等新兴领域为我国提供新鲜血液，使区域建设问题能够逐个解决，提高经济发展运行效能。

5. 社会保障的法治化和国际化

完善海南自由贸易港的社会保障机制，接轨国际发达国家社会保障法律制度，实现海南自由贸易港社会保障的法治化和国际化。自贸港的经济发展水平与社会保障机制水平密切相关，相互作用。解决自贸港社会保障机制问题，可以借鉴“枫桥经验”，将社会保障机制运行过程中的细节问题化解在基层，坚持以人为本，切实为自贸港公民谋取社会福利，提高部分人口的可视化收入，拉动需求推动消费，从而整体上协同带动自贸港经济的增长。

（九）海南自由贸易港人才引进法律制度构建

1. 人才管理机制

（1）人才管理理念的创新

人才管理要遵循市场规律和人才成长、流动、创新规律，总体而言就是要坚持以人为本，改管理为服务，对此要加快总领性的《海南自由贸易港人才工作管理条例》的制定，将以人为本固定为人才工作的总体性原则。

（2）人才管理主体的创新

开放人才服务行业，降低准入门槛，鼓励和培育市场化的专业人才服务性社会组织。建立市场化的人才管理体系，构建科学完善的人才评价打分系统，以第三方市场化机构，以及以本地高校、科研所、大型企业等高层次人才为依托建立专业化的人才专家数据库，以人才专家委员会为主体，对人才进行分类化和差异化评价考核。要改革职称和职业资格制度，突出用人主体的主导地位，将职称评审和职业资格认定的权力下放给用人单位，推动用人单位根据市场需要和专业情况进行自主评审。对此一方面要在《海南自由贸易港人才工作管理条例》中明确各主体的权力范围，另一方面要制定和修改相应的市场准入规范和社会组织法规，确立社会组织的主体地位。

（3）人才管理方式和手段的创新

充分发挥市场的主导作用，落实用人单位的自主权，改革传统的编制管理方式，改事前审批为事后的备案监管。改革人事档案制度，充分利用电子技术建立人才电子档案和人才电子卡，打破户籍、地域、人事关系等制约。改革薪酬福利制度和绩效制度，建立动态调整机制，用激励型的管理手段替代任务型的管理手段，充分发挥人才的潜能。

2. 人才培养机制

（1）人才培养要贯穿人才发展的全过程，建立系统化、统一化的人才培养机制

从基础教育到中学教育，到高等教育，再到继续教育，根据区域发展的整体规划和人才需求，进行人才培养的规划。同时为优化人才结构，注重高精尖人才的专门培养，加大高等教育的投入力度和优惠政策。

（2）人才培养方式的开放性和包容性

在增强和扩大公立教育的同时，引入市场资本，建立人才培养市场，降低人才培养的市场准入，建立完善的监管体制。鼓励各阶段的中外合作办学、合作人才培养。同时充分利用云端技术，建立规模化的跨区域人才培养新模式，如中外合作办学和人才培养中的云端授课。在学分制人才培养的基础上，探索自贸港区域内外的统一选课和学分互认制度，并在创新创业教育改革的导向下，修订人才培养方案，创新教学模式和管理制度，探索弹性学制。

（3）人才培养途径的多元化

创新人才培养途径，打破专业和学历的壁垒。发展技术培养教育、社区教育，探索在家教育，鼓励国际交流与合作，改革高等教育模式，推进个性化的人才培养制度。为此要加快制定相应的《海南自由贸易港培训机构管理办法》《海南自由贸易港在家教育监管办法》等相关法规。在强化通识教育和基础素质教育的基础上，为学生自主选择专业、课程、教师和评价方式等提供条件，使学生能够根据自身学习能力和发展需求，建立个性化人才培养方案。推进科教协同和校企协同的人才培养模式，完善高水平科研支撑拔尖创新人才培养的机制，完善实践教育支撑应用型的人才培养机制。对内，在自贸港区域内探索建立一体化的学生、教师和课程信息

库，共享各项教育资源。对外，进一步与世界一流大学、学术机构开展联合培养。加大海外学习项目建设投入，搭建实质性国际合作平台，同时提高全英文课程和双语课程的开设比例。

3. 人才引进机制

第一要制定科学合理和规范化的人才引进政策，并将人才引进政策提升到规章制度的地位。要尽快修订《海南省吸引高层次专业技术人才暂行办法》以推动人才引进政策的落实和执行，为人才引进工作提供制度保障。

第二要明确人才引进的方向，科学规划，确立以市场需求为导向的原则。通过对本地人才状况和需求的调查摸底，精准引进人才。

第三采取多样化的人才引进方式和模式。打破人才流动的限制，结合海南的地域特点，探索人才的柔性流动机制，变人事进入为智力和能力的进入，改户籍管理为身份管理。

4. 人才的保障和激励机制

(1) 建立完善的人才保障机制

要探索人才的落户、住房、子女就学、培训等方面的制度保障，并制定细则。首先，探索户籍制度、居住居留制度以及签证制度的改革，以更加开放和自由的人才政策，将自贸港建设成人才聚集高地和国际人才自由港。其次，建立多元投入机制，打造人才安居工程。如探索政府资源和社会资源的服务叠加，鼓励资本和社会组织的人才投入。一方面政府建立各种人才公寓和公租房，设立各种政府鼓励的创业项目和培训项目。充分发挥政府的政策优势，建立有利于人才发展的税收政策等，以优惠政策服务人才。另一方面利用社会资源建立各种人才基金，以生活补贴、培训补贴、创业补贴、项目资助等多种形式用于人才的安居，鼓励人才创业和继续教育。最后，完善和优化人才服务制度，建立人才服务中心，建立人才档案，设立人才服务专员制度，实现高效、精准的人才服务。探索人才卡制度，确立持卡人在医疗、政务服务、社会保障、子女入学、住房等各方面的优惠个性服务制度。

(2) 建立健全人才激励机制

首先，要规范绩效考核制度。绩效考核的前提在于制定公平合理以及公开透明的考核标准和考核程序。保障则在于考核结果的运用效果。绩效考核工作要根据市场需求和人才规律来进行，对于基础研究和应用研究，社会科学和自然科学要使用不同的考核方式和考核标准。在考核中，严格按照能力和成果来进行，打破职务终身制，拓宽上升渠道，把考核与晋升、培训、评优、降职和辞退等挂钩。其次，进行薪酬分配方式的创新，实行多元化的分配机制，严格按照贡献的多少和贡献的大小来进行薪酬分配。完善贡献的市场评价机制，探索协议薪酬制、团队打包薪酬制等，实行股权、现金等多种方式的奖励制度，充分发挥知识的生产力价值。

三、海南自由贸易港特区立法权与地方立法权运用

海南建省办经济特区 30 多年来，经济与社会都发生了翻天覆地的变化，这其中的原因是多样的，但不可否认的是，地方立法尤其是特区立法对于海南经济社会的发展产生了重要的助推作用，为海南各项事业的建设与发展提供了法治保障。因此，在海南自由贸易试验区和中国特色自由贸易港建设过程中，在遵循法制统一的前提下，根据实际需要，积极发挥地方立法权，构建地方法规体系，具有十分重要的意义和作用。

（一）海南地方立法体制的构成及其区分

1. 海南地方立法体制的构成

根据《中华人民共和国立法法》和全国人大的相关决议，海南立法体制由特区立法、地方立法和民族立法三个部分组成，因而海南省享有的立法权包括了特区立法权、地方立法权和民族立法权。1988 年 4 月 13 日，第七届全国人大第一次会议通过了两个关于海南的历史性决议，即《关于设立海南省的决定》和《关于建立海南经济特区的决议》。根据《关于设立海南省的决定》，海南省及其省会海口市依职权取得了地方立法权。《关于建立海南经济特区的决议》中明确规定：划定海南岛为海南经济特区。授权海南省人民代表大会及其常务委员会，根据海南经济

特区的具体情况和实际需要，遵循国家有关法律、全国人民代表大会及其常务委员会有关决定和国务院有关行政法规的原则制定法规，在海南经济特区实施，并报全国人民代表大会常务委员会和国务院备案。因此，海南省人大及其常委会根据全国人大的授权而取得了特区立法权。由此可见，上述两个历史性文件明确了海南双重立法体制，是海南开展特区立法和地方立法的源头。

2. 海南特区立法权和地方立法权的区分

(1) 二者的来源不同

一般地方立法权源自地方政府的职权自身，由职权产生，且由宪法、组织法、立法法等相关法规予以规范化。特区立法权则来自全国人大或全国人大常委会的特别授权决议。虽然《中华人民共和国立法法》把特区立法权放在了第四章“地方性法规、自治条例和单行条例、规章”中，但是特区立法权从产生来看，实质是中央立法权的一种下放，是附属于中央立法权的，因此程序上是需要向中央备案的。

(2) 二者的范围不同

就空间范围而言，“海南省”和“海南经济特区”是两个紧密相连而又不同的概念，其中“海南省”是一个行政区划概念，其空间范围包括海南岛和西沙群岛、南沙群岛、中沙群岛的岛礁及海域，而“海南经济特区”是一个经济区域概念，空间范围限于海南岛。就事项范围而言，省级层面地方立法权为综合性的，其权限范围就是地方性事务范围；市级层面地方立法权的范围根据《中华人民共和国立法法》的规定限于城乡建设与管理、环境保护、历史文化保护等方面的事项。而特区立法权的事项范围根据中央授权的目的，在产生之初以经济事项为主，当然经济与社会、行政管理并无绝对界限，三者是日益难分的综合体。随着改革的深化，特区立法权的事项范围逐步开始转向综合性事务。

(3) 二者的享有主体不同

根据《中华人民共和国立法法》的相关规定，海南的一般地方立法权分为省级和市级两个层面：在省级层面上，省人大及其常委会享有地方性法规的制定权，省政府享有地方政府规章的制定权；在市级层面上，设区的海口市、三亚市和不设区的三沙市的人大及其常委会拥有地方性法规的制定权，市政府拥有地方政府规章的制定权。而《关于建立海南经济特区的决议》规定，海南经济特区立法权的享有主体只有海南省人大及其常委会。

（4）二者遵循的原则不同

一般地方立法权遵循的是“不抵触”原则，即以不与宪法、法律、行政法规等上位法相抵触为前提，既不能与宪法、法律、行政法规的精神、原则相违背，也不能与其具体条文的内容相冲突。而特区立法权遵循的是“遵循原则和变通原则”，即在“遵循国家有关法律、全国人民代表大会及其常务委员会有关决定和国务院有关行政法规的基础上，可以有所变通和突破，这种变通是作为改革的“窗口”和“试验田”而享有的变通立法权，其与民族立法权因民族因素享有变通立法权有所不同。

（5）二者的任务、目的和效力不同

一般性地方立法权产生于地方管理的具体情况和实际需要，其任务和目的在于结合地方的实际情况，更好地贯彻执行中央立法。因此，一般地方立法主要是实施性和细则性的，是对中央立法的实施和细化。而特区立法权则产生于改革开放的需要，其任务和目的在于充当改革的“试验田”，因而具有突破性、实验性和变通性的特点，是中央立法的先行先试。也正因此，特区立法在特区具有优先适用的效力，如《中华人民共和国立法法》第九十条规定，经济特区法规根据授权对法律、行政法规、地方性法规作变通规定的，在本经济特区适用经济特区法规的规定。

3. 海南特区立法权之行使

就海南自贸港建设而言，其涉及了一般立法权的作用空间与范围，如环境保护以及城乡建设与管理等。但是在营商环境等方面，可能涉及特区立法权的运用，因而需要了解海南特区立法权行使的状况，为海南自贸港特区立法权的运用提供借鉴。

截至 2017 年 12 月底，海南省共通过的法规和决议有 330 项，其中制定了现行有效法规 204 项，现行有效经济特区法规 36 项。现行有效法规中，特区法规占制定法规总数的 17.65%。根据相关的立法统计数据，海南省特区立法权使用了 73 次，其中通过法规及法规性问题决定共 67 次，并作出了 6 项其他事项决定。出台了 42 部特区法规，废止了 6 部，废止率为 14.29%；36 部现行有效，现行有效率为 85.71%；修订特区法规 6 部，修订率 14.29%；修正特区法规 13 部，修正率 30.95%。其中有些特区法规经过反复多次修正，如《海南经济特区水条例》就分别于 1997 年、2010 年、2017 年进行了修正。而《海南经济特区土地管理条例》则分别于 2006 年、2008 年、2009 年、2014 年、2018 年进行了修正。总共修改过的法规有 16 部，未变动过的有 20 部。

根据全国人大及其常委会关于经济特区授权决定和立法法的相关规定，经济特区立法的主要特征是实验性和变通性。因此具体的立法范围可以分为：第一，实验性立法，除中央的专属立法权之外，国家尚未制定法律或者行政法规的，经济特区可以根据本地的具体情况和实际需要，结合改革开放的需求，先行制定法规，作为改革的实验；第二，变通性立法，经济特区根据授权决定，结合特区的具体情况和实际需要，遵循宪法的规定以及法律和行政法规的基本原则，可以制定法规，对法律和行政法规的规定作出变通规定。海南作为最早取得特区立法权的经济特区，通过了不少内容具有创新性的特区法规和决定。除此之外，海南严格遵循特区立法的“遵循原则和变通原则”，在特区立法权和一般地方立法权分工时，以变通性为区分标准，特区法规基本都以变通性为特色，尤其是 2000 年以后。

海南经济特区建立以来，尤其是 20 世纪 90 年代初，海南积极运用特区立法权的变通性和创制性，在诸多领域，尤其是社会主义市场经济发展方面，在全国率先进行了探索，为我国社会主义市场经济体制的确立进行了积极的立法尝试和经验积累。1992 年的《海南经济特区股份有限公司条例》（已废），使股份公司这种现代企业制度在海南率先以法规的行使予以确认。1993 年的《海南经济特区企业法人登记管理条例》，首次对企业审批体制和投资体制进行了改革，变企业设立审批为依法直接登记，比国家的"先照后证"改革还要早 20 多年。1995 年的《海南经济特区企业国有资产条例》，创造了国有企业资产管理制度的"海南模式"，首次对企业国有资产试行委托运营或授权管理。1996 年的《海南经济特区机动车辆燃油附加费征收管理条例》，根据海南的海岛特性以及借鉴国际先进经验，将过去多个部分征收的各种费用合并为燃油附加费，由省交通运输部门统一征收，取消了公路上的一切关卡，实现了"一脚油门踩到底"。1999 年的《海南经济特区换地权益书管理办法》和 2003 年的《海南省人民代表大会常务委员会关于加快处置海南经济特区停缓建工程的决定》则有效解决了"代为处置""司法查封"等难题，为处置和盘活挤压房地产提供了有力的法规保障。从 2013 年开始，海南运用特区立法权停止了十多项行政审批，变事前审批为事后监督，在国内进行了行政管理上的改革创举，是政府管理思路的变化和管理方式的创新，是立法上的重要创新，在国内尚属首次。

（二）海南自由贸易港立法权行使的思路与要求

1. 利用地方立法权的基本思路

（1）坚持特区立法和地方立法并重

海南双重立法体制之下的特区立法权和地方立法权均没有得到有效地行使，尤其是特区立法权的运用较其他经济特区明显落后，导致立法的引领、推动和保障功能并未得到有效发挥。因此，在海南自贸港建设发展过程中，应当发挥海南立法体制优势，注重特区立法权和地方立法权的协调发展，两者不可偏废，但也应合理划分立法事项范围，充分发挥各自的优势和功能。就特区立法和地方立法而言，地方立法是地方法治建设与发展的基础，其通过实施性和具体性规定，发挥有效治理的作用，从而为海南经济社会发展创造稳定的法治环境；而特区立法是改革的助推力和"排头兵"，通过变通性和创制性规定，发挥先行先试的作用，从而为海南各领域的改革提供法治引领、推动、支持与保障。

对于地方立法而言，需要梳理的内容包括：哪些是国家已有明确性细则规定的，哪些是需要地方作出具体规定的，哪些是法律、行政法规未做规定，但属于地方性事务而需要地方自主立法的。而对于特区立法而言，其需要梳理和研究的内容包括：一是国家已有立法和立法存在空白的区域；二是国家现有立法的可操作性和实施的有效性。根据自贸港建设过程中呈现出的立法需求分析，受地方立法事项范围的限制，地方立法难以解决所有法律障碍，需要特区立法去变通、突破，从而为建设和发展提供法律支撑和法治保障。

(2) 用足地方立法权，积极开展地方立法活动

海南自贸港建设涉及政治、经济、文化、社会和生态等各个领域，且随着建设和发展的深入，其涉及的地方性事务不断增多，其法律需求也在不断增多，因而需要通过地方立法的方式满足现实需求，化解实践障碍。首先，应强化特区意识，敢于运用地方立法权，尤其是特区立法权，积极发挥地方立法的引领和推动作用，主动回应海南自贸港建设过程中的地方立法需求。其次，应用足地方立法权。在敢于运用地方立法权的前提下，围绕海南自贸港建设过程中的地方立法需求，围绕“三区一中心”建设，应有步骤、有针对性地积极开展地方立法，从而使地方立法能够适应海南自贸港发展的需求。此外，中央 12 号文件中明确提出，“本意见提出的各项改革政策措施，凡涉及调整现行法律或行政法规的，经全国人大或国务院统一授权后实施”。这就涉及特区立法权的行使问题，因而应当结合地方立法需求，积极开展地方立法，尤其是特区立法活动，真正发挥地方立法的规范、指引和保障作用。

(3) 用好地方立法权，不断提升地方立法水平

首先，应实现规范立法。规范立法是依法立法的内在要求，即地方立法要符合立法工作的规范性要求，包括实体规范和程序规范。就实体规范而言，地方立法权要在其权限范围内行使，遵循各自的要求。根据立法法的相关规定，海南经济特区立法的事项范围为地方性事务，对于中央事务则不能进行规定；其功能范围主要是实施性的具体规定，但也包括创制性规定，即在遵循国家有关法律，全国人大及其常委会有关决定和国务院有关行政法规原则的基础上变通性的创新规定，而《海南省

制定与批准地方性法规条例》则对特区立法权事项范围做了明确规定。就程序规范而言，立法法第七十八、七十九和九十八条对特区性法规的公布和备案作出了明确要求，而《海南省制定与批准地方性法规条例》中也对制定程序进行了具体规定。

其次，应实现高质量立法。地方立法的最终目标是要制定出能适用于社会现实，能引领、推动和保障社会发展的地方法规。为此，一是要切合实际开展地方立法。在全国人大授予海南特区立法权的决议中明确规定其要“根据海南经济特区的具体情况和实际需要”，立法法第七十二条关于地方立法权的规定也明确要“根据本行政区域的具体情况和实际需要”以及“根据本市的具体情况和实际需要”。此外，现行《海南省制定与批准地方性法规条例》第三条更明确规定：地方立法应当从广大人民群众的根本利益和实际出发，适应经济社会发展和全面深化改革的要求，科学合理地规定公民、法人和其他组织的权利与义务、国家机关的权力与责任，体现地方特色。因此，“具体情况”和“实际需要”是地方立法的立足所在。二是要统筹兼顾整体发展并突出重点特色地开展地方立法。就地方立法而言，有综合整体发展和突出重点特色两种立法路径。从整体角度而言，海南的发展应该是综合性的；但从现实角度而言，海南自贸港地方立法应当统筹兼顾并突出重点和特色，在加强政府自身建设与管理规范以及社会公共事务等领域的立法的同时，应当突出旅游业、现代服务业、高新技术产业以及法治化营商环境等方面的立法。三是要实现地方立法的适时变迁。地方立法不仅仅是指制定地方法规，其还包括地方法规的修改与废止。

为了适应海南自贸港建设的发展需求，在积极制定地方法规的同时，还应当结合实际，对现有的地方法规进行必要的修改与废止。为此，需要建立长效、常态化的地方法规评估和清理机制，以促进地方法规体系的健全与完善，而地方法规评估应当包括制定前的评估和制定后的评估，其内容包括风险评估、合法性评估、操作性评估和实践成效评估等。

2. 利用地方立法权的基本要求

(1) 科学合理编制立法规划

在编制特区立法规划时，应考量的因素包括以下三点：一是海南自贸港建设过程中的重点和难点问题，即立法事项的需求度。地方立法作为改革和发展的推动力，其应适时地将海南改革开放过程中出现的重点和难点问题纳入地方法规的调整和规范范围，使地方立法能够反映改革的客观要求和现实需求，并能通过地方法规的形式寻求改革发展障碍的突破，从而发挥地方立法的导向和引领作用。二是地方立法的时机把握。首先考虑立法的条件是否成熟，其次应当考虑国内和国际因素。三是地方立法的形式应尽量采用单行性立法，针对某一领域或者具体问题进行有针对性的立法，因为单行性立法受到的外部影响因素更小，立法过程中的处理方式更为灵活，更能满足建设和发展的现实需要。

(2) 实施依法、科学、民主立法

在开展地方立法时，应把握适度性原则，因为利用地方立法权推进海南自贸港建设需要一个过程，是一个阶段性的活动。在开展具体立法活动时，应当根据立法需求和影响因素，区分地方立法的轻重缓急，首先针对建设和发展中的重点和难点问题以及迫切需要解决的问题开展立法，循序渐进地推进地方立法。要遵循依法立法、科学立法、民主立法的要求，确保地方立法的质量和水平。应当转变立法方式，从封闭式立法转向“开门式”立法，向社会、公众敞开，在充分调研、了解具体情况和立法需求的前提下开展立法工作，以避免立法需求与立法实践脱节以及部门利益倾向等问题。

(3) 充分发挥法规性决议决定权的作用

改革的过程是一个探索的过程，法规的制定需要相对成熟的经验和基础。即使特区立法权具有变通性和创制性，也不可能等待经验完全成熟后再开展立法活动，但其也要遵循立法的基本规律和要求。此外，为了保持法的稳定性和权威性，地方立法也要遵循立法的程序要求。因此，针对海南自贸港建设过程中出现的亟待解决的法律问题，为了提高决策的效率，避开敏感性问题，抢得发展的先机，可以适当采取灵活、简便的做法，以法规性决议决定的形式先行进行实践和实验，待积累了一定的经验和条件相对成熟后再制定为特区法规或地方法规。

（三）海南自由贸易港建设中特区立法权的运用

充分发挥特区立法权。特区立法权来自中央授权，其特点在于“变通”。特区立法权是应运改革而生，创新、变通、实验是其本质特性。海南自贸港建设的核心内容主要在以下四个方面：自由市场、便捷管理、优惠税收和权利保护。这四个方面，也是需要进行制度创新，发挥特区立法权实验和创新作用的领域。

（1）自由市场

要清理、废除或修改任何妨碍劳动力、产权、资本、技术等要素的市场发展和公平竞争秩序的法律法规，并建立促进各市场要素自由、有序流通的法律法规。目前海南省关于登记管理、市场准入、市场秩序方面的地方性法规都较为陈旧，需要对之进行相应的修改。同时为进一步吸引资本，尤其是外国资本的进入，建议动用特区立法权制定《外商投资条例》《个人独资企业条例》《产品质量和安全条例》等相关的法规。

（2）便捷管理

自贸区建设的经验在于简政放权，改革市场管理体系，以便利化的监管体系和集约化的管理模式来营造宽松的市场环境。为此，一方面需要精简监管流程，强化监管平台。自贸港建设中的监管应体现为对生产要素的监管，尤其是资金监管，要推动监管体制的创新，探索制定《金融调控条例》《金融监管条例》《反洗钱条例》等。另一方面要加快进行自贸港的机构改革和整合，建立综合性的线上线下管理平台，如线下的一站式服务大厅，并探索制定如《信息公开管理规定》《口岸工作程序规定》等实体和程序法规。

（3）优惠税收

与经济特区和自贸区相比，自贸港对接的是最高的开放标准，即在便捷的行政管理和放宽的市场准入之外，还提供优惠的税负，以切实的商业利益吸引资本，聚集生产要素。为此自贸港建设首先要创新税收法律制度，这是自贸港法治建设的基础性工程。为此，建议全国人大对现行税法进行修改，或作出其停止在自贸港适用的规定，同时运用特区立法权对关税、所有税、增值税、消费税、营业税等制定更优惠的税率以及减免的优惠条件。

(4) 权利保护

为了创造优良的投资环境和巩固投资者的信心，还需要以法律的形式充分保障自贸港内各成员的合法权益。要完善和加强产权保护的法律制度，加快建立和完善土地、水、矿产、森林、草原、海域、海岛等国有自然资源的有偿使用制度。一方面要修订原有的相关法规，如 2009 年的《海南经济特区集体林地和林木流转规定》、2003 年的《海南经济特区林地管理条例》、2014 年的《海南经济特区土地管理条例》。另一方面，要探索出台新的法规，如在环境保护方面，制定《国家公园自然资源资产管理办法》，研究出台《环境保护监察执法规定》《省内流域水环境补偿办法》等；在国际旅游消费中心建设方面，制定《旅游酒店经许可接收国家批准落地的境外电视频道实施细则》，研究出台海南省的《国际航运中心建设条例》。同时要加快修订《海南省旅游条例》《海南经济特区旅馆业管理规定》《海南经济特区旅行社管理规定》《海南经济特区导游人员管理规定》，完善海南旅游管理的法规体系。

(四) 海南自由贸易港建设中地方立法权的运用

1. 海南自由贸易港建设中城乡建设与管理方面地方立法权的运用

海南自由贸易港城乡建设与管理地方立法应当重点围绕国家乡村振兴战略，以服务“三农”问题为核心。一方面，制定鼓励吸引社会资本进入“三农”领域的扶持政策，做大做强海南热带高效农业产业。另一方面，针对海南特有的国有农垦管理体制，积极探索市场化的体制机制改革创新，通过地方立法的形式鼓励社会资本进入，积极推动垦区集团化、农场企业化改革。

针对海南的海岛特性，城乡建设与管理的重点在于海岛、海港和海洋。要加快立法，依法管理海岛、海港和海洋。修改2015年的《海南省实施〈中华人民共和国渔业法〉办法》，并争取出台《海岛管理条例》，以及海南省的《海域使用管理规定》《海洋产权交易市场管理办法》《海上执法规程》等。争取推进南海油气勘查开采管理改革试点，出台《海洋石油资源开发管理办法》。同时也要推进常规管理制度创新。海南自贸港建设的特点在于高度自由化的市场，形成"小政府、大社会"的格局，为此要研究探索社会组织方面的制度创新，如制定《社会组织管理条例》，健全社会组织法人治理结构。

在海南自贸港建设中，城乡建设与管理的核心在于通过城乡建设与管理制度的创新，为吸引人才服务。因此要加快在住房、医疗、社会保障、社会安全、执法管理等方面的制度创新，探索研究出台综合性的《海南省高层次人才管理办法》，对引进人才的认定、聘任、落户、住房、子女入学等问题进行统筹规定，并在此基础上出台各项细则。同时还需要同步修订和出台一些管理法规，如《居住证管理条例》《城市管理综合执法条例》《医疗管理条例》《人才公寓管理办法》《公租房管理办法》《社会养老保险条例》等。

2. 海南自由贸易港建设中环境保护方面地方立法权的运用

生态文明建设和更加注重环境保护是海南自由贸易港建设的一大特色，海南自由贸易港环境保护地方立法应当重点围绕海洋生态、热带植被保护等领域，重点发展中央12号文件提出的更加环保的旅游业、现代服务业、高新技术产业等产业。通过地方立法权制定《海南自由贸易港环境保护条例》，环境保护条款应参考相关自由贸易协定中对环境规制的相关规定，规定包括环境影响评价和环境准入等自贸港环境保护的基本制度，并着重对自由贸易可能影响的环境领域进行规定。在现有环境保护法规的基础上，进一步加大环保的力度和范围，尤其是对海洋资源的环境保护，探索制定开发和保护一体化的环境保护法规。2013年海南省制定了《海南经济特区海岸带保护与开发管理规定》，但是之前的《海南经济特区林地管理条例》《海南经济特区水条例》《海南经济特区土地管理条例》《海南省海洋环境保护规定》都将开发与保护分离开来，需要修订相关法规，实现开发和保护的一体化。

3. 海南自由贸易港建设中历史文化保护方面地方立法权的运用

历史文化保护不仅是各地保持自身文化独特性的要求，而且对于发展旅游经济也有着重要的现实意义。一是要呼应中央 12 号文件中海南作为国家重大战略服务保障区的战略定位。将自贸港建设中历史文化保护立法与加强南海维权和开发服务保障能力建设相结合，例如加强对南海“更路簿”的发掘研究的立法支持与保障。二是要对标国际最高标准，借鉴中国香港、新加坡、迪拜等国际自贸港在历史文化保护方面的先进立法经验，通过立法的方式平衡自贸港建设与历史文化保护的关系，为海南省保留珍贵的历史文化遗产。因此要修订现有的《海南省少数民族文化保护与开发条例》《海南省文物保护管理办法》《海南省古树名木保护管理规定》，并出台其他保护历史文化遗产的相关规定。

四、海南自由贸易港法律改革路线图

海南自由贸易港之所以有很强的吸引力，不仅在于提供诸多优惠政策，更在于它具有包括完善的法律体系在内的良好的投资环境。在相对完备、有效的法制保障之下，才能确保政策体系的真正落实。因此，就海南探索建设自由贸易港而言，立法和体制两大领域是接轨国际自贸港惯例的突破点。

（一）制定《海南自由贸易港法》

1. 制定基本法，赋予自贸港法律地位

发挥立法的引领性与前瞻性，推动最高立法机关制定一部基本法律——《海南自由贸易港法》。根据我国现行立法法第八条的规定，金融、税收、海关、经济等基本法律制度属于国家事权，应由国家进行立法。因此，《海南自由贸易港法》作为我国中国特色自由贸易港建设法律体系中最为重要的法典将起到至关重要的衔接作用。制定《海南自由贸易港法》不应只是局限于海南自由贸易港建设发展的要求，该法律的制定也要有大局观和国际视野，要重视自由贸易港建设战略与其他改革开放战略间的互动衔接，在突出中国特色的前提下坚持与国际惯例接轨，走国际化发展路线。这无疑要求《海南自由贸易港法》应当具有引领性和前瞻性，条文设计与内容既要源于自由贸易港，又要高于自由贸易港。一方面能够为海南自由贸易港建设战略提供稳定法制保障；另一方面通过制度创新并复制推广，可以实现海南自由贸易港建设与国内各自由贸易区建设联动，协助“一带一路”倡议实现，进而推动我国新一轮改革开放大战略格局整体向前发展。

《海南自由贸易港法》内容包括但不限于：一是规定“一线放开、二线管住，区内自由”的基本原则，明确自贸港的定义、种类、性质、地位、目的、功能、设立条件等内容；二是规定区域的管理体制，明确自贸港的宏观管理和微观管理的体制，确保自贸港管理的权威性和统一效能；三是明确相关配套制度，规定自贸港的设立和撤销制度、海关监管制度、企业设立制度、贸易促进制度、金融服务制度、外汇管理制度、税收征管制度等。

2. 出台配套管理条例，支撑自由贸易港管理运营

地方关于自由贸易港的管理条例应该对港区的管理机构、企业设立程序和经营规则、土地使用和建设、人员货物和车辆船舶出入港区、港区内金融业务、用工用人制度、地方性优惠政策等事项作出详细规定。

（二）根据立法法第八条对海南自由贸易港建设中相关法律进行立法或调整

1. 对税收法律制度作出调整

根据立法法第八条的规定，涉及税收基本法律制度的立法权只能由全国人大及其常务委员会行使。在海南自由贸易港制度建设中，如何合理分配税收利益，公平处理好税收利益关系极其重要。因为税收法律制

度具有特殊性，所以必须要根据税收法律制度的特点，结合海南自由贸易港实际，完善税收法律制度。对海南自由贸易港建设过程中涉及的关税、企业所得税、增值税、个人所得税等税种进行合理调整，对标国际税收征管的平均水平，合理考虑市场主体的税负，最大限度地吸引境内外投资者入驻海南。提请全国人大对相关税收法律制度进行调整，构建平等的税收利益表达机制与税收救济制度，实现税收法治与经济发展的良性互动。

2. 对海关监管法律制度进行调整

根据立法法第八条的规定对现行海关监管法律制度进行调整，在上海自贸区“一线放开、二线高效管住”的基础上，结合海南自由贸易港的建设实际，以“一线放开、二线管住，区内自由”为核心重塑海关监管法律制度，学习借鉴香港“五不”（不征收、不查验、不设账、不统计、不征税）监管原则，对现行海关监管制度进行调整优化，最大限度地保障贸易便利化。

3. 对金融监管法律制度进行调整

根据立法法第八条的规定，金融监管相关的法律只能由全国人大及其常委会立法。根据海南自由贸易港建设中的金融创新需求，对证券法、保险法、商业银行法等金融法律制度进行调整，强化突出功能监管与创新监管，整合“一行两会”的监管职能，以金融稳定为首要任务，突出金融消费者利益保护，防范化解系统性金融风险。同时对刑法中涉及金融犯罪的部分进行调整，增设自由贸易港金融创新中常见的“金融诈骗”“洗钱”“逃税”等罪的子罪名，加大财产刑的处罚力度。

4. 对仲裁法律制度进行调整

我国现行仲裁法不承认临时仲裁、友好仲裁，在承认与执行境外仲裁裁决问题上，我国在加入《纽约公约》有申明保留的部分。根据立法法第八条规定，调整现行仲裁法中相关制度，引入临时仲裁与友好仲裁制度，鼓励境外仲裁机构在特定区域例如海南自由贸易港内设立分支机构，在不违反我国国家利益、社会公共利益、社会公序良俗的基础上，最大限度地承认与执行境外仲裁机构所作出的仲裁裁决。

（三）充分利用特区立法权和地方立法权，健全海南建设中国特色自由贸易港的法律规范体系

积极充分地利用特区立法权探索制定外商投资企业备案以及外商投资项目备案等特区法规，对标国际最高贸易规则，完善负面清单与市场准入，明确特别管理措施；与国际通行的贸易监管方式相对接，进一步压缩通关的时间以提高效率，拓展国际贸易“单一窗口”的功能，积极利用人工智能、区块链、大数据等互联网技术手段，打造“互联网＋易通关”模式，最大限度实现贸易便利化。探索开展自贸区企业“集群注册”的相关规定，摈弃过往重事前审批的传统监管思维，强化事中事后监管。

充分用好特区立法权能够变通上位法的优势，积极向中央“一行两会”积极争取政策，加大海南金融开放创新的力度和深度，以人民币国际化和市场化为中心，分阶段、分步骤探索资本项目可兑换，充分用好海南的离岛优势，积极稳妥地推进离岸金融业务创新，将海南打造成“国际金融港”。

对于生态环境保护方面的立法需求，如自然资源资产权制度和有偿使用制度的探索，国家级和省级自然保护区森林经营的先行先试，重点生态区位商品林的赎买以及新能源汽车与节能环保汽车的推广等，可以发挥地方立法权的作用，从而实现特区立法权与地方立法权在自由贸易港规范体系建设中的双向互动作用。

（四）率先实现以审判为中心的司法体制改革目标

1. 推进审判权和执行权分开

以审判为中心，在全岛范围内合理配置司法资源；推进审判权和执行权分开。法院独立行使审判权，在审判过程中以庭审活动为中心。成立独立的执行机构专司司法执行功能。

2. 推进刑事处罚制度改革

针对海南自由贸易港建设实际需求，对刑法中的部分罪名进行调整，例如非法经营罪（赛马、竞猜型体育彩票）等罪名提请全国人大删除或者

暂停适用；另一些罪名应当强化，例如反洗钱罪要细化子罪名；刑法中优先适用财产刑，慎用自由刑，加大对财产的刑事处罚力度；在海南自由贸易港范围内逐步废除死刑。

3. 专设海南自由贸易港法院

海南自由贸易港法院定位为中级人民法院，审理海南自由贸易港建设过程中出现的知识产权、环境保护、金融、国际商事等方面的案件。在海南省高级人民法院设立自由贸易港法庭，对于不服海南自由贸易港法院作出的一审案件的判决应上诉至海南省高级人民法院自由贸易港法庭进行审理。

（五）建立与国际贸易规则体系相适应的多元化商事纠纷解决机制

1. 海南自由贸易港研究纠纷解决法制保障实现方式的价值导向

根据习近平总书记“4·13”重要讲话精神，将建立自贸港纠纷解决机制作为国家新时期社会转型的重要保障机制。目前，海南正在打造新时代中国更加开放，更有活力，更为国际化的经济特区，而构建法治化、国际化、便利化纠纷解决机制是海南成为中国全面深化改革开放试验区不可或缺的一环。同时，我们也必须注意到对纠纷解决机制的公平、效率等价值追求。

2. 海南自由贸易港纠纷解决机制创新的原则和思路

一是平等原则。自贸港纠纷解决应遵循平等原则，与我国的民事诉讼基本原则内涵相呼应，也是整个诉讼法体系法理的体现。我国的民事诉讼当事人平等原则主要包含三个方面的基本内涵：首先，双方当事人的诉讼地位平等；其次，双方当事人拥有同等行使诉讼权利的手段；最后，当事人在适用法律上一律平等。同时，从诉讼结构理论来看，民事诉讼程序的基本构造是双方当事人对立原则下的以口头辩论为中心的对席构造。

二是效率原则。效率与公平一直是解决纠纷中都要兼顾的价值取向，自贸港纠纷解决因为其土壤背景的特殊性，更要处理好效率与公平的关系。提高纠纷解决效率，不仅要注重纠纷解决的时效性，合理缩短办案时间，更要提高经济效益，处理好当事人经济投入和合理解决纠纷之间的比重。

三是社会保障原则。我国目前关于社会保障的法律体系构建还不够系统，因此要解决现实社会保障缺失问题，就要在各类纠纷中先行践行社会保障原则，对于纠纷中有特殊社会困难的群体，设立保障机制，与真正的平等性相融合。

四是赔偿替代原则。赔偿替代原则是更大程度上保障当事人权利得到救济与保障的灵活性方法体现，是最大程度上解决纠纷、化解矛盾的一大变通。践行赔偿替代原则，可以在纠纷解决的执行环节完善相关制度设计，在创新纠纷解决方式的同时，向“执行难”的解决上更进一步。

3. 海南自由贸易港司法程序与内地司法程序的衔接

海南自由贸易港司法程序的建立，属于我国内地法律的再次延伸和结合新背景下的制度创新。自贸港司法程序的建立，应该坚定不移地秉持宪法精神，保障宪法基本权利。内地要为自贸港纠纷解决的执行程序提供必要的协助与便利，既要区分与区际司法协助之间的区别，又要借鉴区际司法协助制度的立法精神与实践经验。

4. 自由贸易港司法程序与国际主权国家和地区司法程序的衔接

自贸港是沟通我国与世界其他各国的窗口，因此在纠纷解决过程中，必将涉及与其他国家之间的国际司法承认与协助，因此在构建自贸港司法程序的初期阶段，就要全面考虑与其他国家之间的涉外司法程序协助制度构建之合理性。

5. 自由贸易港纠纷解决程序便利化实现路径问题

从法律层面上看，司法便利化首先是一种司法观，是一套有关司法与司法权建构和运作的目标、原则和制度的理念体系。司法便利化改革主要包括以下内容：对诉讼费用和律师费用进行改革；加强对贫困者的法律援助；放宽起诉条件，建立公益诉讼制度；推动诉讼程序的快速展开；确立多元化的纠纷解决机构和机制。不难看出，使司法更加接近大众，便于大众利用，从而最大限度地保障其作为基本人权的裁判请求权，使大众得以平等地享用司法福利、接近正义，是这项改革运动的基本意旨。

6. 支持海南自由贸易港仲裁机构创建两大法系仲裁模式裁决民商事案件

在海南国际仲裁院内创建两大法系仲裁模式裁决民商事案件，组建海南国际商事法律专家咨询委员会，由来自不同法系、不同国家和不同地区的法律专家组成。依托海南大学法学院一流学科，组建海南自由贸易港国际律师学院。积极与境内外的法律服务机构合作，着力培育服务于海南自由贸易港建设的多元化法律服务市场。

（六）构建与现有自贸区制度创新相互驱动的自由贸易港法律体系

虽然自由贸易试验区和自由贸易港的发展路径有很大区别，但是两者追求的目标却有异曲同工之处：都是对标全球贸易和投资最高标准，创造最为自由的营商环境。它们的区别是：前者实现的路径是简化行政措施，后者是在此基础上提供优惠的税收制度。两者之间的关系是：自由贸易试验区是建造自由贸易港的基础，而自由贸易港则是自由贸易试验区发展的更高阶段。中国自由贸易试验区战略实施到现在，已经到了“转型升级”阶段，而建设自由贸易港则是下一个重点发展目标。

自由贸易试验区和自由贸易港都是以“制度创新”为核心，以建立现代开放型营商环境为目标，但是它们有本质区别。自由贸易港建设是“制度先行”，以完善的制度对接国际最高标准的贸易和投资规则，吸引世界各地经营者来此发展；自由贸易试验区旨在“创新先行”，在国家没有明确规定的情况下，突破现有行政体制，创新市场准入机制，这其中有成功，也有失败。在一定意义上，自由贸易试验区试行的制度创新是在为自由贸易港建设“投石问路”、积累经验，而自由贸易港的设立则标志着我国改革开放进入到一个新阶段。面向对外开放，两者的侧重点也有所不同，自由贸易试验区对标一流开放标准，而自由贸易港对标国际最高开放标准；自由贸易试验区强调可复制、可推广，着重于“二线渗透”，为全国性政策探索铺路，而自由贸易港则强调“一线放开”，构建货物、服务、资本和人才的汇聚地；自由贸易试验区着重“在岸”业务的开放，自由贸易港则争取“离岸”业务的突破。

自由贸易试验区向自由贸易港转变，需要进一步实现体制和机制的创新，尤其是在服务业开放、贸易和投资便利化等方面的突破。由于自由贸易港属于“境内关外”的特殊监管区，可以形成离岸贸易与金融，需要进行资本项目自由化和商务自然人流动等领域的创新和改革，减少对要素流动的限制，实现资源的更加合理配置。自由贸易港是以最少的监管换来最大的效益。另外，自由贸易港还是地区乃至世界交通枢纽，除贸易功能外，通常会结合区域特点，构建不同的功能平台，从世界市场吸收各种资源、高级生产要素不断汇聚，以此形成面向全球高端生产和服务的发展合力。

（七）构建与国家“一带一路”倡议相对接的自由贸易港法律体系

自由贸易港建设与“一带一路”倡议虽然具有不同的法律属性，前者是典型的 FTZ（自由贸易协定），后者是 FTA 网络，在制度设计、管理模式、治理结构等方面存在一定差异。FTZ 受一国法律调控，FTA 网络则需要国际条约来协调。然而，它们却有着相同的战略背景和历史使命。自由贸易港建设与“一带一路”倡议均是为适应世界政治经济的新变化和新格局，调整转变国内经济结构，由党中央科学决策，集中体现了中华民族智慧的宏伟构想，它们之间存在内在的共性与联系。“一带一路”倡导的“政策沟通、道路联通、贸易畅通、货币流通、民心相通”发展理念与自由贸易港的内涵是相契合的：政策沟通对应管理规范化、道路联通对应交通便捷化、贸易畅通对应交易市场化、货币流通对应金融国际化、民心相通对应理念趋同化。

自由贸易港建设与“一带一路”倡议在功能价值上也存在着承上启下的关联性。“一带一路”倡议面对的是不同区域的经贸规则和法律制度，自由贸易港要构建的是最自由的贸易投资规则和最便捷的市场准入制度。用最高标准去适应不同国家、不同地区的经贸规则，就像是一个“万能”插座，可以对接不同制式的插头，以不变应万变。通过自由贸易港的实践，中国可以与沿线国家签订不同类型的双边或区域性协定。此外，“一带一路”自由贸易区网络建设的推进需要沿线一些贸易核心区域作为地域节点和战略支撑。自由贸易港位于我国的交通枢纽，通过构筑发达的交通网络，不断深化与沿线国家的经济合作，加之自身宽松便利的市场管理模式，这无疑是最佳的战略切点，可以打造以“一带一路”为载体的自由贸易区网络。

虽然自由贸易港是一片投资热土，但它不是一个法外之地。越是自由的市场，法治建设越是完善。未来的自由贸易港应该是制度更加健全的经济特区，它不仅有较低的准入门槛和优惠的营商环境，还有规范的市场秩序。只有这样，自由贸易港才能与“一带一路”倡议完全对接，才能对标世界上最自由的贸易和投资规则。也唯有如此，才能真正检验自由贸易港在对外开放中的抗风险能力及与世界最高标准的距离，从而精准制定相应的规则。自由贸易港法制建设的重点将是如何降低税负，营造更加宽松的经商环境，保护经营者的合法权益，而这也是自由贸易港对“一带一路”倡议的贡献所在。

第八章　从自贸试验区走向自贸港的海南行动①

赵晋平

国务院发展研究中心对外经济研究部原部长

2018 年 4 月 13 日，习近平总书记在庆祝海南建省办经济特区 30 周年大会上宣布，党中央决定支持海南全岛建设自由贸易试验区，支持海南逐步探索、稳步推进中国特色自由贸易港建设，分步骤、分阶段建立自由贸易港政策和制度体系。4 月 14 日正式发布的《中共中央 国务院关于支持海南全面深化改革开放的指导意见》（以下简称“中央 12 号文件”）进一步对海南自由贸易港建设的目标、定位、重点任务和举措提出了原则性要求。10 月 16 日，《中国（海南）自由贸易试验区总体方案》（以下简称《总体方案》）正式发布，为海南自贸试验区建设提供了有力政策支撑和清晰路线图。认真总结国际国内有关自贸区（港）建设的经验，清醒认识推进自贸区（港）建设面临的形势和要求，准确把握行动方案实施的有利条件和问题，切实采取创新和协同改革的政策措施，对于深入贯彻落实习近平总书记“4·13”重要讲话精神和中央重大战略部署，全面完成自贸区（港）建设的历史使命，具有十分重要的理论和实践意义。

---

①本报告为 2018 年国家社会科学基金特别委托项目《从自由贸易区走向自由贸易港的海南行动研究》（批准号：18@ZH018）最终成果，由对外经济贸易大学课题组完成。课题组组长：赵晋平。课题组成员：崔凡、竺彩华、罗雨泽、赵福军、朱博恩。

一、海南推进自贸试验区建设面临的形势

清醒认识推进海南自贸区（港）建设面临的形势和要求，准确把握方案实施的有利条件和问题，切实采取创新和协同改革的政策措施，对于推进海南自贸区（港）建设具有十分重要的意义。

（一）全球经济格局演变的新形势、新挑战

1. 特朗普挑起中美经贸摩擦和全球贸易战

目前，在影响世界经济增长和经济全球化发展的诸多因素中，最大的变数是正在迅速升级和蔓延的全球性贸易争端。特朗普挑起中美经贸摩擦和全球贸易战，对国际金融危机以来的逆全球化趋势起到了推波助澜的作用，严重损害了多边贸易的制度和规则体系，给全球贸易和投资自由化进程蒙上了阴影。值得注意的是，美国对中国实施的种种贸易和投资保护行为，在其他西方发达国家采取的行动中也有所显现。这种试图通过规则重构主导全球贸易投资活动进程的做法，从目前美欧日频频联手，共同制定WTO 改革方案等新动向中可见一斑。

2. 全球经济增长的不确定性显著增加

美国的单边主义和贸易保护主义对全球经济的不利影响日益凸显，世界贸易和投资增长前景堪忧。表面上看，加征关税部分占全球比重并不太大，但考虑到其中多数受害方会采取同等规模的报复措施，加在一起有可能会对全球大约 1.2 万亿美元的贸易带来影响，占比接近 8%。全球经济复苏面临再度失速的风险，中国经济也将受到一定程度的冲击。最近一段时期，虽然从贸易和实体经济角度来看影响尚未明显显现，但企业对寒意已经有所察觉。预计在未来两三年内，中国进出口、工业增速下行压力将上升。而在金融市场，中美经贸摩擦有可能加大人民币贬值和资本外流压力。这些外部环境和国内市场变化将会在一定程度上增加中国经济增长的不确定性。

3. 三大发达经济体之间的双边贸易自由化明显加快

全球区域合作出现新变局。一是经日本的大力推动，原签订 TPP 的

11 个成员国正式签署 CPTPP 协定。二是欧盟、日本结束谈判，签署日欧经济伙伴关系协定（EPA），成为高水平跨区域大型贸易自由化安排的新范例。三是美欧零关税协定在美欧经贸摩擦倒逼下浮出水面。美日达成同样成果的可能性明显上升。三大发达经济体通过双边协定“结盟”的格局初现端倪。这一新变局已经打破原有的均衡，未来贸易自由化格局中的“南北失衡”现象将会进一步加剧，对中国、韩国、东盟等新兴市场的挑战尤为突出。

4. 发达经济体借推动 WTO 改革向中国等新兴市场国家施压

美国绕开多边贸易体制，大搞单边主义和贸易保护主义，但并没有放弃利用世贸组织这一多边机制实现掌控经贸规则制定主导权、遏制中国发展的目的。美国一方面在 WTO 理事会等重要多边场合，竭力为自己的贸易保护主义行为辩护，直接抹黑中国的市场经济模式，提出重新审查中国世贸组织成员资格的无理要求，试图通过加强贸易政策审议向中国施压。另一方面，美国与欧盟、日本等发达国家旨在联手推动 WTO 框架改革，取消中国等新兴经济体的发展中国家身份及其例外条款，建立所谓的公平、对等的全球贸易关系。这种做法虽然会因遭到大多数发展中国家的反对而难以奏效，但会严重损害世贸组织的权威性和有效性，扰乱多边治理的正常秩序，降低 WTO 框架内规则制定和争端解决机制的运行效率。这些举动对中国发展的外部环境的影响将是长期的。

（二）中国经济高质量发展对扩大开放的新要求

1. 扩大对外开放是中国经济高质量发展的必然要求

过去 40 年中国经济的发展是在开放条件下取得的，未来中国经济实现高质量发展也必须在更加开放的条件下进行，这是中国基于发展需要作出的战略抉择，同时也是在以实际行动推动经济全球化造福世界各国人民。目前，中国对外开放水平与适应错综复杂的外部环境变化、培育参与并引领国际竞争合作新优势、助力中国经济高质量发展的需要相比，还存在一定差距；对外开放的广度、深度和力度不充分、不平衡仍然是当前的主要矛盾。针对这些问题，中国正在全面落实习近平主席宣布的开放举措，大幅度放宽服务业关键领域市场准入、主动降低商品进口关税等积极行动已经展开，今后还应当长期持续和进一步扩展范围。

2. 中国不断扩大对外开放将为经济全球化注入持久动力

美国大搞单边主义和贸易保护主义的行动，严重损害了经济全球化的发展环境和合作基础。2016 年，全球对美国的出口大约占全球其他国家出口总额的 15.3%。受钢铝关税、对华“301 条款”以及美国今后还可能追加的贸易保护主义措施等的影响，美国的进口每减少 10%，其他国家的出口将相应下降 1.5%，国内生产减少 2088 亿美元，经济增长率平均下降 0.37 个百分点。加上乘数和叠加效应，这一影响会扩大 3～4 倍。中国也是全球重要的贸易大国，不断扩大开放的实际行动，将彰显中国参与和推动经济全球化进程的坚强决心与信心，为促进开放、包容、普惠、平衡、共赢的新型全球化发展创造新动能，这是更好应对国际形势变化，改善全球发展环境的迫切要求。

3. 实施更加开放的政策，有利于夯实构建人类命运共同体的合作基础

实现习近平主席提出的推动“构建人类命运共同体”目标，离不开建立在互利共赢基础上的国际合作关系。在目前单边主义和贸易保护主义抬头的背景下，中国坚持捍卫和支持多边机制的原则立场，在推动 WTO 改革进程中发挥积极作用；中国正在和相关国家合作着力加快 RCEP、中日韩和各种双边自贸协定、中欧投资协定谈判进程，并表明了希望与美国重启双边投资协定和启动自贸协定谈判的积极意向。这些扩大开放和推进贸易投资自由化的实际行动，将为构建互利共赢的国际经济合作网络、推动经济全球化和造福世界各国人民作出实实在在的贡献。随着这些努力不断取得进展，跨境壁垒取消、成本降低、商业活动便利、权益得到保障，中国企业也将从贸易和投资自由化中获得更多机会和巨大收益。

（三）海南自贸区（港）建设的机遇和有利条件

1. 推进海南自贸区（港）建设是中央赋予海南的重要使命

中央 12 号文件明确提出：“在中国特色社会主义进入新时代的大背景下，赋予海南经济特区改革开放新的使命，是习近平总书记亲自谋划、

亲自部署、亲自推动的重大国家战略，必将对构建我国改革开放新格局产生重大而深远影响。”自由贸易港主要应由海关特殊监管区构成，按照国际上最高水平的“境内关外”贸易投资自由化标准设立，建设模式和取得经验的复制推广需要相应的特定区域条件。具体来看，已有的自贸试验区是制度创新“试验田”，区域构成既包括海关特殊监管区，也包括非海关监管区；取得经验可在全国范围内复制推广，本身不具备全面转型成为“境内关外”型自由贸易港的目标定位。这一点在国务院印发的关于深化上海自贸试验区改革方案中有所体现。按照这样的要求，海南全岛建设自贸试验区的目标定位中包括了全面升级成为自由贸易港的重要选项。这一点与其他自贸试验区有很大不同。当然，海南的任务必须是在全岛实施现行自由贸易试验区试点政策，并在不断创新取得成功经验的基础上，逐步形成全岛自由贸易港的制度和政策体系。

2. 自贸港建设要坚持稳步推进、逐步探索的实施路径

中央 12 号文件对海南省的要求是：“坚持全方位对外开放，按照先行先试、风险可控、分步推进、突出特色的原则，第一步，在海南全境建设自由贸易试验区，赋予其现行自由贸易试验区试点政策；第二步，探索实行符合海南发展定位的自由贸易港政策。”

中央这次作出海南全岛建设自由贸易试验区和逐步探索建设自由贸易港的重大决策，彰显了我国推动形成全面开放新格局的坚强决心和信心，对于应对复杂国际经济形势变化，形成参与和引领国际竞争合作新优势，助力高质量发展和经济强国建设具有长期和深远的战略意义。当然，如何更好地贯彻中央精神，还须进行深入研究和认真规划，要在全面落实自贸试验区改革开放举措并取得经验的同时，把握好自贸港建设节奏，按照逐步探索、稳步推进的原则进行，出台有关政策要深入论证、严格把关，做好防范化解重大风险工作，也要学习借鉴海南以外地区各具特色的自贸港建设实践经验，以确保这一新时代重大工程取得全面成功。

3. 落实《总体方案》具有六大有利条件

2018 年 10 月 16 日，《总体方案》正式发布，为海南自贸试验区建

设和探索自由贸易港建设提供了有力政策支撑和清晰路线图。《总体方案》是在全面贯彻习近平总书记“4·13”重要讲话和中央12号文件重要精神，充分借鉴其他自贸试验区建设经验，结合海南自身条件深入研究和充分论证基础上形成的，在准确把握自贸试验区制度创新方向、深入实施贸易投资自由化便利化政策、着力改革海关监管方式、强化安全风险防控、全面加强党的领导和《总体方案》实施工作保障等方面实现了更高起点，提出了具体举措。

《总体方案》传递出许多新的政策信息，其中的六大亮点值得关注。一是明确了为海南自贸港建设打基础的发展目标，这是海南自贸试验区区别于其他自贸试验区的最大优势和特点。二是自贸试验区实施范围覆盖海南岛全域，其制度创新的示范、推广和经济发展辐射、带动作用将更为显著；全域型自贸试验区还有利于防止改革创新的碎片化现象，提升开放政策的协同性和系统集成。三是外资市场准入开放实现新突破。四是促进服务贸易创新发展的政策重点十分突出，并对旅游、海洋运输、国际邮轮全产业链建设作出了新部署。五是营商环境建设对标国际先进规则和评价体系。六是制度与政策设计的学习效果和集成创新优势明显。

二、中国特色海南自由贸易港的总体构想

海南自由贸易港建设既要成为中国建设现代化经济体系的样板，更要成为中国引领开放型世界经济的标杆，它的基本特征是要实现货物、服务、资金和人员流动的“高度开放、高度自由和高度便利”，即实现所谓的“零关税、零壁垒、零补贴”，同时要凸显自由贸易港的中国特色。

（一）海南自由贸易港的战略定位

1. 全面对外开放，打造全球最大、最开放的综合型自由贸易港

海南全岛面积3.38万平方千米，若建成自由贸易港，将远超中国香港、新加坡，以及不足4000平方千米的迪拜，成为全球最大的自由贸易港，也是中国开放的最前沿，开放程度要实现“零关税、零壁垒”。目前，我国开放的重点领域正在由过去以制造业和货物贸易为主转向以服务和服

务贸易为主，开放的制度设计也在由“边境上措施”向“边境内措施”延展。海南自由贸易港建设要克服目前国内在对外开放度和自由化方面存在的问题和不足，在实现货物、服务、资金和人员流动“高度开放、高度自由”的同时，为中国扩大和深化开放完成压力测试。从自由贸易角度，要实现“零关税、零壁垒”；从资本自由流动角度，要实现行业准入的高度开放并全面取消外汇管制；从人员自由流动角度，要实现海外高层次人才就业和旅游出入境的高度便利化。

2. 全面深化改革，打造现代化经济体系的样板

习近平总书记在十九大报告中指出，我国经济已由高速增长阶段转向高质量发展阶段，正处在转变发展方式、优化经济结构、转换增长动力的攻关期，建设现代化经济体系是跨越关口的迫切要求和我国发展的战略目标。根据中央 12 号文件，海南自由贸易港建设更是要把建成现代化经济体系作为战略目标之一。

海南自由贸易港的功能和制度设计必然要超出传统意义上的“自由贸易”范畴，而隶属“自由经济”范畴。具体来说，海南打造现代化经济体系的样板要实现两个目标：第一个目标是要以供给侧结构性改革为主线，推动经济发展质量变革、效率变革、动力变革，提高全要素生产率，建立起开放型、生态型、服务型的现代化产业体系。重点是打造以国际旅游业、信息技术产业、海洋经济产业和特色农业为四大支柱的现代化产业体系。第二个目标是进一步完善社会主义市场经济体制，打造法治化、国际化和便利化的国际一流营商环境。

3. 在特定领域引领全球科技创新潮流，确立国际竞争新优势

海南自由贸易港建设的第三大战略目标就是在代表未来国际竞争方向的服务贸易、资金集聚和科技创新（即人才集聚）三大领域引领全球潮流，确立国际竞争新优势。从国际竞争角度来看，高质量发展意味着中国要从制造业大国变为制造业强国，从服务贸易大国变为服务贸易强国，从金融大国变为金融强国，从科技大国变为科技强国。在这一进程中，作为改革开放最前沿的自由贸易港一定要具备足够的基础和能力去引领全球科

技创新潮流，并在特定产业或行业确立国际竞争新优势，从而成为全球供应链的中枢。

根据海南发展定位，未来海南要成为我国面向太平洋和印度洋的重要对外开放门户、国际旅游消费中心，在现代农业、新型工业和高新技术产业、海洋经济产业以及以国际旅游业为龙头的现代服务业四大领域引领创新潮流，确立国际竞争新优势。

4. 坚持党的领导，形成具有中国特色的自由贸易港发展模式

自由贸易港建设是在我国国内市场经济体制仍不完善，尤其是在利率和汇率还未完全实现市场化运作的背景下展开的，不免会烙上“中国印记”“中国特色”。其中最大的特色就是党的领导，确保改革开放的社会主义方向，一方面要最大限度发挥中国共产党的领导在自由贸易港建设中的积极作用，另一方面要以“竞争中性”原则对待国有企业，真正做到对所有企业一视同仁，即所谓的“零补贴”，同时要保护私有产权。

(二) 发展目标

到 2025 年，高度开放、规则健全、可管可控、富有活力的自由贸易港制度初步建立，营商环境达到国内一流水平；由现代农业、新型工业和高新技术产业、海洋经济产业以及以国际旅游业为龙头的现代服务业构成的现代产业体系基本成形；经济增长质量和效益显著提高。

到 2035 年，自由贸易港的制度体系和运作模式更加成熟，营商环境跻身全球前列；由现代农业、新型工业和高新技术产业、海洋经济产业以及以国际旅游业为龙头的现代服务业构成的现代产业体系在国际上奠定较大的优势地位；综合经济实力明显增强，生态环境更加优美，基础设施和公共服务更加完善，城乡一体化发展水平大幅提升，在社会主义现代化建设上走在全国前列。

到 21 世纪中叶（2050 年），形成高度市场化、国际化、法治化、现代化的制度体系，由现代农业、新型工业和高新技术产业、海洋经济产业以及以国际旅游业为龙头的现代服务业构成的现代产业体系在国际上奠定绝

对优势地位；成为生态环境优美，基础设施和公共服务完善，城乡一体化发展，综合经济实力、综合竞争力和文化影响力在全球领先的地区，率先实现社会主义现代化。

（三）海南自由贸易港建设的功能区和产业空间布局

1. 指导原则

（1）产、城融合发展

采取“协同联动”模式，促进城镇发展与产业园区、旅游度假区建设、就业转移人口集聚相统一，以城镇为基础承载新型工业化建设、旅游服务体系建设，以产业为支撑驱动城市服务配套设施完善，实现城镇与旅游度假区、景区、产业园区的融合互动。

（2）一、二、三产业融合发展

依托热带特色高效农业，大力发展农产品加工业，不断延长产业链、价值链、增收链；推进农旅结合，打造生态农业与休闲旅游业发展新业态，引导农村二、三产业向市区、县城、特色产业小镇及产业园区等集聚。

（3）经济、社会、环境协调发展

坚持人与自然和谐共生，树立和践行“绿水青山就是金山银山”的理念，坚持节约资源和保护环境的基本国策，统筹山、水、林、田、湖、草系统治理，实行最严格的生态环境保护制度，形成绿色发展方式和生活方式，坚定走生产发展、生活富裕、生态良好、社会稳定的文明发展道路。

2. 功能区分类

根据海南的战略定位，结合海南岛屿省特征、生态环境承载能力和现状发展基础，按照“严守生态底线、优化经济布局、促进陆海统筹”的空间发展思路，统一筹划海南本岛和南海海域两大系统的环境保护、资源利用、设施保障、功能布局、经济发展，在构建全省生态安全格局，保护好海南绿水青山、碧海蓝天的基础上，调整优化全省开发建设空间，合理配置资源，促进海南全面健康可持续发展。

表 8.1　海南岛功能区规划分类情况

空间类型	2020 年		2030 年	
	各功能区面积指标（平方公里）	占全省陆域空间比例	各功能区面积指标（平方公里）	占全省陆域空间比例
一级生态功能区	11535	33.6%	11535	33.6%
二级生态功能区	15984	46.4%	15984	46.4%
开发功能区	3571	10.4%	3699	10.8%
其他用地	3309	9.6%	3181	9.2%
陆域合计	34399	100%	34399	100%

资料来源：《海南省总体规划（2015—2030）纲要》。

3. 产业空间布局

中央 12 号文件明确要求，海南自贸港不以转口贸易和加工制造为重点，而以发展旅游业、现代服务业和高新技术产业为主导。产业结构调整方向为：大力提升热带特色高效农业，加快发展新型工业和高新技术产业，做大做强以旅游业为龙头的现代服务业。根据《海南省总体规划（2015—2030）纲要》，重点发展十二类产业：旅游产业，热带特色高效农业，互联网产业，医疗健康产业，现代金融服务业，会展业，现代物流业，油气产业，医药产业，低碳制造业，房地产业，高新技术、教育、文化体育产业。

依据《海南省总体规划（空间类 2015—2030）》，海南省将作为一个大城市、大景区来统一规划。在产业发展和空间布局上，将全岛分为东、西、南、北、中五个功能区，各自结合实际，侧重不同的产业发展方向和发展定位，形成“南北两极带动、东西两翼加快发展、中部生态保育”的空间格局。东部功能区以琼海—博鳌为中心，重点发展旅游、会展、医疗健康等产业。西部功能区以儋州—洋浦为中心，重点发展航运物流、油气产业、海洋渔业、热带高效农业。南部功能区将依托“大三亚”（包含三亚、陵水、乐东、保亭）打造旅游经济圈。北部功能区定位为总部经济区、高新技术产业基地、现代服务业集聚区、国际会展中心、国际离岸创新创业示范区，将依托“海澄文”（包含海口、澄迈、文昌）建设一体化综合经济圈，重点发展旅游、现代金融、航天科技、信息技术、数字创意、现代物流、低碳制造业、教育科技、文化体育、医药等产业。中部功能区定位为生态核心保护区，将依托白沙、五指山、琼中等市县，重点发展生态旅游业、热带生态农林业，建设热带雨林国家公园。

三、自贸区（港）建设的国际国内经验和启示

自由贸易港是我国在自由贸易试验区概念基础上的提升，是具有中国特色的称呼，属于自由贸易园区的范畴。自由贸易港总体上具备国家行为、“境内关外”、自由化和便利化四个基本特征。国际上已有的自贸区（港）为海南建设自由贸易港提供了丰富的经验，值得借鉴。

（一）国际自由贸易港的主要类型和发展经验

1. 综合型自由贸易港：中国香港、新加坡

新加坡独立和香港回归后，依旧维持了高度开放的经济政策，并且持续在政策上进行创新，形成不断完善的政策体系，发挥日趋丰富的自贸港功能。二者从功能上都大致经历了转口贸易阶段、功能扩展阶段和综合型自贸港阶段，目前二者在贸易政策、投资政策、金融政策、赋税政策、人员出入境政策等方面都呈现出高度自由化、便利化、宽松和开放的特征。

（1）贸易政策

中国香港和新加坡实行了以货物自由、通关便利为特征的贸易政策。首先，中国香港和新加坡对绝大多数货物实施自由贸易政策，允许货物自由进出。其次，中国香港和新加坡实行报关便利、通关高效的贸易监管政策，在贸易便利化方面位居全球领先水平。最后，中国香港和新加坡都有发达的航运业助力二者成为世界著名自贸港和国际物流枢纽。

（2）投资政策

中国香港和新加坡的投资自由度较高，且没有任何歧视措施，注册登

记手续方便快捷，鼓励企业对外投资。在投资准入方面，中国香港只对电信、广播、交通、能源、酒制品销售、餐厅、医药和金融等少数行业实行有条件的准入，其他行业都是完全开放的；新加坡除国防相关行业和金融、保险、证券等特殊领域需向主管部门审核备案外，对外资进入没有行业限制，商业、外贸、租赁、营销、电信等市场完全开放。在企业监管方面，中国香港监管部门的监管自由度较高，企业活动一般不会受到政府的干预，很多行业通过协会等民间组织自律；新加坡对企业经营范围没有限制，无须审批即可自由经营任何业务。

(3) 金融政策

中国香港和新加坡同为国际金融中心，金融自由化水平高，资金可以自由流动，货币可以自由兑换，没有外汇管制，国际贸易结算自由。

(4) 赋税政策

中国香港和新加坡企业税负均较低，其赋税政策得到了国际投资者的认可，吸引了大量著名跨国公司的聚集。中国香港的税制简单、易操作且税率低，采用属地原则征收，还对大部分资本性收入实行免税；新加坡是世界上个人所得税税率和企业所得税税率最低的国家和地区之一，其税收体系简单、税种少，为鼓励投资、研发和物流等活动，新加坡政府提供了若干税收减免优惠，实行一企一策的定向优惠税收政策。

(5) 人员出入境政策

中国香港和新加坡都实行宽松和开放的出入境政策，人员（特别是国际化人才）流动便利，这也是香港和新加坡持续保持自贸港政策优势的重要一环。

2. 服务型自由贸易港：鹿特丹

鹿特丹拥有强大的港口服务功能，在自由贸易政策、综合服务功能、港产和港城融合发展方面的经验值得海南借鉴。

(1) 自由贸易政策

鹿特丹采用了自贸港的保税政策，港区内设有各种“保税仓库”，专供待售和转口货物整船寄存，仅收仓储费用，免征关税、增值税和消费税。

（2）综合服务功能

鹿特丹最具特色的服务功能在于其保税物流体系。欧盟的经济一体化使得成员间大部分货物已实现免税流通，使过去自贸港（如汉堡）的关税减免政策在欧盟内部失去竞争力，鹿特丹却凭借其保税仓库、物流园区、配送中心以及保税运输等超强的港口物流服务功能而获得成功。鹿特丹的港区服务能实现储、运、销一条龙。鹿特丹的港口物流业无论从保税体系还是从现代化信息管理来看都已成为世界港口物流发展的“风向标”。

（3）港产和港城融合发展

鹿特丹的发展兼具港产融合和港城融合的特征。从临港产业来看，鹿特丹形成了以炼油、船舶制造、石化加工、钢铁、食品加工和机械制造等临港工业为特色的临海沿河工业带。经过不断发展，鹿特丹的这些产业已形成不断延伸的港口产业链和临港工业体系，使鹿特丹成为世界三大炼油中心之一。在第三产业方面，鹿特丹除拥有高效的物流业等港口服务业之外，还有发达的旅游业、文化产业、会展业和娱乐业。从港城融合发展来看，鹿特丹的港口产业与城市经济是港城一体化的共生关系，鹿特丹成为世界物流中心带动了城市经济发展以及区域相关产业的发展。

3. 中转型自由贸易港：迪拜、釜山

迪拜和釜山均为国际中转大港，其中迪拜的杰贝阿里港属于自贸港区，釜山镇海属于自由经济区。迪拜和釜山均为中转型自由贸易港，二者发展的成功主要受益于宽松政策和优势区位。

（1）宽松政策

迪拜和釜山营造了宽松优越的政策和投资环境，迪拜实行了全球绝无仅有的免税政策，釜山则针对规模以上外资企业给予大幅度的税收和租金减免。

（2）优势区位

迪拜和釜山均地处国际航道中的关键位置，拥有发展中转贸易不可多得的先天优势，二者也拥有一定的腹地经济，同港区经济形成互动发展。

（二）我国自贸区建设的实践

1. 推动外商投资体制改革以及扩大对外资开放的成效与经验

中国自由贸易试验区率先制定和实施以负面清单管理为核心的外商投资管理制度。自贸试验区外资准入负面清单由2013年第一版的190条压缩到2018年第五版的45条，2019年进一步减少为37条，外商准入政策透明度和可预期性大幅提升。在商事登记制度改革方面，上海自由贸易试验区实施注册资本认缴制，已向全国复制推广。外商投资项目管理由核准制改为备案制，外商投资企业设立与变更由审批制改为备案制，外商在负面清单以外领域设立企业，按照内外资一致的原则，全程网上办理备案，即时完成。2016年10月，经过在自贸试验区的三年试点，外商投资企业设立与变更备案制在全国实施。这使得我国的外商投资体制发生了根本性变化。另外，注册"三证合一"、"多证合一"、"先照后证"、"证照分离"、年度报告制度、放宽住所登记条件等措施不断推进，大大降低了企业开办成本，激发了市场活力。数据显示，截至2017年10月，自贸试验区吸引外商投资设立企业2.3万家，实际利用外资金额2371.7亿元人民币，占全国实际利用外资的1/10左右。

2. 贸易便利化的成效与经验

自由贸易试验区稳步实施"一线放开"和"二线安全高效管住"模式，在确保二线安全的前提下尽可能减少对一线的干预。中国自由贸易试验区贸易便利化主要体现在海关监管和货物贸易通关便利化上。一是"一站式"电子通关平台，利用互联网建立一站式的电子系统，整合多个行政职能部门各自的系统，打造"单一窗口"，推行智能化通关。二是提升通关的便捷程度。通过简化手续，实行直通程序、周报关制度等一次性报关或集中报关措施，为自由贸易试验区用户提供便捷服务，减少货物报关程序，减少通关时间成本。三是为了满足和适应商品全球价值链生产和全球分销运营的需要，对货物进行货物状态分类监管，实行同仓存储、分类监管。四是释放贸易便利化的制度红利，培育贸易新业态和功能。

3. 金融开放与改革的成效与经验

上海积极稳妥推进金融开放和金融体制改革。一是创设自由贸易账号系统，截至 2018 年 7 月底，已有 56 家金融机构通过分账核算系统验收，累计开立大约 7.2 万个自由贸易账户，业务涉及 110 多个国家和地区、2.7 万家境内外企业，提高企业融资效率，降低企业融资成本。二是依托自由贸易试验区金融工作协调小组，完善金融宏观审慎管理措施，提升金融监管和风险防控能力。三是面向国际的金融交易平台建设稳步推进。

福建自由贸易试验区的金融创新主要包括两岸金融合作先行先试，如采取在对台小额贸易市场设立外币兑换机构，允许两地间开展跨境人民币借贷业务等。优化自由贸易试验区金融机构准入制度。促进金融机构集聚、拓展跨境离岸业务和服务“一带一路”建设。

广东自由贸易试验区推出电子证照银行卡，在全国首次实现了政务服务与金融服务信息应用渠道的贯通；金融 IC 卡首次在跨境公交领域使用，有助于粤港澳金融基础设施互联互通。

4. 政府职能转变方面的成效与经验

(1) 深化“放管服”改革，加快政府职能转变，营造更为公平竞争的市场环境

各地向自贸试验区下放省级管理权限超过 1000 项，并大力推行行政审批改革，取消、删除、转移和调整一批市场准入前置审批事项；率先在自由贸易试验区推行“一口受理”，与海关和银行实现登记受理对接；在国内率先实现企业登记注册“一照一码”条件下“八照合一”，并启动电子营业执照；探索发放企业登记经营场所的限制；率先在全国发出首张地税电子税务登记证，大部分业务实现网上办理。自贸区的减政放权改革值得全国推广。

(2) 加强事中事后监管

自贸试验区按照“谁审批、谁监管、谁负责”的原则，建立商事登记认领通报制度，明确监管责任；率先建设统一的市场监管信息平台，逐步实现相关监管部门监管信息的互通、交换和共享，为加强事中事后监管提

供信息支撑；同时，构建涵盖市场准入、经营行为、市场退出的企业信用监督指标体系，区分不同信用等级，对已登记的商事主体实施分类监管。

(3) 积极优化政府公共服务方式

借助互联网和电子技术媒介，广泛采用电子政务服务模式，大大提升了企业和个人的办事效率，节约商事登记及后续的缴费时间和成本。

5. 自贸试验区建设中存在的不足与问题

(1) 开放压力测试的作用一度有所削弱，对外开放的力度需要加强

例如，2018 年版的自贸试验区外资准入负面清单仅比全国版少了三条。此外，随着自贸试验区队伍的扩容，为了协调各自贸试验区之间的开放政策，避免互相竞争，采取了一些统一的制度设计，一定程度上减少了进行压力测试的多样性，削弱了开放压力测试的作用。

(2) 资本项目自由化方面没有取得实质性突破

自由贸易试验区金融开放受到国家金融体制与政策方向的影响及制约。在国内金融体系改革尚未完成的情况下，自贸试验区建设中资本项目自由化方面的推进缓慢。按照“金改 51 条”和“金改 40 条”的部署，要加快推进资本项目可兑换。但由于金融改革创新对环境和条件的依赖度高，出于风险防范考虑，有限额内可兑换、本外币境内外拆借等多项涉及资本账户开放的自由贸易区创新政策或细则均未出台实施，QDII2 数次传出即将试点的消息，最终均未落地。这使得资本项目自由化方面除了上海 FTA 账户体系之外没有取得实质性突破。

(3) 自贸试验区法治建设进展有限

受当前我国法律体系和体制机制的制约，自由贸易试验区法治建设存在一些问题，进展有限。对立法而言，我国设立自由贸易试验区是通过国务院印发的自由贸易区总体方案的方式运作，并非由全国人大或其常委会通过立法创建，国家层面没有统一的《中国自由贸易试验区法》。对执法而言，政府事权难以梳理清晰，有限的协调能力难以推动现行整个体制机制的改革。对法律服务而言，自由贸易试验区也存在较大的提

升空间。自由贸易试验区的整体仲裁软环境存在不足，国际化程度有限，这都会较大地影响进一步培育自由、开放的市场环境。

（4）中央部委与地方政府之间的协同，不同部门之间的协同均不够高效

一方面，当前我国政府机关的运行决策机制设计存在不足，难以实现有效协调。在现实中，条条监管（中央部委的监管）和块块管理（地方政府管理）的试验责任划分不够清晰，中央部委与地方政府之间的协同不够高效。另一方面，地方政府不同部门之间的协同也存在不足。由于自由贸易试验区各个片区比较分散，分属不同的行政辖区，致使各自贸试验区不同片区之间、片区管委会与属地部门之间的协调推进难度加大。部分创新制度措施的推动涉及多个部门，不同部门之间由于管理理念的差异，或是存在利益冲突，其意见通常难以一致。不同部门之间的协调难度很大，工作效率不高。

（5）自贸试验区的碎片化以及区域狭窄问题限制了开放试验与制度创新的空间

我国的自由贸易试验区分布在不同省份，地理位置距离较大，同时各个自由贸易试验区还具有各自的特色、功能定位，担负着不同的试验任务，对接相应的国家战略。由于功能定位和发展路径的差异，自由贸易试验区改革难免会出现碎片化倾向，时常面临相互沟通不畅的局面，容易导致自由贸易试验区相对封闭发展，优秀的创新制度措施得不到交流、共享，限制了开放试验与制度创新的空间。另外，由于自由贸易试验区的各个片区的经济基础不同，片区经济的不平衡发展问题也值得重视。

（三）对海南建设自贸区（港）的启示

1. 实行高水平的贸易和投资自由化便利化政策

“境内关外”是自由贸易港的核心特征，内部作为海关特殊监管区，实行高水平的开放功能以满足港内各类涉外业务，因此需要具有国际竞争力的政策体系，实现贸易、投资、资金、人员、信息等进出自由。国际典

型自由贸易港内部均实行高水平的贸易和投资自由化、便利化政策，这些政策的实施确保了自由贸易港的正常运行和相关经济活动的顺利展开，其背后是最高级别的法律授权和一整套与之相适应的法律法规体系。

2. 战略发展定位与港产和港城的融合发展

国际成功经验中明确的战略发展定位也十分关键，国际典型自由贸易港根据其地理区位优势、自身比较优势和经济腹地情况决定战略发展定位，从而进一步决定其临港产业的选择，建立相关的物流园区和产业园区，在顶层合理规划设计之下最终实现港产、港城的融合发展。

3. 完善综合服务功能，提高信息化水平

海南在自由贸易港的综合服务体系方面和国际典型自由贸易港还有一定差距，需要大力完善海南的综合服务功能以及提高信息化水平。首先，在扩大国际贸易等相关专业服务领域的市场准入的背景下，加快发展人力资源、法律仲裁、会计税务、咨询服务、认证认可、信用评估等中介服务，引入和培育各类中介机构，集聚各类国际高端专业服务人才，建设国际检测中心、国际信用评级中心、国际人力资源合作示范区等。其次，积极发展现代物流业，合理规划降低成本，提高集装箱码头的管理水平，在吸引大型物流货运公司入驻的同时培植海南本土物流企业，做好各个片区之间的通道衔接。最后，提高海南服务信息化水平，借鉴国外高效的信息网络服务系统，通过现代信息技术实施全方位的管理，在报关、监控、装卸等各个环节实现电子化和无人化。

4. 充分认识自身优劣势，发展海南特色产业

海南和国际典型自由贸易港相比最大的劣势在于海南不处于国际航道的必经之路上，因此海南无法走中转型自由贸易港的道路。习近平总书记“4·13”重要讲话强调了海南不以发展加工贸易和转口贸易为重点，而是以旅游业、服务业和高新技术产业为重点产业，这要求海南必须结合自身优势围绕这三大产业培育具体的特色产业，例如旅游医疗、旅游康养、旅游消费、检验检测、育种制种、深海科研、海洋牧场、航天基地等。

5. 探索改革行政机构，实行“政企合一”的运营管理模式

“政企合一”的运营管理模式有利于以市场化的方式更加高效地执行政府职能，保障贸易和投资的自由化、便利化。这一国际经验可以在海南自由贸易试验区阶段先进行充分论证，结合海南实际情况，从行政机构改革的角度出发，在海南自由贸易港建设阶段探索成立具有市场化职能的法定机构，使其既能够高效地执行政府职能，又有较高权威性和资源动员能力。

6. 从立法层面大力推动贸易和投资自由化的先行先试

海南要建设自由贸易试验区和中国特色自由贸易港，是瞄准开放水平最高的目标作出的全方位开放的制度设想，因此需要中央和地方政府在各个领域作出一系列的特殊政策安排，结合海南的实际情况，制定出符合海南发展需要的地方性法规和具备国际竞争力的税收优惠政策，在管理机制方面给予地方足够的实权。从贸易的角度看，在从“区”到“港”的过渡中，可以参考鹿特丹的经验，以海关特殊监管区之间的互联互通实现覆盖范围的扩展，通过片区的逐步打通最终实现建设全岛自由贸易港的目标。从投资的角度看，海南要实施高标准高质量的开放，需要从立法层面拿出一份新的更具开放特征和海南特色的负面清单，在具体实施中，可以先行区为“试验田”，将特定产业在先行区探索开放，再逐步拓展开放领域和区域。

四、自由贸易试验区走向自由贸易港的时间表、路线图和重点推进领域建设

海南自由贸易试验区和自由贸易港建设，既有复制推广的一面，也有开拓创新的一面。自贸试验区建设需要以自由贸易港建设为龙头，服务于自由贸易港建设，自由贸易港又要紧密嵌入、扎根自由贸易试验区建设，在任何阶段都应将两者密切结合起来，做到统筹兼顾、相互呼应。

(一) 自由贸易港建设的时间表

1. 打基础

自贸港贸易软硬件统筹协调一起抓，到 2020 年，初步形成贸易试验区和自由贸易港共享和联动的发展机制，重点平台建设取得一定突破，关键支撑政策措施实施到位。一方面，完成自由贸易港制度和政策体系设计，推出分阶段、分步骤实施计划。另一方面，抓住重点和关键环节，加强自由贸易港主体功能区硬件基础设施、重要平台建设，不遗余力地引进岛外资本和龙头企业，加快形成产业业态新布局。

2. 搭框架

到 2025 年，自由贸易港制度初步建立，海关监管大大简化，流程显著缩短，时效明显提升，海关特殊区的辐射带动作用明显增强。开放程度和营商环境达到国内一流水平，税负成本与国际自贸港趋近，企业注册、注销自由便捷，争端纠纷解决机制到位并确立权威性，市场化、法治化、国际化水平国内领先。重点硬件基础设施和关键服务平台建设完成，核心功能区取得显著成效，旅游消费和商业信息服务及时精准，重点产业发展初具规模，主要改革政策实施落地，治理现代化水平明显提高。与内地腹地合作渠道畅通多元，国际经济合作网络初步形成。市场主体自由度、舒适度显著提升，作为自贸港的吸引力大大增强，海南自贸港自然人文环境和谐、市场准入宽松便捷、政府监管高效透明、市场主体经营自由的品牌形象基本确立。

3. 建体系

到 2035 年，重点基础设施和关键服务平台投入运营并取得良好成效，开放水平和营商环境在亚太地区处于前列，监管实现高度的透明化、法治化、国际化，与自由贸易港发展相适应的体制机制和政策体系基本完善，国内国际合作网络趋于完善，自由贸易港充满活力，运营管理有序高效，形成较强的国际竞争力。

4. 成特色

到 2050 年，建成特色鲜明突出，具有较强国际竞争力的世界著名现代化自贸港。自由贸易港制度体系成熟稳定，经济社会治理实现现代化、市场化、国际化、法治化，软硬营商环境世界一流；业态高端成熟、布局科学、功能完善；运行高效，货畅其流、物尽其用、人员往来便捷、资金进出自由；人才集聚、教育发达，金融服务完善，创新活跃，发展动力强劲可持续；商业繁荣，社会文明，生态环境优美，人民幸福；国际吸引力和竞争力均全球领先，成为世界经济合作网络的关键节点以及全球经济的重要增长极。

（二）自由贸易港建设的路线图

1. 顶层设计，系统协调

紧紧围绕海南自贸港发展的战略定位，深入分析研究海南的优势、劣势以及面临的机遇和挑战，系统梳理、充分挖掘海南经济特区、自贸试验区、西部身份等诸多政策优势，探索海南扩大开放、深化改革潜力，制定目标路径清晰、可操作性强的发展规划。

注意处理好四个协调：海南开放平台建设与全国开放新格局的协调，海南开放平台建设与全国开放平台建设的协调，海南自由贸易港核心区、功能区与非功能区的协调，海南自贸试验区与自由贸易港发展的协调。在前三个方面，上海自贸试验区的建设历程尤其是扩区发展具有重要的借鉴意义，最后一个方面，注意功能上的协调共享和时间阶段的有机衔接，区港要统一设计、总体规划，补齐短板，做强优势，由易到难，以区促港，以港带区，区港联动，软硬兼顾，注重整体协调，有序推进，早期收获和关键突破并重。致力实现客流、物流、信息流、资金流四流协同。

2. 学创结合，开放思维

积极学习借鉴、复制推广上海等先行自贸试验区实践经验和成果，加快海南自贸试验区建设进程，为自由贸易港建设打下坚实基础，做好铺垫。与此同时，又要结合海南的区位、定位、资源禀赋、发展水平等实际情况进行适用性调整、开拓性创新。海南自由贸易港建设既要着眼未来，立足当地，又要有全国开放发展的大局观和全球视野，以便找准定位，抓住机遇，加快发展，稳妥发展。

3. 重点突出，先主后次

在不影响系统成效的前提下，应选择重点，分清主次，集中资源，着力突破，确保关键项目、关键工程、关键环节取得成功。围绕核心功能区和平台建设、重点行业领域开放、关键体制机制改革进行系统设计，协同推进。完善特区立法和执法体系，重点打造公共服务平台、综合信息平台、电子商务平台、创新创业服务平台、商务咨询与法律等专业化服务平台。利用电子围网、电子账册、网上办公等信息技术手段充分发挥海关特殊监管区的政策优势。

4. 先点后面，以点带面

选取条件比较成熟的重要节点，先行突破，取得早期收获，以发挥示范带动作用。充分发挥海南依托广阔内陆优势，以海关特殊监管区和口岸建设为重点，从培育引进龙头企业切入，先点后面，充分发挥海南全域开放和依托广阔内陆优势，优化岛内产业布局和旅游物流系统，以自贸港建设为目标和抓手，以自由贸易试验区为基础和探索平台，构建中国对外开放新高地，打造国际竞争新平台。

（三）重点推进领域

1. 海陆空港口岸规划建设

海南口岸建设要定位于现代化并面向未来，坚持全局思维、系统思维和发展思维，致力打造具有较强国际竞争力的新型口岸，做到基础设施建设、业务流程设计、信息系统搭建高度协同。

基础设施建设除具有容量大、安全性高、生态环保、使用便利等特点外，还应具有较强的艺术美感和经济性，以符合国际旅游岛建设的战略定位。

业务流程设计，要充分利用信息技术、智能技术和大数据分析，简化现有出入境和清关流程，做到人、物协同，提升通关效率和改善通关者感受。

信息系统搭建，要保障兼容性、扩容性和安全性，不但要满足当前的流量需要，而且要考虑未来发展趋势，尽量在不大动硬件基础设施、优化软件设施的情况下就能实现。对现有口岸的改造要基于优化思维，避免推倒重建，出现浪费。海南各大口岸建设应是“全岛一盘棋”，做好布局优化，最终形成协调联动的口岸网络。

2. 特殊经济区建设发展

海南应围绕《总体方案》授权和国际旅游岛、自由贸易港建设的需要就海南海关特殊监管区建设发展制定专项规划，包括需设立或扩建的海关特殊监管区数量、类型、功能定位、布局、发展路径等。其数量不是越多越好，也不是越长久越好。多了不仅会增加制度成本，而且会割裂经济活动，使之碎片化。海关特殊监管区在海南也不宜长期存在，海南要打造具有国际竞争力的自由贸易港，进出口商品大范围免税是应有目标，海南多数海关特殊监管区在中短期可发挥重要作用，长期应该是取消的。未来将只保留涉及安全、负面清单内特殊产品贸易、特定产业投资的海关特殊监管。

对于现有海关特殊监管区，应充分利用电子信息、人工智能技术，推广电子围网。深化体制机制改革，加大市场开放力度，引入专业管理机构和职业经理人，整合相关职能部门，优化监管体系流程，重视人员激励，完善信用机制，推进分类监管，提高查验精准率，降低查验频次。提升便利化、信息化、虚拟化水平，丰富特殊经济区功能，拓展虚拟边界，改善特殊区绩效的同时，使其充分发挥对自贸港的支撑作用，并对新设海关特殊监管区起到示范带动作用。

3. 旅游业、现代服务业和高新技术产业发展

进一步开放旅游消费领域，释放旅游消费潜力，积极培育旅游消费新增长点，同时加强依法监管，避免垄断、过度竞争等市场失灵行为。

支持海南开通跨国邮轮旅游航线，支持三亚等邮轮港口开展公海旅游航线试点，加快三亚向邮轮母港方向发展。积极引入国内外大型、著名品牌旅游公司，整合当地旅游公司，提升优化旅游服务水平和质量，并加快推进西沙旅游资源开发。加强沙滩运动、水上运动、赛马运动等体育基础

设施建设和完善相关服务，倾力打造国际、国家体育训练比赛基地和体育旅游示范区。学习借鉴国外旅游岛旅游地产管理经验，将政府监管和市场机制调节有机结合，提升旅游地产利用效率，降低旅客住宿成本。

探索旅游资源管理新模式，提升旅游产业附加值和经营效益。探索税收体制机制改革，提高或取消免税购物限额，赋予当地居民同等待遇，使海南自由贸易港向自由贸易岛发展演进。

利用“第四次工业革命”的前沿科技手段打造“新旅游”商业模式与产品，打造集养生、餐饮、娱乐、文化、科教、购物于一体的高水平商业综合体或街区，形成“旅游 +”产业群。推进数字港建设，加强隐私权保护，对旅游访客进行大数据分析，提高服务的精准性、效率及安全性。利用国家赋予的种业开放政策，加快新品种引进与研发，打造农业新品种研发基地，建设未来农业观光平台。引入旅游争端国际仲裁机构，借鉴国际运作机制，规范法律服务收费标准，提高透明度和国际化水平。依托医疗行业的先行开放优惠政策，吸引国际国内优质医疗资源，尤其是对接大城市高端医疗资源，发展远程医疗，打造中国国际医疗中心、高端康养服务示范区。加强创新园区建设，完善创新公共平台和创新服务，提供低成本的创新公寓，吸引创新人才入驻集聚，完善知识产权交易市场，鼓励风险投资，鼓励企业孵化，加快创新成果转化。完善高端服务业发展政策体系，适当制定土地使用倾斜、税收优惠政策。

4. 旅游金融

金融业是现代经济的命脉。海南国际旅游岛和自由贸易港建设离不开现代金融的有力支持。海南要重视信贷结构优化，对重点旅游产业加大扶持力度，如研究小微企业可持续信贷模式，引导资金流向旅游产业与文化创意产业、会展产业、休闲农业、体育产业、健康养老产业等高端服务业。鼓励外资和民营企业投资旅游主题公园、旅游综合景区、旅游交通基础设施等大型旅游项目的建设开发。与此同时，应抓住自由贸易试验区和自由贸易港建设机遇，打造旅游消费金融中心、康养服务金融中心、私人财富管理中心和绿色发展金融中心。

5. 海南自由贸易港现代化治理平台建设和体制机制设计

海南自由贸易港明确要以发展旅游业、现代服务业、高新技术产业为主导，生产方面以人力资源利用开发为主，生活方面则以人为中心提高幸福感，因此社会现代化治理是海南自由贸易港需着力突破的重要方面。海南自由贸易试验区与其他自由贸易试验区相比具有全域性特点，对外高度开放，对内尽量减少政策壁垒。无论是国际旅游岛发展还是自由贸易港建设，都注定要高度国际化，制度需要与外部环境高度兼容，规则须与国际有机对接，政策也要符合国际规范，为外部合作伙伴所接受。与此同时，海南自由贸易港又属于中国特色社会主义经济体系的一部分，展现社会主义经济发展开放性与包容性的同时，不能与我国基本经济制度相冲突、相抵触。在扩大开放的同时，要守住安全底线、政治底线。海南自贸港承担着重要的历史使命，中国对外开放的大门会越开越大，因此海南承担着为全国未来大力度开放探路的光荣任务，即探索如何对高度开放、高度复杂的经济社会体系实施科学有效的人性化管理。

从海南自由贸易试验区到自贸港建设，思想意识上，加强党的领导，在重点行业和关键岗位上要发挥党员的示范带头作用。组织保障上，培育一支业务素质高、知识面宽、干劲足、政治意识强的干部队伍，中央指派、本土挖掘培育与其他省市引进相结合，集中力量确保海南自由贸易港建设的成功。具体规划方面，充分利用国内外智库和专业咨询机构智力资源，进行全面调研、深入研究、集中规划、统筹部署。经济发展上，充分发挥市场机制在优化资源配置、自我激励方面的优势，提高社会参与度，提高自由化、民主化水平。充分利用大数据等技术手段，建设现代化的治理平台和高质量服务体系。

坚守安全底线，搭建事前事中事后相结合的综合监管系统，提高执法水平，监管措施松中有严、严中有宽、宽严相济，实施精准监管、服务型监管，兼顾社会规范和人性关怀。对于经济争端，引入国际争端仲裁解决机制。对于社会争端，除诉诸现有法律机构外，构筑相关方共商解决机制或诉诸共同认可的第三方调解机制，推进友好磋商解决。进展成效方面，建立科学的评估指标体系，进行定期评估。社会宣传方面，官方宣传引导，民间宣传为主，智库在提供宣传内容方面发挥重要作用。重在客观评估案例，同时，欢迎公众力量参与社会治理监督，设置意见箱，建立激励机制，鼓励民间力量参与。

五、自由贸易试验区走向自由贸易港的制度、体制机制建设和重要政策举措

从海南自由贸易试验区过渡到海南自由贸易港，是一项系统工程，需要加强顶层设计、统筹规划、全方位推进，需要突出重点。统筹海南自由贸易试验区建设和自由贸易港建设当前与长远需要，逐步探索、稳步推进中国特色自由贸易港建设，分步骤、分阶段建立自由贸易港制度和政策体系。

（一）尽快将立法工作提上议程，构建符合国际惯例的法律体系

自由贸易港是特殊经济区，而不仅仅是特殊海关监管区，与自贸试验区制度创新“试验田”的定位有较大差异，具有“境内关外”的特征，享有“豁免适用”相关法律的特权和相对独立的监管体系，在管理理念、对象、方式、体制、发展定位等方面都将发生重大转变。因此，应遵循国际上通行的“先立法、后设区”惯例，完善基本立法，加强和创新地方立法，为自由贸易港的改革创新和可持续发展提供合法性依据，也为区内活动主体的合法权益提供保障。

因此，必须先从国家层面颁布《自由贸易港法》。立法工作的主要内容将包括但不限于：一是明确《自由贸易港法》的法律效力，即当出现与其他现有法律（如对外贸易法、外资企业法、进出口商品检验法、海关法等）冲突时的适用情况；二是明确自由贸易港（也可以包括自贸试验区）的定义、种类、性质、目的、管理体制、功能定位、设立和撤销条件、运作模式以及允许实行的不同于其他地区的政策措施；三是明确相关配套制度，主要包括海关监管制度、企业设立制度、贸易投资促进

制度、金融监管制度、外汇管理制度、税收征管制度等；四是要授权自由贸易港所在地的立法机关制定符合自身功能定位和发展所需要的地方法规、规章，特别要注重经济立法，无论是银行、资产管理、船运、商业还是贸易等领域，均要有法律条文与之对应，基本做到每种经济活动和经济关系都有相应的法律法规加以约束。通过法律规范自由贸易港的各种经营活动，可以为在自由贸易港内开展更大力度的改革创新扫除制度障碍。

（二）加快提升贸易自由化和便利化水平

1. 实施“一线放开”，实行负面清单管理

除法律、法规、国际公约规定禁止入境的少数货物以及威胁健康和生态安全的物品外，货物可自由进出海南自由贸易港，并且不受数量、途径、关税、原产地和起运国等限制。取消或最大程度简化入港货物的贸易管制措施；降低政府对航运业的干预程度，船只从海上驶入或驶离港口都无须向海关结关，进出或转运货物在港内装卸、转船和储存不受海关限制。

2.“二线管住”

对海南自由贸易港与国内其他地区之间进出的货物，纳入全国海关通关一体化，实行常规监管。货物从国内其他地区进出海南自由贸易港，按照规定办理进出口申报手续。货物在自由贸易港与境外其他地区之间通过国内其他口岸进出境的，比照现行过境、转运或通运货物实施监管。

3. 加快高标准国际贸易“单一窗口”建设，不断提升货物贸易自由化、便利化水平

对照国际高标准要求，不断完善国际贸易“单一窗口”功能，将各类申报和业务办理系统整合，实现系统集成和流程优化。将涉及贸易监管的海关、检验检疫、海事、口岸、边检、外汇、税收、支付等的相关监管部门纳入“单一窗口”作业平台，平台覆盖贸易许可、舱单申报、报关通关、监管执法、资质登记、支付结算、税务管理等。

4. 加快建立和完善新兴技术发展需要的自由化、便利化政策

比如创新生物材料、生物样本、化学试剂和试验用设备等出入境监管

方式，提高通关便利化水平，促进跨境研发便利化。

（三）加快提升投资自由化和便利化水平

1. 充分发挥海南优势，需要实施差异化的外资准入负面清单

一方面，继续压缩全国统一的自贸试验区负面清单条目数，进一步扩大市场开放，为海南自由贸易港建设奠定好基础。另一方面，授权海南自贸试验区积极探索符合自身优势和特色的市场开放措施。海南旅游业、现代服务业、海洋经济，既是海南的产业优势，又是自贸试验区未来发展主导产业。适应未来发展需要，针对海南自贸试验区设计差异性条款，既能充分发挥压力作用，又能满足海南自贸区（港）的实际发展需要。

2. 突出进一步扩大的开放重点

基于海南自身的优势和特色，建议在农业技术研发、技术咨询、海上运输和船舶代理、国际邮轮、旅游、医疗康养、教育培训、文体娱乐、影视制作等领域，扩大开放。与此同时，加快完善相关配套措施，积极解决“大门开了、小门不开”问题，解决市场开放而不准营的问题。

3. 建立高度开放、透明的市场准入管理模式

除了涉及国家安全、文化等少数领域外，在所有中国法律（海南自由贸易港法律）允许经营的商业活动中，私人和外来投资者都可以参与，且不设控股比例限制，投资者均可100%控股。个别行业（如电信、广播、交通、能源、医药和金融等）为有条件进入行业，除了商业登记外，需向有关政府部门另外申请相关行业的牌照。

4. 确立竞争政策的基础性地位

以“规则中立”为原则，建立特许经营行业准入和规制体系，健全公平竞争审查机制。除部分特殊产品和服务外，各级政府在海南自由贸易港内采购产品或服务时，对各类市场主体应一视同仁，各类市场主体享受同等待遇。未经法规许可，政府不得单方面向在海南自由贸易港注册、经营的国内外企业提供任何有碍于公平竞争的直接补贴。

5. 全面实行最低干预程度的商事登记制度

最大程度简化商事登记手续，提供方便快捷的企业注册制度。放宽岛

内企业住所（经营场所）登记条件，取消企业经营范围限制，商事主体资格和经营资格分离，在合法的前提下可自由经营各项业务，无须审批。

6. 建立以信用监管为核心，与负面清单管理方式相适应的一套全岛联网的事中事后监管体系

完善社会信用体系和信用联合惩戒机制，强化信用约束，加强信用信息归集共享，推行企业信息公示，健全守信激励和失信惩戒机制。建立大数据高效监管模式，加强风险监测分析，建立完善信用风险分类监管。推动各部门间依法履职、信息联通共享。充分发挥行业协会的监督作用。

（四）打造符合海南特色的金融开放政策体系

1. 实施高度开放的金融准入制度

引进境内外金融机构，为自由贸易港扩大金融开放、深化金融创新提供市场主体支持。

2. 实行以贸易、投融资资金自由收付为重点的跨境金融业管理制度

基于跨境资金宏观审慎管理和风险可控的金融风险监管体系，在海南自由贸易港实行贸易结算资金自由收付制度。金融机构可凭海南自由贸易港内企业提交的收付款指令，直接办理经常项下本外币国际贸易融资与再融资。推进海南自由贸易港内国际贸易结算自由，港内可使用任何货币进行货币结算，企业在港内银行开立多种货币账户，自由选择贸易结算币种。加快完善资本监管、行为监管、功能监管方式，逐步实现境外资金自由进出自由贸易港。境外资金进入“二线”适用现有的金融监管措施，“二线”内的资金进入自由贸易港适用现有的金融监管措施。

3. 鼓励自由贸易港内金融机构开展离岸金融创新

为非居民客户提供货币借贷、贸易结算、黄金买卖、证券交易和保险等离岸金融服务，增强自由贸易港的国际业务竞争力。全力打造具有全球影响力的大宗商品交易市场和新型离岸证券市场，积极探索在有效管控市场风险的前提下，在海南自由贸易港内完全放开期货交易、场外衍生品交易等各种交易，充分接轨国际现货交易市场，实现风险可控的市场高效配置资源模式。支持国内外交易所在自贸港内设立国际大宗商品交易平台。

4. 建立自由贸易港跨境资金流动的风险防范机制

实施离岸与在岸业务分离的“防火墙”机制，严格分离在岸账户与离岸账户，分开离岸与在岸金融业务，防止境外金融交易活动影响或冲击境内金融体系。在条件成熟的情况下，建立在宏观审慎管理框架下离岸与在岸金融市场之间资金相互联通的机制，推动境内外市场逐步、适度地相互渗透。同时，有效防止境外金融风险对境内金融体系造成冲击。一是要建立自由贸易港金融风险防范的组织框架。探索在自由贸易港实行跨部门的金融综合监管模式，对自贸港内金融机构、金融市场、金融活动实施统一监管，提高金融监管效率。二是要建立自由贸易港金融风险的监测分析体系。完善金融业统计指标体系，建立涵盖各类金融市场、机构、产品、工具和交易结算行为的金融风险监测监控平台，实现新型金融业态、跨市场跨行业金融产品与业务等风险监测的全覆盖。三是要加强自由贸易港跨境资金流动的监管。试行本外币一体化的账户管理模式，强化跨境资金流动的宏观审慎管理，运用融资杠杆率、风险集中度、流动性和期限匹配、资金成本等手段，对资本流动进行有规则地相机抉择审慎管理。四是要扩大监管科技在自由贸易港金融风险管理中的应用。推动金融监管从传统监管向传统监管与智能监管相结合转变，提高自由贸易港金融风险监测预警和及时处置的能力。

5. 健全“走出去”和“引进来”金融服务政策

实施境外并购外汇管理改革，支持海南自由贸易港内企业利用试点政策开展真实、合规的境外并购。实行跨境贷款对外债权登记管理，鼓励金融机构利用试点政策拓展跨境贷款业务的广度和深度。支持符合条件的海南自由贸易港内企业境内外上市。实施便捷高效的外商投资和再投资管理。拓展结汇后人民币资金使用范围，可用于理财、委托贷款及符合条件的境内股权投资等。在海南自由贸易港开展合格境外有限合伙人试点，吸引境外资本投资。

(五) 分两步走加快财政税收政策转型

1. 第一步，加大对自由贸易港建设所需要的财政支出和税收政策支持力度

比如，加大支持国际港口、国际航运、国际航线等基础设施建设的力度。中央财政和海南省在海南国际港口、国际航运、国际航线等建设加大力度，积极运用政府和社会资本合作模式（PPP）进行基础设施建设，形成与自由贸易港建设、发展需要相适应的基础设施。加大对吸引人才的财政支持力度。在全球范围内吸引国际金融、旅游、商务等人才来参与海南自由贸易港建设。积极拓展旅游产业链，加快发展旅游相关的基础设施。积极发展观光游、亲子游、休闲游、康养游、体验游。借鉴国外经验，建设主题乐园集合区、专业观光博物馆、特色生鲜市场；在主要旅游区打造集餐饮、娱乐、购物于一体的高水平商业综合体。在省级政府权限范围内，出台优惠的土地使用税政策。

2. 第二步，探索适应海南自由贸易港发展需要的税收制度

借鉴迪拜、新加坡经验，探索符合海南实际的财政收入制度，探索实行低税负政策。总的方向是，在海南自由贸易港内实施简化税制改革，合并和减少税种和收费项目，探索税费制度改革。基于企业总体税负水平，简化税种，研究设立以企业所得税和个人所得税为主体的税种结构。

(1) 实施低税率所得税政策。企业聘用的外籍员工、拥有境外永久居民身份的员工、归国留学人员等，个人所得税按15%的税率征收。对在海南自由贸易港内开展对外贸易投资业务的企业和个人，其对外业务所得的利息、股息、红利、股票等收益实行免征所得税政策。完善境外所得税收抵免方式，对海南自由贸易港内注册的各类投资者，因非货币性资产对外投资等资产重组行为而产生的资产评估增值部分，可在不超过规定期限内，分期缴纳所得税。对初创型科技企业实行企业所得税优惠政策，其他公司的企业所得税按照15%的税率征收。

(2) 实施关税、增值税免征政策。实现除少数特殊商品外，一般货物免征关税和进口环节海关代征税。国内货物入海南自由贸易港视同出口，

实行出口退税。对海南自由贸易港内注册的各类融资租赁企业及项目子公司，实行融资租赁货物出口退税政策。海南自由贸易港内企业直接货物交易免征增值税、消费税，对注册在海南自由贸易港内的仓储、物流等服务企业从事货物运输、仓储、装卸搬运业务取得的收入，免征增值税。配套于货物的不同状态，建立多样化的征管制度，根据货物的不同流向、不同计税依据，给予纳税人充分的可选择制度空间。在符合税制改革方向和惯例，以及不导致利润转移和税基侵蚀前提下，积极研究完善适应境外股权投资和离岸业务发展的税收政策。

（六）加快建立适应自由贸易港建设需要的管理体制机制和运行模式

1. 明晰责任和事权，建立中央地方双层级管理模式

自由贸易港建设的推进和落实必须有一个强有力的主体，只有明确主体责任、地位及相关事权，构建起有序的管理模式和运营机制，才能克服目前制约自贸试验区制度创新的管理体制缺陷。借鉴国外成功经验，建议构建中央和地方“双层级”管理体制模式。中央层面要专设机构如自由贸易港（含自贸试验区）国家管理委员会，负责宏观管理与协调。考虑到其管理的权威性，可借鉴美国对外贸易区委员会的做法，国家管理委员会应成为国务院领导下直接管辖全国自由贸易港和自由贸易试验区的最高机构，可由商务部部长担任主席和执行长官，其他委员可视改革需要由其他部门负责人担任。全国管理委员会的职责将包括：进行制度创新决策，负责制定宏观发展指导规划，管理自由贸易港的设立和撤销，对自由贸易港的发展提供政策指导，统筹协调推进全国自由贸易试验区和自由贸易港建设和改革相关事宜等。在地方层面，海南要根据立法授权，打造现代化的自由贸易港行政管理体制。

为此，需要重新组建适应自由贸易港发展，重在事中事后监管的高效行政管理体系，使自由贸易港建设事业与一般性地方发展事务在相应的管理体系下协调、有序运行，实现港、产、城融合发展。例如，对于国内设立的工商管理局，在自由贸易港建设中可以考虑撤销或者重组其职能。对于其他政府职能部门，也可以根据需要撤销或调整职能。另外，还要明确

界定海南的地方海关、口岸、边防、财政、税务、土地等的事权及相应责任。例如，中央要下放免税特许经营权，全面开放日用消费品品种限制，放开本岛居民购买免税产品的限制；再如，中央垂直管理的口岸监管部门要向自由贸易港管理机构运营主体授予部分事权，建立权责一致、分工明晰、协同高效的区域管理机制。

上述双层级管理模式有助于实现中央对自由贸易港的直接监管，同时确保自由贸易港建设具有相对独立的行政法律地位和相应的立法和行政执法权，从而充分释放自由贸易港管理制度创新空间。

2. 充分调动市、县的积极性，加快下放行政审批事项

按照党的十九大报告明确提出的“赋予自由贸易试验区更大改革自主权”的要求，加大对自贸试验区的授权力度，鼓励各自贸试验区大胆探索，开拓创新。能下放审批事项，按照“以经济类事项为主，应放尽放，能承接”的原则，向各市县下放；在市场监管、城市管理领域探索建立综合行政执法体制改革，并将执法力量下沉一线，建立高效的行政执法体制。建立以“一网通办”为基础的行政服务体系。

3. 打造“小政府”模式，实现政府规模的最小化和机构、职能的简单化

借鉴国外“政企合一”“一站式”“单一窗口”等管理服务模式，深入推动简政放权，政府让渡部分行政权力，试行自由贸易港服务和监管职能尽可能向企业外包，实现企业化管理。在开办企业、办理施工许可证、获得电力、登记财产、获得信贷、保护少数投资者、纳税、跨境贸易、执行合同和办理破产等方面加大改革力度，持续提升营商环境的法治化、国际化和便利化水平。构建综合执法体系，加强事中事后监管制度创新，设立自由贸易港国际法庭，营造良好的法治与国际化的营商环境。可适当放开在自由贸易港的临时仲裁，以吸引外国投资仲裁机构将仲裁地放在自由贸易港。提供对国际投资仲裁的服务和管理，并通过对仲裁免签入港、给予仲裁员个人所得税的减免、给予仲裁机构在港内较低的税率甚至免除其税收的优惠政策。

4. 创新自贸试验区管理体制机制，探索企业化管理模式、市场化运作新模式

根据需要，可以成立海南省政府与社会资本等组成的建设、运营公司，运用政府和社会资本合作模式投资、建设和运营自贸试验区。尤其是充分调动社会资本的积极性，让市场主体积极参与海南自由贸易港的规划、建设和运营。

（七）以引进人才为抓手，不断加强能力建设

1. 加大力度吸引人才

一方面，加快吸引金融、旅游、医疗、生态农业等的相关人才，为自贸港建设提供人才支撑。与此同时，建立和完善人才政策。出台专门针对服务贸易发展的人才政策，降低现行的外国高端人才标准，如将酒店管理人才列为外国高端人才。进一步放宽引进海外高层次人才、外国留学生来华学习、中外合作办学等方面的法律法规。放宽开展体验、培训等旅游类业务帆船、游艇的出海人数限制，按照国际机构认定程序来规定船舶承载人数；放宽非赛事外籍帆船、游艇的入境限制，取消外籍帆船、游艇入境押金，以加强流通环节监管的方式来防止走私。

2. 建立更加开放的人才引进机制

建立“候鸟型”人才引进和使用机制，建立“候鸟”人才工作站，允许内地国有企业、事业单位的专业技术人才按规定在海南自由贸易港兼职兼薪。开展国际科技人才管理改革试点，允许外籍和港澳台地区技术技能人员按照规定在海南自由贸易港就业、永久居留。允许在中国高校获得硕士及其以上学位的优秀外国留学生在海南自由贸易港就业和创业。扩大外籍科技人才长期居留许可签发范围，探索对符合条件的外籍专业人士颁发“高科技人才绿卡”，享受中国公民同等待遇。推进外籍科技人才永久居留政策与子女入学、社会保障等有效衔接。

3. 实行自然人自由进出政策

外国人进入海南自由贸易港，直接办理落地签证，如果由海南自由贸易港进入国内其他地方，则需要按照国家制度办理入境手续。前期可先放

开高科技人才，待条件成熟后，再全部放开。国内居民可通过电子围网自由进出海南自由贸易港，如通过海南前往境外，则需要按照国家制度办理相关出境手续。在海南自由贸易港内设立出入境管理机构，由国家相关部门授权办理相关口岸签证、外国人停留居留证等出入境证件。外籍人员来海南自由贸易港工作采取备案制，不限制雇佣外国员工数量。对在海南自由贸易港内工作、生活的外籍人员，给予办理多次出入境的签证便利政策。

（八）加快基础设施建设

1. 加大力度支持海南道路、航空、信息网络建设

为适应海南自由贸易港建设的需要，加强与广东及中央相关部门在道路、航空、信息网络建设上的协调合作，提高琼州海峡的通航效率。支持经海南口岸的国际转国际货物，以非申报方式进出特定的国际中转集拼区域，支持航空枢纽港和集装箱枢纽港建设。高标准建设海南自由贸易港交通设施、信息网络等基础设施，实现高效、便捷、智能、安全运转。加快建设大数据平台、高效能计算等基础设施，建成一流港口运输、管理、信息共享的智能化基础设施体系。

2. 提高使用国际互联网信息的便利性

在保障网络信息安全的前提下，运用电子身份证、人脸识别等先进技术，允许海南自由贸易港内人员在实名认证下查阅国际互联网信息。探索以试点形势逐步提升互联网资讯开放水平，允许部分合格企业经登记后，更开放地介入域外网站。

（九）加快营商环境建设

1. 对标国际一流，建设国际一流营商环境

对标国际上先进营商环境评价体系，在开办企业、办理施工许可证、获得电力、登记财产、获得信贷、保护少数投资者、纳税、跨境贸易、执行合同和办理破产等方面加大改革力度。围绕企业需求，提高制度创新的针对性和管用性。聚焦企业反映强烈的问题，抓好政策落地，提高企业的获得感。要加快进行分类处理负面清单外部分行业市场准入中受到部门规

章制约的问题。以整体视角推进一体化集成改革，切实推进全流程再造，加强各部门改革的衔接和配套，对原有体制机制和流程进行优化。

2. 加快补齐各项短板

结合海南各地产业基础，突出产业发展重点，可考虑在三亚设立国际邮轮旅游文化先行区，在澄迈设立国际软件和数字服务先行区，在三亚崖州区设立教育和深海探测研究服务先行区，在海口江东区设立国际金融服务先行区。根据相应的定位，有针对性地补齐发展主导产业所需要的各种条件。

（十）建立适应自贸港建设需要的现代化监管体系

1. 实施以经营自由、守法便利为主导的运行管理机制

切实转变政府职能，强化事中事后监管，创新监管模式，放权给市场，激发市场活力。海南自由贸易港内企业实施自我管理、自建账册、联网存证备查。企业自主开展货物进出口或技术进出口业务，以及海南自由贸易港内货物仓储、加工、组装、维修、检测、展示、交易等业务。除国家安全、公共安全、生态安全等重大公共利益领域外，最大限度取消生产经营许可证或改为备案、告知承诺等管理方式。

2. 实施企业信用分级分类管理

加强企业经营各个环节的信用管理，建立诚信管理、失信名单披露、市场进入和退出制度。实施海南自由贸易港内企业合规性风险控制体系综合达标认证和审计制度，企业按照认证等级享受相应的便利。鼓励企业申请经认证经营者、质量管理、信息安全等级等国际高标准资质认证，定期按照规定格式和内容将经营者情况向社会公告。建立企业主动披露制度，鼓励企业开展合法合规自查。

3. 依托信息化手段加快打造现代化的海关监管体系

依托智能化设备，建设“物理围网 + 智能围网 + 联网监管”组合的监管体系，建立和完善现代化的海关监管体系。以贸易安全、金融安全、生产安全为重点，建立风险识别和评估体系，明确风险防控和处置机制，实现全流程的风险实施监测和动态预警管理。建立和完善政府相关部门信

息共享的机制，实现监管信息跨部门同步共享，企业运营信息与监管信息实时对接。一体化信息管理服务平台的管理和服务覆盖港口、码头、卡口等作业场所，与企业经营数据自动对接，具备企业申报、行政服务、监管执法、数据协同和风险监测等集成集约功能。一体化信息管理服务平台与舱单综合申报信息、二线申报信息等重点作业环节信息对接，实施综合评估、动态预警。运用大数据支撑的口岸风险防控设计，按照货物风险分类、企业信用分级等方式，加强二线申报信息与一体化信息管理服务平台、舱单综合申报系统等的信息实时比对和数据痕迹追溯，实现风险精准布控和信息多点逻辑校核。依托跨境资金监测体系，加强跨境外汇和人民币资金流动监测和异常情况分析研判，防范跨境资金流动风险。加强金融监管部门、税务、海关和司法机关在反洗钱和反逃税领域的政策协调、信息沟通和快速响应。推动政务信息公开和跨部门信息共享，完善信用约束机制，营造公平竞争的市场环境。

机构、文件名称中英文对照表

序号	中文名称	英文全称	英文简称
1	ABS 融资模式	Asset Backed Securitization	ABS
2	亚太经济合作组织	Asia-Pacific Economic Cooperation	APEC
3	双边投资协定	Bilateral Investment Treaty	BIT
4	建设—经营—转让	Build Operate Transfer	BOT
5	首席执行官	Chief Executive Officer	CEO
6	《关于建立更紧密经贸关系的安排》	Closer Economic Partnership Arrangement	CEPA
7	人民币跨境支付系统	Cross-border Interbank Payment System	CIPS
8	全面与进步跨太平洋伙伴关系协定	Comprehensive Progressive Trans-Pacific Partnership	CPTPP
9	迪拜国际金融中心		DIFC
10	日欧经济伙伴关系协定		EPA
11	自由贸易协定	Free Trade Agreement	FTA
12	亚太自由贸易区	Free Trade Area of the Asia-Pacific	FTAAP
13	国际货币基金组织	International Monetary Fund	IMF
14	投资者—国家争端解决机制	Investor-State Dispute Settlement	ISDS
15	伦敦国际仲裁院	London Court of International Arbitration	LCIA
16	政府和社会资本合作	Public-Private Partnership	PPP
17	合格境内机构投资者	Qualified Domestic Institutional Investor	QDII
18	合格境内个人投资者	Qualified Domestic Individual Investor	QDII2
19	区域全面经济伙伴关系	Regional Comprehensive Economic Partnership	RCEP
20	实时全额支付系统	Real Time Gross Settlement	RTGS
21	国际服务贸易协定	Trade in Service Agreement	TISA
22	跨太平洋伙伴关系协定	Trans-Pacific Partnership Agreement	TPP
23	跨大西洋贸易与投资伙伴协议	Transatlantic Trade and Investment Partnership	TTIP
24	贸易交换网	TradeXchange	
25	世界贸易组织	World Trade Organization	WTO

后 记

2019 年 12 月 10 日，习总书记在中央经济工作会议上提出，发挥好自贸试验区改革开放“试验田”作用，推动建设海南自由贸易港。这是继 2018 年 4 月 13 日习近平总书记在庆祝海南建省办经济特区 30 周年大会上发表重要讲话之后，第五次在重要场合提及海南自由贸易港建设。

海南因改革开放而生，也因改革开放而兴。建省办全国最大经济特区以来，海南经济社会发展取得历史性成就，成为我国改革开放的“试验田”。当前，加快推进海南自由贸易港建设，就是要按照习近平总书记提出的“以开放为先”“以制度创新为核心”基本要求，对标世界最高水平开放形态，打造一个既具有中国特色，又具有广泛世界影响力和较强国际竞争力的自由贸易港制度体系，以此彰显我国扩大对外开放，积极推动经济全球化的决心，并在我国改革开放全局及周边区域战略中发挥重要作用。

2018 年 5 月 9 日，海南省政府正式批复成立中国特色自由贸易港研究院，由中国（海南）改革发展研究院牵头，中国南海研究院、海南大学、海南师范大学等单位参与共建。中国特色自由贸易港研究院成立以来，为加快推进海南自由贸易港建设，就海南自由贸易试验区、自由贸易港建设进程中的重大问题，委托国内知名专家开展专项课题研究，为推进海南自由贸易港政策决策提供智力支持。

当前，在世界处于百年未有之大变局、经济全球化与我国改革开放面临新形势的背景下，各方对海南自由贸易港建设高度关注，期望值极高。为此，中国特色自由贸易港研究院、中国（海南）发展研究院将 2018 年、2019 年的部分专项委托课题成果予以整理出版，以此进一步凝聚共识、增强信心、形成合力，更好地服务于“加快推进海南自由贸易港建设”这一重大国家战略。

迟福林

2020 年 1 月